杨大春　张尧均　主编

# 梅洛-庞蒂文集
## 第 15 卷

# 自　然

〔法〕多米尼克·希格拉　编

王亚娟　译

商务印书馆
创于1897　The Commercial Press

Maurice Merleau-Ponty

**LA NATURE**

Notes. Cours du Collège de France

Établi et annoté par Dominique Séglard

© Éditions du Seuil，1995 and 2021

本书根据色伊出版社 2021 年版译出

国家社会科学基金重大项目成果

# 总　　序

　　梅洛-庞蒂被称为"哲学家的哲学家"。他非常自然地接受了法国哲学主流传统,其哲学内在地包含了笛卡尔主义和反笛卡尔主义之间、观念主义与精神主义之间的张力;与此同时,他创造性地接受了现代德语哲学传统的影响,含混地将3H(黑格尔、胡塞尔和海德格尔)和3M(马克思、尼采和弗洛伊德三位怀疑大师)的思想综合在一起。这一哲学其实处于现代哲学与当代哲学转折点上,并因此在西方哲学的主流传统中占据着一个非常独特的位置。梅洛-庞蒂对以笛卡尔哲学和康德哲学为代表的早期现代哲学的批判反思、对以身体哲学或实存哲学为核心的后期现代哲学的理论贡献以及对以结构-后结构主义为理论支撑的当代哲学的重大启示,已经毫无争议地把他推入著名哲学家之列。

　　梅洛-庞蒂哲学在汉语学术界的翻译和研究起步比较晚,尽管在新千年以来取得了较大的进展,新生的研究力量也在不断壮大,但从总体上看仍然难以让人满意。笔者于2014年初提出的《梅洛-庞蒂著作集编译与研究》选题有幸获得国家社会科学基金重大招标项目资助,这里陆续出版的梅洛-庞蒂主要著作就是该重大项目在翻译方面的成果。收入本文集的译作既包括新译,也包括重译和修订。我们希望通过各种努力,为梅洛-庞蒂哲学以及法国哲学的深入研究提供相对可靠的文献。需要说明的是,由于梅洛-庞蒂著作在风格上的含混性,由于一些作品是在他死后经他人整理而成的,翻译难度是非常大的,我们欢迎相关专家和广大读者提出建设性和批评性的意见和建议。此外,由于这些译作是由10多位学者完成的,虽然课题组进行了一些沟通和协调,风格和术语选择上仍然不可能实现一致,这是需要学界和读者们谅解的。

德国学术界在胡塞尔著作、海德格尔著作的整理和出版方面有序推进,成果显著。法国学术界对梅洛-庞蒂著作的整理和出版也取得了相当大的进展,但还没有形成统一规划,至少没有出版全集之类的计划。因此,我们在推出《梅洛-庞蒂文集》中文版时不可能参照统一的法文版。《文集》中文版将陆续出版梅洛-庞蒂生前已经出版或死后经整理出版的著述18种,它们基本上反映了这位著名哲学家的思想全貌。梅洛-庞蒂于1961年突然英年早逝,留下了多达4000多页的手稿,它们大多是为他自己的研究和教学工作而作的准备,不是为读者写的,所以整理出版的难度非常大,从而进展缓慢。正因为如此,《文集》始终保持开放,在前述计划之外,未来将视情况翻译出版一些新整理出版的作品。

杨大春

2017 年 11 月 11 日

# 中译者序

## 在思想的内卷中更新自然

《自然：法兰西学院的课程笔记》（以下简称为《自然》）是梅洛-庞蒂在法兰西学院的讲课记录，它始于 1956 年而终于 1960 年。梅洛-庞蒂生前为此课程撰写了大量讲课提纲和手稿，亦曾发表过它的摘要性文章，[①]但由于手稿记录过于繁杂，直到 1995 年才由多米尼克·希格拉（Domomoqie Séglard）编纂和注释出版，编者在 2021 年对前一版本进行了修订。[②]《自然》是一本内容丰富的书，它的丰富性同时来自作者和它讨论的对象。

## 一、梅洛-庞蒂和伟大哲学家的身影

本书作者梅洛-庞蒂是法国著名的现象学家，他被人们认为和萨特、胡塞尔、海德格尔比肩并立。[③] 然而，比肩之中有先来后到和影响力的分殊，无论是在法国还是在世界范围内，他的形象或多

---

① Merleau-Ponty, M., *Résumés de Cours*, *Collège de France 1952－1960*, Paris: Gallimard, 1968, pp. 91－137, 171－180.

② 希格拉教授在《编者前言》中详细说明了本书的编纂过程，本书翻译时一并译出，笔者不再赘述。Merleau-Ponty, M., *La Nature. Notes*, *Cours du Collège de France*, Établi et annoté par Domomoqie Séglard, Paris: Seuil, 1995, pp. 15－16.

③ Macann, C., *Four Phenomenological Philosophers: Husserl, Heidegger, Sartre, Merleau-Ponty*, London and New York: Routledge, 1993, p. vi.

或少地隐没于其他三位的身影之中。在一般文化领域，法国人称其为萨特同时代的人，他的传记作者不止一位指出他深深地得益于胡塞尔的现象学方法，他对存在的关注则被笼统地归于存在主义的影响之下。事实上，梅洛-庞蒂完全承认胡塞尔和海德格尔对他的影响，就像鱼儿生活在水里那样，胡塞尔和海德格尔是时代洪流的激荡，在漫江碧透之时，梅洛-庞蒂曾努力静观和保持距离，从未想过"百舸争流"，但时代的浮沉不可能不波及他，他也无法避免与其他三位一起接受后人的品竞。

梅洛-庞蒂晚年在"哲学家和他的影子"里，描述了他的思想生命中胡塞尔和海德格尔的身影。那些在文字中找寻证据的人，可以在"在世之中"、"存在"、"时间"、"历史性"等众多问题中，确证他对海德格尔的借鉴、援引和评论。然而，这些都是言说对象层面的印记，它背后是思想与对象的关系，这正是胡塞尔用现象学方法揭示的基础性关联——在对象的被给予性基础下面"断然地超越这种关联"。[①] 因此，当人们确证海德格尔对梅洛-庞蒂在思维对象上的影响时，也就证成了梅洛-庞蒂在思想运作中对胡塞尔方法的继承。[②] 他已经习得了现象学看世界的理论化方法，他看对象、看存在的眼光已经是胡塞尔式的，据此当然可以说，他的现象学更多地与胡塞尔相似。

然而，无论是把梅洛-庞蒂说成是胡塞尔或是海德格尔思想的囚徒，都言之过早。梅洛-庞蒂与那些跟随在两位哲学家身后的弟

---

① 梅洛-庞蒂：《符号》，张尧均，杨大春译，北京：商务印书馆，2023 年，第 222 页。

② 梅洛-庞蒂：《知觉现象学》，杨大春、张尧均、关群德译，北京：商务印书馆，2021 年，第 2 页。

子们不一样,既不放弃对二人思想起源的追溯,也不愿意从他们那里获得自己思想的确证。当胡塞尔初到法国用笛卡尔式的道路引导听众时,[①]梅洛-庞蒂在笛卡尔主义传统和萨特式的发展中独立运思。当海德格尔从胡塞尔的纯粹现象学转向经验人类学时,梅洛-庞蒂始终紧扣现象学方法勘定研究对象。在胡塞尔那里,现象学方法的严格性为他提供了认识批判的彻底性,担保了意识王国之构成结果的合法性。梅洛-庞蒂在海德格尔的起源中返回胡塞尔,在胡塞尔的道路中重返笛卡尔,在笛卡尔主义和萨特主义的争执中叩问传统。他晚年孜孜不倦地重返笛卡尔传统的努力,只是为了找回被时代遗忘的起源。因此,他在胡塞尔、海德格尔乃至萨特的身影中,不仅与哲学家们的作品对话,而且与哲学家本人进行交流。然而,当他真实地与萨特你来我往时,[②]他又刻意保持着思想与对象之间的距离,以便凸显观看的目光、思想与对象的关系加之于对象世界的影响。因此,即便他生活在伟大哲学家的影子中,即使他置身于万山红遍的天地之中,他从未把自己的沉思"掩饰"成他与伟大哲学家之间的"对话的沉思"。[③]

梅洛-庞蒂始终致力于胡塞尔的"非思"。[④] 哲学家的思想和作品并不以姓名为符号,由此固化为一种排外的传承或虚构的传

---

① 胡塞尔:《笛卡尔沉思与巴黎讲演》,张宪译,北京:人民出版社,2008 年,第 1 页。

② 参见 Jean-Paul Sartre, Merleau-Ponty Vivant, in Stewart, Jon. *The debate between Sartre and Merleau-Ponty*, New York: Northwestern University Press, 1998, p. 567。

③ 梅洛-庞蒂:《符号》,张尧均,杨大春译,北京:商务印书馆,2023 年,第 215 页。

④ 同上书,第 219 页。

统。哲学家的思维源自于自觉的问题和方法意识,只有在起源的追溯中才能切中对象。离开了起源中的问题和对治问题的方法,根本谈不上对哲学家思想的理解,遑论对其传承和发扬。尽管思维发现了问题,但问题不是"在一个封闭而透明的领域中"①被发现的,这个环境毋宁是解决问题的抽象化、理想化条件,是解题方法的原始要求。当人们在现象学运动中发现联系方法与对象的底层结构时,人们便真实地受到胡塞尔的熏陶,以严格科学的明证性为尺度训练人们的视觉。梅洛-庞蒂不仅接受了胡塞尔的训练,而且在方法的淳熟中透视其底层结构。胡塞尔在对象底层结构的直观中,使极端的主观主义与极端的客观主义结合起来,②这种"绝对关系"使现代哲学在绝对相关性中合法地讨论先验主体的构成性领域。因此,胡塞尔的彻底性源于明证性与含混性之间彻底划界的企图,正是基础下面的划界使胡塞尔重新为现代哲学开辟出一个领域。当梅洛-庞蒂打破明证性的界限时,便在整体上更新了现象学的领域:"思考不是拥有一些思想对象,而是通过它们来划定一个我们尚未思考过的需要思考的领域。"③

即使置身于伟大哲学家的身影之中,梅洛-庞蒂仍始终向着哲学家没有思考过的东西,追问哲学著作和思维对象被遗忘的起源。因此哪怕他的声名略有逊色,我们仍然有理由对他的思想保持充分的期待;当他在笛卡尔主义历史传统和时代更新中浮沉时,我们

---

① 梅洛-庞蒂:《符号》,张尧均、杨大春译,北京:商务印书馆,2023 年,第 221 页。

② 梅洛-庞蒂:《知觉现象学》,杨大春、张尧均、关群德译,北京:商务印书馆,2021 年,第 18 页。

③ 梅洛-庞蒂:《符号》,张尧均、杨大春译,北京:商务印书馆,2023 年,第 218 页。

足以对他克制激情而又介入现实的冷静反思肃然起敬。哲学从亚里士多德那里便获得其"自足"的美誉,这使"世界的展开只是思想向自身的内卷"。① 梅洛-庞蒂用内卷同时描述了哲学最激动人心而又最不可救药的方面。问题全在于"自然与意识的关系",②他从第一本著作开始便努力探究哲学史上的伟大任务。在梅洛-庞蒂的思想旅程中,他用其他哲学家的方法武装自己的兵器库,不是为了在持续内卷中脱颖而出,而是在克服内卷的方向示范新的路径。正是因为他能够在思想内卷中"所览淳熟,所经众多,所取精粹",他早期的任务最终与他晚期围绕自然的独立反思汇合到一起。

## 二、自然的理论内卷和非哲学延展

在梅洛-庞蒂那里,对现代知识所做的整体反思突出体现在《自然》③一书中。尽管自然概念成为独立反思的对象出现得很晚,直到 1956－1957 年在法兰西学院讲课的时候,他才从哲学家、科学家和人类学家等多重视角出发,以一种非批判的眼光钩沉自然的哲学史、科学史和文化史的发展,从而推敲自然概念在历史性和时代性中具有的崭新意义。需要指出,他的遗著《可见的与不可

---

①　梅洛-庞蒂:《可见的与不可见的》,罗国祥译,北京:商务印书馆,2008 年,第 45 页。

②　梅洛-庞蒂:《行为的结构》,杨大春,张尧均译,北京:商务印书馆,2021 年,第 15 页。

③　Merleau-Ponty,M.,*La Nature. Notes,Cours du Collège de France*,Établi et annoté par Domomoqie Séglard,Paris：Seuil,1995.

见的》(1964),在书后提纲中把有关自然的讨论计划在内;伽利玛出版社的《课程摘要》(1968)记录了自然课程的概况;而本书在色伊出版社(1995)的出版,则为梅洛-庞蒂的自然概念提供了全面而翔实的依据。他在自然概念的哲学史中揭示自然的内卷;在自然概念的科学发现中发掘既有理论的局限,从而揭示自然始终更新的观念。因此,本书是梅洛-庞蒂在伟大哲学家的身影中寻找更新的结果,在这个意义上,自然是思想向自身内卷的体现。梅洛-庞蒂通过追溯伟大思想的起源,在内卷的道路上异军突起。

　　如前所述,梅洛-庞蒂习得了胡塞尔的方法,因此问题的核心在于现象学的还原。在胡塞尔那里,现象学的起点在于对象的客观性与其主观的被给予方式之间的先天相关性,现象学还原最终抵达先验自我作为"我能"的构成活动。① 在梅洛-庞蒂看来,对象的客观性需要"离开自我",而先验的构成活动则"重返自我",二者之间的先天相关性导向同一性,"对绝对进行界定的……同一性"。② 因此,梅洛-庞蒂在胡塞尔所划定的领域,通过方法的操练和起源的追溯发现了"绝对存在"。胡塞尔毫不讳言,"先验自我"作为"绝对的源泉",在还原的最底层(终点)确证了自身作为起源(起点)的绝对性。胡塞尔的意识王国奠定在这种绝对关系的基础上,无怪乎梅洛-庞蒂把它看作现象学最重要的收获。③ 然而,梅洛-庞蒂并不限于这种收获,而是在它的起源中发现了黑格尔主义

---

① 胡塞尔:《现象学的构成研究——纯粹现象学和现象学哲学的观念》(第2卷),北京:中国人民大学出版社,2013年,第212页。

② 梅洛-庞蒂:《符号》,张尧均、杨大春译,北京:商务印书馆,2023年,第220页。

③ 梅洛-庞蒂:《知觉现象学》,杨大春、张尧均、关群德译,北京:商务印书馆,2021年,第18页。

的身影(尽管他本人也处于阴影之中)。现象学对绝对源泉的强调抵制哲学中的自然态度,只有还原的彻底性才能实现"严格科学的哲学"这一目标。因此,哲学所讨论的自然不再是自然而然的东西,而是在自然关联的意识活动(noesis)中成为思维对象(noema),这使思维对象"整合到了始终且贯穿地建构自然的意识之中",①演变成为"自然的反面"。②

在梅洛-庞蒂看来,胡塞尔的现象学基于主体的绝对关系把自然变成自然的对立面,他既不认同这一结论又不舍得放弃现象学所呈现的相关性领域。于是,他把目光推进到相关性的边缘限,这使他在胡塞尔划定的绝对相关性中找到通向"深度"的界限,并在界限的突破中聚焦于"这些关系的纽结"(noeud de relations)。③正如本书所说的,"我们所寻求的对'存在'的真实解释……一种联结(nexus)",④这把胡塞尔的绝对相关性引向生活世界的深度。因此,梅洛-庞蒂是在对胡塞尔现象学的运用中,打破了先验现象学所划定的纯粹意识领域,这使他发现胡塞尔晚年提出的"自然的世界概念"和"生活世界"主题已然成为现象学的第一主题。自然或生活世界的第一性,意味着"单纯事实"(blosse Sachen)的最初信念被置于意识的底层结构之中,这种第一性不再返回纯粹的我及其关联物,而是使原初意识与自然世界面对面,因而与

---

①　梅洛-庞蒂:《符号》,张尧均、杨大春译,北京:商务印书馆,2023年,第221页。
②　同上。
③　梅洛-庞蒂:《知觉现象学》,杨大春、张尧均、关群德译,北京:商务印书馆,2021年,第19页。
④　Merleau-Ponty,M.,*La Nature. Notes,Cours du Collège de France*,Paris: Seuil,1995,pp. 266-267.

胡塞尔意识现象学在方法上陷入矛盾。[①] 梅洛-庞蒂在胡塞尔的矛盾中确证了"绝对意识的漩涡"和"自然亲在的吸引",当他不再赋予意识的最初状态以优先性时,问题便聚焦于如何抵达原初的自然。

　　然而,只要梅洛-庞蒂仍然在胡塞尔的方法中运思,他就无法超出胡塞尔为现象学划定的纯思领域。这就是为什么,他早期仍然使用身体-主体的平行关系,从主体一侧返回自然的尝试消弭在世界的匿名含混之中。然而,随着他对还原方法的反思推进到肉身层面时,肉身作为"一种自身可感的普遍性"被给予的关系本身,[②]以意识向着感知活动的追溯突破了胡塞尔所划定的领域,它揭示了自我与他人、身体与世界提供了一种可逆性框架。[③] 可逆性作为肉身存在模式的发现,显示出梅洛-庞蒂对胡塞尔现象学方法的修正,他不再囿于胡塞尔的意识上行路径,同时肯定了肉身之于自然存在的下行路径。方法的修正担保了对象的更新,肉身作为关系在起源上的被给予之物,突破了笛卡尔式的二元本体论,使梅洛-庞蒂走出胡塞尔的明证性界限,"最终关注关系的诞生这个

---

　　①　"整部《存在与时间》都出自胡塞尔的一个指示,而且在总体上看不过是对他在其晚年将之当作现象学第一主题提出来的'自然的世界概念'和'生活世界'的一种说明,由此矛盾再度出现在他本人的哲学之中。"梅洛-庞蒂:《知觉现象学》,杨大春、张尧均、关群德译,北京:商务印书馆,2021年,第2页。

　　②　梅洛-庞蒂:《可见的与不可见的》,罗国祥译,北京:商务印书馆,2021年,第175页。

　　③　Barbaras R. , "Les trois sens de la chair, Sur une impasse de l'ontologie de Merleau-Ponty", *Chiasmi International Volume 10*, Paris: Vrin, 2008, p. 19; 鹫田清一:《梅洛-庞蒂:认识论的割裂》,刘绩生译,石家庄:河北教育出版社,2001年,第209页。

层面"得以可能。①

　　因此,本书虽然没有明确其现象学背景,但当梅洛-庞蒂在"课程中清点构成我们的自然概念的历史要素"②时,他便是在哲学思想的自身内卷中展开,因此不可避免地置身于伟大哲学家的身影之中。他追溯在自然论题上驻足过的哲学家的思想,他的清单包含亚里士多德、笛卡尔、康德、布隆施维克、谢林(黑格尔)、柏格森(萨特)和胡塞尔。他对历史要素的清点和同一时期的其它文本一样,致力于理论化或抽象化的方向,但本书并不顺从于这种思想的内卷,而是在内卷的清点和追溯中突破内卷。它的突破源自它不再局限于哲学:当梅洛-庞蒂在历史和时间中述说"自然"时,他以哲学和非哲学的方式揭示自然的丰富面孔。

　　本书对自然的观念史、科学史的梳理聚焦于各式各样的理论,这是它突破内卷的坚强基石。但本书的丰富性不限于此,它并非各种事后的、完成的、整体性的理论的汇聚,这些理论与各自的时代保持一定的距离,以便在时间的沉淀中勾画自然的理想蓝图。与此相对,本书是一种事中的、未完成的、具体的"包含",正如梅洛-庞蒂所说,自然是一种"包络现象"(phénomène-enveloppe)③,当经验现象脱离传统而逐渐形成新的风格与步调时,它的丰富性是由历史性向时代性的转化体现的。

---

　　① 鹫田清一:《梅洛-庞蒂:认识论的割裂》,刘绩生译,石家庄:河北教育出版社,2001年,第139页。

　　② Merleau-Ponty, M., *La Nature. Notes, Cours du Collège de France*, Paris: Seuil, 1995, p. 357.

　　③ Ibid., p. 268.

这就是为什么,本书按时间顺序分为三个部分。第一部分,1956－1957 年的自然概念,是对概念历史演变的梳理,它关联于自然的哲学史和科学史。自然的哲学史被梅洛-庞蒂放在人文主义和浪漫主义交叉的坐标系中,他据此重演近代哲学以笛卡尔为代表的本体论的困难。在哲学史的梳理之后,梅洛-庞蒂深入现代物理学对传统自然概念的影响。这种梳理向着概念的底层结构判摄科学成果对形而上学前提的批判,它不言而喻地是现象学操作的结果。第二部分,1957－1958 年的自然概念,它是对革新自然概念的时代内容的钩沉。作者以深刻影响自然观念的现代生物学为时代现象,尝试在生物学的前沿和趋势中,为自然概念的时代性推敲线索,即"自然-逻各斯-历史(φύσις-λoyos-Histoire)这个系列"。第三部分,1959－1960 年的自然概念,是在历史演变和时代内容基础上对自然"时间样式"(Zeitbaustile)的尝试。这一尝试以作者在既往研究中最擅长的问题,即身体(肉身)问题为切入点,但在研究领域上完全脱离了哲学范围。梅洛-庞蒂围绕生物学现象展开探索,他聚焦于解剖学中的行为主义和早期人工智能关联的信息交流问题,并在演化论的新达尔文主义和关联争论中探讨身体的发生学经验。在演化层面上从个体发育向种群发育联动的生物学事实,呈现出动物身体向周围世界的下沉路径,这在根本上区分于哲学理论近代以来的意识上行路径。梅洛-庞蒂最终在动物本能和欲求理论的符号化分析中,把符号生物学、符号人类学和精神分析等汇流到一起,以此揭示肉身的感性学、象征主义和欲求论等多重含义。

需要指出,本书第三部分较前两个部分更难理解,这一方面是由于第三部分并不完整，另一方面是因为这一部分的反思以非哲学的方式展开。作为哲学反思，它是在前两部分基础上进行的总体性构想，它因在经验事实上更大的普遍性而更具"形而上学"的奠基性特征；但这种构想区别于任何既有的理论和风格，使人们很难适应它推敲问题的对象和表达。如果仅仅把它看作身体的形而上学，这显然错失了本书第三部分的精粹。事实上，第三部分密切结合第二部分所描述的现象，围绕演化理论在个体发育和种群发育尺度上的进展，进一步拓宽了生命自然的时代内涵。问题在于，一个哲学家如何在经验科学的基础上，在整体上统摄自然的时代内涵，勘定自然的时代风格或结构，这既是梅洛-庞蒂未完成的事业，也是时代留给每一个哲思者的问题。

"如何理解自然"根本上在于如何理解人，如何理解人的生命，如何理解人的身体，如何理解人的文化。梅洛-庞蒂在本书的最后，以八个草稿匆匆收摄这些问题。之所以显得"匆匆"，或是因为散失了完整的课程记录，人们不足以跟上作者腾挪的思绪；或是因为人们无法与作者共处于同样的前沿——前沿的方法和前沿的视域；抑或"现象学与精神分析的和鸣"①难以实现……然而无论多少理由都不影响这些问题的重要性，坚定的读者会努力寻找突破口。即使人们无法跨越文本的间距，但从作者的其它著作中找寻方法，从本书的引文中追溯现象与问题，会帮助人们找到理解本书的门径，更进一步在梅洛-庞蒂的身影中勾勒自然世界的图景。

① Merleau-Ponty, M. , *Parcours deux 1951 – 1961*, Lagrasse：Verdier, 2001, p. 283.

# 三、自然之谜在于自然始终是新的

人始终生存在自然之中，这是人的在世处境。马克思曾用社会经济形态的变化来说明"自然历史过程"，[①]由此在社会存在与自然存在的统一中提出了历史唯物主义学说。西方马克思主义和现代性理论就此多有争论，它们既丰富了人们对自然历史过程的理解，也在这个"根本性的、核心的观点"[②]上更新了人们的自然概念。在梅洛-庞蒂看来，自然的疑难是"自然之谜"，[③]它始终是全新的，却又最为古早和久远。尽管他并不回避与西方马克思主义者的交锋，[④]但他并不局限于既有争论和观点，而是向着概念和理论的起源探问人与自然之间的原始关联。

自然的谜题蕴含在概念的理解之中，它从来不是单纯的事实，更不是纯粹的理论。无论哲学史提供的概念还是科学理论塑造的对象，自然都不满足于、亦不局限于理论的表达。对自然的思考，需要追溯自然观念的历史起源，它需要借助一种并非先入为主的方法，为人们揭示自然的原初意义。这样的方法需要在起点上取消任何前提性的设定，从而在起源的追溯中揭示各种要素在历史中的生成与运动。这种在历史性维度中追溯起源的方法，就是胡塞尔晚期在自然世界和生活世界主题中使用的方法，即还原的回

---

① 马克思:《资本论》第一卷，中央编译局，北京:人民出版社，1975 年，第 12 页。

② 俞吾金:《被遮蔽的马克思》，北京:人民出版社，2012 年，第 339 页。

③ Merleau-Ponty, M., *La Nature. Notes*, *Cours du Collège de France*, Paris: Seuil, 1995, p. 242.

④ Ibid., pp. 355 – 356.

溯性探问。梅洛-庞蒂从胡塞尔那里继承了这种方法,同时在生活世界主题中同时发现了内在的本质主义和我们与世界关联的原始性,这就是为什么他会说"矛盾再度出现在他本人(胡塞尔)的哲学之中"。[①] 梅洛-庞蒂不再受限于胡塞尔的内在主义路径,而是向着自然存在的原始性在历史维度中展开探究。这使自然不再是"以一种唯一性存在着,对它来说,复数是无意义的",[②]而是在人和世界的往复运动中,揭示一种"意义发生(Sinngenesis),一劳永逸的涌现"。[③]

梅洛-庞蒂在自然之思中追溯自然之谜的历史积淀,尝试激活人们世代经久的理解力。他在理论与经验的似曾相识中发现含混,在伟大哲学家对清楚明白的追求中,发现哲学对起源的否定与遗忘,这为人们带来起源的深度回溯与含混路向中的可能更新。穿透自然的谜题需要光明,然而光明从来不是纯思的力量。思想始终是透明的,它消除了历史的印记,在时代的结晶中转化为普遍。普遍化的追求必然导致内卷,然而普遍并不意味着超时间的永恒,普遍的理论皆有其时代的局限。当人们走向新时代,过去的光明便被历史所封尘。寻找光明的人们需要突破历史的内卷,在新经验与新方法中钩沉新时代的风格。无论是生物演化理论、精神分析实践还是考古人类学证据,它们都不断更新人们的自然经

---

① 梅洛-庞蒂:《知觉现象学》,杨大春、张尧均、关群德译,北京:商务印书馆,2021年,第 2 页。

② 胡塞尔:《欧洲科学的危机与超越论现象学》,王炳文译,北京:商务印书馆,2011 年,第 181 页。

③ Merleau-Ponty, M. , *Notes de cours sur l'Origine de la géométrie de Husserl*. Paris, P. U. F. , 1998, p. 6.

验和探究方法;对新时代自然概念的探赜索引需要跳出哲学理论的温箱,在非哲学的广阔天地中收摄自然观念的历史性、差异性,并在差异性的历史变化中将人们带向自然的整体把握。于是,自然观念是古老的,自然观念又是常新的,正如实践中的自然。

由此,自然之思不仅追溯过去,而且向着未来的可能敞开。爱因斯坦说"理解力的产品要比喧嚷纷扰的世代经久",伟人所权衡的从来都不是时间的长短,而是解决尚未完全解决的问题。然而,理解力的产品塑造了自然,亦是自然的产品,自然不是解题者,它毋宁是出题者,解题者只能在自然中找到答案。面对自然的谜题,我们需要用时代的视角更新历史的观念。关于自然的思考始终处于思想的内卷之中,因之与人具有不可解除的关联,它始终是现实与沉淀的双重化运动。面对自然,人们无法脱离人类的视角,作为单纯事实的自然只是一种理论的抽象,这使自在的自然只是一个幻象。自然之谜在人的视角中不可解决,自然探究因内卷而奔腾向前……

# 四、体例和规范相关说明

为了帮助读者更好地理解译文,有必要对编译的体例和规范予以说明。如前言所述,本书作为课程记录部分地来自于学生们的"打印笔记",部分地源自于梅洛-庞蒂的私人笔记。前者缺乏必要的注释,后者仅仅是摘要性的大纲,而且以笔迹和书写位置的差异体现出未完成的特征。因此,1995 年法文版首次出版时,编者多米尼克·希格拉进行了大量注释和整理工作。2021 年该书再版时,增加了作者引用文献的更新版本及其对应页码,为当代读者带来了极大的便利。

　　需要指出,课程前两个部分,1956－1957 年与 1957－1958 年,源自于学生笔记打印稿的复印件,相关注释均由法文编者提供。课程第三部分,即源自于梅洛-庞蒂私人笔记的部分,保留了梅洛-庞蒂在手稿中的注释,并在编纂时添加了一些注释,所以在第三部分中区分了编者注和作者注:"由阿拉伯数字标记的注释是编者加上去的;由单个字母标记的注释来自于作者。"①由于这种标注方式不太适合中文的表达习惯,因此译文在统稿时对注释做出了适当的调整。

　　为了便于阅读,译文注释统一用①、②、③……,并在此基础上尽可能简单而又适当地做出区分:(1)全书注释大部分是法文编者注,自始至终出现且数量最多,由于出版页已经标注:多米尼克·希格拉标注和整理,因此注释中不再另行标注;(2)梅洛-庞蒂本人所做的注释,从第三学年的课程开始出现,注释后统一加上"作者原注";(3)中文译者注,在不影响表达连贯性和流畅性的基础上,为了便于中文读者理解,译文对概念、著作等关联信息补充注释。这些自始至终出现在译稿中,注释后统一加上"中译注";(4)为了尽可能化解文本不完整所造成的困难,尤其是第三年的文字,译文参照英译本添加了个别注释,并在注释中标注"英译注"。如果注释内容不止一种,则不同注释分段显示,并在注释内容后依据注释类型分别予以标注。尽管如此,本书在翻译过程中,仍需面对法文

---

　　① 　参见本书第 299 页,注①.

原著注释不完整的情况。事实上,原文注释中大量出现"同前引"、"同上书"和"同上"等标注方式,这三种标注方式的区别是:"同前引"(op. cit.)是不连续出现的同一作者的同一作品;"同上书"(Ibid,)一般后加页码,对应连续出现的同一作品的不同页码;"同上"(Ibid.)是连续出现的同一作品的同一页码。因"同上书"和"同上"引用的著作都是连续出现,一旦增加注释会扰乱引用作品的顺序,导致注释和引文不相符的情况。因此,译者以"如无必要不增注释"为原则,仅在缺乏必要的指示信息时对不完整的注释予以补充。在译者注中,凡是第一次出现的人名和著作名,都以圆括号的形式在译文中附上原文,以方便读者检索。

特别需要说明的是,本书第三部分是编者参照手稿形成的文稿。由于手稿笔迹难以辨认,原著编纂时保留了不少存疑的内容。编者给出的第三部分目录,有一些直接套用段落首句或其缩写;加之原文存在编号不连续的情况,这使第三部分的目录和前两部分相比显得复杂且难读。法国梅洛-庞蒂手稿研究专家奥贝尔教授(Emmanuel de Saint Aubert),在多年手稿研究基础上编制了出版勘误表,并将本书关联的勘误表提供给了译者。经与《梅洛-庞蒂文集》主编杨大春教授商议,译文不再一一赘述原著所涉拼读或编纂错误,而是参照奥贝尔教授的勘误表完成,因此第三部分目录与原著相比略有一些调动。

此外在书写格式上,还存在以下几种情况:1)斜体:原文中的斜体有人名、书名、外来术语和特殊用法等。译文根据不同情况予以标注:人名在第一次出现时附上原文;书名则由书名号标注;外来术语比如 *Umwelt*,*Bauplan*,*Ineinander* 等,特殊用法如

*corps*，*entre* 等，在译文中统一用着重号标示。2）首字母大写：原文中存在句中单词首字母大写的情况，比如"存在"（Etre）、"自然"（Nature）、"理性"（Raison）等词，原文中首字母大写与小写的意思彼此区分，译文用黑体表示大写，正常字体对应小写，以此展示二者的区分。3）句中问号（?）［?］标记难以辨认的内容，原文《前言》中对此的说明适用于译文，它们在原文的标注方式在译文中都被保留下来。在格式调整上，杨大春教授和商务印书馆的关群德老师多有善言，他们的建议为译文带来了诸多便利。

《自然》是一个浩大的工程，无论是它的理论背景、研究对象、时空跨度还是文字记录。笔者在十余年的工作中孜孜以求，但受能力和积累所限，译稿不免存在疏漏，敬请读者批评指正。

于方寸轩

壬寅冬月

# 目　　录

## 第二部分　现代科学与自然观念

### 自然概念 1957－1958

#### 动物性、人的身体、通向文化

一般性引论:对笛卡尔的自然观及其与犹太基督教本体论

## 自然概念 1959－1960

### 自然和逻各斯:人的身体

# 编者前言

　　这一卷并不是梅洛-庞蒂未发表的著作,如同《世界的散文》,沉睡于某个抽屉中,某个好奇的人拉开了它昏暗的底部。严格来说,这也不是私人工作笔记形式展现的遗著,像《可见的与不可见的》末尾的情况那样。本质上,它并不提供对此前已公开发表的思想的反省,而是为已公开表达的思想提供书写痕迹,这些痕迹从思想中流露出来以显示其固有的意义。读者应该在这里听到梅洛-庞蒂课堂话语的回声,这些有关"自然概念"的课程在法兰西学院历时三个学年。

　　为什么是这一主题?我们认为接下来的文本对预先评述而言是足够明确的。只需注意使梅洛-庞蒂讲述这些课程的诱因就够了。在主题分别为知觉世界与精神的身体之锚两本博士论文之后,他试图表明"精神的化身"如何导向对思维自我之存在的拒绝。思维只有借助身体才与自身相关,身体在如下范围内为思维开启一段历史,即行为的自由只存在于处境之中,处境并不限制自由,而是允许它自我表达:处境是自由表达的手段,自由正是借助历史 而创造了自身,并获得其初生意义。

　　梅洛-庞蒂通过一种真理的理论和一种主体间性的理论,一直致力于说明从知觉世界到知识及其对象的世界的转变,正如他在法兰西学院竞选报告中所阐述的,该报告后来发表于 1962 年的《形而上学与道德杂志》。然而,知觉世界是在知识及其对象的世界基础上显现出来的,即在与他者的交流基础上显现的,因为"我们与真理的关系通过他者而传递"。因此,首先是要讨论各种符号关系秩序的语言课程和一种机制①理论——它表明主体完全不是被构成的,而是被制定的。当前,研究将被放宽到人类的一般关系问题上,尤其是有关人性的历史这一问题上。

　　然而,化身的精神在其中"通过其身体从属于同一个世界"②的"层面"是什么,亦即使历史作为符号秩序得以可能的层面是哪个? 这即是作为我们原始祖先的大地,在胡塞尔之后,它被称为源历史(Urhistoire),广义地讲,它就是自然。这当然不是自然科学的自然,即"感觉对象的总和"(康德),而我们是与它一起成为身体,并维持一种相互关系或相互附属的自然。简言之,回溯将客观知识及其相关物导向主体间性,进而导向作为表达符号的身体,最终得以恢复对自然的追问,但却是以某种方式对自然内在性的追问。正如梅洛-庞蒂所述,问题因而如下:"既然我们处于自然、身体、灵魂和哲学意识的连接中,既然我们体验到这种连接,人们就不能想象其解决办法出现在我们中和世界的景象中的问题,应该有办法在我们的思想中构成整块地进入我们的生活中的东西……在我们之中抵抗现象学的东西——自然的存在……——不可能在

---

　　① 根据拉鲁斯的解释,"institution"这个名词的第一个意义就是建立、创立的活动,它直接与原形动词 "instituer"相对应,以及相应的分词形式"institué",文中依次被译为"机制"、"制定"和"被制定的"。——中译注

　　② 梅洛-庞蒂:《符号》(Signe),巴黎:伽利玛出版社,1960 年,第 217 页。[参见《符号》,张尧均、杨大春译,商务印书馆,2023 年,第 236 页。——中译注]

现象学之外,必然在现象学中有其位置。"①因而,这一考查具有双重的意义:一方面,它深入地拓展现象学的领域;另一方面,它从被理解为"人的另一面"的自然中引出对身体的分析,对作为自然和语言的交织、作为符号表达的身体的分析,并由此在身体的统一中哲学地确立人类的历史。因此一种"新本体论"将同样是可能的。

梅洛-庞蒂在《辩证法的历险》(1955)中已经开始表达这种历史事业的创立,并在他的系列课程中继续深入地开展这一活动,然而关于这些课程迄今只有一些摘要提供了单一的观念。这种情况一直持续到有关"自然的概念"的打印笔记的偶然发现,学生们非常好地记录了梅洛-庞蒂前两年的课程。这些笔记存放在圣克鲁高等师范学院图书馆里,它们以两个笔记本的形式被保存,并带有一个表明它们是在 1958 年被编目的标签。遗憾的是,没有任何姓名标记帮助人们确定曾经执行这项转录工作的门生们是谁。

第一本笔记本的标题是"自然的概念",它由 108 个页面构成,第二本以"自然的观念"为题,包含 71 个页面,由于是碳式复写纸上的打字稿,它们有些难以认读。然而,自从图书馆搬迁以后,这一文件就好像遗失了,只有两份质量非常一般的复印件在人们之间流传。尽管如此,哲学家的思想在其中能够以完全忠实的方式得以恢复,这使梅洛-庞蒂夫人同意了以课程笔记形式予以出版的原则。不过,人们约定增加如下指示条款,即哲学家全部的个人笔记从此以后尽数存放于国家图书馆。

---

① 梅洛-庞蒂:《符号》,巴黎:伽利玛出版社,1960 年,第 224－225 页。[参见《符号》,张尧均、杨大春译,商务印书馆,2023 年,第 242－243 页。——中译注]

在我们没有任何有关第三年课程的学生笔记的情况下，这最后一个障碍也应当被克服，否则整个研究的演变可能无法被完全理解。为了减轻难度我们在这里出版了梅洛-庞蒂本人的笔记，尽管其字迹往往是仓促的、暗示的，有时是难以辨认的，是为课程简单编写的笔记，然而它并不仅仅被用作课程的讲义，因为在法兰西学院，正如克劳德·勒弗尔所说，思维成为见证教学表达的"事件"。

第一部分（1956－1957 学年）虽然依据学生笔记本而形成，但我们可以查阅梅洛-庞蒂的个人笔记，从而辨认笔记本中引用的著者、引文或出处——它们被错误拼写的情况往往是有可能的。而与第二部分（1957－1958 学年）相关的内容，我们所掌握的只是学生笔记本中的记录和哲学家一些稀少的准备性笔记，后者基本上以参考书目的形式出现。第三部分（1959－1960 学年）由于上文已经说明的原因，仅仅由梅洛-庞蒂的私人笔记构成。我们按照惯例来编排它们：难以辨认的词或词组被标记为：[？]；在可疑的词后面加上带圆括号的问号：（？）。最后，把三个学年的课程纲要连接起来放在附录中，这看起来似乎是有益的。我们感谢法兰西学院和伽利玛出版社许可我们翻印相关内容。①

我们的工作包括对学生笔记的错误（名词的拼写、术语的混淆等）的修正，并通过在页面底端标出确切出处而对引文予以复原。我们并不曾从我们的头脑中添加任何东西，而当一个语句的变换

---

　　①　中文译本未收附录，因附录已作为《梅洛-庞蒂文集》第 17 卷单独出版。——中译注

看起来是必要时,比如在偶尔出现的情况中,我们参照梅洛-庞蒂本人的笔记。第二年课程讲稿的完成正是这种情况。

梅洛-庞蒂的思想在与另一个正在成形中的思想的照面中而形成,在与第二学年进行质疑的思想交锋时,它试图在自身意义上自行展开。梅洛-庞蒂撰写的"评论"并不是为了分辨或解释,而是写于对话之中,正是对话使思想通向它自身的表达。他并不是以哲学史家或科学史家的方式,而是以哲学家的方式进行追问,对他而言,被给予的是哲学"生存于历史和生活中,但它希望居于它们的核心,而在这一核心点上,历史和生活伴随着意义的发生而来临"①(就职演讲)。

我们由衷地感谢梅洛-庞蒂夫人,她在出版事业的进展中毫不吝惜地对我们鼓励,并在第三学年笔记的形成中给予我们了无可替代的帮助。

我们为米拉·克勒耐心的合作和西蒙·德布女士持久而友善的支持,向两位致以同样的谢忱。

多米尼克·希格拉
国际图书中心协助发行

---

① 参见梅洛-庞蒂《哲学赞词》,杨大春译,商务印书馆,2000 年,第 37 页。——中译注

# 自 然 概 念

**1956－1957**

# 导言

我们能否有效地研究自然概念？它难道不正是在历史的进程中获得了一系列词义，却终使它变得难以理解的历史的产物吗？在单一的意义上探求这个语词的秘密，这难道不是徒劳无益吗？难道人们不会落入瓦莱里的批判，他大约说过，在假定每一语词都只有一种意义[①]的情况下，哲学只不过是对语词予以反思的习惯，然而，由于每一语词都包含了意义的逐渐转变，这种假定当然只是虚幻。我们应当关注词语意义错误的历史。然而，难道这些变化是偶然的吗？难道在这些变化之中没有总是被当作目标的某物吗，即使它不曾被语词的使用者所表达？难道不应当在语言中确认一种生活，它既不是偶然的，亦不是内在逻辑的发展？这种拉舍里耶式的原因——它出现在《哲学词典》[②]的一条记录中——对立于确定地使用语词："语言中的各个语词并不是一些号码牌，它们本身就是'自然'（φύσις）。"

让我们来研究使用"自然"一词的人们始终指向的原初意义，

---

① 这里暗示的是瓦莱里（P. Valéry）的《列奥纳多和哲学家》（*Léonard et les philosophes*），《文集》第一卷，七星文库，第 1234 页及以下。

② 拉朗德（André Lalande）：《哲学术语和批判词典》（*Vocabulaire technique et critique de la philosophie*），法国大学出版社，1926 年；再版于"战车"丛书，第二卷，1993 年，第 670 页。

而非词汇意义。在希腊语中,"自然"一词产生于动词 φύω,它暗指植物;在拉丁语中,它来自于 nascor,意为出生(naître)、生存(vivre);这取自 nascor 的更根本的第一种意义。自然无处不有,自然所在之处皆有有意义的生活,却不曾有思维;因而自然与植物之间具有同源关系;有意义的是自然,但这种意义并非由思维提出。它是意义的创生。自然区别于单纯事实;它具有内在性,是内在决定的;因此"自然的"与"偶然的"相反。然而,自然不同于人;它并不由人所制定,它与习俗、与话语相对立。

自然是原初之物,即非构成的、非制定之物;由此产生了自然是永恒的观念(永恒的返回)。自然是一个令人迷惑的对象,是一个并非完全对象的对象;它并非在我们之前已然完成。它是我们的土壤,不是在我们之前的,而是支撑我们的土壤。

# 第一部分
# 对自然概念演变的研究

# 第一章　亚里士多德和斯多葛派中自然概念的目的论要素

我们从词义变化的原初意义开始。亚里士多德坚持朝向一种类型、秩序与命运的趋向观念。因此，当亚里士多德说[①]轻质物体的自然要上升时，一种质性的目的的观念就被附于自然之上。空间中的运动（上升）是次要的。重要的是，介于轻质物体与作为确定的质性区域的高度之间的同源关系。自然因此被划分为确定的质性区域，与一些自然现象（月下现象）的区域；自然是各种物体对这种质性目的差不多成功的实现。

"自然"一词的斯多葛主义意义与此非常接近：它是一种同情的观念，是部分与世界之间的一种远距离活动，是一种命运的、一种联系的观念（而非一种原因的结合）。

然而，并不要研究这些要素，因为若要再次引入它们就必须改变它们。返回动力论并不是要返回斯多葛主义。20

这种定义尽管已被超越却并非毫不重要。亚里士多德主义的

---

①　引自《论天》，第四卷，第一章，第308a15页及以下："就其本性而言，有些事物总是远离中心，而另一些则总是朝向中心。我把其中远离中心的事物称为向上，把抵达中心的事物叫作朝下……因此，绝对的轻，我们意指向上移动的东西。"（莫劳［P. Moraux］译：《友好书信》）［中文版，见《亚里士多德全集》第二卷，苗力田主编，中国人民大学出版社，2013年，第377-378页。——中译注］

各种概念仍然显现于文艺复兴的内部。勒诺布勒神父[①]强调，布鲁诺瞥见世界的无限性与诸可能世界的多元性观念时已预示了近代的到来，但他还在谈论世界的灵魂。这是因为自然仍然保持着与人相称的有限性。在 16 世纪之前，人们仅限于重抄塞奥弗拉斯特[②]从而知晓物种的数量。16 世纪末，人们计数了 1300 种物种；1682 年，约翰·雷（John Ray）则统计了 18000 种。

---

①　参见勒诺布勒（R. Lenoble）："16－18 世纪自然观念的进化"，载于《形而上学与道德杂志》，1953 年，1－2 月刊，这篇文章重印于该作者的遗著中，见《自然观念史》（*Histoire de l'idée de Nature*），Paris，Albin Michel 出版社，"人类进化"丛书，1969 年。

②　根据传说，公元前 322 年亚里士多德殁后，吕克昂由亚里士多德的学生和朋友塞奥弗拉斯特（Theophrastos）主持。后者在公元前 288 年逝世前，把藏于吕克昂的亚里士多德和自己的稿本托付于同事涅琉斯（Neleus），由涅琉斯带回他小亚细亚的故乡斯凯帕西斯（Scepsis），公开展览，任人抄传。后来珀加蒙王国的君主，为自己的图书馆向民间征集书籍，为了避免被征用，这批稿本就被藏于斯凯帕西斯的地窖中，一直沉睡了百余年。参见《亚里士多德全集》序。——中译注

# 第二章 作为全部外在之物观念的自然,它由外在部分组成,它外在于人和自身,是纯粹客体

## A. 这种构想的起源

我们所提到的是一种相当新近的构想,我们从不曾停止用它来进行解释。

然而,它的起源是非常古老的。我们在卢克莱修那里发现它,而且戈尔德施米特①曾坚称原子是孤立的。存在的每一片都是封闭在自身"真实"状态的整体。原子观念与个体主义之间存在着亲缘关系。并不存在自然的社会;社会是一种实用的创造(第欧根尼·拉尔修②)。因此,我们不能将社会混入自然。同样地,

---

① 参见戈尔德施米特(V. Goldschmidt):《斯多葛体系与时间观念》(*Le Système stoïcien et l'idée de temps*,Paris,Vrin,1953);另,《伊壁鸠鲁》篇参见梅洛-庞蒂主编的著作,《著名哲学家》(*Les Philosophes célèbres*,Paris,L. Mazenod 出版社,1956 年);再版于《从古代到二十世纪的哲学家》,J.-F. 巴劳德主编,巴黎,口袋书,"袖珍"丛书,2006 年,第 221 – 227 页。

② 参见第欧根尼·拉尔修:《哲学家的生平与学说》(*Vies et doctrines des philosophes*,GF),第十卷,伊壁鸠鲁,M. O. 库莱-卡泽主编,巴黎,口袋书,"袖珍"丛书,1999 年。

伊壁鸠鲁没有认识到存在于父母与孩子之间的自然情感。然而，文艺复兴并不喜欢这一方面，而是更喜欢祖国（Alma Mater）观念。

22 并不是科学发现导致了自然观念的变化，而是自然观念的变化许可各种发现。同样，正是世界的质性构想阻碍了开普勒接受万有引力定律。他没能够用存在在其中无所不在且始终同质均匀的自然，代替区分为不同质性区域的自然（柯瓦雷[①]）。

笛卡尔和牛顿提出的新的自然观念亦不是为了驳斥目的论观念。对他们而言，目的论并未被抛弃，而是在上帝中升华。新的要素在无限观念之中，这源自于耶稣基督传统。从这一点来说，自然分化为两个方面：能生者和被生者。因此，可能存在于自然内部的一切事物都可以在上帝那里找到庇护。意义藏匿在能生者之中；被生者则沦为产物，是纯粹的外在性。

然而，从人们思考无限创造的观念开始，分裂便不再是强制的，而是诱人的。能生者被生者的对立源自于 12 世纪（阿威罗伊[②]）；但是，耶稣基督观念并没设定这一分裂。在被生的自然（*Natura Naturata*）中，"自然"被保存着，这允许圣托马斯把古希腊的自然观念附加于自然之上。将会有两种关于自然的哲学：一种是描述自然，原罪之前的"自然状态"，另一种是描述原罪之后的自然，在后者中善和自然不能被同时设定。

---

①　参见柯瓦雷（Koyré）：《天文学革命》（*La Révolution astronomique*），巴黎：Hermann 出版社，1961 年。

②　参见"自然"条目中"能生的自然"与"被生的自然"部分，拉朗德词典（同上书，第 673 页）："这一表达产生于十二世纪对阿威罗伊著作的拉丁文翻译中。"

# B. 笛卡尔的自然的第一种观念

如果上帝被认为是无限的,人们便无法在他之中终极地区分出这样一些属性;只要这些属性相互区分,那么属性之间必然会有先后。由此,意志与知性就变得等同了。

这对世界会产生怎样的后果呢?由具有这种本性的上帝所产生的世界,是在目的论的秩序中被构造的。上帝的所有产物皆是他所预见的,结果与原因一起被给予。在这个意义上,世界预见了一种一致性:世界在目的性秩序中被构造,并且可能依据各种目的而被思考(拉波特[①])。

然而,即使世界完全是目的论的,目的论亦无法表明上帝中发生了什么。对上帝而言,目的和手段是无法区分的;它们的一致性是不言而喻的。上帝并不希求各种目的,因为在他身上并不存在整体对于部分的居先性,亦不存在目的和手段的分离(吉比乌夫神父的论点[②])。在人类明白了世界的和谐的意义上,"目的"这个词只对人类才有意义。然而人类不可能领会世界的内部和谐,因为人类只能把握各种部分,却从不能把握整体。人类只能领会"集合的"世界。

由此,超越了目的论的上帝并不需要看到世界的和谐,人看不

---

① 　参见拉波特(J. Laport):"笛卡尔的目的性观念"(L'idée de finalité chez Descartes),载于《哲学史杂志》,1928 年。在《笛卡尔的唯理论》(Le Rationalisme de Descartes,巴黎:法国大学出版社,1945 年)一书中,版本略有不同;该书第二版修订于 1949 年;第三版收录于"埃庇米修斯"丛书,1988 年,第 343 – 361 页。

② 　吉比乌夫(Père Guillaume Gibieuf,1583 – 1650)。——中译注

到这一点,所以人处在目的论之中。目的论在笛卡尔那里成为一

24　个无用的概念。目的论观念,如同各种可能之间的选择一样,对上帝而言并不适用,因为它既无法表明上帝中究竟发生了什么,亦无法说明人类看到了什么(吉尔松的论点[1])。

　　随之而来,自然在上帝的意象中,如果不是无限的至少是不确定的;自然失去了它的内在本性;成为上帝之中的理性的外部实现。目的性和因果性不再区分,并且,这种未分性在"机器"的形象中得以表达,它混合了机械主义和人为主义。必然有一个创造者(artisan),在这一意义上,这样的观念被赋予人性。

　　因此自然成为自在的同义词,它没有趋向,没有内在性。它不再有趋向。之前人们所理解的趋向现在是机械的东西。自然的明显区分沦为想象的因而只形成了各种法则。由于自然是部分外在于部分的,因而只有整体真实地存在。自然作为外在性的观念旋即导致了自然作为法则系统的观念。物质规律的作用自动地产生了世界图像,以至于即便上帝创造了混沌,规律的作用也会使混沌获取如其所是的世界图像。"我说明有哪些自然规律,我并不依靠任何别的原理,只是根据上帝的无限完满进行推理,力求对那些可以质疑的规律做出证明,说明它们的确是自然规律,即便神创造了许多世界,也没有一个世界不遵守它们。接着我又证明,这团混沌中的绝大部分物质必定按照这些规律以一定的方式自行安排调

---

　　① 参见吉尔松(Gilson):《笛卡尔的自由与神学》(*La Liberté chez Descartes et la théologie*),Paris,Alcan 出版社,1913 年,1987 年 Vrin 再版,第一部分,第 3 章。

整，形成与我们的天宇相似的东西"（《谈谈方法》，第五部分）。[①] 25
如果上帝是无限的，那么每一种可能世界的种种规律都源自于它。
自然是规律的自动运行，这源于无限的观念。

现在，如果人们接受世界的存在是偶然的，且是对创造者活动
的中止，那么，只要设定了一个世界的存在，这个世界的本质便以
必然的和理智的方式源自于上帝。这个世界与可能世界之间存在
着完全的相即性；因此接下来便不再需要目的论观念，也即是说，
为了给各种事物带来秩序，力的观念与事物的偶然性相对抗，这要
么假设了无序物质的观念，这种物质将会被赋予目的，要么假设了
因果秩序的观念，这一秩序并没有形成严格确定的秩序而且有待
完成（莱布尼茨）。作为规律系统的自然使内在于自然的力的存在
变成多余的，内在性只在上帝之中。

莱布尼茨在思索这一观念时写道："他的上帝（笛卡尔的）遵从
必然的和命定的秩序，通过所有可能的联合做了所有可行的和发
生的事情；然而，与其说这只需物质的必然性，毋宁说他的上帝只

---

① 笛卡尔：《谈谈方法》（*Discours de la méthode*），见《笛卡尔全集》（*Œuvres de Descarte*），第六卷，第五部分，亚当（Charles Adam）和塔内里（Paul Tannery）编，B. Rochot 和 P. Costabel 修订，标注为 AT 版，巴黎：Vrin，1966 年；再版于 1996 年，第六卷，第 43 页。另见：《哲学著作集》（*Œuvres philosophiques*），阿尔基耶（F. Alquié）编，巴黎：Classiques Garnier 出版社，1963 年；再版时由 D. Moreau 修订，巴黎：Classiques Garnier 出版社，2010 年，第一卷，第 615–616 页。

本书引用笛卡尔时同时标注了两种版本的页码，原文注释所列出版信息部分标注部分省略，译文统一版本缩写并省略出版信息：《笛卡尔全集》（*Œuvres de Descartes*）缩写为 AT 版，标注采用 1996 年最新版卷数和页码；《哲学著作集》（*Œuvres philoso-phiques*）缩写为阿尔基耶版（Alquié），标注采用 2010 年最新版卷数和页码。以下均同，不再赘述。——中译注

是这种必然性，抑或必然性原理如其所能在物质中起作用。"[1]

26 对此拉波特[2]的回应是，从混沌到秩序的流变并不是历史地发生的，而是作为本应生成的某物而呈现的。然而，上帝是否预知运动规律自发作用的后果并不重要；无论情况如何，上帝的目的仍然是不牢固的。如果人们设想上帝创造了另一个自然，笛卡尔会回应，由于自然规律被给定是永恒的，结果会是一种冲突，这一冲突最终抵达人们眼前的世界。

莱布尼茨所确立的世界和上帝之间的分界并非这样的分界。上帝并不实现所有的可能；但这一分界不可能是绝对的，因为存在着选择的理由：即最好的可能性。这意味着被实现的世界是具有最大充足性的世界。这是一个有关最大与最小的问题，它只能被"神圣的力学"所解决，基于此最重的可能进入行动之中。借由上帝的无限知性与诸可能世界之间的鸿沟来区分上帝与物质的努力，被理性的存在所削弱，而理性证实选择的实现，且内在于可疑的世界之中，并不被上帝所意愿。在这一点上，莱布尼茨和笛卡尔一样并未完全地分离上帝和物质。

马勒伯朗士评论了笛卡尔的这一文本；然而，为了为之辩护，他只是强调了笛卡尔的取向导向了斯宾诺莎主义：

---

① 参见莱布尼茨：《哲学文集》（*Philosophischen Schriften*），第四卷，Gerhardt 出版社，Hildesheim 出版社，Georg Olms，1965 年再版，第 299 页。下文引用均写作 Gerhardt，并附卷册号码。

② 参见拉波特（J. Laport）："笛卡尔的目的性观念"（L'idée de finalité chez Descartes），载于《哲学史杂志》，1928 年。在《笛卡尔的唯理论》（*Le Rationalisme de Descartes*，巴黎：法国大学出版社，1945 年）一书中，版本略有不同；该书第二版修订于 1949 年；第三版收录于"埃庇米修斯"丛书，1988 年，第 343—361 页。

"笛卡尔知道，为了恰当地理解事物的本性，需要依据事物的起源和出生思考事物，由是必须始终从最简单的事物开始，并首先抵达根据：至于上帝是否以最简单的方式逐步制造出他的作品，还是一下子生产出他的作品，人们不需要为之忧虑过甚；然而，它们以某种方式被上帝制造了出来，为了恰当地理解它们，就必须首先根据它们的原理思考它们，并且仅仅关注接下来的事情，即人们所思考的是否与上帝所造的相一致。人们知道，上帝依据自然规律 27 把他的所有作品维持在它们生存其中的秩序与处境之中，这些规律与上帝制造它们并安排它们所依据的规律是一致的：对关注地思考事物的所有人而言都清楚的是，如果上帝不是以它安排时间的方式一下子安置了他的所有作品，那么自然的秩序将会被倒转，因为维持的规律将会与首次创造的秩序相反。整个宇宙之所以停留在我们所见的秩序之中，这是因为运动规律在这种秩序中维持着宇宙，而运动规律本就可以被置于秩序之中。如果上帝已把规律置于另一种秩序中，这种秩序与运动规律使它们被置于其中的秩序不同，那么处于我们目前所见秩序中的规律的力量，会使所有事物都被翻转并被安置。"①

对我们来说，可能的发生应该像其在笛卡尔那里所呈现的那样被呈现出来，然而，这对自在而言是无效的。这是马勒伯朗士论证的第一部分。但是，在第二部分中，马勒伯朗士坚持自然规律保证了世界的持存这一事实。这表明同样的规律可以产生世界。此

---

① 参见马勒伯朗士（Nicolas de Malebranche）：《真理的探求》（*De la Recherche de la Vérité*），G. Rodis-Lewis 版，第六卷，第二部分，第四章，七星文库，第 671–672 页。

外,如果起源中存在其它规律,那么世界将会是不同的;但在事实上完全不是这样,而且在理论上,这亦无法存在。否则,上帝将不知道他在做什么,并且会表现得像个孩子一样。马勒伯朗士把笛卡尔的论点表述为世界的"理想"发生的确证,这由简单到复杂;接下来他声称这种理想的发生产生了这个世界;因此他主张实在的发生依据哲学家发现的理想规律而运行。

难道我们不需要反驳连续创造的论点吗?主张世界的存在在每一瞬间如同它在起源处那样是偶然的,这难道不也是说,创造行为每时每刻都在更新,抑或每一瞬间并不比起源拥有更多的创造?在每一瞬间持存的世界,如果它继续存在,那么它只能如其所是地存在。

这样,偶然性与必然性的主张在这里完全是同样彻底的。

笛卡尔由此承认,上帝本可以创造出与我们所想的世界完全不同的世界,"就好像一位灵巧的手表制造商,他可以用同样的方式制造两块计时完全相同的手表,这两块手表在外观上没有任何不同,却在它们的齿轮构成上没有任何相似之处。上帝拥有无限的手段,他通过任一种手段都能使世界万物以它们现在显现的方式显现,无论人类的大脑是否有可能知道上帝制造它们时愿意使用哪种手段"(《哲学原理》,第四部分,第 204 条)。[1] 但是,我们关于事物如此发生却有一种道德的确信,这是一种与破译者的确信相比拟的确信,这个破译者恰好给予如此漫长的过程一种融贯的意义(第四部分,第 205 条);我们甚至有一种"超道德的"确信,即确信上帝是"至高的善和真理的源泉",这种确信扩展到数学和物

---

[1]    参见笛卡尔:《哲学原理》。

理学中被证明的所有领域（第四部分，第 206 条）。秩序在这里是理论上的，而不需要目的性把事物放回到秩序之中。

在如下情况下存在着斯宾诺莎主义：

- 目的性是上帝的无限思维的活动；

- 自然和上帝一样是一种存在，这种存在是其所能是的一 ²⁹ 切，是完全的实证性，是本质自身，否则它根本无法存在。经验在物理学中只起辅助性作用，它帮助我们不至于在进程迷失，但它从来不曾作为证据起作用。当我们从经验论证出发反驳笛卡尔时，他回应说，这就像我们想用一把坏的角尺来证明三角形的内角和不等于两个直角的和；他的物理学就像他的几何学一样是演绎的。因而，外在的自然与《原则》[1]所言说的简单的自然是同义的，它们看起来具有同样的性质（孟德斯鸠："政府的本质使它成为自身"[2]）。实在拥有一种独特的本质，由之出发所有从属于本质的东西都可以被抽出。

笛卡尔因此导向了斯宾诺莎的实证主义。例如，他对亚里士多德的运动定义（这一定义通过运动的目的，即自然位置来定义运动，它终结于把运动转变为静止）的批判。笛卡尔说，我们在任何地方都能找到一种以它自身的消失为目的的事物。这是本质只被自身设定的观念。就如同物理学中有惯性（匀速直线运动回归自

---

① 参见笛卡尔：《探求真理的指导原则》，管震湖译，商务印书馆，1991 年。——中译注

② 参见孟德斯鸠：《论法的精神》，《全集》，R. Caillois，巴黎：伽利玛出版社，七星文库，1951 年，第二卷，第二册，第一章，第 150 页。

身），同样地在本质中有一种本体的种类。并不是原则从内部把"所是"引向非存在。所是作为其所是，是真实的。我们称之为世界的与不可能的存在的涌现并非真实存在。因此，自然观念源于给予无限的高于有限的优越性。一旦这种优越性被质疑，自然观念亦将陷入危机。

这种在肯定之中确立自身的思维在否定中只发现了不在场，30 它会与斯宾诺莎主义一起发展壮大。斯宾诺莎基于《伦理学》第三部分命题四确立了如下观念，即努力（Conatus）包含无限的时间："这一命题是自明的。事实上，因为任何物的界说都肯定该物的本质而不否定该物的本质。这就是说，它的界说建立它的本质，而不取消它的本质。"①有限的真实观念，首先被无限存在所证实：万物的本质是它"在存在中持续的倾向"，"因为这是它参与唯一存在的永恒生命的标志"，布隆施维克如是说②（亦见《给迈耶的第十二封信》，斯宾诺莎在信中提到"实存或存在的无限力量"）。由此存在之中的等级不复存在。自然在它的构造中不包含弱点。

"就像一个由齿轮和钟摆组成的钟表，当它做得不好时，在完全达到钟表匠的要求时，不能准确地指示时间，但仍严格地遵守自然的一切规律；同样，如果我把人的肉体看成是由骨骼、神经、筋肉、血管、血液和皮肤组成的一架机器一样，即使没有精神，也并不妨碍它以跟现在完全一样的方式运动，这时它不是由意志指导，因

① 这关联于斯宾诺莎《伦理学》第三部分的第三个命题的证明，这些文本是由梅洛–庞蒂本人直接翻译的。

② 布隆施维克（L. Brunsohvicg）：《数学哲学的阶段》（*Les Étapes de la philosophie mathématique*），巴黎：法国大学出版社，1929 年；再版于巴黎：Blanchard 出版社，1972 年，第 145 页。

而也不是由精神协助，而仅仅是由它的各个器官的安排来动作。因此我很容易认识到，这个身体，比如说，患了水肿病，自然就由于喉咙发干感到难受，喉咙发干通常会给精神以渴的感觉，因而趋向于引动它的神经和其它部分让它要求喝水，这样一来就加重疾病，害了自己，这和身体没病时由于喉咙发干而喝水以应其需要是同样自然的。虽然我看到一个钟表被造这个钟表的人指定了它的用途，我仍可以说，如果这个钟表走得不准，那是因为它违反了它的自然［本性］，这和我把人体这架机器看成是上帝做成的，使它在它里面有它应有的一切运动，虽然我有理由想，如果它的喉咙发干，没有按照它的自然［本性］的秩序办事，喝了有害于保持它的健康的东西，是一样的。可是我认识到，用后一种方式去解释自然［本性］是和用前一种方式解释自然［本性］很不相同的。因为后一种方式不是一种单纯的称号问题，它完全取决于我的思维，是我的思维把一个做坏了的钟表拿来跟我关于一个健康的人和一个做好了的钟表的观念相比较，而且它决不意味着任何存在于它所指的东西里的东西；相反，用另一种方式来解释自然［本性］，我是指某种真正存在于那些东西里的东西，从而它并不是没有真实性的"（笛卡尔：《第一哲学沉思集》，"第六沉思"）。①

　　生物体的趋向是由设计者的思维决定的，它与材料的趋向丝毫不相符合。这就是笛卡尔排除所有价值预测，并在自然观念中仅仅保留器官之内部安排的原因。自然具有固有的构成本性，对

31

32

---

　　①　笛卡尔：《第一哲学沉思集》(*Méditations touchant la Première philosophie*)，"第六沉思"，AT 版，第 67－68 页；阿尔基耶版，第二卷，2010 年，第 497－498 页。

此观察者所能引入的一切都只是外在的。

　　斯宾诺莎亦是如此："在自然界中，没有任何东西可以说是源于自然的缺陷，因为自然是永远和到处同一的；自然的力量和作用，亦即自然的规律和法则……是永远和到处同一的。"①自然中没有缺乏，缺乏假定了一个揭露缺乏且为某物之不在场而感到惋惜的主体。为了理解各种事物的自然（本性），手段到处都一样。自然的这种同质性，看起来似乎与作为整体的人的身体的原本性背道而驰（因此，[《伦理学》中]有一部分专论人的情感②），事实上却在这种原本性中扩展。人类并不是"王国中之王国"③（同上）。当然，人的情感具有各种确定的属性，如同我们的知识与所有其它事物的属性相称，但这些情感皆源于"自然的同一的必然性"④（同上）。人类制造活动之前的原始世界的观念，被笛卡尔主义者以自然的无限生产性观念表达，这种无限的生产性通过自然的永恒性，是其所能是的一切。

## C. 笛卡尔主义的第二种启示

　　直到现在，自然一直是向纯粹知性呈现的自然，是自然之光构33　想的自然。除了通过理智的广延进入可能的世界，笛卡尔还认为事实上的实在世界和现实的广延具有原本性。正如马勒伯朗士对

---

①　参见斯宾诺莎：《伦理学》（*Ethique*），第三部分的序言，梅洛-庞蒂译。
②　见《伦理学》第三部分，"论情感的起源和性质"。
③　同上书，第 96 页。
④　同上书，第 97 页。

麦罕的道笃所说："广延的立方尺事实上是更广阔的广延的一部分，而不是对后者的修正。"①主体和现实的广延有一种与理智的广延完全不同的关系。当人们进入由感官所知的世界时，人们便拥有了第二种意义的自然。

一想到空间，我们就想到了精神的统一体（《几何学》，1637）；一旦我们看到它，我们就发现我们面对的是并置的部分。在实在广延中的行动模型只能是运动：因此这是笛卡尔式的机械主义。与此相反，斯宾诺莎没有认识到实在的广延和思维的广延之间的对立。这两个项之间的关系是一种完全不同的关系；这是一种内在的关系，是观念和观念物之间的关联。理智空间的观念和被感知空间的观念只是由或多或少地有限的观念化之间的差异分开的。同样地，斯宾诺莎那里也不存在机械主义：数学包含了全部。物理活动不再被还原为运动的传输，而是被还原为理智关系。可能的和现实的亦是等同的。

这种实在论是不是留存下来的呢？显然，笛卡尔式的机械论在狭义上是通过简单机械来解释世界，它并不许诺科学的未来。然而，耐人寻味的是他对世界的理想化表达出一种拒斥。我们并不处于与思维相关物的关系之中，而是处于种种实在的关系之中。这是在三维广延中不可还原的实在，是只能由纯粹精神所把握的实在。当康德指出在空间对象中存在着抵制纯粹知性的事物时，

──────────

① 马勒伯朗士：《与德梅朗的通信》(*Correspondance avec J. J. Dortous de Mairan*)，第三封信，巴黎：Vrin 出版社，1947 年。《文集》(*Œuvres*)第二卷，G. Rodis-Lewis 编，巴黎：伽利玛出版社，七星文库，1992 年，第 1115 页。《行为的结构》也引用了这一文献，第二版，巴黎：法国大学出版社，1949 年；再版于"战车"丛书，1990 年，第 212 页，2013 年新版，第 298 页。

他想要表达已是如此。对纯粹知性而言,感性显现为缺乏;斯宾诺莎将会说,这仅仅是对不规则和非存在的抽象。但在另一种意义上,非存在、非思在。对理智来说消极的东西,对生活来说则是积极的。这里存在着人类构成的观点,在它之中现实的实存之物——尤其是我的身体将会显露出来。灵-肉的构成,水肿的人想要喝水——这是自然的谬误。人们有两种方式来理解一个人,理解一个具有双重自然的人。广义上的我的自然,是作为纯粹的知性和它所设想的一切;狭义上的我的自然,是灵-肉的组合。那么,这两种自然之间会形成怎样的关系呢?

在《第一哲学沉思集》中,观点的变化能够清晰地被看到。在第一至第三沉思中,笛卡尔把自然之光作为参照术语;在第三至第六沉思中,自然倾向着力使人相信我的身体的外部世界的存在。空间在我的身体中具有完全不同的意义。我称之为我自身的身体召唤一种不再是部分外在于部分的新的空间类型,它不再是如同绘画一样的精神广延:我就是我的身体。无论外部自然是什么样子,人们至少在人类意义上发现一种不再显现对象特征的自然,即为我们的自然。这种秩序的变化是非常特别的。笛卡尔接受了他在前三个沉思中明显拒绝的推理方式。在后三个沉思中,对现实世界的存在而言现实世界施加于我们之上的压力是一个有效的论证,而在前三个沉思中,这一论证因其可疑性而被拒绝。

准则的这种翻转是如何可能的呢?以明证性之名,如何给含混之物允诺一种价值,而不至陷入矛盾之中?如果这是不可能的,哲学会发现自身被一分为二。

盖鲁①尝试解决这一问题。自然之光教给我们的是不容置疑的明证性。所有清晰的和分明的观念告诉我们的都与存在有关；然而，在我们的观念之中仍有一种剩余。这种剩余并不是对清晰观念的违背，因为通过知性它能够被思考：

"为了说明一物是无限的，人们就必须拥有某种识别它的理由，这种理由人们只能从上帝那里获得；而为了说明一物是未限定的，只需表明人们找不到理由证明它包含边界即可……不曾有任何理由用以证明，亦不能设想世界有边界，我由是把它命名为无限定的。然而，我不能否认也许存在着关于它的某些原因，它们为上帝所知晓，却对我而言是不可理解的：这就是我没有绝对地说它是无限的原因。"②

这另一种情况并不是前三个沉思所论的反面；因此，它并不是不可能的。

这样，真理的定义便变化了。那时人们断言只有我所理解的才可能是真的，现在人们认为只有我不能理解才是真的。 ⁣36

盖鲁对此的辩驳是，外部世界的存在并不比上帝的存在较少明证。当然，外部世界的存在只能通过它的中介被认识，但它同样是确定的。它只是理性链条上不那么直接且距离更远的真理，但同样确定，如果我们不迷失论证的线索的话。现实世界的存在无疑假定了另一种秩序的明证性，但是，这个秩序并非完全不同的，

---

① 盖鲁（M. Guéroult）：《遵循理性秩序的笛卡尔》（*Descartes selon l'ordre des raisons*），2卷本，巴黎：Aubier出版社，1953年。

② 笛卡尔："1647年6月6日给沙努的信"，AT版，第五卷，第51－52页；阿尔基耶版，第三卷，第736－737页。

因为它仍然隶属理性链条之中。因此，显然有两个真理的领域：一个是绝对真理的领域，另一个是非假的领域，非假的领域由于是非假的，或能被认作是真的。实证性被否定之否定所替代。但是，出于神圣的担保，笛卡尔完全遵循理性的秩序。正如盖鲁所说的那样，笛卡尔的理性主义仍然是严格的，即使它并不是绝对的。[①] 对清楚和分明的同样要求驱使我们从第一类型的明证性进入第二类型的明证性。后一种明证性给了我们一种确定的证据，这种证据不是理性的，却能被理性所辨认。驱使我们相继援引自然之光与自然倾向的是相同的原理。唯一的错误在于，认为它们适用于共同的领域、相同的范围：当笛卡尔用理智来辩解（sophistiquer / sic）感觉，用感觉来辩解理智时，他所犯的是同样的错误（参见帕斯卡对笛卡尔这一观点的评论）。[②]

　　然而，可能存在两个清晰和区分的范围吗？并置它们是不可37 能的。同时依据第一种和第二种秩序进行考虑是困难卓绝的。在把灵魂和身体思考为两种不同的事物时，设想它们仅只是同一种事物——这是相当困难的。然而，两者的联合和区分都被把握到，即使这两者是无法同时被思考的。

　　但是，人们会说，至少可以个别地思考它们。这是确定的吗？困难在于如何返回感觉的真实内容。感觉能够是真实的吗？"真

---

　　① 盖鲁：《遵循理性秩序的笛卡尔》，同前引，第二卷，第 299 页。"因此，笛卡尔的理性主义是严格的，并不因为它是绝对的……"

　　② 参见帕斯卡：《帕斯卡尔思想录》，何兆武译，湖北人民出版社，2007 年，第 17－20 页。帕斯卡在"灵魂与身体：人的两种相反的品性"部分，评论了错误的看法和观点。帕斯卡并没有直接指涉笛卡尔，或者明确地评述笛卡尔，然而，笛卡尔显然是错误观点的代表。——中译注

实"这个词不是保留给知性的吗？盖鲁和笛卡尔要求我们不要混淆这两个领域,如果感觉以它被给予的方式被把握,即同时且不可分地混杂着生动的状态和知识,那么混淆是不是就可以被消除了？

问题在于把握感觉的真实自然(本性),人们在灵魂与肉体的理论重新发现了这一点。

联合必须是真实的,是一个混合体,一种交感(contamination)。必须承认一个既不是精神也不是肉身的新的存在。但是,感官性质被自然之光拒之门外。如何在"第六沉思"中把握主-客体呢？当笛卡尔指出我们的身体具有一种致盲的明证性时已经表明了这一困难。笛卡尔竭力承认第二种秩序的关系,且并不放弃第一种秩序。他把身体设定为关联于所有其它身体的外在性,设定为与所有其它身体相区别的身体。精神和身体变成互为手段和目的。通过这种目的性的交织,一种新的关系类型在身体之中确立。人的身体的统一性与身体的统一性不同。"我们的身体,作为人的身体,当它与同样的灵魂结合时就始终是同样地数学的。而且,在这个意义上,它是不可分的：因为,如果人们切砍掉一个人的胳膊或者腿,我们完全可以思考他的身体被分割,这是在第一意义上使用身体这个名称,而不是在第二意义上使用；我们并不认为砍掉一个胳膊或一条腿的人,比其他人更不像人。"[1]身体的这种统一性应归功于灵魂的存在；不能在动物身体的可分性中发现这一点。难道人们要朝向一种超空间的身体,它相关于身体却不再是

38

―――――――――

① 笛卡尔："1645 年 2 月 9 日写给梅朗神父的信",AT 版,第四卷,第 167 页；阿尔基耶版,第三卷,第 548 页。

身体？

　　然而，对文本的仔细阅读，使人们不能接受上述建议。那么就事实而言，我们如何思考我的身体的一部分是纯粹物质，另一部分则是心理的实体？如何思考灵魂的广延？人们不能在有限的意义上使用这一表达，就如灵魂不可能在两个不同的地方并存那样。从灵魂的角度看，灵魂的广延是一种准空间，但这只是从灵魂的视角来看。这些表达都只是思想。人们可以说灵魂穿着身体，如同脚穿着鞋子。鞋子是机械地制造的，但是给人的印象是鞋子是为了脚而被制作的。①

　　但是，一个新的困难也由此而生：如果人的身体是机器，如何维持人的身体的特性？难道不是身体不仅被灵魂所激活，而且在身体之中已然存在这种不可分性吗？而这正是与实在的广延观念不一致的地方。

　　因此，笛卡尔尝试去理解统一，并不是从灵魂出发，而是从身体的观点——即从外部出发。从这一点来看，灵魂和身体的不可分的联合并不扩展到整个身体，而是归结为一个单一的点：松果腺。

　　但是，在这两种情况中，两种虚构是同样地不充分、不清晰且无所区分的。缺失的是一种共同的标准。

　　笛卡尔关于人的身体的陈述似乎是标志着与他自然观念的断裂。因此，笛卡尔不仅需要赋予身体以广延的属性，而且需要困难地赋予它以灵魂的属性。

————————————

　　①　参见盖鲁，上文引文，第二卷，第 181 页。

笛卡尔抛弃了唯物主义的观点，因为在我的灵魂和身体之间存在着从手段到目的的独特的关系。同样在自然的知觉中：目光的汇聚形成一种"自然判断"。[①] 自然知觉中并不涉及知性行为。万物都是通过这样的方式被自然所制定的，当我拥有这样的肌肉设置时，我便拥有对象的常规视觉（参见：笛卡尔的《屈光学》）。在对距离的知觉中，思维服务于身体，依据神经机器的设置而起作用。身体成为灵魂的手段。疼痛同样如此，它表明在灵魂和身体之间确实有目的性。肉体是作为灵魂的工具起作用。由此得出身体的新属性：不可分性和功能性统一体。笛卡尔把精神重新理解为"身体的形式"。[②] 我们已经远离了笛卡尔把身体抛离于我们之 40 外的禁欲主义。

只是，这样的努力不能被推得过远，否则人们将会放弃在开始时设定的区分。联合的身体并不是身体自身，而是被灵魂思考的我的身体。灵魂把目的提供给我的身体；但身体就自身来说仍是一个身体。并不存在遗传学的目的性：人的身体像其它一切一样机械地被制造。空间中并不存在灵魂的真正广延："精神为了设想身体的部分并不需要具有部分。"[③]身体的统一性仅仅是一个概念。同样地，《第一哲学沉思集》对自动机的描述仍然是真实的。

---

　　① 参见马勒伯朗士和梅洛-庞蒂的这一概念，《马勒伯朗士、比朗和柏格森论心身统一》(L'Union de l'âme et du corps chea Malebranche，Biran et Bergson)，让·德普(Jean Deprun)收集并整理的笔记，巴黎：Vrin 出版社，1968 年，修订增补于 1978 年，第四章。

　　② 例如，1645 或 1646 年写给梅朗的信，同前引，AT 版，第四卷，第 346 页；阿尔基耶版，第 630 页。"人的身体的数学统一并不依据它的质料，而是依据它的形式，即灵魂。"

　　③ 参见盖鲁，同前引，第二卷，第 188 页。梅洛-庞蒂着重强调。

因为当我把我思投向自我之外时，我认为对我而言存在着他者。他人的身体仍然是一个身体。身体尤其对它自己成为与简单广延相区别的事物；如同人们看到的，混合离得并不远。笛卡尔事实上放弃了身体统一性的解释。统一性只是源自于灵魂，对动物而言是毫无价值的，由此排除身体与灵魂的实在的真实联合。如果要实现这种联合，不仅灵魂要被想象为下降到身体中，而且身体要进入灵魂之中。对笛卡尔而言，这是不可能的。因此并不存在真实的联合：只有一种简单的并置。那么，如斯宾诺莎认为的那样，身体难道不是我的纯粹理性的模型吗？如果笛卡尔的哲学必须与斯宾诺莎主义保持不同，那么这个问题必须以一种与这种明显的解决不同的方式被解决掉。事实上，笛卡尔仍然是犹豫不定的：他并41 未对灵-肉联系的两种形式做决断；对我来说，灵魂居住于整个身体，但对他人而言，灵魂只是在一点上居于身体之中（这是一个与灵魂极其相似的不匀称的点）。最终，他出于自身的立场而抛弃了这个问题。人们无法设想这样的混合物：生命的非理性主义是严格理性的平衡者，它只能被分析。

# 结 论

这就是自然观念的构成性意义：自然之所是源自于无限上帝的各种属性，——也就是说，一旦我们从原生者的角度思考自然时。人们观察其余部分：生命、目的论的秩序。在此从人的视角出发对目的论的放弃第一次显现为无效的。目的论是属人的。自然观念仍未受损害。

# 第三章　人文主义<sup>①</sup>的自然观

## A. 康德的观念

在笛卡尔那里，人文主义是在光的理智世界中产生的任务。与此相对，在康德那里，人文主义则处在中心：正是人这一主体承担着存在。

### 1. 哥白尼式革命的双重意义

哥白尼革命可以有两种意义。

#### 1）人类学的意义

从人们把存在建基于人之上开始，人们便无法再从存在概念开始。这样一个仅就自身被思考的概念是空洞的。只有通过经验（Erfahrung）或"感觉经验"，存在对我们来说才有意义。实存不是一个谓词；人们不能置身于存在之中：必须借助经验来限定存在的

---

① "Humanisme"德文为"humanismus"，这个词的译法既有"人文主义"，也有"人道主义"，学术界对此不乏争论。因这个词随历史语境而变化，本书并未固定它的译法。当这个词被用来指向一种世俗的文化运动，关联于神圣叙事和主体等问题时，本书将其译为"人文主义"；当这个词被用来泛指人的尊严和价值等，并与存在问题息息相关时，本书将其译为"人道主义"，以便和具体讨论相契合。——中译注

意义。存在只有被感性直观具体化时才有意义。这种秩序表现为
"人类构造"的偶然特质。我们身上有两种成分：被动性和自发性。
被动性显示我们的限度，某些事情是无法预先知晓的。由此，可能
44 思维(它走得很远)的力量与现实思维(它受到限制)之间存在着对
立。我们的知性是推论的——它接受杂多，它被置于杂多之上，而
不能创造杂多。我们的经验中存在着某些原始的关系(参见"对称
物体悖论"①)。我们只能在经验中安置自身。

对自我来讲也是这样。并不存在我自身与我自身的一致。自
我是一个非限定的、经验的直观。我既不拥有通往世界的钥匙，也
没有通往我的自我的钥匙。我所把握的仅仅是一个现象(Ers-
cheinung)②。我只能在自我所产生的东西中把握自我的统一性。

在自我本身的体验与世界的体验中存在着真实性。似乎所有
知识都建立在对我而言独特的构造之上。初看起来，哥白尼革命
可能表现为心理学反转。这并不是首要的意义。但是，这一意义
为"先验感性学"的论点所指明。(参见"构造"这个词)③

2) 作为绝对者的主体

如果只有人类的现象，那么就不再有任何其它事物可作参照

---

① 参见康德：《任何一种能够作为科学出现的未来形而上学导论》，第 13 节，柏林
科学院 AK 版，第四卷，第 285－286 页，J. Rivelaygne 译，《哲学著作集》，阿尔基耶主
编，巴黎：伽利玛出版社，七星文库，1985 年，第二卷，第 54－55 页。[中文版，庞景仁
译，商务印书馆，1982 年，第 47 页："因此我们对于相似、相等、然而不能相合的一些东
西(比如两个彼此相反的螺旋)，它们之间的差别是不能通过任何概念，而只能通过直
接见于直观的右手和左手的关系来理解。"——中译注]

② 现象(phénomène)，显现(manifestation)。

③ 参见康德：《纯粹理性批判》，先验感性学，《哲学著作集》，A. Delamarre 和 F.
Marty 译，巴黎：伽利玛出版社，七星文库，1980 年，第一卷，第 784 页(柏林科学院 AK 版
第三卷第 52 页)、第 789 页(AK 版第三卷第 56 页)和第 801 页(AK 版第三卷第 65 页)。

术语。这种相对主义如果被审慎地对待时就会被推翻。我能进入
的现象都是一种构造，而非任意的东西；我可以返回到现象，亦可
以参照它们。现象并不是外观。我在自我中携带着作为参考项的
"对象"的可能性。这种"与对象的关联"是意识的特点。从对象仅
仅是我所感知到的东西开始，这个对象是对我而言是唯一能够有
意义的事物，而且它与人们称之为真理和存在的所有事物共
存——在这种情况下，便不再有任何怀疑主义质疑的风险。我的
主体性显现为判决的力量、制定法则与设定世界观念的能力，我通
过自身的绵延而与这个世界相关。

在这个意义上，哥白尼革命全然不是偶然地返回到人，而是返回
到具有构造能力的人。向人类的返回显现为返回到在我们之中的能
生者。当然，康德并没有抵达绝对创造者的能生者观念，但他导向了
这种观念（这是拉雪兹-雷的观点[①]）。在这里，康德转向一种绝对者
的形而上学，绝对者在其中不再作为实体而是作为主体被思考。

这两种意义是必然的。心理学的相对主义无法继续。一段时
间之后，人类的表象成为存在的同义词。同样地，先验的相对主义
无法与所有知识由之开端的相关物分离开来。康德哲学具有上述
两种意义。他在人类的偶然性（quid facti）中发现了一种设定的力
量（quid juris）。人类是一种事实性，它赋予自身正当的价值。

与哥白尼革命的这两重意义相对应，"自然"这个词也具有两
种意义。

---

　　① 　参见拉雪兹-雷（P. Lachièze-Rey）：《康德的观念论》（L'Idéalisme kantien），巴
黎：Alcan 版，1931 年；巴黎：Vrin，1972 年再版。

46　　1. 与第一种意义相对应的是自然概念的贫乏。如果我们决定把所有的都当作人类的表象，那么自然将显现为感觉对象的总体(Inbegriff)①。自然是一个感性存在所感之物，是知觉的简单相关项。这个概念失去了它所有的原始性。

　　2. 与第二种意义相应，自然将会是知性的合法活动所揭示的意义：即各种自然概念(Naturbegriffe)。存在先天的自然。这使自然变得更丰富了。自然作为一个蓝图存在于我们之中并包含一种稳固的结构，康德无疑高估了这个结构的稳固性。参见"自然的第一原理"②的演绎，康德从知性原理出发，力图对笛卡尔、牛顿和莱布尼茨曾经引入自然的所有内容予以说明。他甚至寻求对吸引力与排斥力结合的推演，尽管他最终断定这是一个谜。布隆施维克称这是"建构主义者的幻想"，它显示出"亚里士多德逻辑学与近代机械论之间古怪的相似性"。③

　　因此，"自然"一词的双重意义造成了歧义。一方面，自然是只
47 能通过我们的感官而被说出的东西；因而这个概念是不可知的。从任一方面来看，都存在着我们无法知晓的偶然的东西。另一方

---

　　①　参见康德：《判断力批判》，导言，第二部分，AK 版，第五卷，第 174 页；J. R. Ladmiral, M. de Launay 和 J.-M. Vaysse 译，《哲学著作集》，同前引，第二卷，第 927 页："自然作为一切感觉对象的总和。"1956－1957 年的《课程摘要》和《符号》也引用了这一表达。《课程摘要》，巴黎：伽利玛出版社，1968 年；再版于"如是"丛书，1982 年，第 101 页。《符号》，巴黎：伽利玛出版社，1960 年，第 217 页；再版于"随笔"丛书(Folio Essais)，2001 年，第 280 页。

　　②　参见康德：《自然科学的形而上学第一原理》，AK 版，第四卷，第 467－565 页；F. de Gandt 译，《哲学著作集》，同前引，第二卷，第 347－493 页。

　　③　参见布隆施维克：《人类经验与物理因果性》(L'Expérience humaine et la causalité physique)，巴黎：Alcan 出版社，1922 年；再版于巴黎：法国大学出版社，现代哲学文库，1949 年，第十一卷。

面,自然作为构造物被认识:这是斯宾诺莎主义的回归。康德的全部哲学无不是统一这两种意义的努力。

## 2.《判断力批判》

《判断力批判》是联系这两种意义的一种努力:判断力在接受性与自发性之间,在知性与理性之间建立联系。

"规定性判断"沉湎于其构造中的二择一:要么是构造,要么没有世界。尽管存在着风险,但是完全有必要去冒这个风险。正如拉缪所说:"存在或者不存在,自身和所有事物,人必须做出选择。"①

"反思性判断"没有规则。它无法迫使人类去选择。反思选择的不是规则,而是准则,我们遵循准则是有好处的而非不用受迫。由于这些判断,人们在对象中发现了各种属性,它们召唤一种区别于外在性的关联。因此,在生命存在的各部分之间存在一种关联,这种关联是内在的关联,它使我的知觉与理性诸要求是一致的。判断力正是这种反思,我通过这种反思发现,在构成性元素之外存在一个无可置疑的人类学属性的新层次——这些属性以外在的方式自我设定,尽管它们仍然是由每个人所设定的——以至于任何人类反思都被引入去设定。所有与我们的知性具有相同属性的知性都被引向对这些属性的设定。因而这是明显的目的论。我赋予反思判断力对象的各种属性,正是人类的属性。这里,判断仍然是主体的,但这是所有人的主体性。我们的倾向与现象相一致。这

---

① 拉缪(J. Lagneau):《著名课程与摘录》(*Célèbres Leçons et Frangments*),法国大学出版社,1950 年,第二版修订和增补于"现代哲学文库",1964 年,第 153 页。

里存在着一种"偶然愉悦"的体验。[1]

康德接着提出如下问题。构造的观念论并不需要一种判断力的批判，因为它自身是构造的。对它而言，并不存在问题。要么存在是自为的存在，要么存在并非如此，那它对我便什么都不是。因此存在与自为的存在是等同的。通过《判断力批判》，康德认识到把自身限制于这个最后通牒是不充分的。被构造之物与被给予之物两者的一致性并非一切——并不是要否定它，但这里还有一点蹊跷。判断是一种能力，它与感觉的协调一致是一种偶然的愉悦。这里的问题在于哲学地确立目的论状态的这种偶然的愉悦，以便有能力判断在自然中发现的是一种简单的因果机械论，还是一种目的论的机械论。

康德为自然概念（而非在其中）引进了目的论。目的论并不归属于自然存在，但我们应当仅仅关联于自然存在来思考目的论。在《有机体的结构》一书中，戈尔德施坦[2]说目的论没有领地（Gebiet），而是在自然中拥有土壤（Boden），这事实上未言明地参照了康德。

康德在《几何学》中坚称，当同样的原理源自于平行结论时，人

49 们倾向于谈论目的论。事实上，我只在一个不相交的领域，在本质与属性的精神领域思考这种情况。例如，在几何轨迹中，属性联合

---

① 康德:《判断力批判》，AK 版，第五卷，第 184 页（注释说明，这个表达并未出现在上文提到的《哲学著作集》中，同前引，第二卷，第 939 页）。［中文版参见，邓晓芒译，人民出版社，2002 年，导言第四节，第 23 页，"对自然与我们认识能力的这种只被我们看作偶然的相一致感到愉快"。——中译注］

② 戈尔德施坦（K. Goldstein）:《有机体的结构》（*La Structure de l'Organisme*），伯克哈特［E. Burckhardt］和昆茨［J. Kuntz］译，伽利玛出版社，1951 年再版于哲学文库；1983 年再版于"如是"丛书。

并不包含目的论的成果,因为多样性源自于我演示的地方。然而,如果人们称圆是实存的对象,其所关涉的便是自然中的一种存在;事实上,仍然是我绘制了这个圆,它的属性源自于我的演示。在这种情况下谈论目的论是一种滥用;真实的目的论的存在,需要各个关联项之间存在要素的内在性,这即是谈论目的论时的形式因。

物理学要成为可能,在被记载的规律与被观察到的事实之间必须存在一种不断提升的概念化。知性希望经验是可能的。这一要求如何得到满足?这些自然规律如何统一在一个系统之中?在科学家的计算模型中有某些混乱的东西。这是一种依赖于确信能够运用类比的思维过程。康德询问:这些规律为什么彼此区分,以至于它们无法相互化约?康德认为人们有权期待自然的和谐,但这只是一个准则:自然按照最简单的规律运行。这个命题是最简单的,但仅此而已。

人们只承认在活的有机存在中有目的性,因为一个活的存在同时是它自身的原因和结果。现象 A 起因于现象 B,现象 B 则起因于现象 A;因果性自我二分并返回自身。但是,因果性的这种分裂意味着我们不再处于因果性之中;自然存在在它们自身中拥有其内在的因果性,它们自身的合法性(Gesetzmässigkeit)。外在性中存在一种内在性。这是如何可能的?如果人们想要谈论一种有机论,必须把总体性当作知识基础(Erkenntnisgrund)①。这种有机论不是艺术的产物;自然技术的观念是不充分的,因为被加工的对象是用来生产艺术的对象,而被加工的对象作用于自然质料之

① fondement de connaissance.

上。在有机论中，工具内在于质料，质料自然地被给予工具（Natur-
vollkommenheit）①。目的论不是作为自然现象的产品模型被给
予，因为经验需要一种普遍化的因果性。在因果论和目的论之间
存在二律背反。这两个术语（命题和反命题）不应被看作是对规定
性判断力的确认，而应被看作是对反思性判断力的确认。可以确
定一根草径②是不能被因果分析还原的。因果分析当然是无限
的，但它无法达到自然目的（Naturzweck）③。这个二律背反的解
决方案存在于人类知性的有限性之中，而存在中则无物被确认。

　　这一分析使判断力从自然现象返回我们的简单认识能力。如
果想要避免两种对立原则（目的论和因果论）的冲突，不仅需要不
再拒绝物自体（独断论），而且需要在由内部看到杂多的理智原形
（intellectus archetypus）周围划定现象时，思考自然的另一种基
础。为了把全部重要性都给予二律背反的解决方案，便不能停留
于不可知论的层面，而必须认为一种建筑术④是可以想象的，在这

---

①　perfection de la Nature.

②　康德：《判断力批判》，AK 版，第五卷，第 400 页；菲洛年科译，Vrin，1993 年，
§75，第 336 页。"期望有朝一日还会出现一个牛顿，他依据不受任何意图所安排的自
然规律，而使哪怕只是一根草径的产生得到理解——这对人类来说是荒谬的。"《哲学
著作集》，同前引，第二卷，第 1197 页。

③　Fin naturelle.

④　建筑术是一个来源于古希腊的词：ἀρχιτεκτονικός（arkhitektonikós）由两个古希
腊词组成的："archi"意为首领或者主要，而"tekton"意为建造者或者工匠，它基本上意
味着"主要的建设"或者"首要的建设"。
　　康德创造性地赋予了这个词新的含义，《纯粹理性的建筑术》部分，用它指的是一切
知识作为一个系统的统一性。康德既强调它是从纯粹理性中构想出来的，同时指出统
一性的实现需要图形化的结构。因此，建筑术通常被理解为一种结构化的系统，它指
向各种知识在系统中的秩序、关联和界限等。参见康德：《纯粹理性批判》，邓晓芒译，
人民出版社，2004 年，第 628－631 页。
　　本书首先在康德意义上引出这个表达，并在自然反思的推敲中丰富了它的面向。
这个词将会在下文中多次出现，当它侧重于系统结构时，笔者将其直接翻译为"结构"；
当它关联于系统的统一性，有时和结构同时出现而又区别于结构，指向系统性的秩序、
关联和界限时，译文则保留"建筑术"这个译法。下文均同，不再赘述。——中译注

种建筑术中，因果论和目的论之间的上述断裂便不复存在，这两者全都在一种超出人类知性的生产思维中被克服。对人类而言它们被排除在外，但我们不得不放弃可理解性的理想（一致性的基础[Grund der Vereinbarkeit]）。因此谢林在《判断力批判》第76节中选取了他的出发点，并在直观的知性中确立自身。但对康德而言，我们并不拥有直观的知性，而只能消极地设想它。

正是从目的观点出发，人们在生物中知觉到相似之处。康德预见了进化论思维，但他在其中只看到混乱。人们根据因果性来思维。由此确立物种（相似物）之间的类比就是合乎逻辑的。或许应该将此解读为家族亲缘关系（物种演化的观念），但这种家族衍变绝不是从物种本身出发的解释。我们能够引入一个始祖（Ur-mutter）概念[1]，一个所有物种的原型（Urbild）概念[2]，这即是人类的物种。那么各个物种之间的亲缘关系便不是决定性的；一种反向的关系也完全是可能的。

自然为我们提供了一种分散的（zerstreue）目的论。这是一种鬼神学，充满着各种超自然的力，而没有任何力是超自然的。在这一知识领域，人必须是多神论的。但在另一方面，完全不存在目的论生产的模型。没有活性的物质，因为所有物质都是惰性的，即使人们通过因果论扩展了一种在自然中起作用的力量，要么这种力量是已然安排的，那么就会从中产生一个问题，要么它不起作用。这是不可避免的。

---

① Mère originaire.
② Modèle，mot à mot，image originaire.

　　顺着目的论尝试思考自然，人们只获得了模糊的概念。为了赋予目的一种真实的意义，人们需要返回人类。但是，不能再把人当作一种现象，而是应当把人当作本体。目的的真实王国是内在的人：作为终极目的（Endzweck），[①]作为自然的"最终目的"，它因而不是自然而是无根的纯粹自由。它重新接受了自然含混的运动。正是责任和自由的立场使人类存在离开自然因果而抵达目的。如果我能够不再依据责任和自由行动，那就只剩下鬼神学和各种宇宙力量的攒动。

　　目的只有通过自由和道德人的决定才位于思想之前。人类是反物理学的（Freiheit）[②]，它在自身与自然的对立中完成自然。人通过使自然融入一种并非自身的秩序中，通过使自然转变为另一种秩序而完成自然。这是一种人文主义的思维。人类重新引入有目的的自然概念，而不顾笛卡尔主义的还原。但是，这仅仅是人类的目的。

　　在唤起超感性的知性的可能性之后，康德的结论是严格的人文主义的。康德使人类与宇宙对立，并使所有目的论的内容建筑在人的偶然性——即自由之上。

## B. 布隆施维克的观念

53

　　布隆施维克面对的是康德和后康德的科学。他的结论是人们

---

　　① 参见康德，《判断力批判》，AK 版，第五卷，§ 84，第 436 页；《哲学著作集》，同前引，第二卷，第 1239 页（菲洛年科在他的新译本中译作"but ultime"）。

　　② Liberté（自由）。

应当放弃知性先天结构的观念。问题不再是自然诸原理的系统，这一系统是以确定的方式并且作为整个自然的构架而被获得的。不应给自发的知性活动设定任何界限，在布隆施维克那里，这种活动变成一种普罗透斯[①]。

故此，整个康德的区分都将不复存在：必然与经验、反思性判断与规定性判断、形式与质料、可能与现实、必然与偶然之间的区分。所有这些区分都会被擦除和调停。布隆施维克用否定性来界定知性。对他而言，不再有概念（因果性、空间、时间等），而只有各种判断。

通过这种变革，他消除了康德式的人类学–神学，这作为对自由认识的召唤而带来了上帝与目的性。对布隆施维克而言，人文主义是根本的。一切同时被构成和被给予。康德式的被给予与被构成之间的差距不复存在，正如理论与实践、自然与自由之间的差距不复存在那样，因为在知识的话语性和自由行动的范畴性中，后一种区分已经与前一种区分相连。在科学与道德中存在同样多的自由，道德与科学同样都是范畴的。人文主义变成同质的。

由此的结论是：

## 1. 空间概念

54

在康德那里存在着问题，因为空间首先是感性形式，是我们的人类构造的一种原始所与物；其次，它不再是偶然性而是内在的必然性，与一个对象对我们而言的构造可能性同义。它还有一种本

---

① 荷马的《奥德赛》（4：412）。

体论的意义，因为没有它就没有存在。康德因而在空间的事实性
与理想性之间，在两种不可能调和的解释之间犹豫不定。

依据布隆施维克，这些困难源自于康德相信能够谈论空间，能
够以纯粹直观把握空间，能够形成"形式的直观"。康德认为人们
至少能够在理想上区分事物与空间、空间的容器与内容。

对布隆施维克而言，即使在理想上也只存在被居住的空间[①]：
"判断哲学避开二律背反，或者更确切地说，二律背反避开判断哲
学，因为判断哲学不是把分析将之拆分为各种元素的几何空间当
作整体被给予的，而是把产生空间的行为置于起源。"[②]空间概念
是张力的符号，它是一种由我们的思维延展而超越自身界限的肉
身经验。"我们的身体是工作的器具，我们借助它来组织我们的日
常生活，它位于参照的中心位置——空间在它的关联中确定自身
的基本维度。阻止两面三角形叠合的朝向的多样性显示了一个不
可还原的这里，这是机体生命为理智化努力所给出的限度。"[③]

正是由于人们设定了封闭在自身的空间直观，因而人们转向
设定各种选择项——科学家深陷在这些选择项之中。"当空间直
观不再封闭于自身，强求一种唯一的、排他类型的宇宙表象时，物
理学家便不再摇摆于牛顿的绝对与笛卡尔的相对之间——牛顿的
绝对是自相矛盾的，笛卡尔的相对同样显得令人困惑；因为笛卡尔
的相对从被度量的东西，即绝对相对的空间出发，强制设想一种没

---

① 参见布隆施维克：《人类经验与物理因果性》，同前引，第五编，第七卷，第47
章，"空间的定居"（*Le Peuplement de l'espace*）。

② 同上书，第479页。

③ 同上。

有任何触点、没有任何参照基准的空间：绝对相对的空间是为实现真实的度量而被构造的，却使度量在事实上不再可能。人们之所以被迫陷入完全绝对的空间与完全相对的空间之间无法决定的选择，首先是由于人们使空间脱离了协调活动，这种协调活动无疑会被人类延伸至无限，但它却在有机体中拥有其起源和视角的核心。空间与我们的身体相关，它相对于这个身体，是被给予之物。"①

同样，这种解决方法使我们摆脱了另一种让人失望的抉择：要么必须把广延的物质设想成在无限中延展，要么必须把空间还原为有限的物质？无论如何，都不能把空间设想成一种容器。空间既不是有限的，也不是无限的。空间是未限定的，因为空间从来不曾先于非空间的主体而被设定。

## 2. 时间概念

56

时间中也存在同样的含混性：时间被康德定义为一种时间模型，我们的体验被强行置于这一模型之中。但时间也被定义为"在感觉中发生的事实，如同一条由上游流向下游的河流"。② 时间是依据自身的属性而被人思考；人们不能用概念来想象它。我们的思维依赖于一种时间体验，它不能被还原为理智的明证性：没有把握时间的可能性。"当科学为理论的各种原理附加了特定的历史事实时，便包含了一种不仅把时间看作对象的真理，而时间以某种方式流向某种方向且由其流动的规律性所确定，就像牛顿和达朗

---

① 参见布隆施维克：《人类经验与物理因果性》，同前引，第五编，第七卷，第47章，"空间的定居"（*Le Peuplement de l'espace*），第487—488页。

② 同上书，第502页，有关经验的第二类比。

贝尔的绝对时间那样。科学包含产生于时间的真理,这种时间还没有被驯服和截断,仍归于其自然过程的自发性。"[1]

### 3. 因果性概念

在共同的因果观念背后,依据规则而运作的前项与后项之间存在一种清晰的关联,运作最终所依据的是自然规则的法则观念。笛卡尔、康德和孔德思考了永恒关系的存在,它们作为基础使事物以不变的方式被确定,就如同人们能够在历史中把握不再是历史的瞬间一样。

57　　　库尔诺是抓住这个问题的第一人,这是因为他对两种科学所做的著名区分,一类是包含了"历史所与物"的"宇宙科学",另一类是包含着"理论所与物"的"物理科学"。[2] "宇宙科学的对象是对现前事实的描述,各种现前事实被看作先前事实的后果,它们彼此被接续地生产出来,人们通过回溯到被当作起点的某些事实,而相互地阐明它们,这就要求人们承认,在没有解释时,人们对说明这些起点事实的先前事实缺乏了解。"[3] 与此相反,物理科学(物理学、化学、结晶学)并不是世界的科学,而是自然的科学:"物理科学的特性是系统地联系各种不变的真理与永恒法则,它们建立在诸事物的本质或各种不可消除的性质之上,人们乐意把这些性质的

---

　　① 参见布隆施维克:《人类经验与物理因果性》,同前引,第五编,第七卷,第 47 章,"空间的定居"(*Le Peuplement de l'espace*),第 510 页,有关库尔诺。

　　② 同上书,第 513 页。

　　③ 同上书,第 512 页。这与库尔诺的一个引用相关,参见《论科学与历史中基础观念的联系》(*Traité de l'enchainement des idées fondamentales dans les sciences et dans l'histoire*),§ 181,1861 年;再版于《全集》第三卷,巴黎:Vrin,1982 年。

至高能力赋予事物,而这些事物则由它们才得以存在。"①但是,库尔诺偏爱第二类科学"因为它们符合前人有关科学一般来说的全部严格性;科学从来不是为了特定的或个别的对象。"②

与之相对,布隆施维克认为所有科学都是历史的给予物。并不存在抵达永恒法则的科学,亦不存在法则的支配,无论是纯粹物理学的还是纯粹力学的。我们所称的所有永恒法则都与地球历史的特定情境相关联。库尔诺在《论科学与历史中基础观念的联系》58一书中为此提供了一个实例:

"一块被释放的石头掉落在地球表面:自然法则是恒常的这一原理是否足以许可如下结论,即人们在任意时间之后在同一地点重复同一实验,石头都会掉落而且速度相同? 这是根本不行的;因为,如果地球的旋转速度随时间而增大,那么将会有一个时段离心力的强度可以抵消并超越引力的强度。这里关联的并非一种纯粹的物理实验,而是一种被某些宇宙所与物影响的实验。卡文迪许的实验[成功地揭示了重物之间的引力]③则完全不是这种情况,我们正是在我们的科学知识领域才形成了万有引力定律;这就是为什么我们被允许对这一实验做出截然不同的判断。假定后来的观察驳斥了我们的科学知识,以至于人们不得不返回各种笛卡尔式的观念,把重物之间互相吸引的表面现象归因于可能不均匀地

---

① 参见布隆施维克:《人类经验与物理因果性》,第512页。这与库尔诺的一个引用相关,参见《论科学与历史中基础观念的联系》(*Traité de l'enchaînement des idées fondamentales dans les sciences et dans l'histoire*),§181,1861年;再版于《全集》第三卷,巴黎:Vrin,1982年。

② 同上。

③ 梅洛-庞蒂补充。

分散在天空之中的某种流体的压力：在这种假设——它在今天是那么的不可能——中，卡文迪许的实验可能提供了一些变量，这依据我们的太阳系是否移动到相关流体会不均匀累积的区域。人们会在这个实验的解释中发现宇宙论被给予物的再次出现。"①

59　　这种假设对广义相对论的假设完全不是不可能的，而是不可或缺的。

　　所有法则，所有必然的关系都必然关联于一种历史构形。库尔诺反感这种观念，因为它赋予偶然高于理性的优势。然而，如果人们还像库尔诺那样思考，那么"偶然一词便不是一种实在的原因，而是一种观念"，故而，"这种观念是众多原因或发展中的事实系统之间联合的观念，这些系统中的每个系统都内在于固有的系列中，各个系统之间相互独立"，②应当在这个词而不是在这种观念中发现偶然性。布隆施维克喜欢使用"同时性"。③ 这种同时性排除了纯粹因果系列的观念，而任意一种因果系列都是建基于事物本性之上的联系，亦即建基于原则之上。我们不能切分宇宙整体，它"作为一个独立的原因系列而被给予我们，每一种原因在它的系列中都显示了它的本质特征，而无需以它们的相遇应当产生如下后果——即在事物的进程中引入一种突然的变形——为原因。这种使宇宙命运从属于前定和谐与预先决定之理性的概念，

　　① 库尔诺：《论科学与历史中基础观念的联系》，§ 183－184，布隆施维克引用，第514 页。

　　② 库尔诺：《机会与概率理论说明》(*Expostion de la théorie des chances et des propabilités*)，1843 年，《全集》，第一卷，巴黎：Vrin，1984 年。参见布隆施维克的引用，第 516 页。

　　③ 同上书，第 516 页。

我们致力于显示它与科学的决定论并不相符,后者满足于跟随和记录普遍同时的游戏,它完全不是预定的,但至少起源于不断更新的显示。"①"法则是一种实体",②作为实体,它从不比事实优越。60 法则的优越性与它的范畴特征,皆源自于法则一词的法律意义,这在科学中并没有地位;决定论与宇宙秩序毫无关联。在因果安排中不存在和谐是自亚里士多德到库尔诺支配着科学的观念,应当消除这种观念:"各种法则从来不是在它们与一种特定绵延——它们在其中与其它法则互相干扰——的关系之外自身被给予的。法则并非根据它们孤立的效果被证实的,相反它们被证实是由于它们的特定后果会与其它法则造成的后果一起变化,这使它们联合所形成的系统整体经受实验的判决,正如迪昂在这一问题上所坚持的。"③存在一种整体的真理,它并不意味着细节的真理。

布隆施维克的这些分析目的是把各种法则与历史情境联系起来。纯粹物理学的各种分支"引入了一定数量由实验方法获取的共同因素,它们与我们的世界如其所是的结构相连。"④存在着一种系于我们的世界之上的事实性的共同因素。法则并不建基于各种共同因素,而是共同因素以种种法则为根据。

库尔诺已经概述了这一结论,他劝说人们不要"在自然观念中寻求科学的统一性"⑤,如库尔诺所希望的,统一性被理解为:"各种原因的系统,原因类似于创造之前聚集在造物主知性之中的各

---

① 库尔诺:《机会与概率理论说明》,同前引,第 621 页。
② 同上书,第 636 页。
③ 同上书,第 617 页。
④ 同上书,第 613 页。
⑤ 同上书,第 618 页。

种原型观念；它会使人们以理智秩序的名义，把各种关系置于柏格
61 森合理地批判的理想空间与永恒时间之中。统一性的基础是库尔
诺所设计的世界观念，即作用与反作用所产生的各种效果的总体，
理论只能对这些效果分别予以考虑，但理论每次以经验的共同因
素的确定程度考虑它们，以便能够获得综合的联合——该联合是
用来表象各种事物呈现的整体外观，并且在我们的观察方法的范
围与准确性限度内，被实在的各种所与物之间的一致性所证
实。"①在一种情况下，人们预设了笛卡尔依据法则构成的实在，而
在另一种情况下，人们依据各种同时性来呈现被构成的实在，并试
图在这些同时性中寻找那些并不预先存在的法则。

　　即使突然发生了例外事件，我们仍会寻找能够保存各种旧原
理的扰动状态；但我们不能假设同样的条件将会产生同样的后果。
例如：天王星的扰动能够被一个不可知行星的运动和证实这一假
设的实验所解释。在这种情况下，对因果性原理的积极应用是可
能的，但不是为了解释表面上与水星类似的扰动，这使爱因斯坦的
理论存在着可能性。我们是不可能安身于原理之中的。故此，并
不存在必然的决定论，只有一种事实上晦涩的决定论，布隆施维克
对它的表达是："实存的宇宙"②。

62　　那么，人们是否与布特鲁一起提出自然规律的偶然性问题？③
彭加勒对这个问题的回应是，"只有承认规律没有改变，否则我们
完全不能知道过去；如果我们承认这一点，那么如同所有与过去相

---

①　库尔诺：《机会与概率理论说明》，同前引，第 618－619 页。

②　同上书，第 619 页。

③　参见布特鲁(E. Boutroux)：《自然规律的偶然性》(*De la contingences des lois de la Nature*)，1874 年，Vrin；再版于巴黎：法国大学出版社，1991 年。

关的问题那样,这个问题就是不可解决的。"①布隆施维克是支持彭加勒的。我们必须假设所有规律都是有效的,但提出这一问题仍然是合理的。"质疑的阴影以某种方式反映在我们的每一确认中,它以更精确的方式确定它所含真理的容量。"②我们不能用不是我们科学知识的东西来取代有关规律的知识;但布特鲁的问题允许我们在科学知识中只看到对世界系统的近似表达。

乍一看,布隆施维克使康德式思维经受的纯化似乎只是强调了这种思维的人文主义与唯心主义特征。

1)首先,布隆施维克的人文主义更为整体化。在康德那里,其合法性是无条件的知性与作为事实所与物的感性之间的区分,使人们在直观的知性中假定了这两种能力的共同起源。人们在使用这种观念时会被引向对二律背反的思考,它们对人类精神而言两面都是错误的,却在事物的深处两面都是正确的。

相反,在布隆施维克那里,作为原理与规律系统的自然观念的 63 解体使先天元素与后天元素之间的对比消失。因而不再需要区分向我们显现之物与整体的真理,这既外在于我们又处于我们之中。在自我所把握的内容与我之所是之间亦不再有差距。精神的智力活动严格地附着在它自身之上。在自然与自由之间不再有距离。这些都是相反的概念,但同时是相关的概念。整个自然都由自由所设定;自由只是对自然的确认。不需要寻求两种术语之间的中介:它们只有在彼此的关联中才有意义。

① 彭加勒(H. Poncaré):《规律的进化》(L'Evolution des lois),载《最后的沉思》,巴黎:Flammarion出版社,1913年,转引自布隆施维克,第522页。
② 布隆施维克:《人类经验与物理因果性》,同前引,第522页。

这样,在康德那里仍然是形而上学朦胧愿望的内容便都消失在布隆施维克的著作中了。对布隆施维克而言,人文主义就是全部。

2)其次,观念论是弹性的。没有原理能够躲避修正,也不存在对构造自由的限制。既然科学的各种构造必然关联于我们对世界的表象,那么构造根本不需要加快脚步。理论可以持存数余年而无需关联于我们的世界体验。

然而,观念论只需更加全面、更加完整便会富有弹性。当然,偶然性观念应当处于我们思维的核心,我们应当坚持科学视域中的这种要素,尽管如此,规律仍然是人们所能处理实在唯一的要素,它们是一堵墙——墙后什么都没有,即使对思维而言也是这样。宇宙全然内在于我们的精神之中。

如果人们自问什么权利使人们推论过去和现在,这个问题没有任何意义;因为我们只能通过科学规律获取"超越"观念。

64　　"问题不在于把所与时间中被证实的内容应用到非所与的时间之中;问题在于在时间结构(contexture)的帮助下构造这些非所与的时间,这种时间结构为实验控制提供了计算与观察的各种组合所导向的关联。例如,如果我们把算术纪年和天象勘定分离开来,那么我们便可以质问 1961 年在巴黎出现日全食的预言是否会被证实;然而,事实上,未来纪年的确定与太阳、月亮和地球轨道的预测一起共同构成规律系统的部分内容,或者如果人们偏爱不那么含混的概念,那么这些内容共同构成宇宙条件的部分。"①

---

①　布隆施维克:《人类经验与物理因果性》,同前引,第 606 页。

布隆施维克重新采用了这种观念,宇宙依据这种观念成为被构造的对象。我们有关埃及的知识,不是埃及的历史给予我们的,而是埃及学的历史给予我们的。①

然而,这些结论是确定的吗?这种更有弹性、更完整的观念论是布隆施维克工作的最终意义吗?这种放弃了区分经验与先验、消除了对基础与实在根基(Realgrund)的所有质疑的弹性的观念论,难道不曾强调某些在观念论中无法思考的经验吗?

布隆施维克在某些文本中坚持实在的特殊性,并谈论人与空间的原初关联的必要性。那么,他是否在哲学构造的视域中承认一种将不再是幻觉的存在领域?科学的被构造的存在难道不通过身体预设一种被感知的存在吗?

此外,布隆施维克坚持场的概念。

"抽象地讲,场位于数学的空间和时间概念与物理学的实体和因果性概念之间。具体地讲,它代替了这些彼此不同的概念……对现代思维而言,各种现象的协调性与空间和时间不可分割……这个系统不是纯粹的形式系统,它的数学内容抽象地提供了一种既是唯一的又是单义的定义。这一定义被一些条件所确定,人类为了'不变'地度量自然现象而处于这些条件之下,而度量却根据待测量事物的意义、在实验反应的压力下被改变。"②

这一概念在一种仅仅考虑构造物的观念论之内能被思考吗?场是一种构造者吗?它是否包含独特的属性?场所维持的其与人

①　布隆施维克:《人类经验与物理因果性》,同前引,第622页。
②　同上书,第636页。

之间的关系并非纯粹的主客关系，因为思考场的主体亦成为场的一部分。

最终，布隆施维克不再采取将会产生实在的必然关系的总和的自然观念，而是提出了作为同时性照面的世界观念，这使他召唤一种为观念论所忽视的主体与客体之间的新型关系。布隆施维克似乎还通过他的观念论来掩盖这些新观念的独创性。在谈论了人与空间之间的关联之后，他把身体看作"感觉的、动物学上属人的所与物"[1]。然而，如何在把身体还原为简单的动物性所与物的同时，赋予身体启动空间的功能？

在场概念的革新之后，布隆施维克在一封写给塞艾莱的信中，把拉舍里耶的定义看作观念论的合理定义：

"观念论不仅仅是认为现象只能在意识之中存在：这在先验感性学之后不再成为问题；观念论认为，诸现象只有且只能在意识把自己给予它们时，换言之，只有当它们不再是各种实在的表象时，即不再是自在的现象时，才是意识之中的所与物；因而，现象在数量上，总是既现实地有限而又是潜在地无限，这是由于我们的想象为我们打开了朝向过去的无限多的视角，就像它为我们打开了朝向围绕着我们的空间的无限多的视角，而我们的知性则总是更多地迫使我们深化这些视角，徒劳地期望以绝对的方式确定我们所在的时间和位置，然而，与此相对，人们只能从此刻和当下开始，以便把世界投回到空间和过去的历史之中。"[2]

---

[1] 布隆施维克：《人类经验与物理因果性》，同前引，第 644－646 页。
[2] 同上书，第 532－533 页。

　　但是,这一定义遗漏了构成我的世界概念的一个部分。难道宇宙概念所经受的不是区别于我的这里与我的现在的东西,即我的表象的场吗?

　　我们在世界概念中发现了同样的不一致。布隆施维克在引入这一概念之后,用宇宙概念来替代它。世界意味着一种主客关系,而宇宙则是纯粹知性无法认识的纯粹的对象。宇宙由它的各个部分之间严密的组合所确定。"发生之事全靠内在决定论,它把事物系统的各个部分彼此联系起来,并使人们如达朗贝尔所表达的,把系统看作唯一的事实,而发生的正是我们通过前进和后退两种运动所创造的宇宙。"①然而,这种宇宙概念是否等同于一种开通各种意想不到的同时性的前客观的世界概念?

　　布隆施维克摇摆于世界和宇宙这两个概念之间。但是,当他使宇宙概念接近于斯多葛派的宇宙概念,给世界确认一种特定的"性能"时,他是否超越了宇宙的纯粹观念论的概念?近代科学在把空间和时间当作简单"工具"时,把我们重新置于世界的统一之中,这一世界是有疑问的,而非理所当然的东西。"它只包含人……或许为了放松和休息的隐秘愿望"而不使这些工具"固化于一种刚性实体之中,这种刚性实体作为一个自在确定和预先形成的框架强加于事物的发展过程之中。与这种意图相反,自然在迫使人类顺从和适应他们的工具时,已然提出了对上述意图的抵制,如果不是在度量中,那至少是为了对事物的度量"。②

――――――――――

　　① 布隆施维克:《人类经验与物理因果性》,同前引,第 611 页。
　　② 同上书,第 637 页。

　　这种自然的抵制的观念并不希望把自身封闭在一种预成的模型之中,它只是对诸同时性的非教条的确认,难道不应当在这种观念中发现"自然"的一种新意义——它作为我们无法消除的剩余,就像原始自然的浪漫主义观念?

# 第四章 浪漫主义的自然观

## A. 谢林的观念

### 1. 世界原理的概念

康德并没有完全消除笛卡尔式的自然观念。确切地说,康德意义上的自然不再是上帝构造的,而是人类理性构造的自然。然而,它们的内容仍然保持一致。

然而,康德是第一个反对能生者观念的人(参见:《论上帝存在的宇宙论证明的不可能性》):

"我们如此不可缺少地作为一切物的最后承担者而需要的无条件的必然性,对人类理性来说是一个真正的深渊……我们既不能抗拒这种思想,但也不能容忍这种思想:即有一个我们哪怕设想为一切可能的存在者中最高的存在者,仿佛在自己对自己说:我是从永恒到永恒,在我之外除了单凭我的意志而是某物的东西之外无物存在;但我又是从何而来的? 在这里一切都在我们脚下坍塌了,最大的完善性和最小的完善性一样都没有支撑地仅仅中止在思辨的理性面前……"①

70　　　如此一来,思辨理性不仅无法避免对我们所能构想的最完善存在者的质疑,而且应当许可在它之中存有一种证明的需求。在存在的秩序中没有无条件者;积极的无限者之前还有某种事物,它不再是我们首要的思维。如果人们必须设想上帝,上帝必显现出非存在的或深渊的特色。(艾克哈特的论点)

　　在康德著作中,尽管辩证法文本中包含神秘主义维度(这是由上帝自身提出的问题),但在他那里并不存在否定神学;康德仍是站在人类的立场上。他满足于在我的知识中设定一种非知,在我之中设定一种缺陷。但是,也许在物自体之中,上帝能够回应这一质疑,而且这样一种证明是可设想的。我的自由的存在也是这种可能性的象征。最终,康德在道德角度使旧本体论留存下来。

　　谢林在明确地引证康德文本时比康德走得更远。康德著作中作为深渊而显现之物对谢林而言就是对上帝的定义。"在康德那里,最深度的不可知处于界限上;而在谢林著作中,存在着对一种未知存在的识别。"②上帝对我来说,不再是一个简单的深渊,而是自在的深渊。他的实存不需要理由(没有根据/grundlos Existier-ende)③,这区别于斯宾诺莎的自因;上帝是一种纯粹的,没有动机

---

　　① 康德:《纯粹理性批判》,"先验辩证论",第三章,"纯粹理性的理想",第五节。AK 版,第三卷,第 409 页;《哲学著作集》,同前引,第一卷,第 1225 页。["论上帝存有的宇宙论证明的不可能性",中文版,邓晓芒译,人民出版社,2004 年,第 485－486页。——中译注]

　　② 梅洛-庞蒂引用雅斯贝尔斯(K. Jaspers)的《谢林:伟大与浩劫》(Schelling: Größe und Verhängnis),慕尼黑:Piper 出版社,1955 年,第 130 页。我们修改了学生笔记中的翻译,因为它与梅洛-庞蒂笔记所引用的德文原文相距太远。

　　③ 同上书,第 129 页。

的涌现，人们不能在任何本质中找到他的动机，他是无限地无限的，正如斯宾诺莎所说的那样。

一方面，在斯宾诺莎那里存在一种借由自身的存在，它在产生 71 自身的同时产生了整个自然。因而，不可能设想其它存在与其它世界。所有有限者都完全呈现在无限者中，无限者既包含有限者亦包含了其它事物。故此，限度只是从无限存在的能力中抽取有限者而已。

现在，思辨理性不再满足于必然存在（ens necessarium）。被设想的无限是一种存有的无限，而不再是本质的无限。这种无限观念不再是我们能够思考的观念中的一种，无限不再是存在者等级中居于顶端的观念。有限和无限之间的关系是一种矛盾关系。有限不再内在于无限之中。积极的有限有其尊严。有限是由无限的内在分裂所产生的事物，它是一种丰富的矛盾所形成的结果。有限和无限之间的关系并不是一种不能被置于线性秩序中的关系。人们不能在它们之间述说一个先于另一个。因为有限不再是否定，它不能从无限中分析地获得。能生者-被生者之间的关系并不是单义的关系，而且由于无限者是深渊，这种关系在某种意义上需要世界。无限者因其定义而为深渊（Abgrund），它召唤一种它将会产生的对立项。被生者不再是一种僵死的效果，自然亦不是一种产物。

自然同时是被动的和主动的，是产物和生产力，但这种生产力总是要生产出其它东西（比如，人类繁衍生生不息）。存在着膨胀

和收缩的双向运动,洛维特①把这种运动跟直至死亡才会终结的
72 呼吸相比,它很好地刻画了相对的且总要重新启动的生产的特征。
这种自然虽超出世界却不及上帝,故此,自然既不是上帝也不是世
界。它是一个并非全能的生产者,它并不能终结它的生产②:这是
一种不产生任何确定东西的螺旋运动。存在一种普遍的"双重
性",它同自然本身同样必要。如果生产的自然离开了产物,这便
意味着自然的衰亡。

　　启发谢林的第一自然(erste Natur)观念的东西,是反思哲
学——对反思哲学而言存在与反思是同时的——的对立面,即觉
着存在先于所有对存在的反思,反思是第二位。"哲学应当解释的
是世界中的事实。"③人们可以在与谢林相关时陈述存在对本质的
优先性。这种第一自然是最古老的元素,是"过去的深渊"④,它一
直在我们如同在所有事物之上呈现出来。第一自然是"所有生命
和所有存在者的基础材料,是某种可怕的事物,是人们可以超越却
不能置之不理的未开化的原则。"⑤它是解释前存在的努力,这种

----

　　① 参见洛维特(K. Löwith):《尼采永恒归一的哲学》(Nietzsche, Philosophie de
l'éternel retour du Même),安妮-索菲·阿斯特鲁普(Anne-Sophie Astrup)和卡尔曼-
列维(Calmann-Lévy)译,1991年,第181页及以下。
　　② 谢林表达过这种观念,《全集》(Sämtliche Werke, Cotta'scher Verlag, Stutt-
gart-Augsburg,1856－1861),第三卷,第341页。法文版见扬科列维奇(V.
Jankélévitch):《文集》(Essais,巴黎:Aubier出版社,1946年),第125页:"被称作无生
命的自然是一种尚未成熟的理智。"这是提耶特(Xavier Tilliette)补充的注释,下文均标
为(X. T.)。
　　③ 谢林:《哲学经验论述要》(Exposé de l'empirisme philosophique, Essais),第
465－466页(X. T.)。
　　④ 洛维特:《尼采永恒归一的哲学》,同前引,第180页。
　　⑤ 这是梅洛-庞蒂的翻译。另见洛维特的译文,同上书,第182－183页。

前存在在我们出现时就已经在那里。存在对于存在意识的超逾，
正是谢林以其全部的严格性所要思考的内容。谢林试图描述这种 73
"超逾的存在"（übersein①，在超实在论②的意义上），它不能被预先
思考，亦不为上帝所设定，而是作为一种先决条件处于上帝之中。
他试图进入到"存在的沙漠"③（雅斯贝尔斯），进入第一自然之
中——他在其中看到了与善意原则同等重要的上帝原则："上帝的
愤怒"，"毁灭性的火"④。在自然的历史中没有任何稳固的东西，
而那可能被忽视的毁灭性的、野蛮的力量却是必然的。因此，18
世纪是一个人们迷失在愤怒原则和唯我论原则的时期。谢林在他
的时代见证了"这个世界仅仅是一幅肖像，甚至是肖像之肖像，无
之无，阴影之阴影。而人们就自身而言，也仅仅是一些肖像，仅仅
是种种迷梦。一个人的无能为力可与一个民族的无能为力相比，
这个民族以积极的努力追求所谓的'文明'和'启蒙'，最终真的做
到把一切东西都消融在思想之中；但他在抛弃这种黑暗的同时，也
抛弃了一切强有力的东西，抛弃了那个'野蛮'本原——为什么不
以此为它命名呢？——那个应当被征服，但不应当被消灭的本原，
抛弃了一切高尚事物的基础。"⑤让我们试着去发现在能生者-被
生者关系的顶端被把握的这种直观，如何应用于我们所发现的我
们之前的自然。

---

① 参见雅斯贝尔斯，同上书，第128页及以下。
② 参见雅斯贝尔斯：《谢林：伟大与浩劫》，同前引，第128页及以下。
③ 同上书，第178页。
④ 同上书，第180页，页码对应这两个词。
⑤ 谢林：《世界时代》，达西德（P. Dacid）译，巴黎：法国大学出版社，1992年，第68
页。《全集》，遗著，第51页。

74　　**2. 被生的自然**

　　谢林此时仍是从康德出发的:"康德在他质朴的论文结尾处构思了一种梦想,我则是要经历和体验这一梦想。"①

　　谢林要谈论的是《判断力批判》的第 76 节。康德似乎让自己受生命存在现象的指引。这种生命存在不能通过自然因果性来思考,亦不能被并入线性的因果关系之中。条件应是作为受条件限制的东西而被设定。存在一种整体超出部分的优先性。因果性不是源自于外部对内部的添加;在艺术技艺与自然生产之间存在着区分。但这种自然生产概念对康德来说,就像谢林所说的那样,只是一种"梦想"。它不是一种知识,我们不能把握这种生产,事实证明自然的准-人类的因果性与艺术因果性之间的对比是虚假的。康德认为,我们只能依照机器的人为秘密来想象这种知识,除此之外我们无能为力。

　　与此相对,谢林想要思考这种盲目的生产,它的结果看起来是由概念建构的。尽管这种盲目的生产呈现出目的论产品的所有特征,但自然并不是目的论的。自然的特征是,自然是一种盲目的机械装置,而且它仍然显现为被目的论所渗透的自然。但是思考作为目的论的自然是对问题的简化。② 柏格森显然不知道谢林,但

75　他曾读过拉韦松——后者完全沉浸在谢林的思想中,他在《创造进化论》中表明其对机械论和目的论的敌视时,重新采用了与谢林一

---

　　①　雅斯贝尔斯曾引用,见《谢林:伟大与浩劫》,同前引,第 318 - 319 页。
　　②　同上。

致的观念。因为对柏格森和对谢林来说共同的是,以一种设计者的模式来设想自然——这完全是浪费时间。

然而,如何使充满于生命存在中的意义自身呈现出来,而不是把意义看作一种应然的意义?谢林尝试"思考"这种自然生产不是为了解释自然生产,因为解释就错失了自然生产,就会把存在带向本质,把内部的生产力带向外部的产品。他必须"经历和体验自然生产"。

但是,谢林并不打算诉诸于这种作用中特殊化的神秘能力。谢林想表达的是,人们在先于反思的我们的知觉经验中重新发现自然。显然,我们的知觉并不完全是一种自然运作,它已经被反思所曲解。自此以后,自然为我们呈现的不再是事实本身,而只是一种外壳,类似于蝴蝶破茧而出时所蜕的茧。此外,为了重新获得外部自然的意义,必须在我们的知觉运作的未分状态中努力找回我们固有的自然:"既然我与自然同一,我理解它就如我理解自己的生命一样","正如我们同样不可能把一个外在于我们的生命经验地设想为一种外在于我们的意识。"①人们在我的自然(本性)中发现事物内在性的本源状态。自然这种固有的主体性并不是外在于我的非我投射的结果。相反,应当说人们所说的自我和生命存在在前客体的存在中拥有共同的根基。

"观念论,在主体意义上声称我即是一切,而在客体意义上,观念论宣称一切皆我,所有存在舍我而无它。"②谢林指责费希特,后

---

① 这两处表达都引自谢林的《文集》,同前引,第79-80页。
② 雅斯贝尔斯曾引用,见《谢林:伟大与浩劫》,同前引,第288页。梅洛-庞蒂翻译。

者在意识中找寻所有主体性的独特模式，并认为主体性的所有表现都源自于此。费希特的哲学只看到了人类意识的内在性。谢林则与此相反，认为一切皆我。因此，在作为体验领域的被感知的世界中，并不存在意识对所有事物的投射，而是我的固有生命与所有事物之间的相互参与。

　　谢林在这里所发现的是莱布尼茨业已提出的内容：知觉教会我们一种本体论，它是唯一能向我们显现的内容。因此，莱布尼茨努力为我们呈现的是作为原初世界的被感知世界，以及透视——几何测量的透视与表达关系的透视——的作用。"透视的投影显示了它的测量平面。"①世界的观念同时是世界的表达观念，它们之间互相表达；因此，在自然和被生者之间有比这种衍生关系更重要的东西：被生者是对平面不均衡完美的表达。同样诉诸于知觉领域，莱布尼茨最终构想出世界的目的性。使可能世界与现实世界相互分别的是不可共存性，依据莱布尼茨的说法，这种不可共存性就是上帝的奥秘。② 根据这种未知论，不能由可能世界得出现实世界，因为现实世界不是同类事物的数量总和（斯宾诺莎），而是异质事物中的质性综合。上帝的思想不能被还原为逻辑上的最大和最小的微积分，因为在微积分中为我提供解决方案的项与被给

---

①　参见莱布尼茨：《与阿尔诺的通信》（*Correspondance avec Arnauld*），第 26 封信，佩朗（L. Prenant）编，巴黎：Aubier 出版社，1972 年，第 261 页。

②　毫无疑问，这里暗引的是《莱布尼茨全集》，第七卷，第 195 页，第 13 段："然而，这里再次出现了脱离人类意识的问题，即各种相异事物的不可共存性的本原是什么？"引文出现在皮埃尔·莫罗（Pierre Moreau）的著作：《莱布尼茨的世界》（*L'Univers leib-nizien*），梅洛-庞蒂笔记显示他曾查阅了该文献。巴黎：E. Viffe 出版社，1956 年；再版于希尔德斯海姆；G. Olms 出版社，1987 年，第 230 页。

定的项是同质的。世界上存在的所有事物,作为同质和异质的质性综合,并非是好的。引入表达关系是现实世界的目的性概念的起源,目的性包含各种内在的束缚,各种不可能性,亦即包含了恶,因此是由全能所致的目的性,但它是沉重的、被束缚的目的性。

　　谢林想要关注生命存在的发生,生命存在是与在我之中感知的自然共存的。谢林既不是目的论者也不是生机论者。对他而言,并不存在有机自然与无机自然之间的本质区别,他说"并不存在自在的无机自然",①因此他想要表明有机存在与感觉质性(它们同样有组织结构)之间并不存在断裂。既不存在断裂,亦没有共同的表达。在同一种自然中有两种不同的力量(Potenzen)。自然的发展包含高级事物被提升到高级力量,不是通过抑制,而是通过提升。人们从物理存在走向生命存在,这不是通过一种断裂而是通过内在的发展实现的。如果人们考虑完成的产品,例如硫磺和狗,在它们之间存在着反思能够提供的组织结构的区别,然而是同一个生产者被引向组织结构的两种不同的力量,而且问题在于,通过把思维集中在如其显现的经验之上,如何重新找回被感知的质性。在知觉之外并不存在任何设想质性的意义类型:质性不是一个事物,而是一种"被看到的事物"。人们需要对生命存在付出同样的努力。人们还发现各种通感(sympathie)关系,发现事物内在生命的未分性。这不再意味着神秘的知识。问题毋宁是被感知事物之间的表达。对谢林而言,通感不是心灵感应,至少在开始时不

---

　　①　梅洛-庞蒂在这里引用了哈布吕策尔(R. Hablützel)的著作《辩证法与想象力》(*Dialektik und Einbildungskraft*),这位作者引用了谢林的说法,第 75 页;巴塞尔(Bâle):法律与社会出版社,1954 年;谢林:《全集》,第六卷,第 388 页。

是，如雅斯贝尔斯所说，他经常在最后陷入玄知。[1] 但是，如果这
种玄知是吸引人的，那么它事实上被谢林自己所谴责，因为玄知把
主体性转化为客体性，并陷入一种由客体性术语构想的描述之中：
玄知编造了一种错误的科学。心灵感应仅仅是第二位的因果，再
无其它。这正是谢林所反对的"超物理"；他力图达成非知（Un-
gewusst），这不是自然的科学，而是有关前反思存在的现象学。

### 3. 谢林哲学的对象：主客体

谢林既不打算找出在自然中设定的主体性，也不想在自然中
发现自然的统一性与意义的源泉。那么，难道人们不应把灵魂放
入事物本身之中，或者如莱布尼茨所说，至少应把各种灵魂，"灵魂
79 的类似物"放入事物本身之中吗？但是，谢林厌恶这种目的论的思
考方式，这对他来说破坏了自然观念。在他看来，第二种思考方式
只是返回到了第一种，它使自然成为艺术的产品而不再是自然。

那么，哪种哲学仍然是可能的呢？谢林把他的哲学定义为一
种"现实的观念论"，它从实在论推导出来。但如何从实在论推出
观念论呢？这种推理基于什么而区别于在事物中对主体的设定？
为了使人们理解这一点，谢林经常援用光的图像。

谢林说在费希特那里[2]，光仅仅被看作理性存在者之间交流

---

[1]    参见雅斯贝尔斯：《谢林：伟大与浩劫》，同前引，第 162 页。

[2]    参见雅斯贝尔斯：《谢林：伟大与浩劫》，同前引，第 291 页。此处重新引用了谢
林《论自然哲学与一般哲学之间的关系》，1802 年，吉尔松译，巴黎：Vrin，1986 年。该
文集同时收录了黑格尔的著作《论费希特与谢林哲学体系的差异》。专业研究者指出，
并不能确定前一作品的作者是谢林。它有可能出自黑格尔。

的一种方法。在费希特看来，这些理性存在者独立自存，他们需要交流和互相言说，需要创造各种感性的方法。光对费希特而言只是手段，它"决不是内嵌于（eingebildet）自然中的原知识（Urwissen）和永恒知识的符号"。① 什么是自然的原知识呢？前缀 Ur 在这里使用了它"古老的"意义；吞并唤起了康德的幻觉（Einbildung），即生产性的想象力，它区别于仿制（Nachbildung②），它在我们体验的组织结构中产生积极的作用。对康德来说，意义正是通过生产性的想象力由自身在感性之中产生一种"草图"③，这是一种在感性中标记的意义。谢林从他的角度指出，空气和光就像上帝的两个图景④，它们是形成特定意义的物质排列，这种意义只能被人完全实现。事实上，自然必须被看作是一种物质安排，它不应当被看作是观念的承担者，而是为人类赋予它的意义提供准备。"自然在它盲目的和机械性的目的性中，为我呈现出意识和非意识活动的原初统一体，但是，自然在呈现这种统一体时并不是以如下方式——即我能够说它背后的理性存在于自我之中。"⑤ "一种知识若它的对象不是独立于知识的话，就是一种创造对象的知识；而对一种总体上自由创造的直观而言，创造者与受造物是同一的。我们称这种直观是智性直观，以区别于感性直观，感性直观并不创

<small>80</small>

---

① 雅斯贝尔斯引用，第 291 页。译文出自梅洛-庞蒂。吉尔松的译文是："不是归并到自然之中的永恒的原初知识的符号。"

② 再生产的想象力。

③ 参见康德：《纯粹理性批判》，AK 版，第三卷，p. 136, 384；《哲学著作集》，同前引，第一卷，第 887 和 1195 页。

④ 这里暗引的是谢林：《世界灵魂》，《文集》（*Essai*），第 114 页及以下。

⑤ 谢林的《先验唯心论体系》，见《文集》，扬科列维奇译，巴黎：Aubier 出版社，1946 年，第 161 页。我们使用这一版本，因为这看起来是梅洛-庞蒂曾使用的版本。

造它的对象,它作用于外在于它的对象。"①为了在智性直观的映像中发现自己,"自我"必须在原初统一体中已然被认出,这种统一体原初的与无意识的自我的组织结果。在事物之中应当包含对即将成为明确含义之物的准备,应当包含对封闭在自然事物之中意义的释放。

81　　　在这个意义上,光可以被看作物质;但光也是不同的事物:它是纤细的,它无处不在,它探寻我们的目光开启的领域,并使之准备好被解读。光是一种在外表流动的概念;除了它为我们而存在时,它不具有主体性存在。光并不知道世界,但我们因为光得以观看世界。人们不能罔顾光的穿透性力量。桌子、光和我说明了三种不同类型的存在。拒绝第三种意义上的存在,就是让所有肉身关系在自然中消失。这是康德的立场:为了感知光,我们必须列出它的提纲,收集它。在事实的盲目存在和为了认识只能用于自身的主体存在之间没有中介地带。

　　　在反思的这个视角下,谢林知道康德是对的。但谢林为什么说光是一个准概念呢? 这是因为我作为一个人,在我提出问题的那一瞬间,我就意识到自然已经给我了回答。在光的这一准概念与莱布尼茨的某些万物有灵论定义之间存在着类似,他是在谈及作为"瞬间精神"②的物质时做出这些定义的。对运动的分析使他认识到在运动的每一瞬间,都存在一种趋向未来的努力(cona-

---

①　谢林:《先验唯心论体系》,同前引,第 151 页。

②　参见莱布尼茨:《抽象运动理论》(*Theoria motus abstracti*),《全集》,第四卷,第 230 页,第 17 条,"所有物体都是瞬间的精神"(*omne enim corpus est mens momentanea*),转引自莫罗:《莱布尼茨的世界》,同前引,第 18 页。

tus），存在一种具有某种记忆的圆周运动。莱布尼茨知道人们能够将这些定义当作毫无意义的加以拒绝：瞬间精神在术语上是矛盾的。他在这里看到了符号，即附着在事物本身之上的意义，而事物是指向其意义的某物。寓于自然中的内容与其说是精神，不如 82 说是一种意义的开端，这种意义尚处于安置自身的过程中，因而它并未被完全释放出来。对单子来说物质就是精神（mens）。为了释放意义主体就必须参与其中，但这种对意义的释放并非建构。

对谢林来说，意义只有通过人类主体才能存在：实在自身融入观念世界之中，上文提到的运动被转化为在我们自身中的直观，没有任何外在于我们的东西与之相符合①；自然不再通过科学而获知，而是由其存在本身而获知。

这里有两处错误：

- 自然只是唯我的：费希特
- 自然只外在于我：独断论

然而，对谢林来说，万物的产生皆发端于我；自然被我们的感知（参见柏格森的纯粹直观）所借用。我们是自然的父母，同时也是自然的孩子。万物是在人身上自己变得有意识的；但这一关联是相互的：人亦是事物的意识变形。自然被一系列不平衡引向人的实现，而人则成为自然的辩证的术语。只有在人身上才能确定进程的开端，且这一进程变得有意识。但是，人们可以说人是创造的"共知"（Mitwissenschaft）②；人承载着自然过去所是的种种痕

---

① 梅洛-庞蒂此处是对谢林的转述，参见谢林：《全集》，第六卷，《论世界灵魂》，第 498 页及以下，第 265－267 节。

② 雅斯贝尔斯：《谢林：伟大与浩劫》，同前引，第 82 页，le co-savoir。

迹,它是创造的回顾与流行。谢林在这里重返文艺复兴时期的思
想家,比如说布鲁诺,对后者而言人是一个小宇宙,整全的人并不
83　是康德意义上的空洞的自由,一种反自然。但如果哲学是这样,那
么哲学的官能将会是什么?

### 4. 哲学的方法:直观的直观

　　谢林想要公平地对待德国观念论,他承认费希特在某种意义
上是对的,但他还指出费希特只是部分正确,因为后者并没有讨论
自然:他的反思哲学应当被置于一个更广阔的架构下。哲学不能
被限定在对主客的反驳上。当然,费希特本人也承认主客体,不过
这对他仅仅意味着自我——当我意识到时,已经成为客体,客体化
自身,思考自身。但是,主体并未走出它的孤立。正如黑格尔在
《费希特与谢林哲学体系的差别》中所说,费希特的主客体是完全
主观的"主-客体"①,此时的黑格尔仍是谢林的门徒。从根本上
看,谁也没有胜出:反思哲学在自然客体中能够认出的至多是主体
与客体之间的交互关系。A 是 B 的条件,B 是 A 的条件。然而,
这种关系只是真实的辩证关系的表象:"这种微弱的联系力量在它
(自然)之外……联系是为了它物而设置的"②,因而这种力量在客
体与感知客体的主体之间并未产生任何真实的联系。因而,人们
84　不能抹去自然存在作为建构性、绝对的客体性和死亡的特征。反

---

　　①　黑格尔:《费希特与谢林哲学体系的差别》。梅洛-庞蒂引用的是梅里(M.
Méry)的译本,巴黎:Ophrys 出版社,1952 年,第 123 页。
　　②　同上书,第 129 页。［中文版,第 55－56 页——中译注］

思所交付的只是"客观性的僵死外壳"。①

　　然而，如果反思不能把握主客的这种"原初同一性"②，哲学还能做什么呢？这就是黑格尔所说的"直观的直观"③，它意味着"自身的知识"；直观必然从属于某个人，而被把握的感知无法离开它的具体观点。知识本该"使圆上的许多点弯曲以使演绎处于内在的圆心"④。这需要一种从内部把握直观的哲学化的意识；一种自身展开而不会分散的直观。

　　在看与做之间没有区别。直观只是沉思并形成对象的力量。直观在自身的发展中将与光相伴随，直观只是一种观看，它由光所协助，在光的准备之后是事物的产生。

　　然而，这种哲学会遭到无物可见的批判。哲学所见的一切都隶属于反思的领域。直观作为一种偶然只不过是一种幻觉。但谢林（和早期的黑格尔）被说服承认绝对者就是黑夜。直观的特性是看到它所看到的事物，作为并入自然与并入一切绝对之中的事物。直观为我们提供了我们往背后看时所形成的某些印象；直观是我们知道将会看什么。如谢林所说，直观沉睡了，"出窍了"，它与无意识状态难以区分。"灵魂被身体（作为活跃的、行动的探索者）所舍弃，不再与外部空间相关（指向浪漫派的概念，据此我们能以两

----

①　黑格尔：《费希特与谢林哲学体系的差别》，同前引，第 127 页。［中文版，第 54 页——中译注］

②　同上书，第 139 页。梅里译为"本源统一性"。

③　同上书，第 109－110 页。

④　同上书，第 147 页。编者注：梅洛-庞蒂所使用的梅里的译本在这里完全是错误的。另见吉尔松译本，巴黎：Vrin，1986 年，第 176 页。"这种分散也许只有通过演绎使其许多点成为一个圆圈才能被避免，但是，这种分离不能把自己置于这个圆圈的内在中心里，因为从一开始它就是外在的。"

种方式进行感知：一般来说是从外在到内在，或在哲学意义上是从内在到外在，这种方式能够把握整体的关系：因此应当把意义看作一种内在的、整体的装置），在这种状态中看见所有在其本身的事物，因为这些事物并非从它们自身抵达概念或者判断，因而也不会一直通向灵魂曾经具有的回忆的表象，以至于灵魂和身体看起来都是沉睡的"，"如果我想跟从理智直观，我便不再生存。为了抵达永恒我将超越时间"，[①]我会迷失在浓缩的、不可见的时间中，这将使我失去全部的自我。但是，如果直观沉睡了，那么这是反思对直观的赞赏而非直观的直观。人们就不应当说直观是空的，而应当说直观是盲目的。这种盲目的联系被反思所澄清，这是"必要的恶"。谢林哲学"是对非反思之物的反思"。[②]

## 5．艺术和哲学

86

　　自然哲学需要一种能以最少的人性视角来描述自然的语言，由此，这种语言将会与诗歌接近。艺术是与世界关联的客观实现，它不能被客体化，正如哲学是对意义开放的布局的发现。在这种意义上，谢林说，艺术是哲学的"文本"和"官能"[③]，通过文本人们需要领会客体性。但这并不意味着艺术与哲学相混淆，亦不意味

---

　　① 后面两个术语转引自哈布吕策尔，第 32－33 页，参考的是谢林：《全集》第一卷，《对知识学之观念论阐释的论文集》（*Abhandlungen zur Erläuterung des Idealismus der Wissenschaftslehre*，1796），第 391，325 页。

　　② 参见雅斯贝尔斯：《谢林：伟大与浩劫》，第 83 页。

　　③ 参见谢林：《先验唯心论体系》，最后一部分，"哲学官能的演绎"，转引自卢卡奇（György Lukács）：《理性的毁灭》（*Die Zerstorung der Vernunft*），乔治（S. George），吉塞尔布莱希特（A. Gisselbrecht）和普弗里默（E. Pfrimmer）译，巴黎：L'Arche 出版社，1958 年，第一卷，第 129－130 页。梅洛-庞蒂参考了这一文献。

着艺术家的体验与哲学家的体验混同起来,后者致力于研究意义敞开的自然布局。自然开始于不可知而完成于有意识。与之相反,艺术肇始于确定的有意识的思想,而终结于能够持续不断地重新把握的事物。艺术达致绝对,这是因为意识在那一瞬间触及无意识;这种观念在《判断力批判》中还是萌芽,当康德指出"知性服务于想象力"①时,他暗示了艺术包含在被动性与主动性的调和之中(参见兰波:"[当我想到]我在促成我的思想的形成……我划下一个箭头;交响乐在深处产生震撼。"②)。谢林在这种调和中看到了艺术抚慰的特性。在艺术中的绝对之物,正是我关于更高的自然的体验。一切在思想中发生的都只是自然事物。事情筹划自身,正如之前已经指出的,锁必然被开启。艺术是主客同一的体验。我们不再能够区分事实和观念:生产中的所有事物都联系在一起。

然而,纵使艺术能够救赎哲学,"对于哲学所不能主观化地解释的任何内容,艺术独自……便能够以一种完全的和明晰的方式使之客体化"③,在艺术和哲学之间仍然存在着区别:哲学家力图表达世界,而艺术家则创造世界。哲学家试图消弭他自身拥有的设定的力量,从而在真实的意义上抵达自然生产,抵达一个前人类

---

① 康德:《判断力批判》,第 22 节,"对分析论第一章的总注释",AK 版,第五卷,第 242 页;《哲学著作集》,同前引,第二卷,第 1007 页。

② 兰波:"1871 年 5 月 15 日致保罗·德梅尼的信"(Lettre à Paul Demmeny du 15 mai 1871),《全集》,七星文库,第 250 页。[阿蒂尔·兰波(Arthur Rimbaud),法国著名诗人。——中译注]

③ 参见哈布吕策尔:《辩证法与想象力》,同前引,"导论"注释,引用了谢林《全集》第三卷,第 629 页。梅洛-庞蒂翻译。

的、更深的领域,它与先于知识检视的事物的共同存在有关。哲学家不能在艺术中消弭自身。在艺术家的体验与哲学家的体验之间仅仅存在一种可能的关系,因为艺术家的体验是开放的,是绽出(ek-stase)。

简言之,谢林并不认为哲学应当从自身出发去构想一切,而不依赖于任何其它体验,无论是艺术的还是宗教的。哲学完全远离于超出自身的绽出。他要我们必须把这个问题与水星卫星的发现对比来看。我们的肉眼无法观察卫星;但一旦我们曾经使用天文望远镜看到了它们,我们便能够用肉眼观察它们。从哲学抵达绝对的路径并不是排他的。体验教会哲学某些东西,但这并不意味着哲学必然失去它的自主性。

### 6. 谢林的循环

谢林哲学试图重建我们与被看作是有机体的自然之间的未分性,一种以主客之间的未分性为条件的未分性。尽管如此,谢林哲学承认这种未分性不可避免地被反思所打破,所以问题在于"重建"这种统一。故此,未分性主题与反思对自然的必然超越,以及重返一种不再是原初未分性的,而只能是意识未分性的努力混合在一起。人们必须在更高层级上重塑曾经有机地存在的事物,从前辩证的走向元辩证的,必须从谢林所说的否定的哲学——它是在反思与非知之间左右为难的辩证感受——走向他所说的肯定的哲学。

这种哲学始终处于张力之中,且看起来不间断地进入一种循环。然而,这个辩证的循环——它使我们无休止地从直观走向反思,并从反思走向直观——并不是一个恶性循环。直观-反思的这种辩证不是与我们的绝对知识相关的败笔。知识的往复并非在表面上而是在绝对之中安置我们。绝对不仅仅是绝对，而是从有限到无限的辩证运动。绝对只会向他者显现。正如我们的直观是一种绽出，我们试图通过它栖身于绝对之中，故此，绝对必须走出自身并创造世界。绝对只是绝对与我们的关系。自然哲学（Natur-philosophie）的标语，指的是把上帝存在看作一种经验事实，并认为上帝的存在是所有体验的基础。理解了这一点的人也就理解了自然哲学，它完全不是一种理论，而是一种内在于自然的生命。上帝不是在经验之外被感知，而是在有限性之中被我们所把握。有限-无限和无限-有限这两种运动的含糊不清甚至从属于事物的所有材料。因此，黑格尔在《费希特与谢林哲学体系的差别》中说，"对思辨来说，有限性是无限焦点的半径，这个焦点辐射出这些半径，同时又由这些半径而形成。"①必须把这看作是终极事实：并不存在独立的绝对的观点。谢林是在比黑格尔更高的严格性上思考这种思辨哲学的论点，基于他的经验概念，有限和无限的同一性是以更确定的方式被思考。

　　谢林把人类的出现描述为世界的一种再创造，看作一种开放的来临。自然在它的开放性中，当它成功地创造人类时，便发现自身被某种新的东西所超越。反过来亦同样真实。不仅自然需要成为视野，人类也必须成为自然。"哲学家在他们的视野中成为自然。"②

---

①　黑格尔：《费希特与谢林哲学体系的差别》，同前引，梅里译，第102页。
②　参见谢林：《批判的断简》（Kritische Fragmente），《全集》，第七卷，第246页。

90　　　如同自然与人之间的关系，人与绝对之间的关系也具有双重的意义。永恒自由亦是非自由、非主体的自由：上帝可以无拘无束地不做精神，但他也可以自由地成为自然。在人类身上，自由不再做选择，它超越于选择，它以某个方式让我们回到起源以便使之继续。我们不能说这是我们欲求的本原。这是我们由之欲求的出发点。在我们之中被把握的是永恒自由。上帝在我们中使用它的权能：在一种意义上，一切皆内在于我们，在其它意义上，我们处于绝对之中（参见柏格森）。这种相互性是可能的，因为我们不再处于存在的哲学中——它将有限与绝对区分开来，而是处于时间的哲学之中。"从未有单独的存在，万物皆在转变。"[1]这种对时间性的诉诸是对并不存在分离的绝对的另一种表达。

　　　这种不可理解性，这种包罗万象，如雅斯贝尔斯所说，是所有反思的视域；它并不构成亦不需要构成一个向感性知识敞开的领域。它是一个我们必须面对有限性的视域。人类必须连同他身后拖拽的整体一起被理解。如果这是真实的，那么自然哲学完全不同于具体的理论：依据谢林，它刻画了相关于被给予存在的态度。

　　　雅斯贝尔斯说，在费希特哲学中存在"对自然的仇恨"[2]。因此这一结论，比方说会引出他人问题。他人包含彼此无法化约的两个方面：一方面他拥有同我一样的自由，另一方面他还是事物。
91 两个方面不能同时存在。然而，在谢林看来，并不存在对自然的仇

---

　　　① 参见哈布吕策尔：《辩证法与想象力》，同前引，第 2 页，注 1，引用了谢林《全集》第十卷，第 241 页。引文中译为："始终只有一个转变者，从未有一个存在者。"［参见"哲学经验论述要"，《近代哲学史》，先刚译，北京大学出版社，2016 年，第 295 页。——中译注］

　　　② 参见雅斯贝尔斯：《谢林：伟大与浩劫》，同前引，第 297 页。

恨。谢林在自由背后重新认识到存在的分量——一种并不仅仅是障碍的偶然性，但它却渗透在我的自由之中，它从来不是作为一种简单的和纯粹的否定而被构成："精神是更高的自然。"①

### 7. 谢林和黑格尔贡献的价值

谢林的坏名声要归咎于黑格尔。对黑格尔而言，绝对中的自然元素应当被看作蒙昧主义和混沌："一切牛在黑夜里都是黑的"②，绝对的黑夜；这是混沌，因为它是抽象。谢林不愿意委身于客体的生命。当他认知到不可理解的东西时，他不能思考它的内容，他并没有采用对立面的调停，而是设定了主体与客体的直接同一性，并把这种完全形式的同一性应用于不同的质料。在自然层面上，我们拥有只是我们观察到的过程的虚假的理解。谢林并不理解实存的内在运动，却自认为借助于一种完全外在的类比而理解了它，即主体-客体或膨胀-收缩那样的类比。

但是，谢林对黑格尔提出了同样的责难：黑格尔沾沾自喜于用绝对者的运动重建客体的运动，但这种所谓的内在运动只是思想者的运动，而非实存的运动。③ 黑格尔所说的概念的"不安"只是 92

---

① 这里无疑指向了如下说法："自然是无意识的精神"，见雅斯贝尔斯的引用，同上。

② 参见黑格尔：《精神现象学》(La Phénoménologie de l'esprit)序言，双语版，伊波利特译，巴黎：Aubier 出版社，1966 年，第 43 页。[中文版，贺麟、王玖兴译，商务印书馆，2013 年，序言，第 11 页。——中译注]

③ 参见谢林：《对近代哲学史的贡献》(Contribution à l'histoire de la philosophie moderne)，马尔凯(J.-F. Marquet)译，巴黎：法国大学出版社，1983 年，第 147 页及以下。雅斯贝尔斯引用过，同前引，第 300 页及以下，这里为梅洛-庞蒂所使用。[中文版参见《近代哲学史》，第 131 页。——中译注]

一种反过来的表达：概念并非不安的；不安是存在者的本性。运动的唯一原理是处在偶然性中的实在世界而非概念。对黑格尔而言的混沌，是所有和概念不一致的东西，是所有具体的事物。黑格尔把自然当作废料现象。因此他在《大逻辑》中说，"虚弱无力的自然服从概念"。[1]应当把黑格尔哲学中自然的无力所具有的顽固与僵化特征比之于谢林的哲学。在谢林看来，黑格尔抵达的是一个抽象的概念。他对《逻辑学》做出了这样的评价："精神必须进入自然的领地，观念决定摆脱自身，并让自己的足迹步入自然的为他存在，最终当观念被实在所充盈时，自然便再次导向绝对。"[2]谢林询问：一个观念如何做决定？这是存在者的本性。观念如何"摆脱自身"？谢林说这里是流溢说的表达，它接近波墨的表述："上帝在自然中裂开"。[3]谢林指出，这是神哲学而不是哲学。要言之，谢林

认为黑格尔的错误在于，黑格尔认为概念拥有生产的能力，认为哲学可以是纯粹逻辑，却又在鼓吹"哲学的经验论"。

黑格尔完全有理由攻击谢林的思辨性建构，攻击这些建构包含了真正的非理性主义，即他试图把包罗万象的领域转换成超物理的关系，这是一种次级物理性的领域，其所指向的是与自然科学的自然相区别的自然，或者当他想把人类自然的所有秘密封闭在一种自然之中时，这种自然可以解释人类自然的所有工作。然而，这对谢林哲学所暴露出来的危险而言只是次要的。

---

① 黑格尔：《逻辑学》，第三卷，《概念的逻辑》，拉巴里埃（P. -J. Labarrière）与雅奇克（G. Jarczyk）译，巴黎：Aubier 出版社，1981 年，第 78 页："正是自然的虚弱无法牢固地把握概念的严格性。"

② 参见雅斯贝尔斯：《谢林：伟大与浩劫》，同前引，第 300 页及以下。

③ 马尔凯译，第 172 页，他说："神圣自由渗入（sich erbricht）自然之中。"

　　谢林在说和表明概念的理性、意识的抽象并不是什么更客观和更理性的事物时，是有道理的。在理性的外表下隐藏着独断的操作。黑格尔否定自然自身的所有效果。对他来说，"自然第一天就存在了"（参见吕西安·赫尔①），而谢林却认可对自然生命的思考。

　　有一个两种哲学相遇的地带：即与逻辑学和神秘学相对的诗歌地带。谢林似乎说过，"在哲学中有诗歌的元素"，这是在词源学意义上看待诗歌②。这是最重要的线索。因而卡特林娜·施莱格尔在其傻傻地带有女性气质的信里，给谢林写道："你拥有诗歌，而费希特则没有。诗歌把你引向创造层面，而费希特则被他敏锐的知觉引向意识。他在最清楚的明知中拥有光明，而你，你更多地拥有热情；然而明晰只能用来解释，热情则予以创造。"③谢林致力于一种不平凡的意识概念，这种意识清楚地理解自身和它朝向的对象，而对象只是意识的指向。诗歌的意识承认它并不完全拥有其对象，它只能通过一种真正的创造才能理解对象，且意识不是通过演绎而是通过创造活动产生了清晰。诗歌的意识被它的对象所超越时，必须被重新领会，但它始终无法与自身的历史相分离。在被动性和同时性的相遇中存在着一种信念活动，它的艺术的努力是最优的"文本"。这一活动追求的理性无需成为散文，它所追求的

——————————

　　①　参见吕西安·赫尔（L. Herr）为大百科全书撰写的"黑格尔"一文，第十九卷，第99页及以下，再版于《作品选》（*Choix d'écrits*），第二卷，巴黎：Rieder 出版社，1932年；再版于巴黎：L'Harmattan 出版社，第109—146页。

　　②　谢林：《先验唯心论体系》，《文集》，第134页。"所有哲学是……生产性的，接近于艺术的事实……"；另见第176页，"哲学在科学的童年时，产生于诗歌……"参见《全集》，第五卷，第267页，同前引。

　　③　1801年3月1日的信，雅斯贝尔斯引用过《谢林：伟大与浩劫》，同前引，第295页及以下，引文由我们翻译。

诗歌亦无需非理性。

卢卡奇因为这种诗歌而指责谢林。[1] 在赞扬谢林把自然引入先验哲学，使自然区别于人类构造，亦即正确地把握了"反映"概念之后，卢卡奇指责谢林给反映概念赋予了一种极端唯心主义的样式，这种样式近乎于神秘主义。它是唯心主义的，因为人类能够在自身中找到全部的自然；它亦是神秘主义的，因为人类必须成为自然以便来思考自然。卢卡奇不能接受自然的生产性具有了自我意识，他亦不能接受自我与自然之间的亲密关系，他用唯心主义来替代它们。对谢林而言，自然是有分量的，它永不可能被毁灭，即使它会被超越。谢林的概念是实在论的唯一可能的形式。如果相反地，人们如卢卡奇那样把认识看作一种反映，没有任何人混入其中，那么从支持到反对的颠倒便使人们陷入唯心主义，人们在事物之中预设了人类理性构造的内容，人们把科学的人为构造实体化。

在马克思主义思想中，自然概念仍然存在着含混性。一方面，在《1844 年经济学哲学手稿》中，马克思认为所有革命的愿景都返回自然；但另一方面，他谈论人对自然的主宰。对自然的抵制从来都不是一种本质的事实。在马克思主义中，并不存在"作为自然而存在的自然世界"[2]。唯有内在于人的各种关系的转变能够提出一个解决方案。人对自然的主宰在人化自然的转变中有其必要的和充足的条件。人们必须返回人类的自然，这是人们所理解的自然的反面。

---

① 卢卡奇：《理性的毁灭》，同前引。

② 转引自洛维特：《尼采永恒归一的哲学》，同前引，第 189 页。

这种含混性源自于马克思,他想把所有事物的变化都建立在与黑格尔的观念完全不同东西之上:因此他把变化建立在自然之上。只是,他误用了自然的观念。他不像谢林那样,把自然看作分量和惰性,而是仍然以与黑格尔的观念相同的类型来设想自然,把自然看作一种不可避免的命运。由此马克思主义的玄知是:革命创造在自然事物中由一种预先确立的历史所支持。这种理性化是完全非理性的。人们关于谢林的玄知所能言说的一切,都可以用来描述马克思主义的玄知,它负责确定人类的变化,而这完全是自然的反面。人们接受谢林而不把人类历史看作自然的流溢——这是合理的,但是,人们需要在自然中发现人类从中挣脱出来的惰性、视域。

在辩证法中认识到艺术——这会被看作理性主义最真实的形式。然而,"辩证法包含一个它不能由之被学得的方面,而且由于人们能够在语词原初的意义上称呼哲学中的诗歌,辩证法便建基于创造力之上。"[①]卢卡奇引用了谢林的说法并被它所激怒;他在这一说法中看到了亚里士多德主义的概念,但这意味着在人类历史,就如同在自然中那样,认识到一种生产及其包含的所有风险。

# B. 柏格森的观念

## 1. 谢林和柏格森

第一眼看来,柏格森和谢林的观点并无共同之处。谢林的自

---

① 谢林:《全集》,第五卷,第 267 页,卢卡奇引用,第 126 页。

然观念无法还原为任何哲学本原，如笛卡尔的无限，这种模糊的本原即使在上帝之中，也与光相排斥。他试图在唯心主义之外恢复前反思之物。

与此相对，柏格森思想中存在着实证主义，正如他对可能性、虚无、无序等否定观念的批判展示的那样。另一方面，直观的哲学努力在柏格森那里与张力在谢林那里的特征并不相同，谢林无视反思哲学的阵营，这在他 1800 年出版的《先验唯心论体系》(Exposé de l'idéalisme transcendantal)①中已然表明。在柏格森的思想中，直观的成就要求一种抵制积极生命的各种习惯的张力。这些习惯是实践的障碍，它们并不具有谢林碰到的障碍所具有的哲学上的重要性，对谢林来说主体始终尝试让自己成为客体，因而为了抵达直观他必须走向自然的反面。谢林的哲学是一种焦虑的哲学，而柏格森更倾向于让问题消失，并奋起反抗传统形而上学的极度焦虑。"为什么是有而非无②？"这个萦绕在谢林思想中的问题却对柏格森毫无意义。最终，在谢林的思想中，始终存在着直观与辩证法之间、肯定哲学与否定哲学之间的张力。柏格森似乎完全置身于直观之中，他只把辩证法看作是空洞的概念游戏。

然而，柏格森的哲学不能简化为这些主题。

柏格森确实是实证主义的。他的著作致力于进入到与存在的联系之中，而不被任何否定的观念所拖累。然而柏格森并没有逃

---

①　准确的书名是《先验唯心论体系》(Système de L'idéalisme transcendantal)，杜布瓦(Ch. Dubois)译，巴黎/新鲁汶：Peeters 出版社，"鲁汶哲学文丛"，1978 年。

②　参见雅斯贝尔斯：《谢林：伟大与浩劫》，同前引，第三章，第一部分，第 122 页及以下。

避虚无观念。为此,柏格森不得不从斯宾诺莎的观点开始,根据这种观点真理中存在着一种内在的力,而存在则由之被设定。但柏格森认为,这种笛卡尔式的思考只有通过虚无观念才能起效。笛卡尔主义者之所以诉诸于逻辑观念的存在,是因为他们想要克服非存在的威胁。柏格森断言了这个世界的偶然性以达成完全的肯定。但是,这样做与其说把虚无观念驱逐出去,毋宁说使虚无观念与存在观念合并起来。

　　柏格森将哲学视作焦虑与眩晕的终点。但他的各种平静的断言更像是对眩晕的压抑而不是真正的宁静。直观并不总是置身于存在之中。在肯定与否定之间存在着运动。对于提出问题来说理智总是必要的,还原为自身的本能则无法提出问题:因此两者之间产生作用。在直观内部,存在着一种问答之间的张力。柏格森在《创造进化论》中,通过支持如下观点以坚持理智的肯定价值,即意识全靠语言而拥有自身的流动性,假如没有语言,理智就不具有自身移动的可能性。没有语言的意识比具有语言才能的意识离存在的距离更远。一方面,柏格森的哲学是直观的补充,但另一方面,直观转向了自身的对立面。通过这种方式,柏格森首先假设所有知觉都是纯粹知觉,因为纯粹知觉不过是知觉从未抵达的界限。跟随着他自己的直观的运动,柏格森被带向了直观的颠倒。因此,与第一眼呈现的东西所不同的是,柏格森的哲学并不是一致性的哲学:感知就是要进入到事物之中;但进入事物就是要成为自然;然而,如果我们是自然,我们关于事物就什么也"分辨"不出来。这种主体自身的折返显现为辨别的直观①。

99　　　柏格森的哲学与谢林哲学之所以相关,是因为柏格森的全部思想都包含在统一观念之中,如那些不言而喻的和原初的事物。因而柏格森从起源上就承认了物种的统一,即植物与动物的统一;原初的、天然的统一在后续之物中被破坏和表达,而虚无观念在后续之物的关联中没有任何意义。存在是原初被观察到的东西,与之相关所有回溯都是不可能的。统一毋宁是在起点上,而非在发展过程中被给予。同样地,知觉把我们呈现给事物本身,并向我们揭示了原初的秩序,这种秩序是我们始终无法将其选作我们思想居住地的视域,尽管这种视域痴迷于我们的思想。

　　借助于这种原初根基上的直观,哲学就是一种自然哲学,它拥有全部以下特征:

- 首先,它根据时间而不是依据存在来提出问题。柏格森这么告诉我们,依据存在来思考人类与世界的关系是不可能的。事实上,人们不能同时在超越人类和内在于人类的意义上理解世界。相反,如果人们依据时间来思考这些关系,解决方案就会显现出来。我的绵延本质上必然显现为我的,是普遍测量的工具。在糖溶解时,我在等待中把握了我自身的和物理现象的绵延。

- 其次,它拥有经验主义的、绝对体验的哲学观念:在某种意义上我在绝对者之中,在某种意义上绝对者在我之中。

---

　　① 参见柏格森:《物质与记忆》(Matière et mémoire),《著作集》,百年纪念版,巴黎:法国大学出版社,1959 年,第 188 页;“战车”丛书,1982 年,第 35 页。

- 最后,它还拥有一种自然运作的观念,它既非机械论的亦 100 非目的论的,而是与有限的神相类似。

## 2. 作为事物自身存在的自然

自然是我感知到的事物的全体。事实上,柏格森从图像世界开始;他不打算把自己限制在实在论和观念论的论题之下,他想要返回把我们置于事物之中的基础性行为——即感知。他既反对贝克莱的唯心主义——因为这一理论把所有事物都看作表象,也反对承认事物自存性的实在论,因为自存性假定自身与显现之物不同。他想要终结显象和存在之间的所有区分,并把自然事物的存在表达为已然在此的某物,它之存在并不需要被感知到,它同时确证了存在和显象的自然统一:我们的知觉内在事物本身之中;"正是在 P 点而不是其它地方,产生并被知觉到 P 的形象。"①在显示这种确证时,人们说柏格森是一名万物有灵论者,他假设了可感知的 P 点,其图像世界是一个没有主体的表象的总和,这使柏格森为自身提供了一种分散的、漂浮在事物中的意识。然而,在《物质与记忆》中,柏格森指出感知"只有以事物感知的方式才会在被感知事物中存在",同样地"只有神经感受到了感觉,感觉才存在于神经中"②,当他这么说的时候他明确地反驳了上述解释。柏格森排 101 斥神经自身与事物本身就可以感知的观念;但这并不妨碍事物在具体的点被感知。知觉与被感知者的联系并不是一种奇妙的联

---

① 柏格森:《物质与记忆》,第一章,《全集》,同前引,第 192 页;"战车"丛书,第 41 页。
② 同上书,第 208 页;"战车"丛书,第 61 页。

系。设想一个图像世界并不意味着为事物赋予灵魂,也不是在事物之所是的意义上看待事物,然后滑向它们的灵魂。当我们置身于被感知世界的世界时,对 P 点的知觉就在 P 点上。至于知觉,问题在于它如何向自身显现,在于如何依据知觉来思考知觉,而非依据实在论来思考知觉。柏格森试图创造一种关于知觉的现象学,并像它呈现自身那样来呈现它,这独立于形而上学以不同的方式所给出的那些概念。

当我考虑知觉与通过把我置身于知觉角度所感知的事物之间的关系时,在我看来被感知的事物与现实事物在本性上并无不同;它们只是就其可能性而言显现为被还原的。"事物为了把自身的纯粹实存转化为表象,只需删除在它之后出现的,之前出现的,和所有填充它的形象,保留它的外壳、表皮就足够了。"[1]事物就是它的表象,表象并非与事物不同东西;这两个项之间唯一的差异在于,事物是陷入有效存在中的表象,而表象是丧失其密度的事物。事物与表象之间的过渡是在同质项之间做简单的减法而实现的。事物就是全部表象:"从所有身体的所有空间点去知觉所有的影响,将降低为某个物质对象的状态。"[2]或者,"在某种意义上,我们可以认为,在瞬时性中任何无意识的物质的点的知觉,都比我们的知觉更加广袤、更加完整,因为这个物质点收集并传导了物质宇宙全部物质点的影响,而我们的意识仅仅包含物质宇宙的部分物质点和它们的某些方面。"[3]我的知觉向我呈现为存在整体的压缩。

102

---

[1]　柏格森:《物质与记忆》,第 186 页。

[2]　同上书,第 198 页;"战车"丛书,第 48 页。

[3]　同上书,第 188 页;"战车"丛书,第 35 页。

事实上，人们可以在此猜测尚未被把握的柏格森的思想。为了更好地理解他的思想，人们必须辨别他的隐藏在不怎么令人满意的外表之下的思想的有效意义。柏格森似乎在唯灵论与唯物论之间摇摆不定，前者在事物中看到灵魂的类似物，后者则使对物质的各种外在关系的意识涌现出来。

当柏格森假定了图像世界时，指引他的是知觉经验的内容时：事物呈现为先在的、原初的、先于知觉的，作为在我们之前已然在此、且我们接下来会如此看到的风景。柏格森通过设定这样一个没有观察者的图像世界，想要指出是知觉教会了我们事物，而在这个意义上，初生状态的知觉真实地构成了事物的组成部分。所发生的似乎是知觉是先于自身的，而事物是一种风景，一幅暗含着意识的画卷。所有实在论概念都是借用知觉世界而被建构的。柏格森因此有意地在知觉之内设定了一个悖论：存在先于感知，而这种原初存在只有在知觉的关联中才能被设想。那么，柏格森如何思考这种相互的包裹？

103

柏格森在知觉的来临中看到了整体存在的压缩。先有这个颜色，再有感知中这个颜色的图像。颜色与图像的关系应该被设想为在场与表象的关系。一方面，存在着自在的景象；另一方面，存在着自为的景象。人们在两者之间的转换是通过缩小和变暗，对立于试图把知识当作光明的哲学传统而实现。一方面，存在一种所有部分都完满的事物，它的各个部分同样重要；另一方面，存在一种图画——它的某些细节被突出；一方面，存在一幅没有中心的图像；另一方面，不同的要素在被审视时，一些看起来更近而另一些则显得更远。这些相关于同样的图像，但在某些方面直接通向非现实性，包括空白和潜在的区域。

　　因而，通过把世界与知觉的关系类比为充实与虚空、肯定与否定的关系，柏格森提出了他的"形象世界"的悖论。诚然，存在原初地呈现给我，这是因为知觉作为初始在场中的虚空呈现给我，而知觉的主体在面对存在时呈现为否定。由于虚空比存在要少，所以事物仅仅作为比知觉更实在的东西呈现给我。但另一方面，对事物的设定是必要的；空洞合法性由此而来，正是从空洞出发事物才被看到。因此我们必须承认虚无的优先性或同时性。

　　如果外部事物被设定为一种知觉，这并不是因为柏格森把灵魂置于物质点中，而是因为既然表象是不完满的知觉，那么事物便是更完满的知觉。知觉已经存在了，柏格森所补充的是，它是被中和的知觉；同样地，如果图象已经被拉入事物之中，那是因为它还未被发展出来。柏格森因此事实上避免了唯灵主义图式中包含的危险，但难道他没有沦为唯物主义的风险吗？事实上，如果事物的知觉是其存在的减少，是存在的一个影子，那么事物就不能是知觉，即削弱的存在。柏格森难道没有在意识的存在中预言了事物的自在吗？

　　事实上，柏格森试图借由图式的双重序列澄清：存在是先于所有知识的，它与知觉同时发生。人们从"形象"世界出发建构了感知的存在；但这个"形象"的世界已经是感知的存在的世界。唯心主义和实在论都只看到事物的一半。柏格森想要恢复完整的圆，想要描述存在与知觉共同的领域，也就是自在的"形象世界"，在"人们"之中的、无人称的知觉，它并不内在于个体的触摸者，不内在于它的任一界限，不内在于存在，亦不内在于个体感知（部分存在)的其它部分,而是试图在自我之内描述真实的根基,我通过"深度的根基""进入"事物。[1]

然而,柏格森以没有运动的直观方式,从不动的视觉出发,是否澄清了这里的谜团呢?无疑,知觉在某些方面是不动的直观:当世界将自身既不是作为在场也不是作为表象呈现出来的时候,当事物以其自然的惰性存在时。然而,柏格森在直观之外,设定了被感知的存在,作为把可能事物引入充实存在的非决定论的中心。借此,虚无来到这个世界上,自然存在丧失了最初与之一致的自足。这种第二性的直观能否被简单地添加到第一种直观中吗?它们彼此会接替出现在连续性的关系中吗?

与对象一致的纯粹知觉,是在理论上存在,而非实际上存在:它产生于瞬间之中。[2] 在我们的知觉中,有绵延、记忆,这使它与真实相分离。然而,如果我们的知觉与纯粹知觉完全不同,它们将如何在自身中保存纯粹知觉,并在其中扎根?关于纯粹知觉和我们的知觉之间关系的所有说法都是颠倒的。我的知觉首先作为匮乏而出现,"在意识知觉必然匮乏的情况下,还存在着某些积极的东西,某种预示着精神的东西,这个东西在词源学上的意义来说,就是洞察力。"[3]曾经作为较少的出现的,现在从某种意义上说,则作为较多的而出现。如果没有我的外部知觉的话,在自身中被把握的事物将会在基础上是空洞的和无法言说的。虚无具有肯定的作用。如果没有这种潜在的事物,事物本身将会没有内容,没有轮

---

[1] 柏格森:《物质与记忆》,第 216 页;"战车"丛书,第 71 页。
[2] 同上书,第 190 页;"战车"丛书,第 38 页。
[3] 同上书,第 188 页;"战车"丛书,第 35 页。

廓，不可定义，如同一张尚未拍摄的照片那样。

　　然而，自然事物只留下最初的直观。那么如何在超越最初直观的同时还保持着它呢？尽管人们不能因为这种矛盾而指责柏格森，但他是否为最初直观留下了应有的位置？一种直观并不会驱逐另一种：首先存在一种积极的感知（世界在此，事物在此），然后才可以说："在知觉中的同一时刻里，既要捕捉到我们意识的状态，又要捕捉到独立于我们的现实。我们瞬间知觉的这种混合型特点，以及这种被现实化了的矛盾所表现出来的样子，就是我们相信存在着一个与我们的知觉并不绝对相同的外部世界的主要理论依据。"①在此，知觉是矛盾的实现，柏格森已经准备好把矛盾看作我们的主体性的源泉，但他并没有从中演绎出全部的推论："如果真的存在自由的运动，或者是至少包含着部分不确定性的运动，那么这种运动只能属于一种存在：这种存在能够以较长的间隔去固定与其自身变动紧密相连的变动，能够把这种变动凝聚为明确的瞬间，并且通过同化物质凝聚物质，然后将物质消化为反射运动，这种反射运动将会通过大自然必然性的考验。本质上来说，这种运动的绵延的张力的大小就代表了它们生命强度的大小，同时也决定了它们知觉的集中力的程度和自由尺度的大小。"②因此是知觉的集中使人们能够把握另一种存在，这并不通过附着其上，而是通过知觉旋律中的矛盾。但是接下来，知觉是支持原始事物的旋律还是与之融合在一起呢？

---

　　①　柏格森：《物质与记忆》，第 339 页；"战车"丛书，第 228－229 页。
　　②　同上书，第 345 页；"战车"丛书，第 236 页。

依据柏格森,有效的直观在呈现为实证的面向时便受到了威胁,它将自身至于危险当中。一方面,有对事物的瞬时直观,与之关联的其余部分都只是否定。在物质中存在着就像记忆的预感那样的某物,因为它在绵延之上而并不需要成为绵延:它一直都是一样的,在所有时刻都一样。这就是对自然存在的揭示。另一方面,仅仅有这种直观是不够的;人们需要用虚无把纯粹知觉加倍。纯粹知觉的瞬时性只是一个等待自我克服的瞬间。由此,一方面没有存在,另一方面没有虚无,相反应该说存在着混合。这种自然的瞬时性应当被看作我们的知觉向我们指示的视域,它并不需要我们拥有它。只是,柏格森是否考虑到这一点?

柏格森的功绩是显著的。对于试图在人类经验中寻找经验界限上的东西——即自然事物或生命的人们而言,柏格森是其中的一员。他试图"追溯经验的源头,或者更准确地说,寻找一个决定性的转折点,经验向我们的功利性倾斜,最后实时地变为人的经验。"①但这一哲学的且必要的努力向实证主义立场妥协,而实证主义立场使这种前人类(的经验)成为与我们共处的存在。柏格森旨在返回原初存在,在共在中从直观返回直接的东西,这是否充分表达了柏格森思想的深度呢?

### 3. 作为生命的自然

柏格森想要直观地重新发现生命的自然运作,这与人类操作、与目的论的任何类型都是相反的。《论意识的直接与料》这本书便

---

① 柏格森:《物质与记忆》,第 321 页;"战车"丛书,第 205 页。

完全定位于同时反对以下两种人,一种人试图把意识理解为彼此外在的过程的全体,与之相对另一种人则把意识的统一还原为在机械论之上添加的统一。柏格森把主体性直观当作"绵延"。我们对统一体的整体重建被绵延的凝聚所超越,而绵延正是我们之所是,它并非作为一个待建构的客体出现在我们面前。在《创造进化论》中,正是绵延的直观指导着柏格森,因为生命是一种自然的运作,这种运作并不是像机械论所认为的那样,是由集合组成的,它在集合中发现过程的多样性。然而,目的论通过给这些集合添加一个目的,给予它们一个统一体,只是这种目的仍然停留在生物之外。这只是一种观念。然而,生命从未像我们所想的那样陷入其中:它可能同时屈服并超越于目的论。① 之所以说屈服,具体而言,是因为它经常创造怪物;之所以说超越,是因为就像观念源自于艺术作品那样——观念不过是并不在作者那里呈现,而只是在批判中被发现的艺术作品的动力原则,同样地,生命也并非通过谋求一种目的而创造。当然,当人们注意流动之物的反面时,人们会看出目的性,发现观念,但这种观念只是创造进化遗留下来的踪迹,它并非创造的进化本身。创造的进化并不遵循生命的原则:没有指挥进化的工头,因为没有工人,或者说,工头与工人之间并无差别。② 在自然运作中,目的内在于手段。

如此,柏格森回到了康德的观念。但是柏格森对康德论点的讨论停留在一个误解之上:柏格森陷入内在目的性概念中,因为,

---

① 参见柏格森:《创造进化论》,《著作集》,第 685 页;"战车"丛书,1981 年,第 224 页。

② 同上书,第 687 页。

他说自然存在的元素并不结合在一起而是分离的。然而康德则乐于承认,他在相似性中看待父亲和儿子,同样也在性征中看待他们,这是内在目的性的一个标志。对于康德而言,定义内在目的性的东西并非内在于有机物的东西,而是存在于目的和手段之间的内在性。这是人们已经在《判断力批判》中发现的术语,柏格森为它们添加了一个新元素:即自然的历史观念。柏格森是通过历史来定义生物的:活着的有机物是"构成真正历史的唯一活动系列"。①　通过描述有机物,柏格森超越了实体论者的思想,后者在起源与发展的终点,都在目的中发现了一种不变的形式。柏格森把有机物和生命定义为一种时间性,因此,把它们置于物理系统的所有比照之外。物理系统是它的过去(拉普拉斯)。然而,有机物和被定义为自然系统的宇宙整体,则是在现在与过去不同一的事实相反的意义上被定义。关于物理系统,人们可以说它在每一时刻都被再创造,它总是新的,或者说它是非创造的,而且它与自身的过去是同一的。与此相对,有机物从不与它的过去同一,也从未与它的过去分离:它仍在继续。绵延变成了它内在统一的原则。"无论事物存在于哪里,总有一个开放的部分,时间写下了记录。"②而这一记录并不是一个内在于有机物的意识,它不是我们的意识,也不是我们的时间符号。柏格森借记录所指明的是一种组织,是一种创设(Stiftung)③,正如胡塞尔所说,一个包含了变化且尚未处于变化之外的初始行动。

109

---

① 柏格森:《创造进化论》,第 525 页;"战车"丛书,第 36 页。

② 同上书,第 508 页;"战车"丛书,第 16 页。

③ Foundation.

110　　　这种作为历史的生命直观为《创造进化论》的许多段落带来价值，柏格森在这些段落中指出统一体处在起源上，它在后续发展中倾向于自我消解。例如，柏格森指出在开端上各种倾向相互指示，但是，由于"倾向的不稳定的均衡"，这种统一体在动物、植物和细菌当中走向分化。这三种生物形态是生命在相互指示状态下的互补功能：生命像一束自我散开的花束；统一体处在开端上。通过这种方式，由于植物和动物被同样的冲动所支撑，人们在植物中发现了有性繁殖，这对植物阶层而言是多余的，它只能在植物朝向动物发展的事实中被解释。柏格森想要用一种共同的冲动来解释这些奇怪的一致。关于进化论发散线索的复合机械论指引他把统一体假定为起源，相信生命自然的观念，这种生命自然是驱动力、原初的统一体，但并不排除结果中的、在开端上不可预见的各种分歧。和谐毋宁是在后的而非预先的。

　　因此，柏格森审慎地把生命描述为一种盲目的和有限的原则。在他想要把生命理解为一种未分的原则，这种原则追求一个目标并且能够达至一种神秘的直观时，他的直观便紧接着堕落了。一开始，生命冲动这一表达只用于指示一个已经开始的事物，它在开始时拥有一种被限定的力量，但绵延使它逐步失去了力量。生命的冲动是有限的，它很快便消耗了自身："这种力量是有限的，它在自我现实时很快便耗尽了自身。对它而言同时朝向不同的方向很

111　难走远。它必须做出选择。"[1]或者再次："不能忘记，那个自始至终在有组织的世界里发展着的力量是被限定了的，它总是力图超

---

[1]　柏格森：《创造进化论》，第 615 页；"战车"丛书，第 142 页。

越自身,而且,对于它要产生的作品而言它总是不充分的"①,这依据的是生命的构成性冲突:生命是流变性,这使它在自身之上显示出各种确定的形式,但可变形式的确定性把它们与生命冲动分开。"生命一般来说就是流变性本身:生命的种种具体表现不情愿地接受流动性,并时常落后于这种流变性。"②"生命借以向创造的新形式前进的活动,与这种形式借以显现的活动,是两种不同的、通常对抗的运动。前一种延续到后一种运动中,但它只有在脱离了自身的方向时才能在后一种运动中持续……"③生命是一种分离的原则,它不能继续已经开始的东西:"有机世界自始至终都有一种伟大的力量;然而,这种力量时常短路,有时是被相反的力量所麻痹,有时因它所为之事而离开它应为之事,被它置身其中的形式所吸引,就像迷恋镜子一样迷恋这种形式。"④因此,就像谢林那样,自然从来都不只是一种生产性的原则,而是生产者与产品的不可分离。它在创造产品的活动中超越了产品,但这种超越时常是虚幻的,而生命的创造只有在同一存在的再生产中才会继续。

　　创造性生命的成功是模糊的。成功当然是有的,因为有多种 112
生命形式,但如果人们把它们与它们从中产生的运动相比,不成功
才是规则。⑤ 柏格森指出的四种生命方向,两种行不通,另外两种
的努力和结果不成比例。⑥ 至于人类,人们既不能说它是演化的

　　① 柏格森:《创造进化论》,第 602 页;"战车"丛书,第 127 页。
　　② 同上书,第 603 页;"战车"丛书,第 128－129 页。
　　③ 同上书,第 604 页;"战车"丛书,第 130 页。
　　④ 同上书,第 603 页;"战车"丛书,第 128 页。
　　⑤ 同上书,第 605 页;"战车"丛书,第 130 页。"从这种新观点来看,不成功显现为常态,成功成为例外。"
　　⑥ 同上书,第 602 页;"战车"丛书,第 127 页。

目标和终点,也不能说它是"在演化运动中预先形成的"①,这一物种与其它物种的共存是偶然竞争的结果。如果人类能够被称作一种成功,那是因为其中包含未实现的东西,且它在自身中创造性承担着创造。但人类并不是演化聚焦的目标,它放弃了生命所蕴含的部分趋势:"好像有一种我们可以,正如我们将要做的那样,称为人或者超人的模糊的、无形的存在,它力图实现自身,并且通过将自身的一部分遗留在途中,它已经取得成功。"②

　　如此,生命自然是有限统一性的原则,它向偶然性妥协,它不控制偶然性,而是要在这种偶然性当中实现并消解自身。生命在成为自身时,亦消解自身。如此,它并不是一种取悦于外在性的内在性原则。在生产者和产品之间存在一种必要的不一致,我们并不能埋怨它,因为它构成了生命的实现。内在的目的性,即生命的目的性因此成为一种沉重的目的性。如果工头和工人不分离,这不仅意味着目的支配手段,而且意味着手段能够改变目的,意味着手段的抵抗、手段的惯性赢得了目的。柏格森提出了自然产物的观念,它的偶然性将不再是一种失误。如果人们把演化比作一条道路,应当说地势的起伏并不是阻碍,"它们每时每刻都给它提供必不可少的、赖以生存的土壤。"③生命自然是一种混合物,一种混合的原则:它的意义在于:"把不确定性嵌入物质当中",④"制造一种战胜机械论的机械论",而这种意义也是一个悖论。在生命内部

113

----

①　柏格森:《创造进化论》,第720页;"战车"丛书,第266页。

②　同上书,第721页;"战车"丛书,第266 – 267页。

③　同上书,第582页;"战车"丛书,第103页。

④　同上书,第602页;"战车"丛书,第127页。

构成物质的否定性有其肯定的价值。物质,作为生命的阻碍,不仅给生命提供了实现自身的领地,而且给生命提供了实现自身的方式。语言也是这样,起初作为一种阻碍而显现,同时是意识实现自身的一种手段。

"因此,语词的流动性使语词从一个事物转移到另一个事物,使它们能够从事物扩展到观念。当然,语言不可能赋予理智一种完全外化的、无法返回自身反思机能。一种反思的理智,除了具备实用的努力之外,也已经具备了可消耗的多余能量。这是一种潜在地重新克服自身的意识。但是,这种潜在性还是要成为现实。没有语言,理智也许会一直被固定在它感兴趣的物质对象上。它或许还处在梦游的状态中,忘记了自己,沉迷于自己的工作中。在解放理智方面,语言发挥了巨大的作用……理智……受益于如下事实,即语词本身就是一种事物,它被理智所深入、所支撑,在它自身工作的内部。"①

柏格森接近于这种哲学:它不借助生命自身中的休止与巧合,而是通过生命对于自身的劳动来定义生命,而生命并不会对之抱怨,因为正是它使生命实现自身。《创造进化论》第二章中关于具体物质的分析使他沿着这条路走下去。然而,当他使它们在第三章中服从于形而上学阐明时,这使他离开前一条道路并走向另一条道路。

在第三章中,生命变成纯粹的创造,变成一个不离开自身的、完整的行动。在柏格森把生命比作道路的那段文字中,这种观念

---

① 柏格森:《创造进化论》,第 629-630 页;"战车"丛书,第 159-160 页。

已经很明显了："但是,如果人们考虑的是道路的全部而非每一个它的每一个部分,地势的起伏只能是阻碍或迟到的理由,因为道路只是简单地朝向城镇,它也乐意成为直线。"①生命即将变成思想当中的一条原则,并与它的运作相分离。正如扬科列维奇在他关于柏格森的第一本书中所说的,"生命不需要身体,相反,它想要独立并直接朝向它的目标……如果生命不曾计量这一重担,它将不会实现任何奇迹!"②生命变成一种明显的因果论,它的原则中包含了进化论的所有内容。有这样一种过渡:生命从一条模棱两可和辩证的原则变成一条意义明确且直观的原则,就像我们关于事物的知觉转变为纯粹知觉那样:"所以,视觉是一种权能,它在理论上实现了我们的目光无法抵达的事物的无限性。"③视觉器官的构造与其说是一种创造,不如说是由某种必要的适应所导致的观看权能的缩减。这种器官的构造可以归结为一种工程、一种开凿行为,"视觉器官仅仅象征了管道的运行"。④ 并不是山脉成就了隧道,同样地,亦不是视觉器官产生了视觉。正如扬科列维奇所说,"动物与其说用它们的眼睛,不如说凭借它们(眼睛)的本领观看。"⑤同样,神经系统被柏格森比作"虎钳"⑥,它阻碍意识完全地实现自身,允许它只有在不完全松动时才能通过。

115

---

①　柏格森:《创造进化论》,第 582 页;"战车"丛书,第 103-104 页。
②　扬科列维奇:《柏格森》,巴黎:Alcan 出版社,1931 年,第 237-238 页;新版见巴黎:法国大学出版社,1959 年;再版于"战车"丛书,1989 年,第 168 页。
③　柏格森:《创造进化论》,同前引,第 576 页;"战车"丛书,第 94 页。
④　同上书,第 575 页;"战车"丛书,第 95 页。
⑤　扬科列维奇:《柏格森》,同前引,第 235 页;"战车"丛书,第 167 页。
⑥　柏格森:《创造进化论》,同前引,第 647 页;"战车"丛书,第 180 页。

在这种意义上,生命的运行最终依附于一种统一性原则,它超越生命的各种偶然表现,因此,生命不再是被思维的而是被超越的。生命的所有细节都丧失了它们的价值,它们只有作为阻碍构造现实的手段时才会被考虑。生命的构造活动总是在进展着,依据所遇到的物质的抵抗,或者依据它的冲动力(解释根据文本而变化,但这几乎不起作用:无论否定性处于物质还是在生命之中,都不能改变生命被视为一种超越的现实这一事实)。秩序在被生物学地或物理-数学地考虑时,不会有效益,亦不成为问题。生命的运行仅仅是现实性的反面。从现在起,生命冲动不再被看作一种原则,而是被看作一种趋势。生命冲动将被看作一个容器:生命"就自身来看,是一种巨大的虚拟性,数以千计的倾向交互侵越。"①并且:"灵魂如此持续地自我创造,它在某种意义上是先在的。"②

如果生命冲动变成一个容器而非一种运作,那么,应当把它归因于柏格森的实证主义,它把生命多变的统一性转变为一种依附于自身的原则。在第三章,柏格森不再把生命冲动看作是手段和目的不可分的原则;而是把它分为两类:物理的和心理的,他试图从第二种推出第一种。"假设,一个瞬间……物理的是心理的简单反转。"③生命的创造活动在停止时产生了物质。④ 生命显现为源自冲动之物的持续,即使这种冲动已经被缓和:原先有一种创造的动作,这个动作被消解了,它变成了物质。生命是意识的一种努

---

① 柏格森:《创造进化论》,第 714 页;"战车"丛书,第 259 页。
② 同上书,第 723 页;"战车"丛书,第 270 页。
③ 同上书,第 666 页;"战车"丛书,第 203 页。
④ 同上书,第 698 页;"战车"丛书,第 240 页。

力,它试图在物质中重回自身。

最初的位置被颠倒了:最初存在一元论与关于物质和生物之间关系的辩证观念,依据这种观念,冲动不能被分析为两种元素,它是主动与被动之间的不可区分。现在,柏格森同时承认二元论和否定二元论的流溢说:物质通过前一种元素的松懈而从它之中产生,它被翻转拖离了前一种元素。此外分析必然得出这一结论。事实上,意识就是绵延,如果没有多样性它是不能被设想的。如果我们想要统一性,像实证主义那样,我们必须在绵延之上设定一种统一性、一种"超意识"①、内在性的最大值,这种最大值与全部外在性的最大值即物质对称。自然观念必定分裂并让位于上帝。

然而,柏格森在把上帝和进化论混同时犹豫了。生命面向物质,它回溯物质的坡度。正是创造的能量尝试着重获自身。上帝是同样的能量,却被推向它的来源。在这种实证主义当中,柏格森将会看到他试图避免的二元论的重现。在一种同质的原则中,柏格森无法避免这一点。在关于拉韦松的文章中②,他允许上帝消耗自身创造非存在、空。据此,辩证法没有被抑制,而是被放回到上帝当中。然而,在将他的哲学变成神学时,柏格森犹豫了:他在其中看到的,仅仅是原则及其表现完全一致的那种直观,相关于"与我们同在"③的绝对者、像我们一样绵延的能生绝对者的那种感觉,人们关于它会问它与笛卡尔的能生自然是否是同类的原则。

---

① 柏格森:《创造进化论》,第 716 页;"战车"丛书,第 261 页。

② 柏格森:"拉韦松的生平与著作"(*La vie et l'œuvre de Ravaisson*),收录于《思想与运动》(*La Pensée et le Mouvant*)中,《著作集》,第 1450－1483 页;"战车"丛书,1985 年,第 253－291 页。此处关联的是"法国哲学的关系"为题的相关段落。

③ 柏格森:《创造进化论》,第 747 页;"战车"丛书,第 298 页。

扬科列维奇预见了这篇关于拉韦松的文章:"在柏格森式的生命概念中,存在着两种相反的运动,它们彼此相关的出现,一个在另一个当中"①,即一种衰退运动和一种恢复运动。以这种方式,人们发现了辩证法的再现,他还说:"生命需要用杀死自身的方式来确认自身,它真实地存在于一种持续不断的罪恶状态中。"②人们由此发现谢林观念的重现,对柏格森而言,依据谢林的观念,衰落是与创造不可分离的元素。

在《创造进化论》从第二章到第三章的这种过程中,人们再次发现了柏格森的习惯:转向一种确定的、肯定的现实性,意识到这种现实性存在着一种否定性,由此以肯定性的术语(这里指物理的和心理的术语)来表达这种否定性,以便最终把新的否定性并入存在与肯定的概念中,即使存在着肯定性的统一体。

## 4. 柏格森自然概念的本体论基础结构:存在与虚无的观念

柏格森与各种否定概念展开论战,但我们会看到,他在论战的过程中似乎还理不清自己的头绪,因为他论战的一个部分根本无法把他带向他想要抵达之地。在整个争论中,柏格森试图消除偶然性观念,试图消除此类问题:为何有某物存在?为何是这一世界存在而非别的世界存在?因为只有当我们赋予制造较之于生产的优先性时,只有当我们认为存在的所有种类要么被 X 要么被我们

① 扬科列维奇:《柏格森》,第 245 页;"战车"丛书,第 174 页。
② 同上书,第 246 页;"战车"丛书,第 175 页。

制造时,这些问题才会出现。但当我们转向自然生产的观点时,这些问题便不再构成问题了。因此,需要实实在在地重返实存的存在。

无序的观念

按照柏格森的说法,无序的观念已经被褫夺了意义:我们之所以认为存在无序,是因为我们发现自身正处在一种有序的实在中,只是这种实在是以有别于我们期待的方式被排序的。但无序概念只能是相对的而不能是绝对的。混沌概念是矛盾的。要使混沌之为混沌,我就要在混沌之中想象一种始终警惕着不会引起合法性的权能,也就是说实在强迫自己接受源自于混沌的存在法则:由此绝对的混沌便不在场了。

柏格森提出两种秩序,即物理–数学秩序和生命秩序,他指出这两种秩序不但相反而且相互矛盾。物理–数学秩序存在于确定法则的恒常性之中:相同原因导致相同结果。与此相对,生命秩序存在于条件不同却产生相同结论的事实之中。生命从即将获得的结论掌握其永久性,非生命则被背后(a tergo)的永久性所描绘。由此出发,柏格森重建了无序感。我认为,秩序之脆弱正来自于双重秩序的二元性。无序只不过是一种说法。秩序的缺失会反过来导致秩序的出现,因为对两种秩序中一种的否定都是指明另一种秩序出现的方式。

这种证明中至关重要的是:两种秩序不但相反而且矛盾。两者当真如此矛盾么? 这两种秩序的表述同柏格森学说的其余部分并不一致。人们能够把从背后获得的秩序与朝向终点的秩序对立起来吗？如拉舍里耶所主张的①，因果性的教条观念局限于目的论。那么反过来，当柏格森在改变机械论的轮廓之前，以支持它们的方式已然表明生命深入机械论之后，他能够用目的的暴力来界定生命秩序吗，这些目的无条件地使手段成为必要以使其目的永存？

然而，我们都接受存在着两种秩序，它们都是肯定的且相互排斥。若这两种秩序形成了一种绝对的相异性，那么它们便形成了有关存在的否定性。这样一来，我们拥有的便不是呈现出来的两个东西，而是唯一的存在，它的肉身中包含着绝对的否定性，它时而是这种秩序，时而是那种秩序。彻底的实证主义到头来就是彻底的否定主义，因为这两种秩序无需秩序便可相继而来，每种秩序都以自身的否定与另一种秩序相联。消除无序的唯一道路就是采用斯宾诺莎纯粹实证主义的立场，人们在内生的必然性或超越目的论（这正是康德对斯宾诺莎的看法）意义上解释他的学说。

柏格森也能像斯宾诺莎那样不考虑缺席观念。这样，就不会有什么缺席了，而是交替的在场。对他而言，一切都来自于肯定性：某物的缺席只不过是它物的在场，只不过是人们等候缺失之物所在的位置。对此，我们会说，对缺席的观察并不等同于观察的缺席。但柏格森会回应说，对缺席的观察仅存在于心灵之中。缺席 121 并不在事物之中，因为我们在事物之中只能发现"有"。但在生物学上，缺席却有其意义：一个有机体的死亡是不能仅仅被还原为一

① 参见拉舍里耶：《归纳的基础》（*Fondement de l'Induction*），1871 年，巴黎：Ladrange 哲学出版社；巴黎：Fayard 出版社，"法语哲学著作文库"，1993 年。

个物理系统的在场。应当允许缺席秩序和在场秩序的竞争——即一个对另一个的作用。在有机秩序中,在只存在个体存在者的自然界中,一种秩序的缺席不能被还原为另一种秩序的在场:缺席具有客观的意义。

最后,我们还需要考虑一个难题,即柏格森哲学中的物理-数学秩序是一种实证的东西。难道柏格森自己不承认,自身消解的事物的观念无疑是物质性的一种本质特性吗? 实证主义看起来使柏格森提出了两个要求:第一,生命是肯定的实在,物质通过简单的停滞从中产生;第二,生命和物质是两种肯定的秩序。一方面,柏格森在两种秩序之间设置了连续的通道,即两种秩序的连续性;另一方面,他又彻底地将两者分开,将之视为两种相互矛盾的实体。然而,这后一种要求严格地说,很可能会使柏格森的自然概念分裂,根据这一概念,生命就是重新恢复被中止的创造活动,这种活动的中止产生了物质,而物质是一种在自我消解的世界中被造成的实在。正如扬科列维奇在上文中引用的段落所强调的,存在两种互相矛盾的原理,它们不仅"彼此相关地出现,而且一个在另一个当中"。为使这两种运动不会相互抵消,运动本身必定是两极化的。因此,这种在自然内部被理解的矛盾只能是被假定的。应当承认自然中包含一种活动的否定观念,如果没有这种观念自然概念就会分裂。

虚无的观念

柏格森哲学的真正意义,与其说是消除虚无的观念,不如说是把它并入存在的观念之中。

柏格森一开始就表明,绝对虚无观念是矛盾的。世界当中并没有空白,所有对空白的思维都是对某种充实的思维。若我用思维消除外部世界,那么这个世界就会在我意识的内在世界中寻求庇护。若我的意识正处在消除本身的那一时刻,那思维至少是被空白的观念所充实。我不能从思维中把我自身抽离出来。每一种消除都不可化约地设定某些项,并排除另外一些项。通向限制的道路是不可能的。人们也无法把这些否定都加总起来。虚无观念就来自于我们在连续否定的时刻,想象我们能与自身联合。

然而,柏格森不但不承认虚无观念,而且也不认可否定性思考的价值。对他来说,称某物不在与说它在都是一样的。所有否定只不过是拒斥,如同弗洛伊德所说的否认(Verneinung)。否定性思维只出现在无人称的状态中:它并不针对具体事物,而是针对由我或其他人做出的判断,它旨在抑制错误的判断。从心理学的深度来说,否定只不过是对一个断言的断言。

说某物不在那里,就是说其它事物在那里。一物的缺席带来的是另一物的出现。在否定性思维中包含断定的思维。我把自身 123 置于非实在亦即缺席之中,以便尝试从它出发来表述实在。哲学或科学上真实的思考一定是与同样不自然的思维相反的,因为"非实存事物的不存在不能被记录"[①]。

柏格森为实证的精神勾勒出如下图景:

> 让我们假定:语言被废止,社会解体了,人类智力的全部首创性、人类自我反思与自我判断的全部机能也都萎缩了:大

---

① 柏格森:《创造进化论》,《著作集》,第 742 页;"战车"丛书,第 292 页。

地依然潮湿，能自动在感觉上留下印记，并且能向减退的理智传送一种模糊的观念。理智仍然能用不明确的术语做肯定判断。其结果将是：无论是明确的概念、各种语词、在自身周围传达事实的欲望还是自我改善的欲望，都不再是断言的本质了。不过，这种机械地与经验保持同步的，既不促进也不延迟真实进程的消极的理智，不想否定任何东西。它不会接收到否定的印记，这是因为：同样地，只有实存的东西才能被记录下来，而非实存事物的不存在不能被记录……①

这样的精神所看见的，是事实与事实的连续，状态与状态的连续，事物与事物的连续。它在每个瞬间所注意到的，都是实存的事物、出现的状态和发生的事件。它将生活在现实当中，倘若它能够进行判断，那么，除了当前实存的事物之外，它什么也不能断定。②

这就是柏格森所描述的实证精神的模型。但这个自在观念，124 这个潮湿的自在观念，若它在我们思维的视域之内，便不能构成关于存在的我们的所有思考的模型。这种实证的存在并不包含历史。人们很奇怪，柏格森如何以这种立场来建构其关于过去、现在和未来的本体论。没有对过去的否定就没有对过去的思维。柏格森的分析表明，与思维是充实的相比，思维是空白时，思维并不比自身更少。正如扬科列维奇在评论中所强调的，"精神永远不会呈

---

① 柏格森：《创造进化论》，第 741－742 页；"战车"丛书，第 291 页。
② 同上书，第 743 页；"战车"丛书，第 293－294 页。

现自身,除非它在否定或它弄错时"①。

存在的观念

对存在的分析具有同样的困扰:"我们必须使自己习惯于直接地思考存在,而不是迂回绕道地,不是先求助于出现在存在与我们之间的那种'虚无'的幻影。"②这样一来,柏格森似乎导向了斯宾诺莎的无缺陷的存在概念。但柏格森本人对这种对照持批判态度。在柏格森看来,斯宾诺莎的与自身同一的存在观念意味着虚无是一种与存在矛盾的观念,而且是它必须克服的观念。对柏格森来说,一个持续的存在并不足以克服非存在以便设定自身:"正是出于这个特殊理由,形而上学才往往会认为:真正的存在是逻辑的实在,而不是心理或物理的实在。因为这就是纯粹逻辑实在的本性,它看上去是自我完满的,并且单凭真理中内生力量的结果就能自我设定……圆的'逻辑本质',换句话说,按照某种规律画出这个圆的可能性,简而言之,这个圆的定义,在我看来却是一种永恒的东西。"③必然存在观念将会是眩晕的顶点,即对彻底偶然性的领悟。

既然柏格森没有使用虚无概念,他便没有经受无限生产者的观念,这使他能够断言诸事物中的自然生产力,即诸现象中的一种绝对:"绝对会在十分接近我们的地方被揭示出来,并且在一定程度上,在我们之中被揭示出来。它在本质上是心理的,而非数学的或逻辑的。它与我们同在。它像我们一样,只是它在某些方面更无限地集中,更自我汇聚;它延续着。"④但人们在把这一文本同柏

① 扬科列维奇:《柏格森》,同前引,第269页;"战车"丛书,第210页。
② 柏格森:《创造进化论》,同前引,第747页;"战车"丛书,第298页。
③ 同上书,第729页;"战车"丛书,第276—277页。
④ 同上书,第747页;"战车"丛书,第298页。

格森先前就实证精神,即始终当下的精神所说的相对照时,人们会注意到矛盾。如果柏格森指责斯宾诺莎,那他就不能是一个实证主义者。设定一种持续的存在,就是设定一种"犹豫不定"①的存在,它不能同时完成所有事物,它把否定置于存在之中。

可能的观念

虚无和无序的观念无法被严肃地对待,如果人们不把它们构想为可能,也不把存在构想为战胜虚无的胜果,克服虚无的可能,那这两种观念便什么也算不上。

柏格森表明,可能观念远非存在之始的观念,它先于存在的实现,是由现实开始形成的一种观念。考虑到过去,我所持有的观念是把现在内摄过去,认为它已经被包含在过去的萌芽状态之中,并由过去做好准备;不论事物的展开的样子如何,我们都可以说出并使人看到,正是过去使之成为可能。这里有一种回顾的错觉,停留在独立于现在来思考过去的困难之中。然而,这种对回顾式错误的批判是否能消解可能观念呢?如果都是虚构的可能,那么人们必须要把存在都还原为现实吗?

回顾的错觉就是对一种意识的阐述,它与存在并不复合且总是滞后于存在。那么只要意识不与存在相符合我们就要说意识是错误的吗?任意一种有效的知识难道都是没有间距的知识吗?

如果必须消除可能的每一种观念,人们必定会在绵延、生命和历史之中发现一系列"非连续的爆炸"。② 然而,如果现在之中不

---

① 参见"可能与现实",收录于《思想与运动》,同前引,第 1331 - 1345 页;"战车"丛书,第 99 - 116 页。

② 参见扬科列维奇:《柏格森》,同前引,第 188 页;"战车"丛书,第 148 页。

存在对过去的包裹，人们也不会明白"绵延"、"生命"这些词的应有之义。要使柏格森的描述仍旧有效，应当像扬科列维奇所做的那样，在空无的逻辑的可能之外，区分出作为某物的、作为种子的"有机的可能"。[①] 如果人们废除所有包裹，对历史的描述便不可能。柏格森所说的本能并未被表述为预见，而如扬科列维奇所说是一种"预言"[②]。它不能预先看到未来，但却朝向未来。它所有的语词就自身而言都暗示了它的存在，但并不需要将来在意识中呈现出来。本能只有依据它将要作为之事才能被思考，而永远不会知道它的将来会是如何。

　　另一方面，声称不存在可能就相当于说一切皆有可能。然而，对创造进化中被给予的阶段来说，并非每件事物都是可能的，这是因为生命冲力遇到了各种不相容性。如果它选择去实现某物，那它也就由之选择了不去实现其它事物。物质在被给予的瞬间生成，并非每件事物都是可能的。

　　最后，柏格森对可能进行的否定——即可能只是一种在事后进行的回顾，而不是一种生成的存在，提出了一个关于知识的问题：知识与对象之间的距离终究是一种谬误。如果存在与我们之间没有间距，是否还会有绵延？柏格森对此解释是，回顾并不必然包含着谬误，而在《思想与运动》的导言中，在《创造进化论》这一作品之后，他已经不再谈论回顾的错觉，转而言说"真实的倒退运动"：当我们思考真实的某物时，这只是在回顾之中真向我们显现

---

①　参见扬科列维奇：《柏格森》，第 297 页；"战车"丛书，第 216 页。
②　同上书，第 219 页；"战车"丛书，第 157 页。

为真。通过现在对过去的重塑，也就是马尔罗所谓的"变形"[1]，既可以表明一种专断，也同样地说明当代事物在它们所处时代并没有完备的知识。在文化史上就有这样一些现实，人们会说它们并不完全地存在于当下，它们还需要未来。在伽利略所做的那类研究中，其所表明的东西比伽利略所发现乃至预测的东西要多得多。但是，说伽利略开创了这样一种研究秩序难道不是一种专断吗？简言之，对柏格森式的自然概念来说，承认可能是存在的一种要素

128 与把自然当作区别于心理学兴趣的东西——这两者并不可分。

### 对柏格森和萨特的评述

在柏格森与萨特的直观之间存在着交汇。对象，就其自身而言，完全就是它之所是。"弦月"只是人的一种表达方式，它是一种纯粹的形象。没有原理不把形象导向对象。存在的可能转向人亦是同样的道理。萨特持有这样一种观念，即在意识的历史中，并不存在预先的缺乏：人同时创造了缺乏及其解决办法。柏格森也这样认为，他在《创造进化论》中指出，哲学家同时制造问题及其解决方法。

乍一看，这两种哲学被放在一起时看起来是矛盾的，它们一种本质上是实证主义的而另一种则是否定主义的。它们都不允许存在与虚无的混合（参看萨特对黑格尔的批判[2]）。当然，也不是说两种哲学都像对待存在观念那样为虚无观念留下地盘，但是它们确

---

① 参见马尔罗（A. Malraux）：《想象的博物馆》（Le Musée imaginaire），巴黎：伽利玛出版社，1947年，《上帝的变形》（La Métamorphose des Dieux），伽利玛出版社，1957年，七星文库，2004年。

② 萨特：《存在与虚无》（L'Etre et le Néant），巴黎：伽利玛出版社，1943年，第一部分，第三章，"虚无的辩证构想"（第47－52页）；A. Elkaïm-Sartne 修订；"如是"文丛，第46－51页；"如是"文丛新版，2016年，第52－58页。

实不允许两种观念的融合。在萨特那里,虚无是对存在的热望,它在意识之中包含着含混性,但也包含着虚无试图成为存在的徒劳的努力。无论是自然概念还是历史概念,在这种哲学中都没有位置。在柏格森那里,这种官方的实证主义立场同样摧毁了自然观念。

只有当人们在存在与虚无的联结处发现了某种东西时,人们 129 才能设计一种有效的自然概念。不管柏格森说了什么,在自然概念和彻底的偶然性之间都存在着关联。为了设计自然概念,必须脱离实证主义和否定主义,它们都是在维持主体与客体之间的距离,因此它们无法使主-客体成为可能,自然将始终是这种主-客体。

# C. 胡塞尔的观念

在自然观念上,胡塞尔与柏格森没有丝毫关联,自然生产问题对他来说仍然是陌生的。但是,胡塞尔却重新发现了谢林的某些问题,因此我们将在这里讨论他。

谢林从先验观念论出发并且自 1800 年前后就开始追问,人们如何才能在反思哲学的框架内来重新恢复自然的观念。而这个关于先验观念论的问题同样是胡塞尔的问题。

胡塞尔的思想可以划分为两种倾向:

1. 必须克服自然的、素朴的态度,只要它相信这个世界且不知道其信念的理由,它就不知道它在做什么;只要它承认将我们设定于世界之中,它就脱离了自身。胡塞尔想要打破这种联系,并由此而对它加以澄清。现象学还原将我们置于一个完全不同的世界,它在这个世界中向我们指明了一种关于意向对象-意向活动-

相互关系的系统，并把自然还原为某个意向对象的状态。自然仿佛是被哲学意识包装起来的。因此在《观念（第一卷）》[①]中，自然被看作是偶然的，因为我们并不是通过它本身来思考它的，与之相反，意识则被看作是必然的。

2. 但对胡塞尔来说，与自然态度的决裂同时也是一种手段，即一种保存和接受所有那些被人们所理解、相信或重视的东西的手段，这种决裂也包含一种旨在理解自然态度、旨在澄清或揭示一种前反思的世界命题的努力，在这个意义上，与澄清相比，作为构造功能的自然态度受到了较少的批判。现象学的作用并不在于取消将我们在世界之中连接起来的联系，而是在于去揭示和阐明这种联系。对于胡塞尔来说，这是一个在本质上完全不同于康德的观念：这里存在着一个被动性的领域和一个接受性的领域，而胡塞尔从未如此把哲学反思理解为应该在被动中去发现主动。现象学想要揭示的是一种原初的被动性，与之相对立的则是一种次级的习性被动性。那种能使我感知到事物的"被动综合"，从来不被认为是我的构造物。主动性只是意识的一个方面。通过人类的主动性可以创造诸文化对象，可以创造"理念化"，正如胡塞尔晚年所说的那样。[②] 这里涉及的是一种先验哲学，而且是与康德根本不同的先验哲学：意识本身以其还原了的形式而为自身保留了一个隐蔽处，即一个基础的和原初的区域，而理念化的世界正是建立在这

---

① 胡塞尔：《观念》第一卷（*Idées directrices pour une phénoménologie*），利科（Ricœur）译，巴黎：伽利玛出版社，1950 年；再版于"如是"文丛，1985 年。

② 胡塞尔：《欧洲科学的危机与超越论的现象学》（*La Crise des sciences européennes et la phénoménologie transcendantale*），格拉内尔（G. Granel）译，巴黎：伽利玛出版社，1976 年，第 309 页；再版于"如是"文丛，1989 年。

个区域之上的。康德忽略了"构造的低级阶段",即先于理念化行为的基础结构,这一基础结构将为我思的发展提供一个类似自然 131
的基础,因为康德所感兴趣的首先是实现科学和哲学的理念化构造。胡塞尔想要理解的则是非哲学的东西,是先于科学与哲学的东西:由此形成他对预先工作的研究,借由这种工作一个先在的事物被构成,并处于原初秩序之中(因此,他的兴趣是那种能使一个先在事物得以构成并使之从属于原初东西的先行工作);由此身体在知觉中的作用也得到了描述。任何一种科学的哲学都假定问题要在其最低程度上解决:例如康德就没有提出他者的问题。

　　胡塞尔摇摆于两个方向之间:一方面是要与自然态度决裂;另一方面又要去理解人的这种前-哲学基础。在他那里,非反思之物本身既不会保持不变,也不会被取消,对于意识来说,它是一个钟摆并作为一个跳板而服务于意识。它扮演的是奠基之物和被奠基之物的角色;因此反思就是去揭示非反思之物。因此,存在某种现象学的斜视:在特定的时刻解释的是更高阶段上的东西;但在其它时候却相反,较高级之物呈现为关于基础的论断。现象学既谴责自然的态度,同时又比任何其它哲学更加致力于去恢复它。

　　胡塞尔①越来越多地意识到这两个方向的同一性,并且他想把它看作一种充分的要求。在其生命的最后十年,胡塞尔将如下的实际情况,即理想化的世界是在一个前-反思的世界、某种"感性 132
学的"逻各斯和生活世界的基础上建立起来的,视为现象学的一个

---

　　① 某些段落与《符号》收录的"哲学家及其身影"一文非常接近。见《符号》,同前引,第201－228页;另见"随笔"丛书,第259－295页。

根本特征。① 但在这之前，他持有一种摇摆的态度，如《观念（第二卷）》②所显示的，根据这种态度胡塞尔逐渐地认为，自然是一种无所不包的东西，其中也包括哲学和意识，在这里，他使用了"心灵自然"③一词，但他在此也说过，精神是绝对的。胡塞尔并没有成功地克服二元论。这些文本不可能得到一贯的解释，并且我们也不应当接受逐字逐句的解释，相反，我们更应该尝试着去重视这些文本的双重假定，尤其是当我们所依据的是更新的文本时，比如说一篇关于哥白尼主义的文章，其标题是："颠覆哥白尼学说：大地作为元-始基（Ur-Arche）自身并不运动"（1934 年）④。

在《观念（第二卷）》的开头，胡塞尔将自然把握为"单纯事实的领域"⑤，即事物的总和。⑥ 正如学者所理解的自然一样，这种自然与笛卡尔式的自然是相似的。这种理解并没有被胡塞尔视为一个历史的整体；它在人类的知觉结构中具有其基础。在他看来，在每

133

---

① 这一表达借用了《形式和先验的逻辑》一书，S. 巴什拉译，巴黎：法国大学出版社，1957 年，"埃庇米修斯"丛书，第 386 页"感性世界的这种逻各斯……"

② 胡塞尔：《纯粹现象学与现象学哲学的观念，第二卷，现象学的构成研究》（*Idées directrices pour une phénoménologie et une philosophie phénoménologique pures，livre second，Recherches phénoménologiques pour la constitution*），埃斯库巴斯（E. Escoubas）译，巴黎：法国大学出版社，1982 年。

③ 同上书，第 52 页："心理自然"。

④ 胡塞尔：《本源之基大地不动》，弗兰克（D. Frank），普拉代尔（D. Pradelle）与拉维涅（J.-F. Lavigne）译，巴黎：第 1 版，子夜出版社，1984 年；再版为：《大地不动》，巴黎：子夜出版社，1989 年。[中文版见胡塞尔："自然空间性的现象学起源的基本研究"，单斌译，《中国现象学与哲学评论》，2016 年。——中译注]

⑤ 胡塞尔：《观念（第二卷）》，第一部分，第一章，第十一节，"自然作为纯粹事物的领域"。

⑥ 依据提耶特的记录，这一部分有另外一个版本，它以"胡塞尔与自然概念"为题，发表在《形而上学与道德杂志》，1965 年，第 3 期，第 257－269 期；再版于《旅程（二）》，Lagrasse：Verdier 出版社，2000 年，第 215－234 页。

一个科学家那里，或者说，甚至在每一个单纯的感知者那里，都存在着一个不断通向这种理解的运动。如果"自然科学不认识价值谓词"[①]，那么就不会存在任何一种任意的抽象：当我们成为了理论的主体时，我们通常都能获得这种得到清晰限定的观念。在这种纯化了的态度中，我们遇到的都是一些纯粹物质性的事物，比如桌子，我们在其中所遇见的仅仅是其物质性的层面，或者比如人，我们在其中所遇见的仅仅是其动物性的层面。对"纯粹事物"的这种理解具有一种普遍的影响；当我们的自我不是生活于这个世界之中，而是决定去把握（erfassen）、去客体化时，我们便会自发地去接受这种理解。在这种情况下，自我就成了"无关紧要的"[②]，而这种无关紧要的相关项就是单纯事实。

　　事实上，主体并非完全是无关紧要的，尽管胡塞尔经常这样说，但主体的活动却完全存在于那种能使"存在显现"[③]的所是之中。作为纯粹事物领域的自然的观念，就是现实之物的观念，就是自在之物即纯粹知识的相关物的观念，而且在某种意义上，对胡塞尔来说，这种自然就包含了所有那些使它不受自身限制而得以扩展的东西：这就是他称之为世界大全（Weltall[④]）的东西。人们一旦接受了这个世界大全的观念，就一定会把所有东西都放入其中。在石头与动物、动物与人之间并不存在任何决定性的区别："当一位哲学家去旅行时，他会随身带着他的观念。"在这个意义上，一切

134

------

① 胡塞尔：《观念（第二卷）》，第 51 页："自然科学不认识价值谓词。"
② 同上书，第 52 页。
③ 同上书，第 52 页；l'être apparaissant（显现着的存在）。
④ 同上书，第 23 页，第 66 页等。

都是自然，一切都根植于自然，都与它相联系，都以它为基础。

更进一步说，对自然的这种理解并不是唯一可能的理解；还有另一种同样的自然理解，例如，当我们与某人进行对话时：这个对话者就不再是被定位于空间的某一个点上，他会从所有的点同时出发去支配他的精神。但是，如果自然并不是我们必须要弄清楚的唯一现象，那么尽管如此，但也许正是由于这个原因，我们才需要去寻找这种自然观念的正当性理由，同时这也就是说，为它的合法性提供奠基，并且我们将通过展示它并不是唯一可能的自然观念的方式而超越它。

就其自身来看，这个世界指向的是一个原初的世界大全。理论的世界大全私下预设了一个已经在场的世界。在这个世界之后有一个先于每个活动之前的更为本源的世界，"一个先于所有论题的世界"：即被感知的世界。但是，首先被给予的是一个被构成的世界，它是在肉与骨基础上被给予的，是有血有肉的（Leibhaft）。它具有一种不可逾越的特征，在它之下只是虚无。相反，单纯事实的世界大全则是一个被侵蚀的世界大全，在它后面存在着被感知事物的坚固性；在单纯事实（bloße Sache）本身的意义上，[①]一个被感知事物与另一个被感知事物的相关性都会被记录下来。当我们研究某物的含义时，我们在其中就会发现沉淀着这一含义的历史：笛卡尔的广延有其自身的历史；诸单纯事实都是作为理念化而显现的，这些理念化都是后来在被感知事物的坚固性基础上得以构成的总体。如果我们还停留在单纯事实上，我们便完全不能理解，

---

①　简单或纯粹的事物。

比如,笛卡尔所说的绝对的相对运动;这种运动如果具有意义,那么,我们就一定拥有了某种绝对的运动经验,知道什么是运动,甚至能够去谈论它:这就是说,必须回溯到那起到源泉作用的某个原初的层次。

当人们跟随这种回溯性的意向性运动时,对那些使"纯粹事物"完全成为幻象的参照项而言(对于那些必然会被"单纯事实"暗示出来的相互关系而言),人们将会发现什么呢?

## 1. 身体在事物设定中的作用

一个事物之所以存在,是因为它必须向一个肉身的主体,即一个主体的身体表现出来。身体是出于什么理由才会在事物设定中发挥作用呢?

### 作为我能的器官

当我暂时感知一个对象时,我就会意识到暗含于对象感知中的各种动机的可能性。事物将作为我的躯体运动的机能而显现给我。但是,如果这些运动是围绕着对象而展开的,那么我便不可想象,它们都被我当作客观要素来思考了。知觉绝不是一种可与物理学家的分析相比的分析,根据知觉我们都会把一些确定的外在显现与我们的身体联系在一起,比如,风景在我们每一步伐中的抖动。事实上,这种颤动并未被感知到,我的躯体的运动是以自然的方式赋予我了记录显现的工具;在这种意义上,关于我的身体的知识不是任何一种知识,并且我的各种运动也不能被当作客观的知识要素来思考。我所拥有的关于我的身体的意识,是一种滑动的意识,是对某种能力的感受。对我来说,我是把我的躯体当作一种

不可分的和系统的、能够把特定知觉的显现进程有机组织起来的

**136** 权能而意识到的。我的身体能够从一种显现过渡到另一种显现，能够作为一种"过渡综合"的组织者。借助我的身体，我就建立起了对世界的某种理解，并且与我的身体的这种关系并不是一个纯粹自我的关系，纯粹自我可以依次拥有两个客体，即我的身体和事物，毋宁说，我就寓于我的身体之中，而且通过我的身体我又寓于事物之中。这样一来，事物就会作为我的身体的肉体统一性的一个要素、作为寓于我的身体功能之中的东西而向我显现。身体不仅作为事物的外在伴随物而显现，而且也作为在其中我的各种感觉得以定位的领域而显现。

作为可感受刺激的、感觉能力、主体-客体的身体

如果我说我的身体是可感受刺激的，这并不是说，它是仿佛被意识伴随着的诸客观事件的场所。客观事件之间的联系要更紧密一些。胡塞尔指出，让我们来设想某种与一个火车头相联系的意识，当这个火车头运载煤炭时，它仿佛就拥有了某种炎热的感觉：在我灵魂中的这种炎热感的在手存在并不会使火车头成为任何一个类似于我的身体的存在。因为我身体的感觉并不存在于灵魂之中，而是定位于我的身体之中，我的身体就是确定感觉位置的场域。为了理解感觉和我的身体之间的关系，胡塞尔诉诸于一种触觉经验。[①] 当我用我的右手触摸我的左手时，我触摸着的手就把被触摸的手把握为一种事物。但是我突然发现，我的左手开始有了感觉。这些关系都被颠倒了。在左手的贡献与右手的贡献之

---

① 胡塞尔：《观念（第二卷）》，第 207 页。

间,我们获得了一种重叠的经验及其功能颠倒的经验。这种变化 137
表明:这里所涉及的始终是同一只手。作为物理事物,它始终保留
着其所是,但依据它是否被触摸或者正在触摸着,它则是不同的。
因此,当我把我自己作为一个触摸着的我来触摸时,我就实现了一
种反思、"我思",即通过自身来把握其自身的方式。换句话说,我
的身体变为了主体:它自身在感知。但是,问题在于这是一个占据
空间的主体,它与自身内在地进行交流,好像空间开始内在地了解
自身似的。从这个观点出发,可以确定的是,事物属于我的身体。
在它们之间存在着一种共同现前的关系。我的身体作为"可感受
刺激的"、作为"感觉能力"、作为"被感知的事物"而显现。

作为标准物、方位零点的身体

我的身体同时是主体和客体。那么,人们如何才能调和这两
种观点呢? 这就涉及这样一个事物,即:它具有某种与其它事物的
特殊关系,它能够提供一个方位零点及其模态。我的身体在这里
是绝对的。所有空间位置都起源于我的身体:不仅因为其它位置
的定位物都要从我的身体位置出发才能得到把握,而且还因为我
的身体规定了那些"最佳的"形式。① 胡塞尔说,当我们用显微镜
去看时,就会产生一种奇特的视角目的论,其结果是,我的身体乃
是本能地被对象的某种最佳形式所唤醒的。身体的活动规定了这
种形式;由此在我们心中就建立起了一切知识的发展都由之出发
的那种合法性理由(Rechtgrund)的观念。② 虽然我可以向后延期

———————————

①　胡塞尔:《观念(第二卷)》,第 97 页。

②　同上书,第 116 页;fondement de droit。

138　这些规范,但关于规范的观念却是由我的身体提供奠基的。因此,只有相对中的绝对者才能将我呈现给我的身体。

## 2. 他人的作用

但是,如若并不存在未经我的身体感受的事物,那么,我的身体的被给予之物远不是"单纯事实",它像一块碎木片一样内在于我的身体之中。虽然主体是通过其身体才被带入事物之中的,但其身体的作用仍未被意识到。我必须要学会把我的身体看作一个客体,只不过我的身体还不是完全客体性的罢了。如果我通过触感能够对我身体的行为进行反思,这种反思仍不是完全的。关于我的身体,我只能拥有一种不完全的知识。胡塞尔指出,一个仅仅拥有眼睛的主体不可能拥有自身的知识。他需要一面镜子。他需要他人。迄今为止,我们作为身体只拥有一种唯我论的事物。此外,正如胡塞尔所评论的,"唯我论的"一词事实上并不完全准确。[①] 一个孤独的主体并不知道他是单独的,他忽视了他的各种限制(参见皮亚杰的自我中心主义[②])。事物被遗忘在了个体生命的迷雾之中。

关于其它一些知觉主体的设定,则被胡塞尔描述为是对意识的一种单纯回应,而意识就是我所拥有的关于我自己身体的意识。如果身体只是意识的简单的确定位置,那么,我在感知外部的身体

---

① 胡塞尔:《观念(第二卷)》,第 122 页。

② 例如,《儿童对世界的表象》(Le réprésentation du monde chez l'enfant),巴黎:法国大学出版社,1947 年;再版于"战车"丛书,2013 年;《儿童的语言和思维》(Le language et pensée chez l'enfant),巴黎:Delanchaux et Niestlé 出版社,1923 年;再版于 1997 年。

躯体时也就确定了，这个身体躯体是被某个心灵所寓居的。胡塞尔拒绝使用"内摄"一词。① 对他人的这种知觉导致的结果便是， ₁₃₉ 我把身体当作寓居活动来把握了，而且其原因并不在于必须要把我以其它方式所认识的有关心灵的东西转换为他人的一个身体。同感（Einfühlung）②是身体的活动。我正在握着的他人的手必须按照触摸着和被触摸着的手的模态来理解。我要达到的目的是，通过这只手能够最终感受到某人：能够感知到他人不仅意味着我要把手给予他，而且也意味着他要把手给予我。移情③，作为准-身体的活动，首先要实施的就是对"感性学"主体的设定。我摄入他人身体的不是任何一个"我思"，相反，在我把身体视为思考者之前，我已经把它视为感知者了。我把触摸着诸客体的这种观看视为首要的任务：我看到一个身体，我会把它与同一个客体联系在一起。然后，我才会把身体的心灵和精神视为次要的任务："这个人在那里观看并倾听［……］"，而在这个人那里出现"我思"这一事实就是自然事实（Naturfaktum）。④

为了能够思考一种单纯事实，与他人的这种肉体关联完全是必不可少的。这种关联带来一种根本的反转。我从前-人类变成

---

① 胡塞尔：《观念（第二卷）》，第 235 页。

② Empathie.［Einfühlung 在心理学著作中多译为"移情"，它的本意是"感受到……之中"或"设身处地地感受到"、"为他人感受"等等。——中译注］

③ Einfülung 在心理学著作中通常被译为"移情"，它的本意是"感受到……之中"或"设身处地地感受到"、"为他人感受"等等。参见倪梁康：《胡塞尔现象学概念通释》，商务印书馆，2016 年，第 123 页。

本书从胡塞尔的用法出发，用这个词来表达我他之间的感觉关联，中译文据此采用"同感"的译名。但本书不限于我他关系来描述身体和世界的普遍关联，在这些地方中译文则采用"移情"这一译名。以下均同，不再赘述。——中译注

④ 胡塞尔：《观念（第二卷）》，第 256 页。

了人。我不再是空间中的普遍存在，而是处在某个袋子里的一个人。我的各种知觉都将变成定位于时空中的事件。我将成为空间事物(Raumding)。我的身体实现了它自己的构造。当我事先已经成为世界中的一个裂缝时，事物的世界就对我关闭了。从现在起，对于 X 的、对于每个与我们相交往的主体来说的事物的观念就被引进来了。胡塞尔说，真实的事物不应该从上帝的观点来定义，除非人们使上帝成为人，并且除非上帝进入到我们的领域。因此存在着这样一种身体间性，以致上帝本身只有在其堕入到肉体事物的组织之中这一条件之下才有可能成为一个实例。

### 3. 元对象：大地的经验

为了证明"纯粹事物"这一观念，在胡塞尔早期文本中起作用的仅仅是身体主体和他人。在后期文本中他又补充了其它一些东西。这似乎已表明，胡塞尔从一开始就把事物主体化了。事实上，它们不仅是被胡塞尔直观到的关联于纯粹事物的主体(就单纯事实而言，胡塞尔所意指的不仅仅是主体)，而且也包括准-客体。为了建立科学的世界，人们必须假定一个先在的周围环境，并且，人们在此必须把那些曾经并非现实事物的准-客体描述为主体-客体的相关项。

在"作为元-始基的大地自身并不运动"①一文中，胡塞尔对那

---

① 胡塞尔在 1934 年的一份非正式的和未完成的手稿中讨论了这一问题。手稿封面上描述性的评价如下："颠覆日常世界观解释的哥白尼学说。元-始基的大地不动。对第一科学意义上的自然的空间性的现象学起源的诸基本研究。一切必要的初步考察。"手稿德文版 1940 年发表，参见法伯(M. Farber)编：《纪念胡塞尔的哲学论文》(哈佛大学出版社，1940 年)，第 307－326 页。中文版见："自然空间性的现象学起源的基本研究"，单斌译，《中国现象学与哲学评论》，第十九辑，上海译文出版社，2016 年，第 237－257 页。——中译注

些先于"单纯事实"而发生的客体做出了概略的描述：其中就包括大地。对笛卡尔来说，大地只是其它物体中的一种，但对源初的知觉而言，大地却不能通过物体的表达方式加以定义：它是"我们经验的土地"。人们不能说它是有限的还是无限的，因为它不是其它客体之中的一种客体，而是能够生产诸客体的根基。我确实看到了有别于它的东西：如石块等。但我们不要把那些我们只能运用于世俗生命内部的之间世界的关系运用到大地上。大地既不是运动的，也不是静止的，它超出了这一对立。一般而言，大地所要表明的是一种存在类型，该存在类型包含了所有后来的可能性并且是所有这些可能性的发源地。我们的知识已经忘却了所有这些东西，即忘却了作为敞开状态（Offenheit）的大地，忘却了伴随着根 141本不同于个别视域的诸视域的大地。它似乎把大地改造为了一种无限的现实性。基础现象已被分隔。如此一来，人们也就获得了关于无限之物的科学。

　　我们已经遗忘了"土地"（Boden）①概念，因为我们通过将大地归属于星球的方式而使之一般化了。但是，胡塞尔说过，让我们设想一只鸟②，虽然它能够飞到另一个星球之上，但它却不可能拥有两块土地。基于它是同一只鸟这唯一的理由，它需要把两个星球统一于唯一的一块土地之上。无论我去向哪里，我都会把所有东西变成一块土地。我把新的土地与我曾经居住过的旧的土地联系在一起。思考两个大地，就意味着思考同一个大地。

---

　　① Sol.

　　② 胡塞尔：《纯粹现象学与现象学哲学的观念，第二卷，现象学的构成研究》，同前引，第 19 页。

对人而言，只有人才能在那里存在：胡塞尔指出，动物只是人类的变种。我们从我们最独有的东西出发去思考我们之中最普遍的东西。我们的大地延展着，但它并不会分裂，并且我们不可能在不涉及这种经验的土地时去进行思考。大地是我们的历史发源地。正如挪亚方舟承载着所有那些在有生命的和可能的事物中得以保留下来的东西一样，大地也可以被看作一切可能之物的载体。

胡塞尔在阐述了这些之后，提出了自己的异议。当人们将世界与身体和人类关联在一起时，人们不是忘记了有生命的东西可能会消失吗？如果与有生命的东西的这种关联可能会消失，如果这种关联服从于偶然性，那么，人们岂不是要说留在那里的只是"单纯事实"吗？胡塞尔通过否定答复的终结回答了这个问题：没有任何东西能够降低这些相互关系的明证性。人们不可能不去思考这些相互关系。这个明显的悖论即某种以肉身为基础的物理现实性的悖论仅仅存在于关于主体性和先验之物的一些特定的构想之中。它击中的是康德而不是胡塞尔。人们不可能从"单纯事实"中推导出我们与我们的身体、被感知到的存在以及其它感知着的存在之间的关系。因此，人们一定会同意如下的观点，即：这个世界并不是在与单纯事实的比较中的任何一种显现，而是相反，它是在与单纯事实的比较中的奠基者。

无论我们的普遍概念的有效性如何，这些对立物决不会像我在我周围感知到的事物那样为我而存在。它们决不会与我们感知到的这个世界同时存在，我不可能像相信那些围绕着我的事物那样相信它们。在这些对立物与我们之间，存在着各种动机的连接，我知道其它的东西在那里已经存在,原则上我能够走到那里,但我需要很久才能走到那里,并且,当我走到那里时,我并未处在这些对立物的位置上。因为这种思维的普遍存在,才能使我相信那些围绕着我的事物,这一普遍存在是以从这里到那里的转变为基础的,大体上它可以与我在这里的复制作用相比较,因为对于进入他人的同情来说,我在这里的复制作用是不可替代的。在此意义上,这个观念化的世界也包含了某种相对性的因素。它只有在受到限制并且重新去适应一种更加具体的被给予性时,才是真实的。

通过将这一观念与一种共同真理相结合,胡塞尔复兴了自然观念,这种共同真理是各个主体即使不是它的首创者也能够继续保持的。所有发生的这些东西既不能通过内在性也不能通过外在性而得到解释,相反,只有通过某个幸运的偶然事件才能得到解释,因为后者可以在两种被给予性之间表现出一致性,并且可以通过自然而得到保障。

下面是《观念(第二卷)》中提出的自然的第二种定义。自然,是我对之拥有一种本原和原初关系的东西,后者则是诸感知对象的一个领域,"那些能够元现前地呈现的对象,不仅能够元现前给一个主体,而且,当它们元现前给一个主体时,它们同样能够被每一个其它主体(只要这些主体已被构造出来)元现前地呈现出来。"①或者"这些可能的元现前的对象之全体,对于一切交往主体来说,就构成了一个共同的元现前领域,即最原初意义上的**自然**。

———————————

① 胡塞尔:《观念(第二卷)》,第 230 页。引文是梅洛-庞蒂翻译的。

这是空间–时间–物质性的自然［……］它对所有人来说是唯一且独特的。"①

　　存在着感觉的最初的普遍性。普遍的东西并不是概念,而是那种作为我与他人关系之基础的具身知觉。但是,人们现在却说,感觉并不能包括一切,比如它不包括生物的生命、动物界。② 然而,这些对象都是"一些特殊的客体,它们以如下的方式具有其原初的被给予性,即它们都以元现前为前提,而其本身并不在元现前中被给予"③。自然包括一切东西,包括我的知觉和他人的知觉,因为对我而言,他人只能是我的世界的一种偏离。

　　不过,这样一种"自然哲学"很难能被统一到先验观念论的领域之中。胡塞尔着重指出:"身体和灵魂在其相互关系中一下子构成为一个存在的两面。"④毫无疑问,"构成"一词在胡塞尔那里有着非常广泛的意义,他在关于时间的《讲座》⑤中总是把行为的构成与"潜在的"构成区分开。尽管如此,胡塞尔显然还是陷入了窘144　境。当他在《观念(第二卷)》中做出上述分析之后,他进一步补充说,这只是"预备性的"分析,并且是依据自然态度完成的,而现象学的分析将会消除自然态度的素朴性。

---

① 胡塞尔:《观念(第二卷)》。

② 同上,第 227 页,§ 45。

③ 同上,第 231 页。

④ 胡塞尔:《纯粹现象学与现象学哲学的观念,第三卷,现象学与科学的基础》,蒂菲诺(D. Tiffeneau)译,巴黎:法国大学出版社,"埃庇米修斯"丛书,1993 年,第 151 页。这里的引文是梅洛–庞蒂翻译的。

⑤ 胡塞尔:《内时间意识现象学》(*Leçons pour une phénoménologie de la conscience intime de temps*),杜索特(H. Dussort)译,巴黎:法国大学出版社,"埃庇米修斯"丛书,1964 年。

　　难道人们不应该从意见(doxa)转向知识,或者从意见转向元意见(urdoxa)吗? 如果哲学以自然态度作为开端,那么,它将永远不能摆脱自然的态度;如果它能摆脱自然的态度,那它又是为什么要摆脱呢? 这正是胡塞尔所关心的问题,同时这些问题也解释了他在自然构成上所持的矛盾立场。

# 第二部分
## 现代科学与自然观念

# 导言　科学与哲学

## A.　自然观念的哲学史所提出的各种问题

　　我们首先来考察亚里士多德和斯多葛派的遗产，他们在自然的观念中发现了形式，以及世界和人的目的。这种自然观念随后被完全颠覆了。笛卡尔主义将自然视作自己设定自己的无限存在的显现，这种自然不是通常意义上的自然，而是其产物，即被生者，在与人的关系中具有同样的必然性和自主性。康德以一种弱化了的形式保留了这个概念，他给予具有构成性价值，并且是存在的基本谓词的自然概念以优先地位。但这个客观的存在概念仍留下了一个尾巴。无论笛卡尔如何努力地按照"使其成为如此之物"的方式来思考（孟德斯鸠），自然仍在抵抗。它无法完全在我们面前确立。身体是在我们之中起作用的自然。上帝无疑能思考它，但对人来说，身体是一个与其它存在者地位不同的实存，只有对生命的运用能向我们展示它本身。尽管在康德那里自然可被鲁莽地看作主体与对象的关系，看作依照主体的原则创造的对象，但在《判断力批判》中这种关系变模糊了。有机体并不是一个造物，它拥有不以"我思"为形象的内部结构。所有与自然创造相关的表征在原理上都是错误的。它完全区别于艺术创造，艺术创造依靠的是理念；
而有机物创造基于自然物质，目的内在于手段之中。

在笛卡尔造成的上述问题出现之前，存在着三种可能的态度：

1）将有机体令人感到困惑的现象视作幻觉而忽视掉。有机
体的本体论问题在此没有位置；只要能对这种幻相做出心理学的
解释就够了。我们将看到在自然创造中存在人类归宿（目的）的转
变，而这仅仅是我们自由的反映。即使在它最具合法性的时刻，归
宿也仅仅是一个含混的概念，它无法还原为人的自律。这是康德在
《判断力批判》结尾处表达的观点。在康德之后，构成性概念的地位
被大幅削弱，因此上述问题也被大幅限定。布隆施维克认为所有的
概念都只是调节性的。宇宙的因果概念不再是承认目的论的借口。

2）自然创造被视作一种超物理的因果性。这来自谢林哲学，
并被他的朋友，浪漫派诗人巴德尔和诺瓦利斯全盘吸收。理性被
误解了，理性的人类被视作现在已绝种的残余存在，这种存在本应
活在与自然效力直接接触的黄金时代，但现在这种接触只能在梦
里才可能。这是一种激进且不受控制的自然主义。

149　　3）相反，一些哲学家试图根据《判断力批判》来思考自然创造
的现象。不能将自然创造视作一种无中生有。自然永远不能以这
种方式被思考，而应被视作一种先于所有反思的全有，一种充盈的
存在，在其中我们能发现自身。对于笛卡尔派而言，自然被两个问
题所替代：为什么有某物而不是无物？为什么是此而非彼？笛卡
尔派通过展示偶性中的必然性来回答上述问题，这要么是以一个
法则系统的形式为根据（笛卡尔），要么是以选择最好的可能世界
的形式为根据（莱布尼茨）。但对谢林、柏格森和胡塞尔而言，上述

解释是去自然化的,因为它恰好将自然的特征消解了。反应观念本身是无意义的,并且阻止我们去理解自然。偶然性不能被认为是比存在低级的,而应按其本身来思考;现实性不是我们必须考虑的东西。存在并不在我们面前,而在我们背后。回到前苏格拉底时期的自然观念:赫拉克利特认为,自然是一个游戏中的孩子[1],它给出意义,但凭借的是游戏中儿童的方式,这种意义从不是完全的。

依据这种思想,目的论和因果论都将被否定,它们均是人造概念,从定义看都忽视了自然创造,所以也不足以解释自然创造。此外,因果性和目的论两者实际上是不可分的。布努尔在《决定论与目的性》[2]的开头表示,我们不能将有机体比作电子机器;但随后人们又惊讶地看到他将有机体定义为机器。科学被限定为发现自然严格机制的学科,因此必须谈及"生命力"。为了驱逐超生命力,目的论思维需要机械论的补充。机械论将机器和有机体等同起来,也暗示了一个控制机器的建造者。机械论主张自然的人工化,而目的论主张人工的自然化。相反,哲学是将人为的东西与它的外部即自然相对的意志。

当然,哲学家的立场也并非没有风险。正如巴什拉所言,被我们称为"自然的"常常是坏的理论。[3] 但如果我们像巴什拉那样能

150

---

[1] 这可能暗指的是赫拉克利特残篇 79:"时间是一个玩骰子的儿童。"《前苏格拉底哲学家》(*Les pésocratiques*),Jean-Paul Dumont 编,巴黎:法国大学出版社,七星文库,1988 年,第 158 页。

[2] 布努尔(L. Bounoure):《决定论与目的性,生命的两面》(*Déterminisme et finalité,double de la vie*),巴黎:Flammarion 出版社,1957 年。

[3] G. 巴什拉:《当代物理学的理性主义活动》(*L'activité rationaliste de la physique contemporaine*),巴黎:法国大学出版社年,1951 年,第一章;第二版见 1965 年。

意识到思考的不自然，那么我们需要寻找它的辩证的对立物或相反的实体吗？——如果不是自然，至少是被感知物？自然不能是一个偷懒的假设。值得思考的就只剩下：思维是否能存在于一个只有人和人造物的宇宙之中。

为了规定自然概念，我们将求助于科学。但哲学家应当如何向科学发问呢？

151

# B. 科学和哲学

科学不是无动机的事例。我们必须对科学进行心理分析，并纯化它。如胡塞尔所言，科学意识活在自然态度中，而它之所以忽视自然正是因为它在自然之中：它是一种原始而非批判的对自然确信的愉悦。此外，科学仍部分存在于笛卡尔的神话中：之所以称其为神话而非哲学，是因为一旦结果保持下去，原则就要被抛弃。其中的自然概念通常仅仅是科学家所供奉的偶像，其理由更适合用来产生情感刺激而不是科学的必然。而这样一个相信自己能够确知一个不变自然秩序的科学家，根据鲁耶的引述，会加入这样一个个人结论："蒙恩。"①

但现代科学经常批判自身及其本体论。此外，海德格尔以来

---

① 鲁耶(R. Ruyer)：《新目的论》(*Néo-finalisme*)，巴黎：法国大学出版社，1952年，第 258 页；再版由科罗纳(F. Colonna)作序，"形而上学"文丛，2012 年，第 282 页："以一个非常典型的方式，拉贝伦(P. Labérenne)[转引自波尔(M. Boll)：《两种无限》(*Les Deux Infinis*)，第 216 页]将宇宙的时间起源的论点看作对于科学的世界概念来说的极大的危险，这一论点由于发现宇宙膨胀而流行……但不幸的是，拉贝伦继续说道，物理学家托尔曼展示了恒星和星系是相当的古老，并且一个人应该承认从较小范围到更大范围的振荡。"

的本体论-存在论哲学的对立在现代科学中是无效的,只在笛卡尔式的科学中才有效,因为后者将自然设定为一个在我们面前展开的对象,而前者对其自身的对象和与对象的关系存疑。

　　当然,我们不会向科学要求一个新的、现成的自然概念,但我们会在消除虚假的自然概念的(需要)中找到它。另一方面,供我们思考的这些"自然"概念即使不能为我们提供方向,也至少提供了参考。谈论自然免不了要谈控制论。也许这只是一个没有机械论的超目的论,但我们在思考自然时不得不考虑我们自身,我们的自然概念总是掺杂着人工成分的。

　　这让科学家既兴奋又烦恼:他试图把握现象,但又无法理解。例如,胚胎学科学家通过这种方式窥探到生命哲学,但他们又遗忘了自己的发现。杜里舒[①]通过分离胚胎细胞能够实现新胚胎细胞再生。然后,他试图反证:将两个水蛭相结合;新的水蛭起先拥有十二条触手,而不是六条,随后十二条触手逐渐减少为六条,就像出于该物种的要求。艾蒂安·沃尔夫[②]能够展示这种怪物是造成上述触手减少和成对要素融合的机能缺失物。相似地,当视力皮层中心被破坏时,眼睛的双焦视点就降低为单焦。有一个整体系统在操控一切。每件事的发生都似乎是保持原状,当我们制造一个部分,它将根据情况自己发展,无论我们从二中造出一,或是从一中造二,似乎都有一个整体包含在部分中。但科学家不会想要

152

　　　① 杜里舒(H. Driesch):《机体的哲学》(*La philosophie de l'organisme*),科尔曼(Kollman)译,马里坦(J. Maritain)作序,巴黎:Rivière 出版社,1921 年。
　　　② 沃尔夫(Étienne Wolff):《怪物的科学》(*La science des monstres*),巴黎:伽利玛出版社,"科学未来"丛书,1948 年。

153 创建一门"有机体哲学"。在发现这种现象后,他会马上去寻找它的条件。因此,要产生胚胎再生,就必须有两份组织者,而组织者通过分泌组织液来安排部分。但这仅能起到触发的作用(参考鲁耶的研究)。我们无法进一步理解有机体的活动,也不知道它是如何活动的,只能通过大脑皮层的定位影像来理解认知活动。但科学家一旦掌握了触媒,就不再追问了,他已经忘记必须在部分对整体的关系中去解释行动,这是因为他已经意识到这个整体,并且能采取行动。

哲学家想去看;而科学家想找一个立足点。科学家的思维是以介入,而不是以观察为导向的。他想从哲学看待事物的拖沓方式中抽身出来。但他是否也常被比作盲人呢?他的解决方案是否成功过?他将某个方案用在其它地方,因为上一次它被证明有效。科学家迷信于那些取得过成功的手段。事实上,从科学家把握事物的尝试中我们能发现比他所能看到的更多东西。哲学家必须看到物理学家背后的那些他自己看不到的东西。

但如果哲学家太急于去看、去理解,他就可能让自己陷入直觉
154 (gnosis)之中。语言学家那种从外部行为来研究言语,并将其相对化的方式会引起一些哲学家的不满,后者认为是语言拥有人而不是人拥有语言。但将所有的自由留给哲学家是很危险的。太轻信语言的哲学家会产生一种幻相,认为在语言中无条件地蕴含着绝对的智慧,而这实际上是要靠我们的实践来获得的。海德格尔错误的词源学,以及他错误的直觉就是由此而来的。语言中的绝对不是直接的绝对。即使语言必须是绝对的精神,它也是相对中的绝对。

因此，要了解何为自然，怎么能不对科学感兴趣？如果自然是一个全有，我们的思考就不能从概念出发，更不用说演绎了，但我们必须从经验开始，特别是要从那些最具备组织形式的经验——即科学开始。

我们可以这样来从科学开始思考自然，五十年来，对象已经不再挂着眼泪，我们已不再为与之相遇而感到震惊，但相反，如此存在（Sosein）却从未停止对自身的关切。自本世纪初开始，"为何世界是这样而非那样？"就一直是与之相关的问题。

# 第一章　经典物理学和现代物理学

现代思维的特色在于,实在概念被给予了相对于可能性和必然性(这两个概念之间的联结比我们通常相信的要来得紧密,必然性仅仅是一种特殊的可能性)的优先性。而在现代,根据胡塞尔的观点,任何与世界的可能接触都必须建基于对世界的直观。世界是纯粹的所与,不能从必然或可能的东西中将之推导出来,即使以反思的方式也不能。

我们可能会相信,事实性的宇宙出现在神学被科学排除的时候。然而事情并非如此。有些神学观点包含事实性,而一些非神学思想对于事实性没有如下情感,拉普拉斯对之会说:"我对宇宙的解释无需上帝的假说",但这并不是决定性的。科学家通常接受的自然概念,从属于一个根基上完全是神学的概念。拉普拉斯时常被引用的名言就是一个例证。[①]

## A. 拉普拉斯的构想

"因此,我们必须把宇宙的当前状态视作其先前状态的结果,

---

① G.巴什拉引用过,同前引,10/18,1951 年,第 294 页。这关联于拉普拉斯对拿破仑提问的著名回答:"上帝在您的体系中有什么地位。"这个轶事在下一章中会再次被提及。

而先前状态就是结果随之而至的原因。理智将能把握某个时刻中所有驱动自然的力，以及构成它的部分的状态，此外，如果理智足够强大，能将所有被给予物都归摄起来分析，并将宇宙中最大天体以及最微小原子的运动都包含在同一个公式中，那么对它而言就再也没有不确定的东西，未来像过去一样都必定将呈现于它的眼前。"①

这种思想断定了：

1. 一种因果论。如果我们精准掌握了自然要素在某一时刻的位置和速度，那么我们就能推出每一个未来（状态）。世界将无事发生。过去与未来的差别仅仅在于与我们的关系上，但与存在无关。毫无疑问，自然存在于每时每地的世界中。通过一种单一而特殊的力，如此存在就能使自身被认识。它之所以是如此，是因为它早已如此。世界是积极的、充盈的。该概念的根基就是一个神学的确认，对一种能够包含世界所有演化的全体性观点的确认。决定论者的这种内向世界必然性概念与被现代科学批判的笛卡尔式本体论是相近的。

2. 一种对存在的分析性概念。拉普拉斯谈到"构成自然的存在"。基于分析的能力，理智将能够预视世界的未来状态。正是这 157 种将复合解构为简单的笛卡尔式的观念排除了所有将复合物作为原初实在的考虑。

3. 一种自然存在的空间概念。世界完全是一个广延性的存

① 拉普拉斯：《有关概率的哲学文集》（*Essai philosophique sur les probabilités*），巴黎：Courcier 出版社（原版未标出版社），1814 年，第 2 页，巴什拉和德图什-费弗埃（Destouches-Février）都引用过。参见巴什拉：《当代物理学的理性活动》，同前引，第 212 页；另见德图什-费弗埃：《决定论和非决定论》（*Determinisme et indéterminisme*），巴黎：法国大学出版社，"物质哲学"丛书，1955 年，第 4 页。

在。每个要素都有其客观的位置，一个"不同的位置"，一个特殊的空间。这排除了一种生成中的、变化中的存在的概念："拉普拉斯的存在不就是被安置功能的简单实体化吗。"[①]这种古典主义空间观和现代科学空间观的区别在于，前者认为在理解某物的运动之前必须先认识存在，而后者认为只有通过运动才能把握某物的存在。

# B. 量子力学

量子力学已经动摇了我们的基本范畴，其程度甚至超过旨在反对古代本体论核心的爱因斯坦理论。无疑，这种新的力学自身也引发了种种争论，但无论具体的争论点为何，它都已剥夺了旧力学的独断论。

如果一个人缺乏技术能力，他能对此发表什么高论呢？要在像德布罗意那样的双重解，或者像诺伊曼、玻尔或海森堡那样的概率论两个阵营中做选择，并不是哲学家的事情。哲学家能干预的，不是在事实的层面上的事，而是要将科学存在与前科学存在二者联结起来。

158　物理存在能被非物理学家所表征吗？在德布罗意一篇著名的答辩中，爱因斯坦的观点是"所有物理学理论必须能够，无需任何计算，用简单到小孩都能理解的图形来阐明"。[②]另一方面，操作

---

① G. 巴什拉：《当代物理学的理性活动》，同前引，第 294 页。

② 德布罗意(Louis de Broglie)：《微观物理学的新观点》(*Nouvelles perspectives en microphysique*) 巴黎：Albin Michel 出版社，1956 年；再版于巴黎：Flammarion 出版社，"场"丛书，1992 年，第 236 页。

主义者希望仅凭在方程中的作用来定义变量。物理学能给出实在的图像吗？事实上，认为概念完全是自由的操作主义者，从未透彻地思考过这个问题，因而他们不应用他们的物理学术语言说任何东西，他们的物理学仅仅是测量和预测的集合，这些测量和预测对于被看作是人而非计算器的物理学家来说没有意义。

正是在这种科学家的宇宙和语言的宇宙的结合处，当科学家-哲学家试图赋予其形式主义以意义时，我们必须考察量子力学。以下的争论无足轻重：对我们重要的是一个新科学本体论的幻影，无论它有多大争议，都将使我们永远无法重建拉普拉斯式的本体论，至少不能保持同样的独断论。

这个新理论的出发点是波动理论在事实面前的失败（参考赫兹光电效应）。爱因斯坦在 1905 年提出要回到光的粒子理论。在一束单色波中，能量是以粒子（光子）形式弯曲的。但光子又是借助频率来定义的，频率本身是一个来自波动理论的概念。

一种相似但意义相反的争论出现在物质理论中。基本原子并不遵循经典力学的规律：它们运动的过程并不是连续的，而是非连续的，它们的实验结果是以整数出现的——整数是波动现象的特征。

在 1924－1927 年间，德布罗意试图将实在的这两个方面以一种具有物理学意义的方式综合起来。这使他的思考接近爱因斯坦。在这种理论中，粒子将是场中反常的唯一实在；粒子的位置将由场的某种强度所决定：它是凹进的场。粒子在引导它的波动现象中将呈现单一性（导航波理论）。这就能解释粒子受场中所有运动的影响，而不是像经典力学认为的那样，仅仅受它所遇到的点的影响。

　　但当面对这个理论所带来的困难时,德布罗意吸收了狄拉克、玻尔和海森堡的立场。对他们而言,不可能在波和粒之间找到综合。波和粒互补,但互斥。我们的思考只能二者择一。对于量子力学的测量,我们要么标记位置,要么标记速度,但永远不能同时知道一个粒子的速度和位置。所有其它的位置都同样是可能的。落入一个位置是基于我们观察的一个事实,以至于德布罗意能把玻尔称作"当代物理的伦勃朗"[①],并主张各种物理学并不像在一个确定的时空系统中那样被定义的。通过测量,会有一种波束的"缩减"。

　　粒子出现的可能性在量子力学中不是按照经典力学来设想的。这种可能性只与我们的无知有关。概率论者的非决定论使我们不得不面对纯粹的概率性。我们承认概率性进入到了实在的结构中,统计学的概率被引入到个人基因的实在性中。我们有波的观念,也有粒子的观念,但每一个都只有幻影般的存在,我们甚至无法寻求对两种幻影进行综合。德布罗意之所以支持这个论点,是因为其它解决方案只会使方程式更加复杂,却没能更好地说明这些事实。然而,他总是很难接受。他转变想法的动机是哲学的。他在自己的书里三次强调这点:第一次是当他谈到自己之前尝试在笛卡尔表象框架下,通过数字和运动所作的解释;第二次是当他宣称他总是更喜欢直观物理图像,而不是数学的形式主义;第三次

---

　　[①]　德布罗意:《微观物理学的新观点》,第 132 页:"因为他有时表明很喜欢明暗对比。"

是当他回想起拉普拉斯和彭加勒,他们承认概率性来自我们的无知或者过度复杂的决定论,并且概率论者的直观最终会发展为一种接近于哲学观念论的主观主义,尽管,正如梅尔森指出,物理学家是实在主义者。[①]

与德布罗意相反,冯·诺依曼试图抽演出一种概率论的逻辑, 161 量子力学可以因此去掉其古怪特征。如果对薛定谔而言,概率论的力学呈现出神奇的一面,那么这是由于它是从古典逻辑来看的,这种逻辑试图或多或少地将概率论力学包容进来。博莱特·德图什-费弗埃夫人[②]称,试图用经典术语改变量子力学的做法本身就不是经典的,因为要将它转变为一种决定论就必须预设隐参数,但观察到的参数完全排除了这点。那么当前这种与经典式思维重新结合的方式就不是经典的。一旦它为了自保而发明隐参数,以引导自己走向神秘,它就已经宣布放弃自己的存在模式。

这种要以逻辑问题拷问量子力学的偏见甚至还比不上为了拯救其原则以某种方式回归神秘主义的做法。另一方面,这些作者通常会走得太远。他们试图证明旧的逻辑是矛盾的,这种隐参数从逻辑原则上看是不可能得到的。这里存在着误解。仅当实验结果是最终结果时,新经典思维与实验结果才事实上存在矛盾。如果不把哲学和物理学分开是合理的,那么宣称这种哲学、这种逻辑和这种物理学是唯一有效的东西就更值得怀疑了。

---

① 梅洛-庞蒂在这里依据 G. 巴什拉:《当代物理学的理性活动》,同前引,第 82 页:"相信他正在更清楚地阐明他归因于物理学家的现实主义哲学……";又见德布罗意:《微观物理学的新观点》,同前引,第 140－141 页:"物理学家仍旧凭直觉是一个实用主义者,正如梅尔森几乎充分强调的那样。"

② 德图什-费弗埃:《决定论和非决定论》,同前引,第 25 页。

162　　如此一来，海森堡的不确定关系不仅宣布一种物理学的不可共存性，还必然会转化为一种"逻辑的不可共存性"（巴什拉）[①]，并且将形成一个以这种不可共存性作为法则的话语宇宙。因此这种逻辑的创造不是二值，而是三值的。也就是说，在观察活动中存在着粒子的创造和消亡。但非存在和存在的状态被添加到"表达存在过程可能性的零状态之中"。[②] 波动力学给逻辑带来的难题堪比芝诺悖论。运动不是发生在时间 T 位置 M，或时间 T' 位置 M'。粒子在两个位置之间并不处在任何时刻。经典思维希望仅考虑肯定的规定，将它们结合在一单一实在之中。而波动力学现在坚称不可能将它们结合在一个预成并完全可把握的实在中，正如对芝诺来说不可能从点开始形成运动。

　　这等于承认，存在的事物不是个体的实在，而是普遍的实在："一个被孤立的运动将失去所有物理意义，正好比在几何光学中，由于波动光学法则，一束光并没有物理意义，只有某种集体的运动

163　才有意义，我们将之称作'可测量集体'。"[③] 兰顿和鲍尔都在量子力学中看到了一种"物种理论"，[④] 他们怀疑每个对象都作为个体存在的看法。存在着"同一个物种的粒子不可分辨"的现象。[⑤]

---

　　① 巴什拉，学生笔记在括号内提及的名字，说的是《量子的新精神》（*Le nouvel esprit quantique*）中的"可能性"，巴黎：法国大学出版社，1941 年；再版于"战车"丛书，1983 年，第 16 页。

　　② 德图什-费弗埃：《物理学理论的结构》（*La Structure des théories physiques*），德布罗意作序，巴黎：法国大学出版社，"物质哲学"丛书，1951 年，第 5 页。

　　③ 同上书，第 38 页。

　　④ 兰顿（F. London）和鲍尔（E. Bauer）：《量子力学中的观察理论》（*La théorie de l'observation en mécanique quantique*），郎之万（A. Langevin）作序，巴黎：Hermann 出版社，1939 年，第 48 页。

　　⑤ 德图什-费弗埃：《决定论和非决定论》，同前引，第 125 页。

"波函数 $\psi(x,y,z)$ 代表了对复合'对象'的最大描述,其中包含该对象的正确名称(x),设备(y),以及观察者(z);但我们并不知道对象 x 在被找到时是处于何种状态。"[1]"如果波函数 $\Psi$ 为我们提供各种概率,它这么做只是为了可能的测量。可以说,这只是为了各种潜在的概率……它们对现实已知的系统状态而言,还未达到精准性。"[2]统计学现象因此不是由虚拟对象构成的,这些对象中的一个也许是实在的,其它则都是虚构的。它是对象最大化的图像,由测量展现出来的不同情况只是对象的各种实例。

之所以要发展出新逻辑是由于被观察物与测量之间建立的新联系。经典逻辑的预设是:鉴于观察者的"可错的主体性",现象是可以有的,但这在事实上是可根据逻辑法则,通过更好的设备以及对我们感官不完美的认识来进行简化。"客观真理"的观念并非遥不可及。另一方面,对于概率论者来说,设备、观察者和对象都是特殊实在的部分,这种实在不是事实上,而是原则上存在的。"经典概念总是预设无限精确的知识的可能性,并同时描述这个系统中所有的应用参数,却将必然性置于阴影之中,这种必然性被我们信息的特征以及观察系统的测量活动所限制。"波观念的引入改变了以下事实,"某些据称是不可对易的量值是不能同时被完全确定地认识的,因此每个微观系统都通过一定量可观察到的量值来描述与所谓的'纯态'相符合的最大知识的各种不同形式。"[3]这里蕴

---

① 兰顿和鲍尔:《量子力学中的观察理论》,同前引,第 42 页。

② 同上书,第 22 页。

③ 郎之万为兰顿和鲍尔著作所做的序言,《量子力学中的观察理论》,同前引,第 3-4 页。["纯态"与"混合态"是量子力学中经常碰到的概念,它们都被用来描述微观系统状态。在量子力学中,微观系统的状态是由波函数 $\psi(r,\theta,\Phi)$ 来描述的。纯态指体系内所有粒子均遵循一套波函数的系统状态,而混合态则不能简单用一个波函数来描述,它反映了人们对运动状态了解的经典统计意义上的不确定性。——中译注]

含着一种观点,即我们应该将涉及边际实在的知识视作最大值,而不仅仅是接近值。最大值概念就不再是按法则的存在了。此系统中不再包含个体化的存在。我们仅仅必须处理一组轨迹。

在量子物理中,测量设备的意义与经典物理完全不同。对经典物理学家而言,设备就是我们感官的延伸。从知识论的角度看,设备被比作一种更精确的感官,它们使我们认识到事物的状态。波动力学的设备"不再是放大器;它们利用粒子的释放和崩解过程,这在微观层面上容易激发极其细微的现象的显现,这些现象如此细微,以至于真实被观察到的与人们需要认识的数据之间的差异变得巨大。"[1]设备并不将对象呈现给我们。设备完成对现象的样本选择并将其确定下来。因此,正如巴什拉所指出的,(这就是)现代科学事实的事实性特征。已知的自然是人造的自然。但尽管如此,难道不可能回到自然本身吗?测试的内容本身迫使我们去重新认识测试。测试的行为将修正对象,使它以个体性存在的方式显现。让我们比较兰顿和鲍尔关于在一个见证者观测的情况下,观察者对事物影响的观点。对于将系统{x(对象),y(设备)和 z(观察者)}视作对象的我们来说,情况似乎与我们之前单纯考虑对象时并没有区别:我们现在有三个集合体,每个系统一个,三者之间存在统计学的关联,全部作为全体系统的纯粹实例与之相连。

"事实上,波函数 $\psi(x,y,z)$ 代表了对复合'对象'的最大描述,其中包含该对象的正确名称(x),设备(y),以及观察者(z);但我们

____

[1] 德图什-费弗埃:《决定论和非决定论》,同前引,第 139 页。

并不知道对象 x 在被找到时是处于何种状态。观察者的视角完全不同：对他而言，只有对象 x 和设备 y 属于外部世界，属于他所说的'客观的'。与此相反，他与他自身的种种关系则是非常特殊的：他有一种特有的并且非常熟悉的机能，我们可以称之为'内省机能'：他能直接描述自身的状态。通过这种'内在的知识'，他被授权去创造自己的客观性，即去打破各种统计协作的链条……通过声称，'我在 wk 状态下'，或更简单地说，'我看见 G＝gk'，甚或直接地说：'F＝fk'。因此，设备和对象之间并没有一个神秘的互动，这个互动在测试过程中产生了系统的新函数 ψ。只有一个'我'的意识能够从旧的函数 φ(x,y,z) 中分离出来，并通过将新函数 ψ(x)＝uk(x) 赋予对象，基于观察来建构新的客观性。"[1]

我们能使这些文本接近于笛卡尔的《屈光学》："去看的是灵魂，而不是眼睛。"[2]但对兰顿和鲍尔而言，意识的关键角色有另一种意义。事实上，被经典思维吸收进物理体系的对象是概率性的波；观察者的角色并不是让对象从自在转变为自为（正如在笛卡尔那里一样）：量子对象是没有实存的对象。观察者的角色将是切断统计概率性的链条，以使个体化存在在行动中显现。使存在显现的不是一个自为的干预，而是一种将自身与设备相连的思维。[3]波动力学的测试是一种使用中的操作。这种新力学的每一个操作都是一种在世的操作，这个世界永远不是外在于测量活动的。

---

① 兰顿和鲍尔：《量子力学中的观察理论》，同前引，第 42 页。

② 笛卡尔：《屈光学》，AT 版，第六卷，第 141 页；阿尔基耶版，第 1 卷，第 710 页。这也被《行为的结构》所引用，同前引，第 207 页，再版于 2013 年，第 292 页。

③ 德图什-费弗埃：《决定论和非决定论》，同前引，第 188 页。

我们必须将这种试图在对象上测试逻辑的意愿和一种激进的非决定论区分开来,这种非决定论倾向于通过展示对微观物理现象的所有客观描述,只要去除隐参数都可以转变为量子力学,证明决定论的不可能性。但这不仅仅是同义反复。否则,当我们从中得出,所有力学都只可以是非决定论的结论,那么它就是一种独断论。一种有实验支持的稳固理论不能消除新理论的可能性。与形式主义联合的事实可以有原理的特征,但这些原理只是历时性的。魏茨泽克在他的一本著作中表示,科学思想的伟大发现更多的是以断言,而不是以问题的形式出现的。[①] 我们更多的是开拓新的思维领域,而不是画地为牢。当一个理论不再滋养科学时就会被抛弃。物理思维不能被纯化为现实性的系数。改变某物将等同于替换一种新的独断论,等同于将非决定论视为某种充足的理论。新逻辑并没有使决定论变得完全不可能和不可思考,而只是使其变得不太可能。让我们将物理学史与哲学史相比较。概念史能穷尽而不必依靠事件,但我们不能证明它:匈牙利的事件并不使马克思主义不可思考。我们可以在理论上将其保存下来。逻辑上说,它并没有承认失败。但人们有什么根据说这种革命是在设备,而不是在无产阶级之中?无产阶级按照法则来看难道不也是设备?难道不是使隐参数变得明显吗?除此之外,这种思想是死的:它不被理解,它妨碍"看"。然而,在对新理论的选择中并不存在某种决定论,但存在动机。我们说不上这个决定是在什么时刻做出的;决

---

① 冯·魏茨泽克(C. von Weizsäcker):"原子物理学和哲学"(Physique atomique et philosophie),《德国研究手册》,7,1944 年,第 13 页:"事物知识的各种大问题……不是以提问的形式出现,而是以断言的形式出现。"

定总是在被做出，或已经做出。决定在将来也已经做出了。最后的一滴水比其它滴水都做得更多；它带来了对整体的再组织。我们就是以这种方式在所有认知模式中进行认识的。拉普拉斯就是以这种方式带着各种疑义呈现其星云理论的。但与该理论的作者相比，百年来的科学家都更多的将其视作教条，直到它垮掉的那天："科学家和孩子一样，通常拥有一个简单且爱捉弄人的灵魂，他们共享的这些特质之一就是献身于这个或那个观念，以及真诚地失信。"①如果我们希望完全使人信服，那么其实我们仅仅是在做准备。

# C. 量子力学的哲学意义

我们可能会想要使自己避开真理问题。物理学不应将自己认作是追求真理的学问，它应该放弃确定物理实在：物理学仅仅是由公式所联系的测量的集合，它允许我们预测未来的测量结果。形式主义的物理学获得了所有自由，但它丧失了其存在论的内容。它不指示存在的模式，也不指示实在。

就像所有的激进唯名论一样，这种唯名论无法清晰地表述自 169
身。它不是将物理学还原为一种算数的简单运算，也不要求逻辑必须能够解释我们所有的经验。因此，我们想要打开逻辑，而不将其简单地视作规定物理实在的形式方式。

---

① 保罗·克劳戴尔（Paul Claudel）："骸骨"（Ossements），收入《倾听的眼睛》（L'œil écoute），1946年；再版于"随笔"丛书，1990年，第199页；见博迪（J. Petit）和加佩林（C. Galpérine）编：《散文作品》（Œuvres en prose），巴黎：伽利玛出版社，七星文库，1965年，第970页。

我们同样能在康德的意义上解释量子力学。这就是魏茨泽克的立场。[1] 老实说，魏茨泽克将康德带到不同的方向上去了。他起初思考的是一种心理主义：那么物理学就只是人的表象。我们没有义务去指出它在存在的秩序中意味着什么：原子是经验对象，而不是物自体，实在是人与物的关系的"全体性"。作为一种对康德的解释，这种观点稍显含糊，康德将真理返回到对每个人都是真的东西，并用主体间性来定义真理。相似地，对于兰顿和鲍尔来说，观察行为就是客观化的行为：对象被主体所建构。但在他们解释的最后，他们都想对于我们是否必须在科学家共同体中看出一种"精神社团"存疑。[2] 物理学的真理难道不只是一种在科学家共同体中常见的、紧密联系的幻象吗？他们最终诉诸于一种使上述主体间性成为可能的事件。费弗埃夫人同样表示无需采纳观念论者的立场，因为观念论本身只是另一种形式的客观主义。实际上，它将人的表象客观化："这不意味着必须要采纳观念论者的实在概念，因为观念论本身是客体主义者的，它将被视作唯一实在的意识状态客观化。"[3]实在和测量的关系必须被认为是外在于物自体/表象的二元论。

魏茨泽克在别处指出，现代物理学是康德主义的，因为它提出波粒二象性，并且它将这种二元论吸收进一个康德式的二律背反之中。波粒二象性只有在我们拒绝将之视作物自体，而是视作对

---

① 冯·魏茨泽克：《物理学看到的世界》(La monde vu par la physique)，莫瑟(F. Mosser)译，巴黎：Flammarion 出版社，1956 年。

② 同上书，第 49 页。

③ 德图什-费弗埃：《物理学理论的结构》，同前引，第 310 页。

象时才能理解。康德同样赋予了科学去采纳目的论假设的权利。

　　但即使如此,我们也可以怀疑康德哲学是否能帮助我们思考量子力学。现象在康德那里是客观的,因为它建基于时间和空间的理念之上。这种理念使时间和空间不仅仅是现象,而且允许我们建构具有对象价值的现象。量子力学没有这种整合杂多的优点,而依据康德这就是客观思维的定义。经典思维以自然的客观模式来协调现象。这种联合在量子力学层面上是不可能的。与量子力学符合的哲学必须既是更加实在论的,其真理将不以先验的术语来定义,也是更加主观主义的。物理学家的这种处位和显身必须跟随在先验哲学的普遍的"我思"之后。

　　这使魏茨泽克提出一个新的哲学问题:

171

　　"原子的波函数 ψ 是以如下方式被构造的:我们基于像速度这样的其它量值,或是基于使原子表现为波的性质(波长、相位),只能对概率做出各种预测。相反,如果我知道波的性质,我用概率并不能对它的粒子性做出预测。因此,我们无权说:'这个原子是一个粒子'或'这个原子是波',而只能说:'它既是粒子也是波';并且我根据我的经验倾向来决定它所呈现的形式。那么难道实在取决于我们的愉悦吗? 不是实在,而是我们认识实在的图像。我们迫使原子以我们所采用的语言与其性质相交流。实在并不是时空知觉发生犯错,而是因为关于原子我们只认识到其在时空中的量度。因果性法则并非不足。而是我们观察的碎片和这些孤立的因果链条并不是过程的客观模式相符合……这种状况对人类思维来说并不是全新的。我们知道,要被认识到就必须被观察到,并且观察从本质上改变了这个过程。我们通过自我观察的困难认识它,在自我观察中,一个认识主体成了客体(玻尔)。"①

172    当我们进行观察以便获取认识时,观察在本质上改变了过程,物理学提出的问题是有关知觉的问题。身体的二元性和场使知觉过程出现了二元性。

费弗埃夫人在解释波动力学的同时,最终也终结了这个方向。物理学不是经典意义上的实在论:它并不与对象本身相符。"我们是在人的物理学之中,这是一种相互支持的或协同合作的物理学。"②但物理学也不是唯心论,而是费弗埃夫人所谓的"部分实在论"③或"参与主义"④问题。实在是一个待确认的概念。⑤ 我们必须区分各种意义。

1. 实在的第一个层面是,对象自在地存在,我们赋予它们的属性是内在的。费弗埃夫人将其称为"物理系统存在的层面。"⑥

2. 实在的第二个层面是,主体间性,实在是在"测量结果"⑦基础上被构造的,对象由其属性的整体——即测量结果所界定,这种方式取消了实在概念(实证主义)。

3. 第三个层面,结构层面:"超越主客二分,对象与观察系统

173    相符,并且主体被测量装备延长。由于这个层面超越了主客二分,结构关系就在理论框架中拥有了绝对性。事实上,结构关系独立

---

① 冯·魏茨泽克:《物理学看到的世界》,同前引,第 36－37 页。
② 德图什-费弗埃:《决定论和非决定论》,同前引,第 148 页。
③ 德图什-费弗埃:《物理学理论的结构》,同前引,第 313 页。
④ 同上。
⑤ 同上。
⑥ 同上。
⑦ 同上。

于观察结果和过程。然而，它们与被研究的系统类型相关。由于独立于观察结果，它们具有了某种可比作柏拉图式的理念相对于其感性实现的那种客观性。但另一方面，这种剥离与对象感官交流的独立性将使其拒绝客观性。事实上，它们不与对象相关，而只与某些用于描述主体对客体关系所必须的数学形式有关。如果我们从实在的角度来设想，它们就会有相同的模糊性；就它们似乎完全独立于测量的结果——即，独立于与研究对象的直接接触来看——它们失去了所有的实在性，并且它们的自然接近数学存在；但我们刚刚看到，在现代物理学领域中对知识的所有批评，都是为了揭露现象实在的虚幻特征，无论是感性的还是理性的。这种实在性似乎不得不寻求庇护，最好是在结构层面中，它较前两个层面要更独立、长久和一致。然而，结构是被它们介入的理论所规定的——因为它们在与对象的关系中图示化了观察者的普遍条件——这个事实给予它们一种实在性，这种实在性是所有纯粹数学性的存在都没有的，是一种独立于感性意义的实在性。"[1]所有的这些都仅仅是一个象征。这种结构概念如何能与康德意义的结构区分开？思维只能始于被知觉到的事物，如果我们能知觉到这一点，才能看见。这是一个关于量子关系的问题，它依赖于人在世界中的处境。

那么这种结构的观念，这种一旦我们接近就充满概率性的结构真理、事实秩序概念，是无法想象的吗？我们会说，量子力学的概念已使我们远离了自然知觉所给与我们的对象观念。这是真的吗？

是的，只要我们根据知觉的界限、知觉的结论来看待知觉。那

---

[1]　德图什-费弗埃：《决定论和非决定论》，同前引，第142－143页。

么,在这种情况下,知觉使我们对立于作为纯粹外在,即"纯事物"
的确定的存在。但这只对了一半。知觉确实最终会着落在纯粹的
物上,但必须以我们按其结论,而不是按其来源来看待它为前提。
拉普拉斯的本体论远不是以自然知觉为根基的;其知觉概念来自
文化对知觉的阐述。纯粹事物的本体论不是唯一可能的知觉
结论。

　　我们因此必须区分对知觉的不同态度,它可以是一种孤立的
态度,就像艺术教授所教导的那样,这使我给每件事一个数值;也
可以是一种自然的态度,唯有如此这种操作才是不可能的。在自
然领域,我将去寻找模糊的存在,这种存在既非波,也非粒子。被
知觉到的风是什么? 被知觉到的人是什么? 被知觉到的事物是什
175 么? 被知觉到的现象是什么? 它同时是以下三者:一种没有移动
体的运动持存,没有主体的行动,彗星或发光星体的尾巴(胡塞
尔)①——也就是说,可能的存在被带回到可能性的护套中——总
之,被反思的并非个体的,它是多功能的——并且回到对于缺乏非
决定使它们变得一般的非决定存在(就像我们之后的黑板,一个边
缘的对象)之中,回到对于所有本质都不存在的否定性存在之中
(例如舍勒关于黑板消失的经验)②,回到既非有限也非无限的存
在中。格式塔主义者试图标记视觉域的范围,但不可能用黑色边

----

　　① 参见胡塞尔:《作为元-始基的大地自身并不运动》,同前引。

　　② 舍勒(M. Scheler):《伦理学中的形式主义与质料的价值伦理学》(*Le Formali-
sme en éthique et l'éthique matériale des valeurs*),德·加利狄拉克(M. de Gallidillac)
译,巴黎:伽利玛出版社,1955 年,"哲学文库"系列,第 157－158 页。这也被《知觉现象
学》所引用,巴黎:伽利玛出版社,1945 年;再版于"如是"丛书,1976 年,第 371 页;新版
见 2004 年,第 377 页。

界来规定：看到黑色并不等同于什么都看不见。边界上的所有对象恢复了这种不可规定性。如果我们不诉诸于知觉经验，程度观念本身就是完全不可理解的；被测量物和测量的同质性暗示着主体用空间制造了共同原因。要理解微观和微观物理学，一个人格化的主体观念是必须的。正是在接近自身的过程中，我才能知觉到统计学秩序中的无秩序。包含一个量子值的无限序列的实在观念是一个知觉观念。知觉教会我空间的无限可分性，并教会我存在不是由元素构成的。

如果这些都是真理，那么物理学的意义就是使我们产生"否定的哲学发现"，[1]那些主张"哲学有效性的断言实际上并无有效性"[2]。拉普拉斯的存在概念，就像常识中的本体论那样，并没有绝对的一致性。物理学破坏了某些哲学和非哲学的成见，尽管如此，它也没有成为一种哲学。它限制自身，通过创造偏见来掩饰传统概念的不足，但并不根据法则来设定概念。物理学刺激哲学，促使它在其自身状况下去思索有效的概念。这并不意味着知觉包含一切。物理学内部的批判使我们意识到被感知的世界。被感知的世界并不是直接被给予的，只是能允许我们以否定的方式间接地找回那个先在的理想曾一度让我们忘却了的被感知世界。这种概念不是心理主义的。知觉并不为我们提供人为构造的自然。

---

[1]　兰顿和鲍尔：《物理学中的观察理论》，同前引，第 51 页。
[2]　同上。

# 第二章　空间和时间观念

## A. 空间概念

科学教给我们三件事：

1）欧几里得空间被视作我们科学和经验的先天条件。它不是一种必然的结构。非欧几何学家通过对空间观念的普遍化，将欧几里得空间降级为一种特殊的空间。

2）非欧空间告诉我们，欧式空间并不是在事实上优先的结构。在众多可能空间中，它并不是唯一实在的空间。我们可以将其视作与非欧空间区别不大的一个层面。

3）空间的本质问题没有意义。显然存在着通过测量实验地解决空间性质的方法，这种测量的结果对于确定空间的结构是决定性的。

"让我们想象一个大致平坦的表面，除了它所呈现出来的，在其中还有一个半球形的凸起……表面的横向部分用 APBQRC 标示。假设这个表面延展至整个宇宙——也就是说，所有物理事件都在这个表面上发生。尤其是，生活在这里的存在者也将仅仅是二维结构的，只能够覆盖这个宇宙。我们会问：这些存在者能否识

别出宇宙的形式？它们不可能看到凸起。我们之所以可以在平面
上通过视觉知觉到这些存在者中的一个，是因为光线在三维空间
中是走直线的，因此它们无法穿过凸起处；所以凸起处将其背后的
世界隐藏了起来；但在我们描述的二维世界中，光线将在表面上弯
曲；因此山丘并不遮蔽任何东西，由于通过 B 的光，在 A 点也能看
到在山丘后面 C 点的对象。但有一种方法能使这个世界中有生
命的存在可以认识到他们二维空间的弯曲。事实上，他们可以通
过测量，在与平面的关系中发现它的分离。"

　　如果在凸起的中心打上一根短桩，并绑上一条绳，他们就能得
到一个圆形。然后他们可以测量这个圆的直径和周长。二者的关
系只可能得出一个低于 π＝3.14 的数值。这是因为"线段 BPQ"
并非这个圆的"真正"直径，它应该穿过山丘。尽管如此，他们还是
认识到他们的表面的内曲，因为他们所测到的直径提供了一个低
于 π＝3.14 的数值。

　　在低于这个平面宇宙一定距离的地方，我们描绘另一个世界，
或 a、b 或 c，它到处都是平面形式并由二维存在居住。

　　"让我们想象在这个世界中有一种神秘的力，能通过特殊方式
使所有对象和长度标准扭曲。为了描绘出这种扭曲的自然，我们
可以假设例如光线自上而下落到第一个表面上，穿过它，然后一直
走到这些对象的阴影处。这两个世界表面上的存在者将对那些带
来第三维度的光线一无所知……事实上，我们假设在这种神秘力
的作用下，世界（第二宇宙）上所有的对象都变形了，以至于它们需
要这种完全遮蔽其底部的、与宇宙 ABC 相应的巨大阴影。这种假
设显然能得出一个必然结论：当这种存在者（处于第二表面）做几

何学测量,他们必须到处增加测量规则,正如在世界 ABC 中所做
的那样。如果他们以 B 点为圆心,过 P 点做一个圆,与 BPQ 对
称,并按他们的标准测量,他们将会发现周长与直径的关系等于在
世界 ABC 中获得的数值。那么,世界 ABC 的居民将如何思考这
个世界的形式呢?他们会忽略神秘力的存在,因为他们对此一无
所知;他们也不会声称,他们的长度在转换中有所改变,因为所有
其它对象,包括他们自己的身体,都同样被改变了。因此他们会像
世界 ABC 中的存在者那样就此推断,他们的宇宙表面是一个有凸
起的平面。"[①]

　　如此一来,我们就没有纯粹的几何学经验来让我们把握空间
的结构了。我们不可能将这种或那种关于空间的命题与空间的结
180 构相联系,也无法将其它一些命题与物理影响相联系。这种经验
既不是纯粹物理学的,也不是纯粹几何学的。相同的物理–集合联
合体能够覆盖平面空间和曲面空间。这使得人们怀疑空间中的自
然概念本身。关于空间结构和环境的物理学的部分只能通过从外
部认识空间的心灵来获得。但这个世界不是我们能主宰的。因此
这个结果不是事实性的结果,而是根据原则而来的结论。对空间
中的自然本身提出问题就相当于承认一种宇宙物理学(kosmos-
theoros)。[②] 这个问题不是针对有生命的存在者,因为这对其而言
没有意义:空间是他们处境的一部分,但处境空间不是空间本身。
莱辛巴哈的策略是误导性的,因为它是在三维中描绘二维空间。

---

　　① 莱辛巴哈(H. Reichenbach):《原子和宇宙》(*Atome et cosmos*),莱卡(M. Le-
cat)译,巴黎:Flammarion 出版社,1930 年,第 29－31 页。

　　② Contemplateur de monde(世界的沉思者)。

它之所以有误导我们的风险是因为其类比是以欧几里得几何学的语言来表述的。看完这种类比后,我们会想象非欧空间呈现于一个有生命存在者的感官中,我们能像在三维世界中一样,在二维世界中看到它。通过这种思考方式,我们会习惯于将非欧空间视作直观性的。因此说一个空间不是欧几里得式的,就不等同于说这个空间是非欧空间,或例如,黎曼空间。空间不是某物。几何学的区别是关于度规的,它要么是真要么是假;并且其结果将是这些不同的度规不能相互替代。

如果我们认真对待相对论科学,那么我们必须说黎曼空间不是实在的,它只是在能得到爱因斯坦理论的允许意义上是客观的:它比欧式空间更能整合现代物理学的结论。因此我们可以谈论封闭空间,在对它的追踪中我们回到相同位置。实验证据与之相关。如果空间是封闭的,那么显然可以对同一星体产生双重图像,全部困难只是在于识别出它们。无论相对论有怎样的结果,如果它们证实了黎曼空间的客观性,那么它们就不会授权我们将这个空间称作黎曼式的。这是一个"参照系"的问题,再无其它。在这个意义上,封闭空间的观念不能被视作一种有限主义论题的回归,以及对康德式的相对主义的克服,相反,应被视作它的完成(这是布隆施维克的立场)。

上述思考是否意味着空间哲学的终结?当然,如果物理理论的对象就是我们能够称为实在的所有东西的话,不论我们是否赋予这种建构一种确定的实在论意义,如科学家通常所做的那样(例如,爱因斯坦说:"你相信掷骰子的上帝,而我相信事物在其中客观存在的世界的规律,这些客观存在的事物是我试图以深度的沉思去把握的。"①）。但这种将关系转换为事物的倾向最终会导致这样一种悖论:科学不能按照哲学方式进行研究,但哲学必须建基于科学之上,这意味着科学达至了绝对者,或"物理学家永远不会接受一种实体——时间——它的图形符号在计算中不应被视作并处理为一种物理量值",②抑或我们接受布隆施维克的立场:科学只给予我们建构的对象,再无其它。只有这个被科学建构的对象让人们感觉到它的归因于我们的身体接触的偶然性。

柏格森在《思想与运动》导论的第二部分中回应了这个问题:

"相对论的宇宙是同样真实的,同样依赖于我们的心灵,同样绝对地存在,统一是牛顿式的,同样是人类共同体:只是,对于人类共同体,并且甚至是对于牛顿而言,这个宇宙都是一个物的整体(尽管物理学将自身限制在对事物间关系的研究),爱因斯坦的宇宙也不过是关系的整体。我们在此视作实在构成部分的不变要素是参数得以进入的表达,这正是我们想要,因为在科学的眼中能独立存在的就是它们之间的关系,并且如果再无事物,或者如果宇宙没有数字,就不会再有时间或空间。为了重建事物,并且据此重建时间和空间(正如我们每次想去研究一个在确定的时空中被知觉

___

① 爱因斯坦(Albert Einstein)与玻恩(Max Born),1944 年 9 月 7 日的信,《通信集 1916－1955》(*Correspondance*，*1916－1955*),莱西亚(Leccia)译,巴黎:色伊出版社,"开放科学"系列,1972 年,第 82 页。这也被《符号》所引用,同前引,第 242 页;"随笔"丛书,第 313 页,但其标注的日期不准确。

② 博雷加德(O. Costa de Beauregard):"相对性原理与时间的空间化"(Le principe de relativité et la spatialisation du temps),《科学问题杂志》,布鲁塞尔科学学会,1947 年 1 月 20 日,第 63 页。梅洛-庞蒂很可能是转引自海斯德克(F. Heisdeck),"柏格森与空间概念"(Henri Bergson et la notion d'espace),巴黎:法国大学出版社,1957 年;再版于巴黎:L'Harmattan 出版社,2011 年,第 160 页。

到的确定物理事件必然会做的那样），我们无疑就必须恢复世界的数字，但这是通过选择立足点，采纳一个参照系来做到的。此外，这个被选择的参照系就成为中心系统。相对论的根本功能就是确 183 保：当我们与参照系所设定的规则照面时，我们通过偶然选择参照系所发现的那个世界的数学表达能够与我们从任何视角所发现的其它世界保持同一。保留下来的只是数学表达，并不是时间和其它东西。一旦恢复时间，也就重新确立了事物，但你必须选择一个参照系和能够依附于它的物理学家。这时将不会再有另一个参照系，即使它本可能被选择的。"①

柏格森经常主张，哲学只有时间直观的权利，它与物理学的规定不同，这似乎是说空间的本质穷尽了空间的直观（这是《思想与运动》上述段落之前的主题）。上述引文并未考察被测量的时间和被体验的时间，而只考察物理学家关于空间和事物的公式，没有空间和事物，公式将无法关切自然。物理学只有在我们能够拥有空间知觉的情况下才是可能的。科学家的公式必须被视作一种实体，就像柏拉图的理念。我们可以说，在科学之前的有知觉的人类态度是科学态度的象征，从这方面来说，科学之前的人类不像科学后的人类那样沉溺于欧几里得的概念。在科学之后的人类的视域中，有一种对统一性的预期，使他们认为科学将以可表述的形式实现，科学为其许诺了必将实现的未来。

因此通过被知觉到的空间来经验被知觉到的世界，这个观念 184 不是欧几里得式的（参见吕内堡［R. K. Luneburg］："双目视觉感

---

① 柏格森：《思想与运动》，同前引，第 1283 页注释："战车"丛书，第 39 页。

知中的度量方法"［Metric Methods in Binocular Visual Perception］①）。吕内堡接手了赫尔姆霍兹的实验：实验主体必须在黑暗中调整光点，使两条光轨平行。即使在弯曲中，实验主体仍能观察到这种平行现象：右边的角在接近主体处是凹的，在远离主体处是凸的。通过这个实验，这位美国数学家试图为我们在黑暗中的知觉提供一个数学法则，并发现对每个个体连续反弯曲的黎曼空间是可视的。但吕内堡的合作者质疑这种同化现象作为实验结果的精确性。这是一个事实问题吗？这种不一致的背后难道没有一个原则性的原因吗？我们能不能通过一系列按时设置来建构一个物理空间？假设我们可以，这难道不是因为我们将视觉空间当作另一个实在的空间，并且我们想象还有一个完全相同的事物的空间？但考虑被知觉空间的形式是什么，或说这种形式是以单一的方式被强加的（见知觉的例子），这种说法有意义吗？我们既不能说我们的空间是黎曼空间，也不能说是非黎曼空间，正如我们不能谈及限制空间的倾向。知觉空间是多形态的。这个知觉空间给了我们首个存在的模型，科学试图据此给出一个可言说的存在视野。

185

# B. 时 间

科学只能贡献"否定性的哲学发现"，②它告诉我们空间和时

---

① 研究和论文提交给库朗六十岁生日纪念会，纽约，伦敦：跨科学出版商，1948年，第 215－216 页。

② 兰顿和鲍尔：《量子力学中的观察理论》，同前引，第 51 页。

间不是什么，但这有一个条件，就是我们要清楚这些否定性的知识不能被视作隐藏的肯定。科学不提供任何本体论，甚至不提供一个否定性的本体论。它只是一种区分真证据和假证据的能力。

在爱因斯坦对绝对时间观和单一时间观进行批判后，我们不再能依照经典概念来表象时间。但如果确实存在对应用于宇宙整体的同时性观念，以及以此为根据的时间单一性观念的否定，那么就有两种方式来理解这个观念：要么按照悖论的方式，这种方式通过断定时间的多数性而采取与常识相反的观点；要么在常识的层面，将之当作对物理学概念的心理学的并因此是众所周知的转译，就如芝诺对运动不可能的证明。但芝诺悖论也给了我们改进存在概念的机会。正如相对论物理学中对时间的粉碎一样：我们可以将它视为对常识的替代，但如此一来我们经常会形成一种朴素的本体论；另一方面，我们也可以呈现两种物理发现，同时满足于说科学确定地言说东西，并且在其中看到每种本体论阐释都必须考虑的材料。

那么什么是科学能确定的呢？

1. 物理学的时间是相对的，而非绝对的。物理学的时间是可测量的。每个科学时间的直观在开始时都存在对时间单位的选择，例如，错开的时间早已被视作是经典的：通过测量绵延的等值来计算错开日期的等值。

2. 这意味着对物理学而言：时间是被思维抽象出来的变量，但它不能被看作是独立的实在。所有物理概念，像因果性、光、空间和能量概念都是相互关联的。物理学希望证实这些概念的整体。是证实这些概念的整体，而不是每一个概念。在此不涉及对

186

时间的物理实在的怀疑。这种怀疑没有意义，因为这会把时间视为实在之物。如果科学证明了参数整体，这是因为它研究的是宏观存在，其中无论何时、何地、何物都必须不被视作并置的实在，而应被视作一个不可分割的实在。根据怀特海的观点，以这种方式，当今的科学教导我们概念（如时间）是对常项的抽象。[①] 这些抽象产物并不对应于离散项，但它们也不是无，因为我们谈论的是抽象。科学是严格的整体，其构成要素不能与整体脱离而得到证明。

187　3. 时间不是一种与发生在其中的自然或事件，抑或在时间中观察的主体视角无关的现象。测量时间的条件必须被视作对我们关于时间本质思考的限制。

对经典科学而言，从世界一端到另一端的时间中的每一刻都是有效的：它从宇宙中横切下一片，而通过不断加入新的切片就能产生整个宇宙。在实在中，这种时间观念并不被视作绝对的，构成了不可避免的宇宙思想的结构；它不是内在于事物本质的特性，时间和对时间的测量被搞混了；但这永远不会让我们确信在两地之间存在一个共有的"现在"。例如，关于测量从地球到冥王星旅行时间的问题：同时性概念失去了意义，按照彼地发生的事来确定此地发生的事情也没有意义。或者，假设在火星和地球上各有一个观测者，他们都可以通过光信号进行通讯：但他们的时钟不可能同步。事实上，只有在两个行星上的时钟同步的情况下，才能

---

　　① 参见怀特海：《自然的概念》(*The Concept of Nature*)，剑桥：剑桥大学出版社，1920 年，杜施芒(J. Douchement)译，巴黎：Vrin 出版社，1998 年；修订版见"口袋/哲学文库"，2006 年。

通过光信号来计算从地球到火星以及从火星到地球的时间。[①] 因此，测量同时性的事实条件不能与时间概念本身区分开。这种看法将使人们对时间的单一性存疑。因此，并经常如此，一种迄今为止看起来是事实的状况现在显得是一条原则，这里有思维的创新。

188

这就是科学呈现给我们的否定性真理集。但说出这些真理，这些只有在科学实践中才有完全意义的真理，绝对不是让我们在常识说白的时候，偏去说黑。我们将谈及时间的膨胀或收缩。我们都有一种密度不同、节奏不一的时间的印象，但都没有放弃一个单一时间的观念：狗的老年对人来说只是青年。但一些物理学家在相对论初期发展出来的那些悖论上要走得更远。对我而言的未来对你来说也许是过去。正是在这种意义上，贝克勒尔说对于地球上的观测者而言，一个坐上子弹的旅行者完成一圈的旅程用时八个小时，而对这个旅行者自己而言只要四个小时。[②]

我们对这些悖论感到不安。如果不根据某个绵延来测量另一个绵延，我们怎么能洞察不同的时间呢？如果我们将时间表象为同时的瞬间，那么时间的多数性观念将被证伪。难道这个悖理的表象不是与一种原则上不可能的思维方式相关吗？我们破坏普遍

---

① 例子来自莱辛巴哈："相对论的哲学意义"（La signification philosophique de la relativité），《法国和外国哲学杂志》，1922 年 7－12 月，第 94 卷，巴黎：法国大学出版社。

② 贝克勒尔（J. Becquerel）：《相对性原理与引力理论》（Le principe de relativité et la théorie de la gravitation），巴黎：Gauthier-Villars 出版社，1922 年。转引自柏格森的《绵延与同时性》（Durée et simultanéité），附录一，"子弹上的旅行"（Le vayage en boulet），1923 年（第 2 版修订）；另见罗宾耐（A. Robinet）编，《混合》，巴黎：法国大学出版社，1972 年，第 216－225 页；另见"战车"丛书，1998 年，第 183－193 页。

的时间,但我们又运用这个概念。

更准确地说,我们必须回顾柏格森在《绵延与同时性》中对洛伦兹方程的评论。这位物理学家建立了一个体系,能让他从一个参照物转向另一个,这要立足于一个相对其它运动系统不动的系统中才能做到。我们必须要有一个不动点,并且假设在其它点,时间对于该处的观测者而言是不一样的。但在这种情况下,就只会存在一个体验到的时间,其它时间都从属于它。这个实验是可逆的,即使将不动点从 S 转到 S',结果都是相同的。但如果我们想要同时处于所有点,而不仅仅是赋予不动点相应的数值,那么我就要比较每个人体验到的时间,而不止是单一体验的时间以及从属于它的时间。现在每个人体验到的时间各不相关。洛伦兹的观点只是半-相对论的,我们尤其关注那个在同一时间从所有观测点观察时间的观测者的视角。在柏格森看来,相对性的悖论来自它的绝对主义本质。为了拥有真正的时间多样性概念,我们必须拥有离散的时间,并且只能通过离散的时间。

柏格森试图通过哲学的方式来设想相对性。他在物理学家的理论中找到了一种绝对有效的要素:时间概念无法独立于我们的测量工具,并且我们的测量工具帮助我们去定义时间。"在物理学家眼中,对某物的测量就是该物本身。"[①]他将这个理论视为己出,并试图根据其原则来发展它,但又强调不能与物理学家对这个原则的使用相混淆。他想以物理学的原则的名义来质疑物理学,以

---

① 柏格森:《绵延与同时性》,"结束语",《混合》,同前引,第 214 页;"战车"丛书,第 179 页。

此进行我们所谓的从内部的克服。他发现时间概念的观念发展并没有一贯性。那些建构相对性原理的物理学家倾向于使人们相信,S 点的时间并不比另一个物理学家在 S'点测量到的时间地位更高。这位物理学家这样说既忠诚于也背叛了他的原则:之所以说忠诚是因为他将时间与测量设备相联系,之所以说背叛是因为他搞混了 S 点观测者体验到的有效时间,以及 S'点的从属时间。"洛伦兹方程非常简洁地表述了我们必须归因于 S'的测量对象,因此这个物理学家在 S 点看到了他想象到在 S'点能看到的现象,和他在 S 点同样的光速。"[①]S'点的时间既不是通过 S 点的观测者也不是通过 S'点的观测者得出的。S'点的时间是一个对时间的观点,而不是时间本身。时间的多样性不再构成质疑时间单一性的理由,正如一个对象的定量等级的多样性也构不成质疑其稳定性的理由。相反,他必须转变看法,以便在远离自身时仍能保持一致。时间的多数性现象是一种知觉现象。相对主义物理学家的概念是自我中心的。他是在某些情况下思考的,并给我们一种我们能从前者出发在其它情况下也能得到同样现象的印象,这是由于不动的状况是平常的。他将相继的自我中心的观点叠加起来,而不是使这些不同观察者的时间在哲学上共存。通过这种公式的偏见,他获得了一种多面的唯我论。他从各种视角中相继地思考世界,但永远不是同时就所有视角进行思考。柏格森在此要寻找的是这样一个公式的可能性条件。这位哲学家以内在于每个观察者的相对性为出发点,来寻求这种主体间性以及这种共存的概念的

191

---

① 柏格森:《绵延与同时性》,附录一,"子弹上的旅行",《混合》,同前引,第 225 页;"战车"丛书,第 193 页。

可能性条件——他试图将我们的单一处境的深意从我们对同一世界的从属中解脱出来。它的意义在于：通过不是物理学的理由来证明物理的思想，为科学家遇到的实际问题赋予本体论的意义，提供比物理学家自身理解更佳的、对处境意义的理解；对于哲学家来说，他要做的就是提供比物理学家更好的解答。如果物理学家指责柏格森犯了某些错误，那是因为他们不知道柏格森处在比他们更高的层次。

然而，如果《绵延与同时性》不是在出版期间得到了物理学家的理解，此后的物理学发展就不会如此接近柏格森的预期，也不会得到他的某些论题启发了。我们承认时间的多数性不是必须的，我们必须区分体验的时间和从属时间，实在时间和可能时间。波的力学的发展最终走向对客观性思考的自我批判，认为算法的使用并没有穷尽这些概念的思考。

为了翻译时间的多数性，恰佩克在"柏格森的物质理论"（《形而上学与道德杂志》，1953）一文中谈到了时间节奏的多数性，这让一切再次变得不确定，因为如果这只是节奏多数性的问题，那么就不会再有时间的多数性，节奏的多数性并不排除这些节奏参与到一个 F 因子中。就像他在时空连续体中所展示的那样，我们必须探讨空间的时间化，而不是时间的空间化。依据博雷加德[①]，柏格森要求单一的时间是过分的，所有时间走向相同的方向就足够了。这对物理学家提出了一个问题：为何所有的时间都趋于同一方向？但随之而来的还有一种力学的宇宙论，这种宇宙论与相对性相容，

---

① 博雷加德："相对性原理与时间的空间化"，同前引。

并且堪比柏格森的力学哲学。渡边主张物理学家必然要借用意识，因为我们能从中找到物理学家经常使用的那些概念，但他无法至少将其与一种被体验到的经验相联系。[①] 柏格森也许将相对论的物理学解构了，但也使物理学成为了柏格森式的。由于缺乏心理时间流动性的积极含义，关于熵的增长的观念不能指称任何事物。物理学将主体间性的事实以及多重世界的共存视作不证自明的。意识的一致性必须被视作一种同一生命的参与。渡边从熵的增长中看到物质生命的迹象。

总而言之，对于物理学家而言，相对论公式的最终意义并没有给出，它必定相关于其它领域。特别是，我们要让量子力学的现象介入。这意味着爱因斯坦的理论之后必须有对时间测量连续性的 193 批判。这是关于"细胞空间"、原子时间、"时间量子"的概念，我们无法再往下走了。我们最终会试图提供证明，作为一种环境，在这种环境中我们只会明白无论时间或空间中的现象都不能作为佐证。在物理学家看来，对单一时间教条的批判似乎是对这些概念的一般批判的一种特殊要素。

也就是说，我们必须承认在柏格森的论证中，他也要面对某种批判：

1. 首先，有人会指责：他相信我们所接触到的、必须与科学相比较的时间经验本身是完全封闭的，并且与科学时间全无关系。柏格森从来没有这种看法。开始他认为微分计算能够给出性质的

---

① 渡边(S. Watanabe)："现代物理学中的时间概念和柏格森的纯粹绵延"(Le concept de temps en physique modern et la durée pure de Bergson)，《形而上学与道德杂志》，巴黎：1951 年 4—6 月，第 128—148 页。

近似值。直到最后他才粗略地把空间与科学、时间与哲学联系起来。为什么划分出这两个没有共同尺度的领域？为什么不承认物理学无论它多么客观,对哲学都具有重要的意义？正如柏格森在他的"对形而上学之介绍"①中所言,在科学的权威背后,有一个在起作用的科学光环,并且在其空气中弥漫着哲学。

2. 柏格森在描述时间的内在体验时并不承认空间是相同认
194 识的对象,这是错误的。在《绵延与同时性》中,难道他没有宣称"空间的测量穷尽了它的本质"?② 科学达到了与空间相关的绝对性。难道我们不应回溯至我们生活世界的多形的空间,它在度量前经常被使用,是欧式的还是非欧的?

3. 当他思考我们可与之符合的内在经验时,他仍然是错误的。在那时,柏格森并不总是持这种观念,就如所引《思想与运动》的文本证明的,在那些文本中柏格森提出了这样的问题:科学的方程就自身来说,就像是柏拉图的理念。世界如何分有这些理念?为了应用这些方程,世界就必须有一幅图像。如果没有世界的图像,就没有这个世界的特有的空间的乃至时间的意义。哲学的任务不仅是重建绵延,而且是重建具有一幅图像的事物世界。哲学家重返的绝对者是具身的和处境中的主体:"我们不能由与自身的关系所取代。"③作为一个有意识的身体,我创建了一个绝对者。柏格森指出的哲学特有的东西,并不是内在的时间,而是我们处在

---

① 柏格森:"形而上学导论",《思想与运动》,《全集》,同前引,第 1392－1432 页;见"战车"丛书,第 177－227 页。

② 柏格森:《绵延与同时性》,"结束语",《混合》,同前引,第 215 页;"战车"丛书,第 180 页。

③ 同上书,"附录一",第 220 页;"战车"丛书,第 188 页。

其中、在其中居住的时间，不是科学中有意义的时间和空间，而是实际的时间和空间(参考《思想与运动》第 37 页的注释)。"狭义相对论的时间以某种方式被定义为除了一种时间之外的我们不在其中的所有时间。我们之所以不在其中，是因为无论我们走到哪里，都带着自我，这个时间就将其它时间驱逐了，就像系在漫步者背后的拖把，把每一步拖得湿湿的。"[①]这个拖把的形象蕴含着我的绵延不单纯是内在的。无疑，普遍时间不同于我的时间(不存在客观的同时性)，但它也不再能是绝对的他者。某物回应我的绵延："必须等待糖融化。"[②]但其他人呢？他们处境的绝对者是否与我处境的绝对者相同？我借自身与事物的关系来形成他者的概念。我只能将他者视作在我的世界中占据一个位置的某物。这是因为两种意识在其外部经验领域的特殊部分中包含共性，即其时间是一个。"我们吃惊地使我们的意识增加，把它带到我们外部经验的极限，然后到达以这样的方式给予它的新经验领域，无限地如此下去：这些当然是来自我们的意识的，与我们的意识相似的多重意识，我们负责构造贯穿浩瀚宇宙的链条，并通过它们内部绵延的同一性和外部经验的连续性来证明一非个人**时间**的统一性。"[③]这种共同的知觉不是同一的知觉。存在着我们想要的所有变动。这只是对统一性的设定，对哲学的而非物理学的同时性的设定。物理学家之所以相信能回到方程背后的世界，只是因为物理学家分有这种主

[①]　柏格森：《绵延与同时性》，"结束语"，第 213 页；"战车"丛书，第 179 页。

[②]　柏格森："如果我想给自己准备一杯糖水，无论我做什么，我都必须等待糖融化"，《创造进化论》，第一章，《全集》，同前引，第 502 页；"战车"丛书，第 9 页。

[③]　柏格森：《绵延与同时性》，《混合》，同前引，第 101 页；"战车"丛书，第 45 页。

196 体间性。这种哲学上的同时性来自于我们对世界的归属，而我们正是从这个世界中产生的。它揭示了这个世界的潜在框架，它证明了能够将我们分开的时空厚度的存在。**相对论**的结论不在它的外在公式之中。这不是要摧毁常识观念，而是明确这些观念。

　　我们仍需从对因果性、空间和时间概念的批判出发，详细阐述一种新的自然观。为此我们将转向怀特海。

# 第三章　怀特海的自然观念

　　拉普拉斯的经典概念暗中假定了一种支配自然的无限存在，这种无限存在因此能够将**自然**理解为一个展开着的**整体**，由无数的时间和空间点构成，这些点是个别的，不可能存在任何本体论的混淆。这一"世界的沉思者"①借助永恒法则的系统支配世界，这些永恒法则原则上不能还原为其统一体，它们不遗漏任何东西地解释所有现象。在这一概念中，时间和空间需要得到特别的处理。它们应该既是严格区分的，又是密切相关的。它们是严格区分的，这是说，作为同时发生的事件的领域的空间，与作为相继事件的领域的时间，这两者之间不能有任何混淆。它们是密切相关的，这是说，时间和空间构成了一个系统。我们只能通过其中的一方来设想另一方。为了思考空间的同时性，我们必须快速地把所有按时间顺序而来的东西纳入时间的范围内。空间和时间相互限制。传统上认为彼此区分又密切相关的时间和空间，在当今既不能用理想的分析区分开，也不会通过爱丁顿所说的"像世界一样无数的时刻"②，或一系列完全确定的时刻形成一个整体。不存在消除了所

---

　　①　参见第 208 页注①。

　　②　亚瑟·爱丁顿（Arthur Eddington）:《物理世界的本性》(La Nature du monde physique)，第 60 页，转引自恰佩克，第 38 页。

有时间厚度的空间性。在同样的意义上,怀特海可以说"经典思维
建基于点刹那的观念"。① 对这种经典思维来说,未来是还未到来
的东西,过去则是已然不再的东西,而现在这一刹那代表了唯一的
真正的存在。时间被还原为点刹那。

　　怀特海再次质疑这种认为每一存在都有"唯一位置"②的空间
观念,依据这种观念每一存在都占据其位置,而不会介入到其它时
空存在中。他说,从第一印象来看,这个概念揭示"简洁齐一
性"。③ 他不是在谈"原始事实"。④ 如果考虑原始的事实,那么我
们将观察到"自然的边缘总是参差不齐的"。⑤ 按怀特海所说,不
可能思考点状的时空存在,也不可能从这种瞬间出发构成世界。
这些点状的存在仅仅是思维运作的结果,是区分运作的结果。假
199 设我们面前有一艘驳船正要驶过卢浮宫前。我们被给予的是这艘
驳船和卢浮宫的生命。我们将卢浮宫和驳船在其中被给予我们的
绵延尽可能远地分割成"事件"部分。这种思维方式不是不合法
的,但认为我们能从如此多的事件建构出自然来,就是"本末倒置"
了。在《自然与生命》⑥一书中,怀特海谈论了旧的**自然**观念如何

---

① 怀特海:《自然的概念》,同前引,第 173 页;译文第二版,同前引,第 218 页。

② 转引自让·瓦尔(J. Wahl):《面向具体》(Vers le concret),巴黎:Vrin,1932 年,
第 168 页;再版于 2004 年,见第 148 页。让·瓦尔所引用的法文文本是《科学与现代世
界》(La Science et le monde moderne),德维里(A. D'Ivéry)与霍拉德(P. Hollard)译,
巴黎:Payot 出版社,1930 年,谈论"简单位置"或"简单定位"(比如第 82 页)。

③ trimness,怀特海:《自然的概念》,同前引,第 73 页;译文同上,第 112 页。

④ 同上。

⑤ 同上书,第 50 页,"边缘参差不齐"。

⑥ 法文版由蒂森鲁藤(Thyssen-Rutten)女士翻译,收入怀特海:《理性的作用与
其它论述》(La Fonction de la raison et autres essais),德沃(P. Devaux)译,巴黎:Payot
出版社,第 194 页;再版于"小帕约文库",2007 年,第 189 页。梅洛-庞蒂自己进行了翻
译。Payot 出版的译本为:"两种观点中较老的一种允许我们不考虑变化,并设想瞬间
的自然充实的实在,不考虑时间的所有绵延……"[原版为:*Nature and Life*,Chicago:
University of Chicago Press,1934. ——中译注]

在物理学家中依然活跃,哪怕构成它的每种要素都受到了质疑,他在这之后如此定义自然概念:"旧观念允许我们不考虑变化并在一个给定的瞬间设想自然的全部实在,不考虑时间的所有绵延……自然在给定的瞬间是真实的,就像在另一瞬间是真实的那样,无论在另一瞬间是否有一种**自然**。"①牛顿的缺陷在于他只设想了占据空间的唯一模式。那么,因为速度和时刻要求这样一种观念,按照这种观念在其它时间和地点的事物状态会影响该地点的占用,给定瞬间的速度变成了什么? 微积分不能给我们提供任何帮助。速度只是在函数在一点上的极限,但牛顿物理学丝毫没有说明速度的这种数学定义。依据现代观点,"过程"②就是被给予之物,在一瞬间,什么都没有。每一瞬间都只是要将被给予物组合起来的核心。如此,就没有瞬间的**自然**:所有实在都包含着"自然的流动"。③

对唯一位置的否定不能被看作对多重位置(经典物理学所理解的)的肯定。通过这种概念,我们仅仅否定了作为"无意义事实的集合"的**自然**的概念,这些事实自给自足,并且包含各种"消极的"或"偶然的"关系。④ 在此或许存在着在**自然**中发现一种"内在活动"的尝试,但这种活动对怀特海来说仍是有问题的,而且这种活动不在于从**自然**到**精神**的过程。这并不意味着这种空间和时间概念内的倒退迹象,即重新将巫术和非理性主义引入物理学的倒退。对绝对同时性的否定并不是确认未来等同于现在,这只是以

① 怀特海:《理性的作用与其它论述》,第 195 页;另见 2007 年再版,第 189 页;"自然在给定的瞬间……都是真实的,不论在其它瞬间自然是否存在……"

② 怀特海:《自然的概念》,同前引,第 54 页;译文,同前引,第 92 页。

③ 同上。

④ 这毫无疑问是对第 3 页的意译,同前引;见译文,同前引,第 39 页。

辩论的方式颠倒常识。如果我们现在感知一颗不复存在的星球，那么事实上我们现在感知的就是过去的东西。然而不应把对唯一位置的批判设想为，说我们的现在和被感知星球的存在是同一事件的两道闪光。这仍然是传统的概念，即拉普拉斯宇宙论（Kos-

201 mos theoros）概念。怀特海要我们去设想的是空间和时间的非序列关系。他保留了谈论"相继"和"同时"的权利，但这种"相继"和"同时"不再是自在的"相继"和"同时"，而是各种景观的"相继"和"同时"。惠威尔在 1840 年谈到分类概念时称，"对象的自然分类不是被外在的边界，而是被内在的中心点所确定的，不是被它严格地排除的，而是被它明显地包含的；不是被规则，而是被例子确定的。"[①]同样，我们可以说，对怀特海而言，时空是个体或属差的例子。无论它们有多微小，我们都能找到区分它们的东西。然而，存在时间的统一体，因为所有的时间厚度都是向心的。无论如何，对单一位置的否定都不能被视作对多重位置的肯定。怀特海既不支持超距作用，也不支持传输作用。事实上，在电子的例子中，这两种观念均有根据。电子并不是处在其电荷处。电子是某种扮演中

202 心角色的属性，并且我们将其与在"当前处境"[②]中被观测到的物

---

① 惠威尔（William Whewall）：《归纳科学的哲学》（*The Philosophy of Inductive Science*），第一卷，1840 年，伦敦；再版为三卷本，希尔德斯海姆：G. Olms 出版社，1976 年，转引自阿格尼斯·阿伯（Agnes Arber）：《植物形态的自然哲学》（*The Natural Philosophy of Plant Form*），剑桥大学出版社，1960 年，第 67 页。这句话的开头是这样的："对象的一个自然类别'不是由它排除的东西严格地确定的，而是由它明显地包含的东西确定的；例如，不是由一个规则确定的；简而言之，我们拥有的是我们指引者的类别而非定义'。"看起来，梅洛-庞蒂对这一著作的了解来自于鲁耶的解释，《眼与心》，1955 年 2 月发表在《批评》杂志第 93 期，第 161－171 页。

② 怀特海：《自然的概念》，同前引，第 190 页；见译文，同前引，第 236 页。

理事件相关联。只有在"存在是同一"的条件下,超距作用-传输作用的区分才有根据,但电子并不是在绝对存在的意义上存在的,绝对的存在要么有要么无,电子并不处在点状的、客观的时空中,它是其所有领域的"要素"(这个词也有侵入的意思①),它是某些"轨迹"的发源地,是观察者观察到某些"角色"的发源地。② 它是一种跨空间与跨时间的存在,它不能与显象分离。怀特海再次说,根据传统的看法,对象是"同样的",③在所有瞬间都处在绵延的一个点上。但为何不能有不同的对象呢? 我们只在我们具身主体的经验中遇到不同的对象,比如声音,我们在某个绵延中把它感知为一个整体,但它任何时候都不属于这个绵延,尽管构成它的声符能够被定位。尽管最小的时间不是由时间不可分的时刻构成,但它总是具有时间的厚度。

但如果怀特海拒绝超距作用和传输作用,那么他用什么来替代呢? 他谈论"侵越关系"④、"延伸关系"⑤,这种关系被理解为时间和空间及其统一体的基础,这种基础先于时空的具体规定。时空统一体是交叠的。**自然**哲学的任务就是深入探究这种存在于统一体中的关系。这与布隆施维克所说的"精神的内在性"无关,与纯粹机械论的外在性相一致。怀特海所找寻的不是作为部分而是已然为整体的元素。因此有"事件的以太"的观念⑥,它是物质的

203

---

①　怀特海:《自然的概念》,同前引,第 145 页;见译文,同前引,第 189 页。

②　同上书,第 55 和 121 页,引文为法语;它涉及从彭加勒那里借用的一个概念;见译文,同前引,第 93 和 165 页。

③　同上书,第 162 页;见译文,同前引,第 206 页。

④　同上书,第 59 页;见译文,同前引,第 98 页。

⑤　同上。

⑥　同上书,第 78 页;见译文,同前引,第 120 页。

终极实在。

　　这一概念隐含着对物质概念和实体概念的批判。传统时空观把时间和空间当作容器，当作"自然置身其中的东西"，支配着物质与实体的观念。物质仅仅是实体的存在而现象则只是属性。我们经验的重心因此从属性转向实体。我们这样就实现了一种简单的思维过程，如果它是有意识的，那它无疑是合法的，它是从感觉、意识抑或感性显示（感官-觉知）到推论（推论知识）的过程。"自然过程"被解释为"物质的历史"，[①]是"自然历险中物质的各种巧合"。[②]"如果我们非要寻找实体，那么它在事件中。"[③]事件自然与客体相对应。以金字塔为例。与客体有关的思维将它们视为不可改变的。但金字塔每时每刻都被推向实存。客体是不会消失的，是永恒的，可识别的，而事件只显现一次，是唯一的。但这只是初始的近似。如果我们孤立地看待事件，那么我们会提出客体的起源问题。客体并不外在于事件，反之亦然，但这不是以笛卡尔的持续创造的方式，因为说客体是持续的事件将会重蹈笛卡尔的覆辙。对唯一位置的批判必须使客体和事件的观念成为可能的。客体是关键的属性，我们能够将服从力场的各种变量附之于它。在当前处境中存在客体的"侵入"。客体是标记关系总体的缩略方式。抽象并不是无意义的，它在其处境是真实的。真实的东西，是此时此刻持存的某物，或"**自然**极其恒久地包含的东西"。[④] 作为客体的大

---

　　① 怀特海：《自然的概念》，同前引，第 16 页；见译文，同前引，第 54 页。

　　② 这无疑是对第 20 页意译；见译文，同前引，第 57 页。"自然的过程仅仅被视作其在空间冒险中的物质财富。"

　　③ 同上书，第 19 页；见译文，同前引，第 56 页。

　　④ 转引自让·瓦尔：《面向具体》，同前引，第 179 页；参见 2004 年再版，第 155 页。

金字塔的存在让我们设想各种事件相互间的跨度。但这种是客体的抽象仍是一种抽象。认为**自然**是从事件到对象的过程,这是将"我们的抽象化当作实在"。① 只有借助于我们的"感官觉知"(自我-觉知②),借助于处于发生状态的知觉,我们才能理解**存在**的本性。

如果这种经验没有被考虑在内,那是因为它受到我们在"因果自然"和"显象自然"之间、在第一性质和第二性质之间设置的距离的压制。③ 然而,怀特海指出这些距离没有存在的理由。"我们对自然的所有知识都在同一条船上,并注定一起沉没。"④科学的建构是对于简单知觉物的解释。我们必须拒绝"自然的分歧",并同时参考抽象和知觉。⑤ 这种向感性显示(感官觉知)的复归能为我们带来什么? 如果我们参照"感官觉知",我会发现事件的复合体,发现在总体中两种"成分"要素:一方面是绵延的中心,在这种情况下**自然**呈现"现在",这"现在"提供了时间构造的模型;另一方面是空间中心,这意味着现在的定义就是此存在。知觉中存在的设定与身体对时空物质的设定是同步的,并决定了它向我们显示的内容。因此:

1. 各种事件的统一体,它们各自的内在性,在此显现为它们在思维存在的统一体的嵌入的相关项;

---

① 怀特海:《科学与现代世界》,同前引,第 79 页。
② 怀特海:《自然的概念》,同前引,第 16 页;见译文,同前引,第 53 页。
③ 同上书,第 39 页;见译文,同前引,第 77 页。
④ 同上书,第 148 页;见译文,同前引,第 192 页。
⑤ 同上书,第二章的标题,第 26 页及以下;见译文,同前引,第 63 页及以下。

2. 心灵不能被视作**自然**的旁观者,"它的知觉参与**自然**的进程";①

3. **自然**的过程确保了事件内在地相互联系和我们内在于整
体中,因而将观察者联系在一起。**自然**的过程在此呈现为构成一
206 些过程,就像附着于主体的身体那样。换言之,**自然**的过程对应于
感觉身体的统一体,因为身体本身是事件,自然的过程形成了身体
的统一体,形成了不同观察者的统一体,**自然**的过程是对于众人来
说的**自然**。在作为感知的存在的我与**自然**之间有着相互的关系。
我是**自然**的部分,并像**自然**的任何事件一样起作用:我通过我的身
体是**自然**的一部分,**自然的**各个部分接受它们之间的关系与我的
身体与**自然**的各种关系是同样类型的。怀特海试图将因果性和知
识视作同一关系的两种变体。休谟的缺点在于只关注直接性而不
理解直接性背后的这种基础结构,我们的身体因之才为我们提供
感觉。绵延的压力在普遍性和个体性中都同样巨大。

对唯一位置的批判使我们理解知觉的本体论价值。我所知觉
到的既是为我的,也是在事物中的。知觉从**自然**内部开始形成:我
在时间意义上意识到在我面前的灯。

**自然**只能由"感官觉知"给予我们,而知觉给我们带来了一个
无法进一步接近的界限。**自然**不仅对思维而言是一个"封闭的自
然"②,而且对感性显示也是封闭的。感性显示最初将我们置于一
个无法接近的界限之前,这一界限就是它的"终点"③,同时在这个

---

① 怀特海:《自然的概念》,第 67 页;见译文,同前引,第 107 页。
② 同上书,第 4 和 13 页;见译文,同前引,第 41 和 50 页。
③ 同上书,第 54 和 69 页;见译文,同前引,第 93 和 108 页。

界限被揭示时和"处在自身"时，<sup>①</sup>处在其不透明之中时，是它的对立面。它因此首先是尽可能近的，是最近的东西；其次是尽可能远 207的，通过与自身重合的距离和它的粘度而与我们分开。它的近（自然与感性显示之间没有任何东西）是有距离的，这是因为它是最后或最初的界限，这由它处在上百个位置所表明，这是因为它是从未被揭示出来的，而且即使被揭示出来也会保持原状。从定义上说，知觉将我们置于一个完全不透明的界限前。换言之，我们所知觉的自然是尽可能远的，也是尽可能近的，这出于同样的原因。我与我所知觉到的**自然**之间不存在任何东西。当我知觉到一个事物时，我不能设想在我和对象之间有一个知觉。但这种极端的近同时也是最远的距离，因为与自身重合的事物和它所感知的事实的透明存在之间存在着根本的距离，这是因为最初的界限距离它所表明的东西有上百个位置。因此**自然**在被知觉揭示后仍保持不变，它与我朝向它的目光无关。超越性**存在**就其必定不能无中介地达至来说存在着。

　　但怀特海的分析不限于确认**自然**的超越性。**自然**对他而言本质上是"显现"，这意味着自然完全存在于每个显象之中，并且永远无法被它们穷尽。怀特海把这内在性和超越性紧密地联结在了一起。"无法阻止**自然**去看它。"<sup>②</sup>如果我们试图改进我们进入它的方法，将会徒劳无功。知觉无法从中获益，只能得到另一个知觉。208对每一个知觉而言，**自然**总是新的，但它总有着过去。自然是持续

---

　　①　怀特海:《自然的概念》,第 4 页;见译文,同前引,第 401 页。

　　②　同上书,第 14 - 15 页;见译文,同前引,第 52 页。

的某物，我们永远无法从其开端来把握它，即使它始终向我们显现为新的。

　　怀特海认为，**自然**是一种与意识或心灵的活动不同的活动。我们之所以无法停止它，不是因为它是由瞬间构成的，而是因为它是一种活动，因为它是生成的。在这点他与萨特不同，对萨特而言上弦月就是上弦月，也就是说，它不是四分之一个月亮，而是一个完整的存在；萨特认为，**存在**没有需求，没有活动，没有潜能。就像从圣奥古斯丁到柏格森以来的整个哲学传统那样，萨特用瞬间、现在的瞬间来界定物质，只用精神来设想记忆和过去；在事物之中只有现在，相应地，过去和将来的"在场"要求精神或自为。

　　怀特海则不想用现在和瞬间来界定物质或**自然**。他否认在物质中过去已经不再，未来还未到来。**自然**将被视作一种时空的展开。

　　被测量时间，被我们称为"序列"时间①，这对怀特海而言是相对的、主观的、缺乏统一性的。但有一个内在于**自然**的时间。在怀特海看来，这个时间是内在于事物的，在我们参与事物，或我们参与自然的进程中，它环绕着我们。它对我们而言是本质的，但只在我们是**自然**的情况下。主体性在宇宙时间的系统中、在**自然**的主体性中被把握。从圣奥古斯丁以来，哲学通常的传统，如人们所说，总是将时间界定为主体性特有的。物质由现在界定，过去只能被记忆和心灵设想。"尚未到来的将来，如何能够被削弱和消耗呢？已经不再的过去又如何会增加？这难道不是因为，那使这种

---

　　① 怀特海：《自然的概念》，第 55 页；见译文，同前引，第 94 页。

事情发生的精神包含三种状态：期望、注意、回忆？"①然而，怀特海并不想用现在来界定物质或**自然**。他否认在物质中过去已经不再。如果在**自然**中，我们无法维持"过去事物的现在"和"将来事物的现在"，那么我们就被迫导向刹那自然的观念，我们不能生活于其中的连续的点刹那。但**自然**按时间的量子前行，其个体化是格式塔的个体化。

时间具有一种自然的过程。时间的律动不是主体的律动，而是自然的律动。它如同心灵一样贯串我们。在我们的感觉领域有着对质性的需求，而且我们的知觉从来不是空的，这是说不能什么也理解不到，同样对未来的需求产生自我们的身体器官。时间的过程作为感受性内置于我们的身体之中。人们如此说并不是在谈论自在**自然**的时间，而是在谈论我们参与其中的自然的时间。事实是怀特海感觉到：无法从生命自然开始言说自在的**自然**。自在的**自然**的概念是一个界限概念。也许我们不可能对自在**自然**的时间有确定的概念。然而，怀特海总是持一种由生命恢复的，自在**自然**的"合生"②观念。时间在有机体中实现了"自身的愉悦"③。物

210

①　圣奥古斯丁(Saint Augustin)：《忏悔录》，第十一卷，第 28 章，§ 37，《全集》第十四卷，特雷霍雷尔(E. Tréhorel)和布伊苏(G. Bouissou)译，巴黎：Desolée de Brouwer 出版社，1962 年，第 336 页。"但将来尚未存在，怎样会减少消耗呢？过去已经不存在，怎样会增加呢？这难道不是因为，那使这种事情发生的精神包含三个动作吗？因为，他期望并且他注意和回忆，以至于他所期望的东西，通过他注意的内容，进入他回忆的东西。"

②　参见让·瓦尔：《面向具体》，同前引，第 154 页；见 2004 年再版，第 138 页。另见怀特海：《自然与生命》，《理性的作用与其它论述》，同前引，第 198 页；再版于 2007 年，第 194 页。

③　怀特海：《自然与生命》，《理性的作用与其它论述》，同前引，第 200 页；再版于 2007 年，第 195 页。

质片段撤回自身的运动沉入"**自然**的过程"。

在怀特海看来，扬弃（Aufhebung）意义上的**自然**过程表明，自然不可还原为对**存在**的超越。那么什么是积极的自然？对此，怀特海并没有给出明确的断言。他引用了谢林的话："自然哲学不应211 当构造自然，而应让自然构造自己。"①但是这一引言并不能显明怀特海哲学重要的东西。如果**自然**不是思维的对象，不是思维的简单的相关物，那么它肯定也不是主体，这是由于相同的原因：它的不透明性，它的包含性。它是一个模糊的本原。

尽管怀特海说**自然**不是偶然的，但他并不是想说自然是必然的：自然不具有内在必然性。他说"**主体-客体**"时，指的是"与自身融合"的自然②，没有这种与自身的融合就不能将**自然**理解为一个创造性的本原。自然是在它之外没有什么是完成的东西，是所有空间性和所有时间性由之而来的东西。自然总是显得已经包含了显现的一切。在它之中创造者和受造物不可分。持此观点我们必须将**自然**称为一种"运行的在场"。③

然而为什么怀特海要说"过程自然"而非**自然**呢？这是因为：

1. **自然**具有时间特征：它像时间一样流变；

2. **自然**仅仅是过程：我们只能在它的种种显现中把握它，而这些显现并不能耗尽它；

3. 对**自然**来说，流变是本质的。一方面，没有**自然**，另一方面没有它的作为属性的过程。**自然**只是纯粹的过程。它可以与波的

---

①　怀特海：《自然的概念》，同前引，第 47－48 页；见译文，同前引，第 85 页。

②　让·瓦尔：《面向具体》，同前引，第 168 页，见 2004 年再版，第 148 页。

③　怀特海：《自然的概念》，同前引，第 73 页；见译文，同前引，第 112－113 页。

存在相比较,其实在是整体的,而非部分的。秩序的个体不是物质的个体。就像波仅是一种跨越那样,**自然**是对时间和空间系列的跨越。同样,声音是一种不同一的存在,它不能在瞬间存在的系列中定位,而只能在它们每一个的过程中定位。

如果我们要理解自在自然的过程,我们可以说**自然**是世界的记忆。[①] 我们这样是想说过去曾是的不能不是曾是,不论我们是否知道它们。**自然**过去的准实在必须被理解为那在成为现在时承载了这一过去之实在的要求。意识可以认识过去,但这种认识不是构成而是重构过去。因此认识到**自然**的包含了将来的过去,这非常好,但这种认识仅仅是对过去或多或少有效的重构,而从来不是过去的条件。

"我们提出的理论承认一个比瞬时论者的概念更大的最终谜团,瞬时论者的概念使未来成为尚未到来的现在,使过去成为不再存在的现在。过去和未来在未恰当地界定的现在中相遇和混合。自然的过程或存在的创造潜能,并没有它的潜能在其中运行的严格确定的界限、瞬间确定的现在。它运行的现在必须在全体性中找寻,在遥远的过去,正如在最严格短的普通的现在的绵延中。可能也在一个未实现的未来中。甚至可能会在可以实现的未来中。"[②]

让我们考虑一般的景观。它始终有一个不曾被任何人看到的角落。我们能否称之为虚无,因为它不曾被感知? 不能,因为这个

_____

① 怀特海:《自然的概念》,同前引,第 73 页;见译文,同前引,第 112 – 113 页。
② 让·瓦尔引用:《面向具体》,同前引,第 152 – 153 页;见 2004 年再版,第 137 页。

角落与其它被呈现的位置共存。相似的，我们必须认识到未被感知的东西中有存在之源。如果我们希望世界是部分外在于部分地存在，它就无法"持有"，恰如斯多葛派所说。如果它是被绝对意识所设想的，它就会缺乏凝聚力，这种凝聚力无法确保它与意识目光的不可感知的联系。如果存在**自然**的过程，因为有一种是**自然**的

213  自为存在，这不是黑格尔意义上的自为存在，即绝对意识的对象，因为在部分之间只有意识的不可感知的联系，而是鲁耶意义上的"自为"，一种限制的整体：自为的灯是受限制的灯。这种界限，就是**自然**过程概念所指向的。绵延之所以是绵延是因为它保存了**自然**过程中的某物，是因为它就是过程的实施。因此时间、时间家族的普遍性来自于所有时间都包含在**自然**过程中。所有对时间的度量都是对出自**时间**过程的某物的经验，我们的知觉都产生于这一宝藏。显现的东西，总是显示为已经包含客体。"时间背后有一种顽固的事实，即后继之物符合先前之物的必然性。"[①]正是这种顽固性构成了所有创造的基础："宇宙的本质就是流向未来。"[②]

这种观念将**自然**呈现为我们处于其中、我们与之融合在一起的东西。因此，自然就是我们处在其中的东西，它是融合的，而不是我们从远处思考的东西，如拉普拉斯所说。这使实体主义的思维变得不可能。不再有任何方法能将不同的现象看作多种实体的揭示，或是单一**实体**的属性。对怀特海而言，**自然**的统一性建基

214  于：所有自然都是"合生"，而对拉普拉斯来说，它与合法的外在性、

---

① 怀特海：《自然的概念》，同前引，第 58 页；见译文，同前引，第 97 页。

② 怀特海：《自然与生命》，《理性的作用与其它论述》，同前引，第 201 页；2007 年再版，第 196 页。"对于宇宙来说，流向后来的状态是本质的。"

思想相关联,**存在**的所有形象都从之而来。**自然**哲学的任务是描述过程的所有模式,而不是将它们集中在借自实体主义思维的标题之下。人具有的完全是动物细胞的模式。范畴的多样性没有界限,但是有通过退化而彼此过渡的"合生"类型。因此,为了描述生命,怀特海拒绝机械论,机械观会退回到看待**自然**的各种老路上,[①]他同样反对生机论,后者过于不准确,而且在达至超时空的物理层面时认为已经达至了一种新的实体(参见鲁耶有关该主题的概念),然而生命并不是实体。

---

① 怀特海:《自然与生命》,《理性的作用与其它论述》,同前引,第 198 页;2007 年再版,第 194 页。

# 自 然 概 念

## 1957－1958

### 动物性、人的身体、通向文化

# 一般性引论
# 对笛卡尔的自然观及其与
# 犹太基督教本体论之间关系的说明

**自然**概念所召唤的,并非只是我所建构的事情之外的剩余,而且召唤了一种并非属于我们的生产力,尽管我们可以使用它——它是在人类的人为创造下持续运行的原初生产力。它既是最古老的东西,也是总是常新的东西。**自然**,就如吕西安·赫尔在《大百科全书》中写黑格尔的文章中所说的那样,是一件不驯服的事情:"自然第一天就存在了。"①**自然**不会耗损,因其永久。

然而,哲学如何处理这种自然经验? 我们以笛卡尔为例。

对笛卡尔而言,自然的生产力表现为上帝的生产力。"我把**自然**就理解为上帝。"②在斯宾诺莎之前,他已在《第一哲学沉思集》中如此说过。**自然**力即上帝的可靠性。但这一概念以两种不同方式发展,这取决于笛卡尔所建构的是客体本体论,还是实存本体论。

---

① 参见本书第 81 页注①。

② 原文是:"自然,一般而论,我现在只把它看作是与上帝一样的东西","第六沉思",AT 版,第 64 页;阿尔基耶版,第二卷,第 491 页。

# A. 客体本体论

在客体本体论的那里有这样一种信念：对**存在**进行反思的哲学家的工作，是对我们与**存在**的直接接触予以净化，从而区分出哪些是可靠的，哪些是有待理解的。因此，笛卡尔将外在自然还原为广延。广延具有两种属性：无限可分，就我们能够谈论广延的点来说，必须认为它们是不可相互替换的，即每一个点都有自己的场所。每一个部分仅仅是它相关于其它部分的相异性。因此，每一部分都是完全的存在。实际上，每个点就只是它的相异性，广延在每个点上都是同样的，完全没有变化。广延处处都是同样完满的，因为它处处都是同样空无的。它只是其所是。因此外在世界完全是现实的：不可能区分现实之物和可能之物，也不可能重塑过去与期待未来。广延同时存在的各部分之间不存在区别，它在时间中的展开也并无二致。以这样一种观点，我们领会到，保存已暗含在创造之中。保存世界所依据的法则已经处在世界的结构中：一旦它被创造，广延就是有必要。

笛卡尔以净化的方法达至这种广延，这是通向本质的一步。通过努力识别"客观实在"，并将其还原为我们清楚而分明地思考它时，它能意指之物，笛卡尔消除了我们与世界非反思的共融。

但更进一步说，笛卡尔是本质主义者。广延并非揭示世界本质的项。无疑，这样一种广延是存在的完满，因为它与自身完全相等，然而在它之中仍有一种元素是思想所不能同化的。广延是无限的，但笛卡尔随即又说，广延是作为广延而无限。只有上帝能被设定为真正客观的客体。对真正的客体而言，不能区分我们所思考的与它之所是。而在广延层次，"形式实在"面对"客观实在"仍保持自身。这一区分在真正无限的客体层次应被废除，因上帝的本质包含其存在。先天证据是本质主义思想的极至，它触及最完满的客体、各种各样的无限，这种客体、无限自身包含每一种本质的质料。笛卡尔并非斯宾诺莎，就像拉雪兹-雷所强调的[1]，笛卡尔总是区分两个层面的实在，自我设定的上帝，以及对宇宙的设定。但这种区分在这里无关紧要，因为对笛卡尔而言，世界的本质是上帝本质的缩减。**自然**法则来自上帝的属性。不论上帝存在和世界的存在之间有什么断裂，我们也必须说，如其所是的这个世界，是上帝所是的无限涌现的一个序列。笛卡尔把**自然**转变为一种必然性，这种必然性不能不是其所是，他最终在自然的背后感知到上帝。

如何形容这样一种思想？这是一种回溯性的本体论。因为这种思想的核心是万物都以某种方式被给予了；在我们之后存在着充满，它包含了所有能出现之物。这种本体论是知性哲学，知性是　220
我想理解自身时所持的态度，是面对我的经验的批判态度：我想把经验净化，并把它带向它所不具有的意义。这种哲学是模糊的：笛卡尔在《第一哲学沉思集》中说，我们的思维没有赋予事物以任何必然性，然而，除了将自己带回思维，我没有其它办法能说事物存在与否。笛卡尔同时断言，思维与事物间有距离以及事物从属于

---

① 拉雪兹-雷《斯宾诺莎的上帝的笛卡尔主义起源》（*Les Origines cartésiennes du Dieu de Spinioa*），Alan 出版社，1932 年；巴黎：Vrin，1952 年再版。

思维。知性哲学本质在于，只想将净化过程之后得到的东西当作论题。而所有在此之前的，都被弃至暗处。这样一种哲学必须在怀疑和某种侧视中推敲。

　　人们在存在与虚无的两难中可以清楚地看到这种侧视，它在笛卡尔的思想视域中随处出现。因此笛卡尔说当他在思考**存在**时，首先想到的是无限**存在**，这是因为**存在**这一概念包含一切，否则就是无。因为它存在，它就有一种绝对密度，否则它就什么都不是：**存在**不给出自身细节。同样地，这一世界是这一世界，否则它就不是这一世界。上帝可以不创造世界，但他既然创造了世界，那世界就只能是它所是的样子。同样地，我思基于如下命题："为了思考，它必须是。"笛卡尔似乎在这里假设了三段论的大前提。它无论是什么，作为我思（Cogito）基础的是，思维不是虚无，它是某种事物，因此它是一种事物（res）。**存在**不给出自身细节，因为"虚无没有属性"①，或如马勒伯朗士所说，它是"不可见的"。我们由此
221　领会到，这样一种哲学是不牢固的，它面临被倒转。这种哲学因参照它不断地断言不存在的虚无而被削弱，但这种哲学又不停地思考虚无，好似有一种虚无的存在那样。

## B.　实存本体论

　　我们回到这种本体论的论题。无限观念来自我们自身，而非

---

　　①　马勒伯朗士：《形而上学对话录》（*Entretiens métaphysiques*），第一卷，第一章，罗宾耐（A. Robinet）编，《全集》第十二卷，巴黎：Vrin，1965 年，第 32 页；另见《文集》第二卷。梅洛-庞蒂引用过这一文本，见《马勒伯朗士、比朗和柏格森论心身统一》，同前引，第 18 页。

别处，来自我们无限制的自由，我们从这一自由出发，将无限观念传递到事物上。这是另一个系谱。自由是无限的，但这种无限与上帝无限的意义完全不同。这里，无限在于处在"是"与"非"之间，而前面的"是"是上帝绝对的"是"。这种自由的观念以完全不同于本质主义阐释的方式被把握。"我是"被置于"我所是"之前。

上帝的存在被视作永恒真理，上帝是这种真理的创造者。上帝不再被置于顶点，而是超越本质。这是接受对上帝存在回指证明，它证明上帝作为自身的观念并不来自于我。

词语意义也发生改变，例如，"神圣真实性"的意义。为了理解其含义，应该摆脱当前的人类学，依据这种人类学上帝不能愚弄我们。这并不是因为这种含义错了，而只是因为它是神秘的。应当把上帝理解为真理。存在着一种真理现象。人们需要解释这种现象。人们根据本质主义的或存在主义思想，对它做出不同解释。根据本质主义思想，真实性仅仅是本质与存在之间的有机关联。真实性是我和我的身体、我所接受的世界、我无法将之弃到我之外的经验之间的一致。自然倾向是明证性的充分动机，我与我的身体之间的不可分性并非幻象。不再是本质以透明的方式产生实存，相反的是我们拥有各种实存，我们经验到它们之间的很多关系。真理不再是光，它是隐晦的。笛卡尔由此得以区分可能物与现实物，思辨的世界与实存的世界。实存世界是我在我与我自己、我的身体与我自己的一致中感受到的世界，我只能通过生命而不能通过知性来理解的世界。笛卡尔能够区分"广义的自然"与"狭义的自然"。

　　本质主义思想来自原因的观念,也就是说,来自于上帝为先在存在的观念,而实存本体论是目的本体论所要求的,根据这种理论,灵魂为身体而造,而身体为灵魂而造,因此,例如,知觉中的"自然判断"与判断完全相反![①] 对外部自然的感知是被修改的,它不再被还原为客观实在。实存的广延被设定为不确定的。没有什么理由促使我们限定它;也没有什么理由阻止我们限定它。广延避开心灵的目光。广延的观念不再具有明晰性;它是开放的:这样的存在不再如同刚刚所说的那样,仅仅依靠其本质而存在。因此,根据本质主义的视角,笛卡尔抛弃了亚里士多德对运动的定义——它把运动看作朝向静止的趋向,因为一种本质不能朝向它的毁灭。我们的广延不是一种本质,它具有实存的权利,它扎根在每一刻:持续的创造由之而来。如果世界确实源自于上帝的属性,那么上帝是不会让混乱出现的,他会仅以**自然**法则来创造这个世界。世界被上帝直接创造为它现在所是的样子。存在一种"前定秩序"。从本质主义观点来看,这种前定秩序并无意义;只有我们离开已不再是回溯性的世界观而进入一种投射性的世界观,后者朝向一种整体性并基于各种事物回应上帝的视角,这种前定和谐才具有意义。

## C. 这两种思维方式之间的关系

　　我们尝试与盖鲁先生一起[②],以调和的方式设想这种关系。

---

① 参见梅洛-庞蒂在这一问题上的进展,《马勒伯朗士、比朗和柏格森论心身统一》,同前引,第四章。

② 盖鲁:《遵循理性秩序的笛卡尔》,同前引。

一方面,存在着揭示诸本质的知性,另一方面,存在着经验,它能告诉我们知性不能告诉我们的东西。但在这两种情况下,**理性**仍然是我们断言的主人。笛卡尔主义是一种理性主义,但它不是绝对的而是有限的理性主义,它会对另一种真理让步,这种真理是真理的裁决者。笛卡尔是构想所有真理之间秩序的哲学家,这种秩序把他不知道的两种真理联系起来。但难题在于所讨论的秩序,它应当把这两种哲学关联在一起,从人类视角来看这一秩序是不可理解的。人们没有办法同时思考两种事物,比如,灵魂与身体的区分与统一。矛盾是人建构的。人的领域中永远有歧义,其身体或者是机械的,或者从灵魂的观点看是目的性的。只有不以人的视点,而是以上帝的视点,我们才能可靠地思考人由之构成的元素。上帝的不可理解性既不是他的不可知性,更不是他的非理性,而是"无限的形式因",这种不可理解性对准确地解决"真理的基础和我们理智的局限"①问题是不可缺少的。在这两种视角之间,上帝不可理解。上帝和本质并不是不相容的,因为他的不可理解性是"无限的形式因"。然而,歧义完全消失了么? 如果上帝不可理解,这是否意味着我们不能将自身置于上帝之中以思考我们的矛盾? 还是说依据人重回我们的思维? 对笛卡尔而言,依据上帝和依据人来思考是不可分的。实际上,依据上帝思考就是否认在我们之中相分离的事物具有共同的本原,然而这意味着依据上帝思考就是依据人思考。这个上帝,作为一切事物的原因,是把我们的灵魂与身体结合在一起的上帝。思想在人之中,因为思想在上帝之中,上

---

① 盖鲁:《遵循理性秩序的笛卡尔》,第一卷,第 17 页。

224

225　帝使我们成为我们之所是。上帝使我们想起我们被创造的情境,他
把我们送往世界。哲学背靠上帝。哲学看不见上帝,但依赖上帝,
而哲学家在上帝的权威中,找到了他朝向世界的人的态度的理由。

　　笛卡尔的这种态度能依据理性的秩序来解释吗? 对笛卡尔而
言,上帝视角与人的视角无法区分。歧义正是由此越走越远,这使
人们无法依据理性的秩序把握它。对盖鲁先生而言,为我们之物
与自在之物彼此相联,为我们之物只是自在之物的反像。正如亚
里士多德所说:"最初是为我们之物,后来就是自在之物。"然而,人
们能够依据笛卡尔哲学来思考亚里士多德的这一翻转吗? 笛卡尔
不是已经指出,为我们之物不是显现,永远不可能完全抹去我思是
首要的,我思不是其它真理中的一个这一事实,就像更早的文本所
言,如《指导心灵的规则》。但在《第一哲学沉思集》中,自在(se es-
se)不再是对本质的统觉,如对三角形的统觉,而是对存在的统觉,
存在先于所有本质的真理;它是一种标记,表明第一真理永远不可
能被抹去:我思并非一种本质的真理,它是对为我们之物以一种原
始方式参与到自在之中的断言。这是阿尔基耶[①]在罗约蒙特会议
中注意到的[②]:在理性的秩序之旁或之下,是否会有**总体**的同时

---

　　[①]　阿尔基耶(Ferdinand Alquié,1906－1985),法国哲学家,教育家和作家。他曾
在蒙彼利埃大学和巴黎索邦大学担任教授,是《超实在论哲学》(*Philosophie du
surréalisme*)的作者。——中译注

　　[②]　阿尔基耶编:《笛卡尔形而上学构成中的本体论经验与系统演绎》(*Expérience
ontologique et déduction systématique dans la constitution de la métaphysique de Des-
cartes*),笛卡尔:《罗约蒙特备忘录》(*Cahiers de Royaumont*),《哲学》,第 11 辑,巴黎:
子夜出版社,1957 年,第 10－57 页;《笛卡尔研究》再版(包含争论),巴黎:Vrin,1983
年,第 31－78 页;见 Vrin2020 年修订版;另见《与笛卡尔同行》(*Cheminer avec Des-
cartes*),巴黎:Garnier 出版社,2018 年,第 25－84 页。

性? 事物之中本无秩序,是我们赋予事物以秩序。笛卡尔并不试 226
图还原**总体**的一致性,因为思维并不把必然性赋予事物。笛卡尔
哲学走到了秩序观念的极端,以便发现这一观念没有说出的。把
秩序缩减为线性秩序,这会失去秩序感。人向上帝的上升,和上帝
向人的下降,不能像相反的形象那样彼此相联。我的存在与上帝
存在之间的关系并非一种简单的关系,因为我是从我的自由中发
现了无限。我们与上帝的关系并非一种简单关系,因为人类并非
一种受造物,而是一种精神。

　　由此拉波特①试图在笛卡尔哲学中寻找第三种本体论的假
设,这一本体论在上帝的层面超越通常的两者择一。笛卡尔应该
能够找到超越目的论哲学和知性哲学的统一。如果是这样,就不
需要分开考虑,一方面世界是机械地完成的,另一方面又是被上帝
预先给予的;这里只有人类的范畴在起作用,上帝的前定秩序并不
在数值上区分因果性和目的性,它们不过是同一活动的两个方面。
在上帝那里,去看和去想只是一件事,并且是同样的事,就像笛卡
尔在他给梅朗②的信中所说的。必然性与无关性概念并不适用于
上帝,这源于一个具体原因:上帝超越可能性,因为可能性是他创 227
造的,根据上帝一切区分都被剥夺了意义。最后,我们仅可以说上
帝存在。但如果我们说上帝存在,没有其它模态,那我们是否能够
说拥有了上帝观念? 也许一种实证观念是不完全的,也永远不能
穷尽。因此我们永远认识不到一个三角形的所有性质。但我们是

---

　　① 拉波特:《笛卡尔的唯理论》,"天命和目的",同前引,第 343－361 页。
　　② 笛卡尔:"1644 年 5 月 2 日写给梅朗神父的信",AT 版,第四卷,第 119 页;阿
尔基耶版,第三卷,第 75 页。

否能说上帝观念如三角形观念一样，是不完全的？ 如果说上帝的观念是不完全的，这是否将上帝观念中最根本的内容——无限规模——弃之一边。这样一种思维让我们神秘地说，上帝存在。本体论思考将导向简单在场的观念。我们不能思考上帝的活动和生活，除非以类比方式。简而言之，我们最终达到世界的整体事实，它仍是上帝的事实，但对于这一整体事实，我们没有能力支配它，因此也不能对它做出判断。

# D. 笛卡尔思想的摇摆如何关联于
## 犹太基督教思想的假设

在笛卡尔的思想中，自然观念与上帝和人类的观念混合在一起。这三个概念实际都处于**存在**观念之下。我们有三种思考**存在**的方式，因此也就是思考上帝、自然和人的方式。

1）第一种思维是，把自然与必然性的目的（tergo）联系起来的机械的**自然**，这与作为本质和理智的上帝观念相符合，同时也与存在与虚无的混合的人的观念，也就是阴影的观念相符合。这种回溯方式的思维总是指向另一种存在，表象只是部分地予以显示。

2）第二种是前瞻性思维，它承认有目的的**自然**，承认作为意志的上帝和作为实在的人，人的存在由灵魂和肉体之间的联系所证实。

3）第三种是超越的尝试，这是把自身置于上帝的层次，而人们把上帝置于可能性之内，对于上帝，我们不能说他是必然的，也不能说他所做的是偶然的。上帝因此是不可理解的，他只有从世界这一边出发才能被把握,而世界本身被定义为不确定的(笛卡尔在说广延时,说它不确定,就如同他对上帝属性曾经所说的那样)。不确定的世界不再是我们能够判断的对象,我们既不能说这个世界是唯一可能的世界,也不能说它是最可能的世界。世界的实存把自身置于与所有其它可能世界的对比之外。世界存在,这足够使其置于对比之外。世界在此被理解为涌现。

依据拉波特的说法,对问题的这种看法与犹太基督教思想的基本假设相关联。笛卡尔的解决方向事实上是托马斯主义传统的。

这种人们将自己置于上帝视点的解决方式,与圣托马斯那里的因果论和目的论是同一回事。圣托马斯拒绝人化的目的论观念,这种目的论是运用与外在于上帝的目的相连的各种方法。上帝不追求目的,至少在如下各种意义上不追求目的:追求达到某种目的的表现不是决定他寻求某种作为手段的对象的东西。人们无法接受上帝的活动是有目的(finem perandi)的目的论,但必须接受上帝的作品朝向各种目的。上帝的创造在目的秩序(finis 229 opris)中构成,但并不存在方式和目的相一致的有目的的活动。既不存在有目的的活动,更别说目的性,因为上帝在同一瞬间制造了全部。①

为了给这个世界做辩护,圣托马斯指出,不可能假设上帝是在可能的世界中做选择的建筑师。拉波特说,在圣托马斯看来,"创造的善能够以无限性的方式'显现',它们都与其绝对完满'适合'

---

① 参见拉波特:《笛卡尔的唯理论》,同前引,第 345 页。

和'不适合'，也就是说，通过无限多样的世界——每一个世界自身都是完满有序的，但没有任何一个世界能达到不再增加的完满的顶峰。"[①]"对于所有已造的，上帝能让它更好"（Qualibet re a se facta,potest Deus facere aliam melirum）。[②] 上帝在其行动中，超越所有自然性概念和所有目的论概念。

这种超越目的论/因果论对立的努力是一神论思想所要求的。如果人们接受两种层次的实在，一种内在于上帝，另一种外在于上帝，人们就会被带向某种比如多神论的东西，如果我们只接受一种层次的实在，我们就会被带向泛神论。一神论的所有努力都是为了在这种两难困境中找到出路。一方面，犹太基督一神论设定上帝为**存在**。"**存在**是上帝本有的名字"，圣博纳文图拉跟随摩西如是说，这意味着，神圣者不再像亚里士多德哲学中那样是"一种类存在的属性"，吉尔松在《中世纪哲学的精神》中也是如此看的。[③]**存在**不再是一种类存在的属性，而是处在排除一切谓词的无限存在之中。**存在**在上帝之中总归和聚集。上帝是**存在**，是在这个词的实证意义上，但上帝是超越所有谓词的存在。因而他是我们所无法理解的东西，"对实证性的超越向我们的眼睛隐藏了神圣存在"。[④] 这是犹太基督教本体论首要的不足。一种无限规模的本体论是难以理解实证神学的。另一方面，这种一神论极其严格的结论是世界不存在："从人们说上帝是**存在**的那刻起，很明显在某

230

---

① 拉波特：《笛卡尔的唯理论》，同前引，第 286 页。

② 圣托马斯（Saint Thomas）：《神学大全》（*Somme théologie*），第一卷，问题 25，第六条，转引自拉波特，第 287 页，注 1。

③ 吉尔松：《中世纪哲学的精神》，巴黎：Vrin,1969 年再版，第 48 页。

④ 同上。

种意义上,上帝就是唯一存在。"①犹太基督教思想饱受无世界论的困扰。然而世界应当存在,并且它须异于上帝,如此,在西方思想内部有对本体论的反动。依据圣托马斯的说法,圣安瑟伦的证明便不再有效,因为它证明了上帝如果存在,他就是必然的,但它没证明上帝存在。存在处于本质所辖之外。这就是为什么,依据圣托马斯,世界整体是第一真理,而且必须从结果回溯到上帝:"圣托马斯以一个不透明的世界和一个晦暗的灵魂来代替透明的环境,这种环境最微小部分也充满着神意……"②但圣托马斯不能完全舍弃本体论或本质主义,否则他便只有对上帝的预感,而没有对世界的预感。由此他在本质层面与存在层面之间摇摆不定。

231

　　这种摇摆不定在笛卡尔那里重新出现,正如拉雪兹-雷指出的。对笛卡尔而言,上帝是自因,因此是他的无限性和他本质上是世界整个可能所是的事实。然而在两种现实化层面之间存在一种区分。面对实存的世界,需要一种全新的行动,它丝毫不需要诉诸上帝的实体;面对实存的世界,一切尚待重新开始。此外,在笛卡尔那里,上帝是有保留地被设为自由的,否则便有落入泛神论的危险。笛卡尔使用了一种偏向。我们对此只能以否定的方式表述。上帝不能有外在于他的原因,因此必须接受在自因和外因之间有某种东西,但我们并不确切地知道它是什么。

　　因此,在全部基督教思想中,存在着在有条件的本质主义与附属性的存在主义之间的摇摆不定,人们把实证主义与否定性神学

---

① 吉尔松:《中世纪哲学的精神》,同前引,第64页。

② 同上。

联系起来。在一种意义上,上帝与世界都什么都不是;在另一种意义上,上帝是晦暗的,只有世界是明亮的。正是因此布隆代尔能够在《存在与各种存在》①中谈论"本体论的复视",它与所有基督教哲学是同质的。在一种意义上,**存在**即上帝并只是上帝;在另一种意义上,在创世之后,"不再有复数的存在,也不再有单数的存在。"②人类不应是存在的重复,不应是绝对在自身前的行进。正

232 因此,不仅应把上帝设为隐藏的,而且设为"未知的"(ignotum)(中性),设为没人看到的事物。我们该如何找到一种双目的哲学?哲学应当是对我们身上存在的具体行为的理解。人从**存在**开始在,在其身后有众多存在,他的身体和他的过去……但人也转向未来。把我建构为实存者的,是我通过变成投射在身后感受到的重量的反转。这种反转不能被将存在描述为脱离虚无的抽象哲学所把握,而朴素的反思总是自认为来自某物,来自先在物。这种**存在**的重量是什么?这种我们试图转移到**自然**与社会却从未实现的总体接触是什么?不应当把它视为在场,而是应当把他视为不在场,视为对担起责任和付诸行动的激发。回溯性存在与存在行为相联。给定的东西,是初始存在的变形,是出生。我们通过各种存在走向**存在**。"所有向上的引力都通过底部。"③**存在**与各种存在之间存在循环关系。应该在本质和存在之间重新把握一种共同的生命。须将上帝理解为拱顶石,也就是说他是建筑物设想的东西,是

---

① 布隆代尔(Maurice Blondel):《存在与各种存在》(*L'Être et les êtres*),巴黎:Alcan 出版社,1935 年;再版于巴黎:法国大学出版社,1963 年。

② 同上。

③ 亦参见这一卷第三章关于德日进(Teihard de Chardin)的与此相近的引文。

整体保持存在的东西。这是必须面对的悖谬关系。

黑格尔说,"真理不能由单个命题来表达",[1]但这不是允许"摇摆"的理由,这种"摇摆"从一种真理走到另一种真理,允许相续的真理或可交换的真理。不应遮蔽本体性的神秘,也不应掩盖把圣经、神启的上帝与基督教上帝分离的差异,基督教上帝的最后遗言是:"你们为什么抛弃我?"

本体论问题是主导问题,所有其它问题都是附属问题。不能在给出的实在之间做选择,并把它们带回它们之中的一种。自然主义,人文主义,有神论:这三个词在我们文化中都失去了其所有清晰的意义,所有观念都不曾间断地相互渗透。

## 1. 自然主义的概念

首先,科学的自然主义。从某些方面看这是拉普拉斯的观点。在这个意义上,拉普拉斯可以被看作是自然主义者。依据拉普拉斯的观点,物理自然是唯一的事实,"重要的真理"(卡西尔[2]语)。很显然在他那里**自然**概念取代了上帝概念:"我没什么好让这一假设来干预的",在拿破仑问他上帝在他的体系中的位置时,他大概如此说过[3]。实际上,就像巴什拉所说[4],他是用一个等价的假设

---

[1]　暗示的是《精神现象学》的序言,它关联于"思辨命题"及其证明,同前引,第151-153页。

[2]　参见卡西尔:《现代物理学中的决定论与非决定论》(*Determinismus und Indeterminismus in der modernen Physik*),Göteborg 出版社,1936 年,第 9 页;科学书社再版,达马斯塔德,1957 年。卡西尔事实上引用了布瓦·雷蒙(Du Bois Reymond)。

[3]　参见本书前一章,第 140 页,注[1]。

[4]　巴什拉:《当代物理学的理性主义活动》,同前引。

取代了上帝的假设。假设**自然**为唯一真理也就设定了一个观察者，对他而言这独一的真理存在。很显然，对拉普拉斯而言，这是一种科学家精神。但在做出这一论述时，他定义的更多的是知识的理想而非科学家的实在。事实上，在设定如此的自然存在时，这种思想将自然设定为世界神（Kosmothéoros）[1]。

其次，浪漫派的自然主义。谢林设定了人与**自然**之间的相互关系（见前文）。

马克思的自然概念。在《1844 年经济学哲学手稿》中，马克思宣称他的自然主义是完成的人道主义，反之亦然。但他是在何种意义上如此说呢？他想由此以现实的人，例如他在与他者关系中发现的人，来反对各种本体论中想象的人。现实的人不能被理解为动物，而是相反，因人类历史是反自然的（antiphysis），是对**自然**的否定。因此，自然主义的所有剩余，正是思考现实的人时所持的立场。**自然**本身对**自然**的否定，是与人类无关的客观过程。然而人类历史的自然运动丝毫不会免于意识的出现，这是为了授权，甚至施加一种意志行动。为了解读《关于费尔巴哈的提纲》第十一条，我们可以说，问题不在于解释**自然**，而是要通过暴力干涉它的表象以改造它。这距离意志论并不远。

我们清楚地看到，关于这一概念，重要的不是定义**自然**的角色，而是提出本体论问题，也就是说客体与主体之间关系的问题。

---

[1]　这是惠更斯（Ch. Huygens, 1629－1695）晚期宇宙学著作的标题，在他去世之后出版。参见《全集》（*Œuvres complète*），海牙：M. Nijhoff 出版社，1888－1950 年，荷兰科学院出版，第二十一卷，宇宙学。另见康德：《作品集》（*Opus postumum*），AK 版，第二十一卷，第 31 页，马尔蒂（F. Marty）译：《哲学文集》（*Œuvres philosophique*），第三卷，巴黎：法国大学出版社，1986 年，第 219 页。

## 2. 人文主义①

这个词包含了三到四种差不多相互矛盾的含义。

哲学人类学。一些民族志学家和心理学家理解的哲学人类学承认,所有我们能谈论的根本上不过是人类的属性。这样一种思想倾向于消除**自然**问题。"自然是感觉对象的总和",康德在他的美学中如此说。② 被给予之物,是作为心理-物理构造、事实的偶然组合的人。人类的所有认知都来自于这种构造。归根结底,这种思想在我们的各种现象之外预设了它所否认的存在的观念。既然我生且死,那就必须思考事物本身的秩序。那里是一种不可知的存在,一种自在的本体论。

批判的人文主义。感觉对象自身预设了一个建构的主体。在布隆施维克和拉雪兹-雷③看来,建构主体或建构者不能被看作世界中的存在,人们只能在表象中说它是复数的,因为思考,就是重新回到单一**存在**。人被定义为能生的人(homo hominans)而非被生的人(homo hominatus)。但承载自然客体的这一主动存在,它何以成为世界的一部分? 拉雪兹-雷的首要问题是:世界神如何能够寓于世间? 为解决与他者的关系问题,唯心主义的主动主体成

---

① "Humanisme"这个词的译法既有"人文主义"也有"人道主义",学术界对此不乏争论。因这个词随历史语境而变化,本书并未固定它的译法。当这个词被用来指向一种世俗的文化运动,它关联于神圣叙事和主体等关联问题时,本书将其译为"人文主义";当这个词被用来泛指人的尊严和价值等,并与存在问题息息相关时,本书将其译为"人道主义",以便和具体讨论相契合。——中译注

② 参见本书第 38 页,注①。

③ 拉雪兹-雷:《自我,世界和上帝》,巴黎:Aubier 出版社,1950 年。

236 为欲望主体。唯心主义哲学被颠倒为目的论哲学,不同主体之间的各种关系以及与需要目的性的世界之间的各种关系。

　　萨特的人道主义。人类是**存在**与虚无的双重关系的场所。在某种意义上,虚无什么都不是,它只有被置入**存在**时才成为客体,在这种意义上,**存在**是第一位;但在另一种意义上,**存在**不能是第一位,它必须被一种思想所考虑,被一个见证者所重新表述,这一见证者才是第一位的。**存在**需要虚无以抵达世界,反之亦然。这种双重关系定义了**存在**,它并不具有工作、繁衍与沉思的可能。不论在**存在**与虚无的关系中发生什么,客体仍是存在,见证者仍是虚无。人出现在不可能的处境中;他是徒劳的激情,"无用的激情"(萨特语)[1]。他之为激情,是因为他被要**存在**的欲望所纠缠,因为他之中的乃是需要被填充的本性(ipséité),因为虚无装满事物只为逃脱自身;但却是徒劳的激情,因为一个人永远不能成为其他人。不论人做的是什么,最终都是失败。在这一点上,喝一杯咖啡和成为人民领袖之间并无区别。自此,萨特为其哲学提供了另一种阐明。如果我们称作成功的,实际上永远是一次失败,如果伦勃朗永远是失败的,那事情就发生了逆转。萨特会说,各种事业、真实行动的广阔领域在希望之外开启了。主体之所以完全介入,是因为他作为虚无必须走向世界,那里一切事情都是有趣的。但这种介入

237 是缺少动力的,并且永远不能完全有效,因为从根本上说,把人类归属于外界和使人类绝对摆脱外界——这两种哲学之间并无区别。

---

　　[1]　萨特:《存在与虚无》,伽利玛出版社,1943 年,第 708 页,埃尔凯姆-萨特(A. Elkaïm-Sartne),修订版,1994 年,第 662 页;2016 年新版,第 805 页。

海德格尔的人道主义。这个意义上的人道主义把人类定义为
**"存在的牧羊人"**①,他让事物如其所是,事物则在其面前涌现。它
是人道主义,因为人类并不被定义为完满的实在,而是被定义为向
自然或历史——自拉丁文明开始僵化——敞开。人道主义与事实
上的超验哲学相反,与一种具有各种存在性质却无限化的存在相
反。它同样是非人道主义,因为这种哲学与一切使**存在**的关系凝
聚的哲学相反,在这种意义上他也与萨特相区别,在存在之外并不
是只有人,还有这种与**存在**之间的关系——它不能是人类设施的
组成部分。并非人拥有语言,而是语言拥有人。

## 3. 有神论

在一定意义上,将上帝设为存在就是否定世界,也就是说其余
的不存在。但我们应立即有所保留。在本质上,可能所有事物都
位于上帝之中,但在考虑现存世界时,上帝与世界的关系被别样地
规定,即规定为建筑师和他的作品的关系。其关系不再是同一性
的关系,而是充足理由的关系。目的论思维很快被内在因果论所
吸收,因此上帝之选成为神圣机械论的。那么能否认恶的实在性
吗? 有神论并不会对恶听之任之。因此发展出第三种类的思维,
例如在马勒伯朗士关于上帝三重荣耀的文段里。② 第一重荣耀是
建筑师的荣耀,但第三重荣耀才是最真实的,它几乎使第一重成为

238

————————

① 参见海德格尔:《人道主义书信》(*Lettre sur l'humanisme*),莫里埃(R. Muni-
er)译,见《问题三和四》,巴黎:伽利玛出版社,1990 年,"如是"文丛,第 88 页。

② 马勒伯朗士:《形而上学与宗教对话录》(*Entretiens sur la métaphysiques et la
religion*),第九章,《全集》第十二卷,第 205 - 206 页和第 246 页;另见《文集》第二卷,巴
黎:伽利玛出版社,七星文库,同前引,第 831 - 833 页。亦见《马勒伯朗士、比朗和柏格
森论心身统一》,同前引,第 42 页。

不敬神的,它包含人类牺牲自我以便与上帝重新融合。必须放弃自己的身体以便与上帝重新融合。在这个层面,上帝是隐晦的,超越所有创造。由此而来的有神论,与假上帝的批判不再有区别。在这种意义上,正如马里坦所说,基督教有神论只能是对于非基督教有神论的否定。[①] 而且,克尔凯郭尔同样说过,无人能称基督徒;信仰须成为非信仰[②]。在基督教中有一种无神论,这种宗教认为,上帝创造人,当基督死去,人被上帝放弃。这可能就像一首赞美诗[③]所说的那样,基督的受难并不是徒劳(参见萨特式的基督徒学生[④]和无用激情的人的轶事[⑤])。可以看到天主教士的冒险,作为觉醒,我们不能把上帝置于在历史中承受苦难的人类之外;因此为了上帝能够实现,分享了离他最远的人类的命运,以便上帝能够现身。如此,教义走到了它的反面。毫无疑问,种种区别仍然存在。教义不能接纳少数派,但也不能将其拒绝,因为少数派是地球之盐!

239

---

①　这里无疑暗示了雅克·马里坦(Jacques Maritain)的《无神论的意义》(*Signif-icaiton de l'athéisme*,1949),《全集》第九卷,弗里堡(Fribourg):大学出版社;巴黎:圣保罗出版社,1990 年,第 457－461 页。感谢勒内·穆格尔(M. René Mougel),感谢马里坦(J. et R. Maritain)学习小组提出的建议。梅洛-庞蒂 1953 年在"法兰西学院的就职演说"中引用的马里坦的文本似乎支持这种假设;再版于《哲学的赞词和其它文本》(*Éloge de la philosophie et autres essais*),巴黎:伽利玛出版社,"随笔集"丛书,1989 年,第 46 页。

②　参见克尔凯郭尔:《哲学片段》(*Les miettes philosophiques*),第四章;费洛夫(K. Ferlove)和盖兜(J.-J. Gateau)译,巴黎:伽利玛出版社,1948 年;再版于"如是"丛书,1990 年。

③　参见《腓立比书》,第 2 章,第 6－11 节;《歌罗西书》,第 7 章,第 13－20 节。

④　谜一样的暗示。这无疑指向《存在主义是一种人道主义》(*Lexistenislisme est un humanisme*),内格尔出版社,1946 年,或是第 41－43 页;再版于巴黎:伽利玛出版社,"随笔集"丛书,1996 年,第 46－47 页。在第一种情况下,它与萨特的一个学生相关,第二种情况关联于耶稣会士的天职。

⑤　参见萨特:《存在与虚无》,伽利玛出版社,1943 年,第 708 页;另见埃尔凯姆-萨特修订版,1994 年,第 662 页;2016 年重新编排,第 805 页。

# 动物性

## A. 现代生物学的趋势

.

五十年以来,生命问题一直是唯物论和生机论争论的对象。这一争论尽管现在还没有被废弃,但它们已经转为背景。法国的趋势是:把意义看作表现,而威廉·特罗尔[①]在《高等植物的形态学和解剖学研究》的导言中,把德国学派描述为知道如何在植物现象中获取观念(这与纳粹主义有关)。在整体上,存在着问题的变化。

1)存在着传统(机械论-生机论)观点无法归类的概念。因此格式塔概念建构了两个学派所共有的语言,这使它或者被拖向一个方向或者被拖向另一个方向。

2)而且存在一些被重组的观念,如天赋与习得、成熟与学习。在开始时,它们之间存在着对立,现在人们认为这两个过程不再真正地相互有别。关于机体和学习的纯粹理论也被看作是一种抽象。生物学不再是实体主义的,而是变成了辩证的。当前,所有问

---

① 威廉·特罗尔和汉斯·韦伯(Wilhelm Troll und Hans Weber):《高等植物的形态学和解剖学研究》(*Morphologische und anatomische Studien an höheren Pflanzen*),海德堡:Springer 出版社,1937 年,1949 年再版。

题都在于知道"辩证的"意味着什么。比如格塞尔和阿玛图达的著作:《行为胚胎学》[①]。这是一个奇怪的书名,但它因以下情况而是有道理的,一方面,格塞尔把行为概念应用到胚胎上,另一方面,他把行为理解为一个成长的有机体,他谈论"行为的身体",也即行为的总体,它固定在特定时间段上,然后有机地发展。

简言之,人们见证了生物学概念的转变。我们将在具体案例的基础上,研究转变中的两个概念:首先是行为的概念,其次是信息与交流的概念;它们在最初被引入,是为了更新动物-机器的理念(华生的无心灵的心理学,被看作电动机器的神经系统),这些概念所承担的意义不再是机械的。

## 1. 行为概念

华生[②]从反心灵主义的角度提出了行为概念,以便把行为当作外部实在加以研究。然而,概念很快超出实在论哲学的范围。243 人们在处境和反应之间发现了一种内在关联,我们能够理解者种关联,但我们不能把它还原为其元素:这是意向的行为学派(托尔曼)和摩尔[③]行为学派(坎特[④])的观点,是结构概念流行导致的,但

---

[①]　格塞尔(A. Gesell)和阿玛图达(C. S. Amatruda):《行为胚胎学》(*Embryologie du comportement*),乔沙尔(P. Chauchard)译,法国大学出版社,"国际科学文库",1953 年。

[②]　华生(J. B. Watson):《行为主义》(*Behaviorism*),伦敦:Kegan Paul 出版社,1930 年。

[③]　参见第 237 页注[②]。在坎特的理论中,"摩尔行为"指的是他的一个核心概念,即行为在自然环境中的整体性。——中译注

[④]　坎特(J. R. Kantor):《心理学和逻辑学》(*Psychology and Logic*),两卷,1946－1960 年,印第安那州布卢明顿:Principia 出版社;托尔曼(E. C. Tolman):《人和动物的目的性行为》(*Purposive Behavior in Animals and Men*),纽约:Appleton 世纪出版社,1932 年。格式塔学派的主要代表人物二战前流亡到美国之后,华生学派的成员似乎接受了格式塔理论的影响。

这是通过返回心灵状态的心理学形成的。行为概念在被重新赋予意义的同时，仍然是处在身体中的某种东西，但身体不再是机器，而且一旦有机体不再是机器，行为就变成了准机体的实在（格塞尔）。整个发展一方面是与身体的重力联系在一起的成熟，另一方面是具有意义的身体的生成：精神不再是下降到身体以便组织身体的东西，而是在身体中涌现的东西。

1929 年科希尔出版了研究美西螈的著作[①]。这一著作并未被完全超越，人们仍未意识到它的分量。美西螈是一种很长的蜥蜴，有 15 厘米长，它还是蝌蚪时生活在水里，在长出四只脚时便生活在陆地上。科希尔研究了它的胚胎发展，尤其是它的运动行为的演化。美西螈最早的动力活动是游泳；这种动物经历五个阶段的运动系列后学会游泳：

1. 没有脚时不运动；肌肉能够被直接刺激局部地激发，但不能通过皮肤接触被激发；

2. 头部弯曲，它被手指按压皮肤而触发；

3. 环状阶段：伴随这一运动及这一运动之后很久有尾部的运 244 动，动物卷曲成环状，然后突然打开环状，通过另一种方向上的弯曲重新开始同一种运动；

4. 在 S 形中：这种新的弯曲形状被反射为一种穿过身体的波浪运动，给人以 Z 字前进的印象；

5. 该动物连续多次做出这些动作：它便学会了游泳。

------

① 科希尔（G. E. Coghill）：《解剖学和行为问题》（*Anatomy and the Problem of Behaviour*），纽约/伦敦：麦克米兰出版公司，1929 年。

科希尔提供了如下解剖学的解释：

1. 在非运动阶段，运动系统和感觉系统之间并无连接。

2. 弯曲首先在大脑中实现，因为在那里实现了第一个神经连接。

3. 解剖学联系的发展是按时间顺序进行的，因此游泳运动同样是根据胚胎发育产生的，并且每一个向右弯曲之所以都会带来向左弯曲，是由于刺激的反作用。游泳的机制在某种程度上是通过发育的时间序列实现的。如果动物知道如何游泳，那是因为它成熟了，因为游泳运动的节奏与从不成熟到成熟的节奏并没有什么不同。

行走的机制是一样的：前肢比后肢早发育十二天。但最初前肢和躯干的运动是一体的。接下来手臂、前臂和脚同样如此。前肢的运动在获得独立之前，便开始融入到手臂的运动中。简而言之，局部反应严格地处在整体行为中。这里有一种解剖学上的解释：动物之所以在躯干不可移动时也无法移动脚，是因为足部的运动神经是躯干的纤维分支，而躯干到足部这一分支在足部肌肉形成前便已分化。

这导致一个问题。实际上，我们可以把所有完善性并入在胚胎中实现的各种接续连接中。但为什么这种发育的节奏会转化为一种适应行为呢？这个问题的提出更多是由于，行走首先是游泳的接续行为；动物只是逐渐减少了躯干的运动。成熟如何以一种有益的方式实现呢？科希尔就此阐明了生物组织各个阶段所勾勒的——有机体尚待完成的任务。运动源于游泳，前脚于其中最先出现，并开始在整体行为中发挥作用。行走的运动以躯干的总体运动为基础,神经的成熟则是独立行走的条件。解剖学实验强调了这个系统:动物的聚合不是一块一块完成的,因此动物在肌肉组织发育之前,就精确地在脚上呈现出运动纤维的草图。这里的神经系统预示着有机体的发育,在这些部位能够独立存在之前,中枢机关已派遣地方代表到达了身体的不同部位。胚胎发育逐步实现个体的部分(解剖学层面和功能层面),同时整体活动侵入身体的外围。腿出现且完全被躯干控制,然后腿为其自由而战,因此在连接的接续中并没有局部终端。局部反应与局部行为有关。解剖发育的历程反映了游泳向步行的转变。这种解剖结构的发育是如何以一定的节奏发生的,从而使有机体早熟地适应了它的功能?这种神经连接的发展节奏从何而来?关于这种节奏科希尔引入了那些使他闻名的观念。

胚胎在神经系统出现之前就已经整合好了。前神经期早于在卵中培育活动的——纤毛的运动。神经系统并不是最后的解释,人们给予它的优势来自于人们能够将其应用于机械图式的能力。事实上,神经系统的解释只会让整个问题倒退。应当询问它是如何产生的。科希尔有极性,有功能上相互区分的区域的概念:植物极或反口腔极、动物极或口腔极。这种极性是由身体不同部位对氰化钾的不均匀的易感性所转译的,也就是说,一些部位比另一些部位抵抗得更厉害;因此,引入梯度概念是为了使整个系列的颜色按照可感性的递增或递减幂来排列。科希尔还发现了其它梯度:抗温度梯度,抗氧辐射梯度,电力潜能辐射梯度,分泌物辐射梯度,收缩辐射梯度,传导辐射梯度。这些梯度的分布既不是一次给出的,也不是局部添加上去的。科希尔引用了水螅研究,水螅在被截

断时拥有再生能力。口腔部分再生之后是其它部分；然而，在被电
247 击时，我们可以逆转再生的方向。在低等脊椎动物如美西螈的胚
胎中，与梯度相关存在着相似的可变性。胚胎在发育过程中有几
种形式：圆形、长方形……梯度根据轴线变化或扩展。此外，不是
一个而是两个梯度：形成从头部到尾部的神经系统的外胚层组织
与中胚层组织，当用氰化物处理时，它从尾部到头部更加敏感。这
两个梯度将构成各种神经连接之生理的和动力的前项。必须注意
的是，神经系统中将成为运动系统的部分与外胚层梯度接近；第一
次整合将不受到中胚层的支配。人们可能认为，运动和感觉系统
之间的差异是由梯度造成的。各种神经细胞最初属于同一种类，
区分它们的只是传导的方向：传导朝向头部或尾部，神经细胞由此
是感官的或运动的。传导的方向并不取决于细胞的性质，而是取
决于前神经的极性。科希尔借助如下实验证明了这一点。通过刺
激胚胎的脊髓片段，他通过颠倒位置在神经系统的轴线上替换这
些脊髓片段。现在，移植部分正常起作用。同样的神经细胞产生
轴突或树突，这取决于它处在代谢活性较高还是较低的区域。

因此，动物的初始行为是在前神经梯度下组织的：神经系统是
由前神经动力产生的。根据这种安排，其结果是神经兴奋——当
它产生时——不能在组织神经系统中发挥明显的作用。这种组织
248 与其说是由于神经元的功能，不如说是由于整个有机体的生长。
前神经系统的整合"跨越"了神经功能，而且并不随神经功能的出
现而停止。因此，神经系统不是最终的解释。科希尔说，高等脊椎
动物之所以不像昆虫，而是具有更好的学习能力，是因为神经组织
被包围在胚胎组织的基质中。这个基质必须是生长潜能的储存

库,而神经元一旦开始工作就必须继续生长,而且这是以纯粹的胚胎方式。事实上,美西螈的神经量以显著的方式增加。这种生长并不像神经学理论的创始人拉蒙·卡哈尔认为的那样依赖于神经功能的活动。事实上,为了使神经元完成它的传导功能,神经组织必须由血管灌溉,但在这种血管形成之前便有生长。我们必须承认存在一种内源的生长潜力,一种以有机体的方式对环境做出反应的动态系统,它取代了作为结果而不是作为系统之源的传导功能。

这些是科希尔在他的《解剖学和行为问题》一书中报道的事实。对它们的整体解释会是什么呢?这本书的书名是富有意义的。科希尔想要表明,如果对于静态解剖学来说,行为是一个谜,那是因为它只能通过动态解剖学来理解。在科希尔那里,解释还是非常简化的,不是明确的而毋宁是暗示的。我们可以总结如下:

1. 人们有权说,美西螈把解决方案从它在水中的移动所引起的问题"转移"到它在陆地上的移动所引起的问题上。他说,生理学家可能不会接受"解决方案"这个词,因为它假设了一个问题和对这一问题的意识。这种观点是合法的,因为作为一种方法论的假设,我们必须首先看到,适应不能被还原为一种简单的功能。但科希尔在承认生理学观点的合法性的同时,宣称自己持生物学的观点,根据这一观点,他必须观察有机体所实现的适应,并提出它的起源问题。

2. 为了描述这种行为的表现,科希尔提出了一个新概念。随着有机体的发育,同时生成了某种能力,"它所能做的",即一个生长的有机体的内在可能性。由此,人们通过有机体的现实功能已经超出了其生理定义。美西螈的胚胎不是这样吗？人类的胚胎不更是如此吗(在18周时,视觉皮层运动纤维已经被层状结构所确定)？因此,"未来的指向"在胚胎中已经存在了。人们不能根据动物的直接功能来定义动物,在这里,器官只对未来有意义。神经的头-尾发育顺序包括了游泳,有机体中包含着可能性。胚胎不是简单的物质,而是指向未来的物质。这是拟人化的机制,因为它不关心在时间中审视动物,思考动物的表现,也不知道动物如何占有它的身体和环境。

　　3. 科希尔走得更远。他表明,有机体的成熟和行为的出现是一回事。对美西螈来说,从头到尾的存在和游泳是一回事。这种双重现象相当于一种悖论,同时向两个矛盾的方向发展。一方面,行为的扩张贯穿整个身体。在开始的时候,动物并不依靠它的整个身体,行为只是逐渐地通过整个身体发展起来。另一方面,当整体模式在整个有机体中扩散的同时,有机体的各个部分获得了它们特有的存在,而这处在它们被整体模式侵占的顺序之中。生命隐藏在它能实现的范围内。在整体的掌控扩展的同时,这个整体被转化为一个由各种独特部分组成的组织。最后的并置是最初整合的结果。科希尔或许没有这个想法走得那么远；每一事物至少都肯定了这种双重运动的存在意味着,从一开始,有机体就是一个其部分相互关联的整体,相比于这种基本过程,其它事实,如神经连接,是次要的。如果我们想要了解动物,我们就不能像静态解剖学那样诉诸于神经传导功能。有机体不仅仅是一个电话总局。为了理解它,必须把电话的发明者和电话的操作者包括在内：我们可以说,美西螈是一部自己发明自己并且自己操作自己的电话。如果人们愿意说的话可以说，人类是机械装置，但是在其结构和环境限度内运行的机械装置：科希尔将会说，人类是自己的创造者，把自身置于自身的运行中。

这种行为概念提出了一个哲学问题。行为是作为有机体的内在原则，是作为一下子整体涌现出来的原则而出现的。然而就行为而言，这里并没有含混的生机论。没有人比科希尔更喜欢研究行为的条件；但是观察到的种种局部现象，例如梯度现象，当它们被整体地考虑时，形成了一个不可还原为各个部分的整体。因此科希尔支持的有机主义观念认为：人们在从部分到部分地分析有机体时，针对的仅仅是各种物理-化学现象，但人们在考虑有机体的全体时，整体性就不再是生理学术语可以描述的了，它自然地涌现出来。那么，如何理解整体与部分之间的关系？应当赋予整体何种地位？这就是科希尔的实验提出的哲学问题，这也是我们关于**自然**概念的课程的乃至整个哲学的核心问题。

在直面这个问题之前，将格塞尔的观点和科希尔的观点放在一起讨论是很有意义的。科希尔让我们观看身体-客体的征服力，也就是我们的观察所限定的有机体的征服力，并告诉我们动物的身体必须被动态地定义。决定性的问题不在于了解身体组织延伸到空间中的哪个点，而是它的身体延伸到哪个点。格塞尔那里也是如此。《行为胚胎学》①向我们展示了动机、行为和身势之间的紧密关系。态度和行为之间没有确切的边界；有机体的行为可以被认为是一种姿态和态度，尽管是最平静的，而且它总是可以被理

① 格塞尔和阿玛图达：《行为胚胎学》，同前引。

252 解为一种行为或一种行为的准备。然而,在有机体中,姿势功能是由肌肉张力所控制的,由机体的基本活动所控制的,与基础代谢有密切的关联。如果没有身势,就没有活的身体。格塞尔将身体定义为有空间界限的东西:正如罗马预言家勾画出一个神圣且有意义的轮廓一样,有机体定义了一个圣殿(templum),在那里各种事件将具有有机的意义。在这些事件中,各种身势元素被定义。

　　这些元素之一是行为的不对称性。有机体即使是双向构造的,它也不是正面地面对世界,而是侧面地面对世界:人类有"间接反应"。相关于有机体的几何中心,行为的重心趋向于处在离心的位置。这样,在 4 周的胚胎中就出现了颈部的强直反射。如果人们把胚胎的头转向一侧,同侧的肢体会延展,异侧肢体则会弯曲。在 16 周时,到此为止是力学反射变为受视觉控制。为什么这种不对称性是人类的特征呢? 格塞尔在解读时甚至不曾考虑过,这种不对称会是一种偶然现象。然而,在一个能够行动的存在中不对称行为是不言而喻的。只有从这种不对称开始,普鲁斯特所谓的"那边"才得以实现。物体与对称位置,即胚胎的初始位置——这被看作是静止的位置——似乎是相分离的。这有点像语言行为,每个词只有对同一语言中其它词而言才有不同的意义。符号是各

253 种符号的分离,它是可辨别的(索绪尔)。[①] 一种行为的习得类似于一种语言的习得,而身体就是言语:正如语言仅仅通过其它符号来意指,与此类似,身体只有相关于我们的规范才能意指一个反常的对象,只有相关于其静止位置,才能意指断裂的对象。

---

　　① 　参见《符号》中的引用,第 49 页;再版于"随笔"丛书,第 63 页。

这样,格塞尔把动物的身体定义为对外部世界的把握。他由
此得出,由于身体被定义为行为的场所,身体组织和行为之间并无
区别。例如,格塞尔以这种方式指出,睡眠和醒着必须被看作行
为,睡眠的能力是获得的,早产婴儿事实上只有模糊的睡眠,这样
的睡眠与醒来难以区分。一切都发生在下一步:“就好像婴儿学得
了入睡的天赋那样”,格塞尔差不多就是这样说的。[①] 这是格塞尔
的应该与杜林的话放在一起看的一句话,杜林表明扮演睡眠的演
员一定不满足于躺在床上:“他必须假装睡觉,这是另一种生活。”
儿童的入睡和醒来是同时形成的,入睡和醒来是同一特殊功能的
相互条件。而且,这种功能同样地依赖于有机体和文化。在晚上
睡觉,在白天醒来,这些都是社会事实。但是,持续睡眠期的存在
是一个机体的事实,正如早产儿的睡眠所证明的那样。有机体的
成熟使醒来和入睡这两个截然不同的时期得以区分。无论出生与
否,儿童都要遵循其行为成熟的内在顺序。只要是成熟所需要的,
无论显现与否,行为都会保留在胎儿体内。格塞尔从这里总结出,
有机体的发展有一个确定的因素。[②]

254

格塞尔在所有其它行为中找到了机体的一种特征。在对——
人们可称之为“激励行为”[③]——的研究中,他比较了一种明显具
有机体特征的行为与各种高级活动,尤其是真正的学习行为,人们
在这种行为之中获得一种才能,而且在这种行为中不满足于重复

---

① 格塞尔和阿玛图达:《行为胚胎学》,同前引,第 12 章,第 168 页:“选择去睡觉
是一种释放行为,是对清醒中枢的有意抑制。”

② 同上书,第 12 章。

③ 同上书,第 15 章。

一个手势，就像在人为的学习阶段，尤其是胚胎和天赋的成长期。如果人们移植一个组织到胚胎上，由此产生的器官依赖于三个因素[1]：移植物中的基因，移植物的应用点和移植发生（时间基因的局部化）时的成长期。同样的情况发生在所有创造行为中，总是有三种因素在当下决定某件事。语言也是同样。一个单词具有自己特有的意义，这种意义在不同空间中是有别的；这既取决于它在句子中的位置或时间，也取决于语态。在每一种情况中，接收的和被给予的东西之间都有一种不可分的关系。

因此，身体与行为概念具有交互的特征。一方面，身体就像一个包膜，行为就是其草图；另一方面，行为是加入到自然躯体之上的第二个身体。一方面，身体是行为的草图；胚胎发展预示了未来的行为，如果我们把胚胎的器官或器官的草图看成独立于行为逻辑的，那它们就没有意义了。有意义的是，在 8 周大的胚胎中，脊髓组织已处于完全伸展状态，大拇指已经从其它手指中分离出来，这个现象似乎预示了大拇指对其它手指的运动抵抗，这将会在孩子出生一年时实现。在这个意义上，胚胎进行的所有运动都是一种行为的预示，它会在儿童的高级阶段实现。人们可以将胚胎发展和各个出生期进行对比，前者的初始发育是对称的，然后是不对称的，后者先对称而后不对称。行为是"螺旋式"发展的。如果是这样的话，那么胚胎生命的每一个运动主题都可以被看作出生后将在更高层次上被阐述的主题。

在 9 周半的时候，（胚胎在）人类心电图领域的主要方面表现

---

[1]　参见格塞尔和阿玛图达:《行为胚胎学》，同前引，第 198－199 页。

得和成人状况一致。但在这个时期,神经并没有控制心脏。格塞尔在这里发现了科希尔的观念,并谈论一种"动态的形态发生",[①]它包括神经系统整合和未整合的事实。这种形态是与传导有关的原初事实。同样地,手指沟之间存在一种非常早熟的确定性(12－18 周),它依据一种对生命整体而言不可消除的类型。如果人们让一个三个月大的胚胎接触触觉刺激,人们可获得由模拟确定的收缩,[②]它随胚胎的不同而变化。因此,形态具有重要的作用。我们必须区分触发和真正的原因。如果呼吸是由乙酰胆碱触发的,[③]那么它就不是呼吸系统的结构和呼吸形态阶层的原因。所有条件便不再是基于相同的出发点。有些起指导作用,另一些则起触发作用。因此,有机体与未来的可能行为是同义词。

相应地,行为也能以身体的方式被对待,所有的运动姿态都构成了身体的补充维度。人们如果思考胚胎的运动发展,就会发现某些独立习得的活动突然混合成一个唯一的活动。我们在这里触及到对活的身体概念的深刻理解:身体是彼此交错以便产生行为的运动权力系统。

格塞尔在结论中[④]声称,对他来说,对生物体的研究只有一个对象:形态。为此,他引用了达尔文的一些更早的表述,根据后者,形态学必须被看作自然历史的"真实灵魂"。[⑤] 他随后给出了"动

256

---

① 参见格塞尔和阿玛图达:《行为胚胎学》,同前引,第 39 页。

② 参见同上书,第 74 页。

③ 乙酰胆碱是中枢胆碱能系统中重要的神经递质之一,其主要功能是维持意识的清醒,在学习记忆中起着重要作用。——中译注

④ 格塞尔和阿玛图达:《行为胚胎学》,同前引,第 15 章。

⑤ 同上书,第 7 部分。

态的形态学"①的七条原则：

1. 胚胎发生过程中先行物的存在（"个体预期原则"）；

2. 所有的发展都是有方向的（"发展方向原则"）；

3. 机体通过将较低水平行为再整合到高水平而螺旋式地发展（"螺旋式再整合原则"）；

257　　4. "相互缠绕原则"。格塞尔对此使用了编织行业的隐喻。设计必须显现某种惊奇，惊喜发生在丝线的交汇处，而丝线似乎与它无关。因此，在内旋这个行为稳定之前，发育就已经开始了，有时是从伸展侧，有时是从弯曲侧。生命并非呈现为一个统一阵线：它从这个点推进到那个点；

5. 不对称原则（"功能性不对称原则"）；

6. "自动调节的波动"原则。在成长现象中，有生命的存在同时处于相对平衡状态和不平衡状态。前进运动的特点归因于它的各种条件，它在前进中调和稳定的和变化的趋势：存在"生命的态势"。② 人们同时具有主动性和强制行为的印象。生命尝试维持已经达到的状态，只有被驱赶时才会偏离；

7. 所有行为都朝向某种最佳状态（"最佳趋向原则"）。

格塞尔在结束时，给出了行为身体的量表。③ 他表明了独立习得的不同概念如何在某些特定时期相交。比如，准确的抓握行

---

① 格塞尔和阿玛图达：《行为胚胎学》，同前引，第 171－175 页。

② 参见康吉莱姆（Georges Canguilhem）：《论正常和病理的几个问题》（*Essai sur quelques problèms concernant le normal et le pathologique*），1943 年；1966 年再版，巴黎：法国大学出版社，《正常和病理》（*Le Normal et le pathologique*）；再版于"战车"丛书，第 51 页；另见 2013 年新的排版，第 66 页。

③ 格塞尔和阿玛图达：《行为胚胎学》，同前引，第 184 页。

为,借助大拇指和食指的指尖对立。人们见证了行为的渐进。在第一阶段,有径向的抓挠。在第二阶段,会出现剪式抓取(食指和 258中指)。在第三阶段,行为看似有所倒退:儿童伸展食指,推动球体。这种行为看似成长的倒退,但实际是为最后阶段做准备。在第四阶段包含对尺骨指的抑制。第五阶段是最后的活动。

通过这个量表,格塞尔想表明行为的"深度和内容"[1]:"量表成为一个生动的模型,无数形态发生学的编织线以时间先后被绑在一起,并被安置,使行为的有机身体呈螺旋式向高处移动。"[2]

他最后阐释了一些关于动物的哲学观点。[3] 动物不是机器,这是基于上面阐明的种种原因,但同样基于如下这些原因:

1) 在可燃物质和机器之间没有明确的区别:有机体燃烧它自身的实体,并且通过可燃物的提取重建自身。新形成的小分子中的一小部分占据了大分子的空地。有机体的稳定性是一种不断占领和妥协的稳定性:"有机体不是机器,而是一种充满活力的状态。"[4]

2) 格塞尔拒绝引入超出有机体的或具有魔力的事件,即人们所说的,任何一种能够弹拨有机的竖琴之弦的魔力。有机体是内源生命的所在地。行为不是"像从高处向下俯视那样'下沉'到有 259机体。它实际诞生于更低的层次。"[5]高等与低等不同,但高等并非来自有机体之外。动物必须被看作一个场;亦即,它同时是物理的和感觉的。它是一个真实的电场。唯场才具有区别于部分外在

---

① 格塞尔和阿玛图达:《行为胚胎学》,同前引,第 187 页。
② 同上。
③ 同上书,第 16 章。
④ 同上书,第 194 页。
⑤ 同上书,第 200 页。

于部分的事物之属性，这是因为它始终包含着部分与整体的关系。这是一个调节性的原则，是一个"秩序的系统，它使不稳定实体在系统某一部分所处的位置与不稳定实体在其它部分所处的位置有确定的关系。"[①]简而言之，他总结道，形态的谜团无处不在，因此我们可将之称为"科学的根本谜团"。[②]

形态或整体性：这是生物体的特征。这个概念能否消除机械论和目的论之间的古老争论？人们常常争辩道："那些谈论整体性的人使我想起这样一种人，他在寻找一个对象，发现它既不在右，也不在左，他就会说：这个对象既不在右，也不在左，因此它存在于整体之中"（鲁耶）。[③] 这里有两种东西：要么整体与其材料完全不同，要么它内在于它们之中。这种观念就像格塞尔的观念，只有借由"非决定的思维"才是可能的。鲁耶的批判与有机体有关，但也瞄着康德目的性的概念，即无目的的目的性和内在目的性。[④] 内在目的性把局部现象与整体行为的模式相联：要么只存在外在目的性，要么根本不存在目的性。整体要么是超验的，要么不存在。

科希尔和格塞尔的行为概念质疑了自然的倾向，把有机体表达为机器的运作的倾向。行为不是事实的整体，事实的运作由在机体内实现的构造联结所指导。机械形式的运作显得是次要的；

---

① 沃丁顿（C. H. Waddington），转引自格塞尔和阿玛图达：《行为胚胎学》，同前引，第 201 页。

② 格塞尔和阿玛图达：《行为胚胎学》，同前引，第 193 页。

③ 确切的文本是："我在房间寻找对象，我既没有在左半部分找到，也没有在右半部分找到；因此应当思考部分的整体，在那里的对象就是内容"，鲁耶：《心理生理学元素》（Eléments de psycho-biologie），巴黎：法国大学出版社，1946 年，第 193 页。

④ 参见鲁耶：《新目的论》，法国大学出版社，1952 年，第 18 章，"有机体和目的性的动态性"。

它在有机体的后面而非前面。这就是为什么行为概念成了解剖学家的难题。[1] 与行为概念类似的概念的益处在于，它允许人们回到解剖学所揭示的固定结构这边。当然，狭隘的机械行为的概念已被生理学所克服。功能是与器官截然不同的实在，它不是对器官的简单反射，而且功能比器官具有优先性，这是一种古老的观念。但这不是科希尔和格塞尔的想法。功能的优先性曾经被认为是动物所处的外部条件的反射。如果在拉马克和达尔文那里，人们能够说功能塑造了有机体，是因为在前者那里，存在器官对环境的适应，在达尔文那里则有一种观念，依据这种观念环境区分允许和不允许有机体生存的东西。在这个意义上，达尔文恢复了有机体和它的外部条件之间的最优配置的观点。有机体只能采用这种有机的功能而不是别的功能去生存。美西螈会游泳是因为如果它不会游泳，它就不能生存。环境是有机体的最后条件解释了有机体对环境的适应。相反，在新的行为概念中，如人们在科希尔那里发现的，行为超出有机体的武装，或者至少存在一种首创性，一种被证实的行为的内生性特征。行为既不是简单的建筑效果，也不是功能束；它是先于运作的东西，包含了对未来的指向，它超越直接的可能，它不能立即实现它已经勾画出的一切。凭借其内生的首创性，有机体画出它未来生活的样子；它勾勒出它的周围环境（Umwelt）；它包含了一个关涉其整个生命的计划。

这个新的行为概念给整体与部分的关系带来了什么？它以何种方式使我们抛弃机械论和目的论之间的旧争论？首先，新生物

---

[1]　参见科希尔：《解剖学和行为问题》，同前引。

学学派所用的表达并不是解决方案：场和梯度的概念是问题的标示，而不是它的回应。梯度概念本身无疑是模棱两可的：它既可以意指以一定顺序排列的事实整体，这种顺序依据同一量级的增长量，也就是说意指一系列并列的事实，如耐化学作用的不均匀性，但这么做我们并没有超出机械论，也可以意指作为整体的整体的效能；起作用的是不同耐力之间的关系。如果梯度具有这样的生物学优点，那它就是一个给我们带来了依之理解行为的东西的新概念。这在我们看来似乎是一个整体，一个独特计划的可见表现；但人们再次发现生机论，也就是隐德莱希的现代概念，这种隐德莱希引导不同事实的整体潜能。格塞尔引入的场的概念也是如此。他说这个概念必须从字面上理解。在物理学中，场是整体性质的数学表达。这个整体不是在经典粒子存在的意义上存在：元素的绝对存在不能归因于场，场不是作为不可分的原子而存在，而是作为一个整体而存在。在有机体发育中，场的概念一方面不能用数学方式直接表达出来，另一方面也不具有物理场那样的性质（它是由内而外发展的，而且是能够再生的）。总而言之，说有机体在一个梯度内发育，或是以场的方式获得发展，是说它的机体性质与这些物理概念是一致的。当我们研究美西螈时，呈现给我们的是这样一些概念，它们表达了有机体的某些显著特性，但它们没有解释这些特性。按照戈德斯坦的说法，引入这些物理概念是为了制造"生命中的物理"，而不是制造"关于生命的物理"。[①]

---

　　① 科特·戈德斯坦：《有机体的结构》，布克哈特（E. Burckhardt）和昆兹（J. Kunty）译，巴黎：伽利玛出版社，1951 年，"哲学文库"系列；1983 年再版，"如是"丛书。

鉴于此,我们试图在可观察的对象背后寻找有机的整体。这种原始的自然,与游泳的练习方式相混淆的自然,首先显现为一种下降到物质中的原则的展开。这是不应当做的。如果在原始行为存在的情况下,我们退回到现象背后的实证原则,我们就会落入通常的反对意见之下:用第二种实在把观察到的实在加倍。如果我们在第一章解读游泳这一初始的活动时,就陷入了回顾的幻觉——它使我们向过去投射那仍未到来之物,或者在没有更多了解的情况下,用理智世界为感性世界加倍。如果我假定美西螈内部有一种隐德莱希,一种正在生成的完满,那么人们就可以谈论隐藏的特质、游泳的力量。无论如何,这种生机论与事实相矛盾。所有这些观点都假定了胚胎的预成论,而现代胚胎学却支持渐成说。那么,这种前神经的有机体概念会变成什么呢,它受其未来将成的完整生命所支配?未来不应包含在现在之中,但它也不是由目的的必然性加于现在的东西。未来来自现在。它们彼此延续。如果把这段历史理解为机械因果关系的附带现象,那将是武断的。鲁耶会说,机械思维是建立在因果关系之上的,因果关系则贯穿于某件事,而且永远不会停止。事情总是有它的前情和后续。探究某物的意味的东西不是显示表象的背后,而是要看到胚胎的空间部分与其生命的时间部分之间存在联系。如果人们追踪胚胎的生命行为,人们必然会认识到这些不同阶段的意义的内在联系,在其中发现同一生命的变化。怀特海支持在物理学中应该否定唯一的位置。现代物理学不再用点的总和来表示过程。因此,人们并不是想说未来在现在被思考,而是仅仅想说众多现象结合在一起,构成一个有意义的整体。黑格尔已经把生命比作一个漩涡:尽管漩涡仅仅是水，但它的形式不能用水来解释。有机体不会是一个超越的整体，就像它不会是一个由总和构成的整体一样。

我们在知觉世界中找到了这种整体概念的模型。科学很难承认整体性中有一个组织原则，心理学则使人们承认这样的整体性。事实上，知觉交付我们的并不是事物，而是我们看到的东西。在现象的环境中，没有什么能阻碍整体有别于它的各个部分的总和，它同样也不需要成为一种超越的实体。让我们来看一些例子：

A）圆的知觉

知觉到的圆是一个整体，然而这个整体也是尚待分析的世界；这条曲线的面貌是可以被识别的，因为它在每一时刻改变方向而且改变自身。通过反思这一直观现象，我们给出了圆的各种定义：圆是一条线段绕同一点旋转所形成的图形；或者说，它是由半径相等的线段表示的图形；再者，x 和 y 是圆上一点的坐标[1]，这个图形中的所有点都符合方程 $x^2 + y^2 = R^2$。但是这种使我们从感知结构过渡到意义或理智形式的转换是如何发生的？结构是科学得出的最重要的意义。然而，这种定义并不在它之中。有了被知觉的圆，整体性便无法与感性的自我性相分离。正是科学释放了意义。但在朴素的知觉经验中，整体并不超出它实现于其中的各个部分。这样的结构是不稳定的。成年人很难把它找出来。对我们来说，每个圆都有一个圆心。这对孩子来说就不一样了。

B）运动的知觉

在初生状态下被感知到的运动总是一种走向某个地方的运

---

[1]　我们对德桑蒂(J. T. Desanti)先生的帮助表示感谢。

动。对于物理学家来说,这是荒谬的,因为他不是根据运动的走向,而是根据它的种种前件定义运动的。被感知的运动毋宁是从它的到达点到它的出发点的运动。这不仅是已经形成的轨迹,也不是即将形成的轨迹,而是一个要延续的轨迹。它是在已然开始的事情中把握即将延续的近临。近临是感知运动的结构特征。被把握的整体并不超越时空;它被感知为跨越时空的跨度。在加速播放的电影中,花的生长表现为一种运动,但人们在这里可以说运动表现为生长的一种特殊情况。

C) 一幅画的形成

让我们以毕加索或者马蒂斯[①]的影片为例子。在第一个电影中,人们没有看见艺术家的手,这种神奇的效果当然是多余的,因为即使没有它,仍然有一个神奇的特征:有一种双重的印象,触摸的不可预见性的印象和逻辑的印象。画家马蒂斯的笔触尽可能多地投向不同的地方,过了一段时间,逻辑出现了。格塞尔的行为的身体也是如此。来自各处的线被捆绑在一起,构成独立的形态,同时,他发现这些线实现了某种具有统一性的东西。有了第一个征兆,一个可能的光环就出现了,这个光环并不包含在第一个征兆中,也不能从第一个征兆中预见到。

D) 一个生物体对因果性的知觉

让我们以米肖特[②]在《因果性的知觉》中使用的案例为例。无

---

① 克鲁佐(Clouzot)的《神秘的毕加索》(Le Mystère Picasso,1956);关于马蒂斯(H. Matisse),涉及的无疑是罗西夫(F. Rossif)的电影《马蒂斯》(1944)。参见收入《符号》中的"间接语言和沉默的声音"(Le langage indirrct et les voix du silence),第57页;再版于"随笔"丛书,第73页。

② 米肖特(A. Michotte):《因果性的知觉》(La perception de la causalité),鲁汶:鲁汶大学出版社;Vrin,第二版,1954年。

论观众是否熟悉动物，通过在屏幕上投射一些特征，我们都能给出生命特有的印象。如果我们投射两个向内弯的垂直线，然后扩大它们中间的空间，最后左边的直线保持在两条线曾共处的位置上，就会使右边的直线具有向外运动的特征，观察者就会感觉到有一个动物在移动。为了解释图形的内生的动物性，不应诉诸我们对于动物经验的投射，这不能解释任何事情，因为投射如果存在，生物图式和生物知觉之间必须有深刻的关联。此外，受试并没有说这个图式让他们想到了什么，而是说他们感知到一个有生命的东267 西。这些东西首先会颤动，就像我们在意外之处发现毛毛虫那样：我们看到原生质、有生命物质，移向右边的是动物的头，移向左边的是它的尾巴。从这一刻起，未来迎着现在而来。一个时空场域已经被打开，其中有一个野兽，所考虑的空间被占据、被激活。被感知到的爬行总的来说是由三个阶段表示的各种部分运动所形成的整体意义，这三个阶段形成活动，就像词语形成词组。存在着原因和结果之间的连续性的知觉。米肖特质疑那些怀疑这种连续性的人：他们有尼采所说的"科学家的近视"。对于胚胎生成的整体看法中，存在着对即将到来的未来的经验，同样也会出现一个从这里或那里可以达到的被自我性把握的中心（就像在米肖特实验中的）。所有这些只有在整体上才是可见的，而且躲避关注的知觉。

　　这种对心理学的援引可以有两重意义：一方面，要么更多地是心理学而非生理学使我们成为**存在**，要么格塞尔和科希尔的工作仅仅反映了努力思考胚胎形成的人类心理学。

　　通过融入事物，我们不再讨论整体内在于部分在其中是可设想的现象界：问题依然是整体的。它的解决方案目前还无法完全确定,但会在课程结束时给出。人们至少可以给出一些线索。

困难在哪儿呢? 在活的有机体中,我们既不能"柏拉图化",也不能"亚里士多德化",在我们目光之下将实在双重化同样无法解决问题。有机体的未来并非在其有机生命伊始就隐藏在潜能之中,就像一开始在一个果壳之中一样。动物的不同部分并不内在于彼此。我们必须避免两种错误:把现象的实证原则(观念、本质、隐德莱希)置于我们之后,以及对整体的调节性原则视而不见。应当在有机体中放入一种或是否定的或是缺席的原则。人们可以说动物在历史上的每一个瞬间,对其即将延续之物而言都是空的,都是一种即将被填满的空白。当下的每一时刻都是由未来所支撑,这种未来又大于未来。思考一个给定时刻的有机体,人们发现每一个当下都有未来,因为有机体的当下是一种不平衡的状态。例如精神分析中的前青春期。平衡的颠覆显现为一种活动的非存在,它阻止有机体停留于先前阶段。这仅仅只是缺席的问题,但缺席的是什么呢? 这仍然是难以知晓之物。并不存在在严格意义上的解决途径。朝向青春期的道路从不完美。总有一个缺失,但并非这个或者那个的缺失。

超出失序与失衡的因素,当下已然以一种更精确的方式勾勒未来:从此刻开始,人们已经知道再平衡不再是一种普通的再平衡,经济学意义上的平衡,如平衡表中不是由工作量的增加来定义,而是由归零来定义的平衡。因此那些阻止儿童解决懒惰的特定条件,都会重返童年。这些不平衡并非由某些给定的外部条件所决定,这些外部条件像平衡表中的权重那样起作用,而是由维持有机体自身的条件所决定。有机体在胚胎中的雏形构成了不平衡

269　的因素。这不是因为我们人类把它们的雏形看成是这样的,而是因为它们打破了现有的平衡并且确定了未来平衡的条件。这些雏形应当被视为外在于当前处境的身体,它们对未来发展而言是先天的。主导性原则并非在前也非在后;它是一个幽灵,它是那个所有器官都是其痕迹的美西螈,它是某种活动的空心设计,这种活动将成为成熟的活动,成为一种尚未被填满的缺失的涌现。它不是一种实证的存在,而是一种定义生命的探究的存在。在《创造进化论》的几个章节中,柏格森把**自然**定义为一种存在,它毫不迟疑地解决人类需要时间解决的问题。对**自然**而言,实现一个物种就像我们用手捏起一片铁屑那样容易。我们所缺失的是对**自然**不可分的姿态的把握。这种思想在强调自然活动的未分性意义上是深刻的,但不能把它推得太远:**自然**并不是全能的,它不是上帝。此外,对柏格森而言,生命冲动是有限的;它并非解决一切问题的原则。生命中存在着问题,这个问题并不是解决方法已经出现时才被想起。与其说否定原则与自身同一,不如说它与自身无差别。这种缺失只有通过对自身否定的否定才成为要素。与其说它是生命中杂多的统一,不如说它是多种元素之间的相依。在某种意义上,只存在杂多,这种涌现出来的整体性并非运行的整体性,而是某个特定维度的确立。从动物游泳那刻起,已经存在一个生命、一场戏剧,条件是没有什么来阻止杂多的这种依附。这是一个将会给周

270　围环境赋予意义的维度。这里要追问的是对否定效果的精确领会。“所有规定都是否定。”[1]这意味着所有规定都只是否定,是关

---

① 斯宾诺莎:“写给雅里希·耶勒士(Jarig Jelles)的第五十封信”,《全集》(*Œuvres Complètes*),巴黎:伽利玛出版社,七星文库,1954 年,第 1231 页;再版罗韦热译,巴黎:Flammarion 出版社,“GF”丛书,2010 年,第 291 页。

联于超现实性非现实性,抑或各种规定都是否定性劳动的果实,它引导我们以主体为原则,这是在黑格尔所说的"绝对即主体"①的意义上。但这也可以有第三层意思。否定不是非现实的同义词,也不是我们使人劳动的原则的同义词,而是我们更应将之认作差异的原则的同义词。人们应当认识的生命的现实是有限的。认识生命并不意味着承认一个观点,从它出发生命发展可以被提前预见。生命不是一种准-内在性,它只是一种折页,如怀特海所说,是距离太近则无法观察的过程的现实,但生命确实是构成的,是一种现实。从动物生成那一刻起,它就不是它还没生成时的缺席。正如柏格森所说,不存在形态解体所致的连续性;毋宁说,各种形态包含了它们之间的意义关联。

　　这显然更像是一种劝诫,而不是一种示范。想要更近距离地寻找真实,可能只是南辕北辙。或许应当采取相反的道路。真实也许不是通过追问外表获得的;它可能就是外表。这都来自于我们的知识理想,它使存在成为单纯事实(胡塞尔)。但是,整体性为了只能被总体地把握,它就不能缺乏现实性。真实概念不是必须和分子存在的概念联系在一起。为什么不会有摩尔②存在?**存在**的模型或许在粒子之外的地方;例如,它可能在一种具有逻各斯秩序的存在中,而不是在"纯粹事物"中。语言包含了人们将要说的一切(否则人们将不能相互理解);然而,所有将要说出的内容并不是语言的潜在性。只是这些类比很难为我们澄清什么。一方面,

271

---

① 黑格尔:《精神现象学》,序言,第二节。

② 摩尔是表示物质的量的单位,每摩尔物质含有阿伏伽德罗常数个微粒,即 $6.02×10^{23}$ 个微粒。——中译注

语言需要被澄清;另一方面,语言处在人类层面上。困难在于,使之处在美西螈层面。如果生命建立在历史基础上,如果这种历史不同于人类历史,那么它就是一种自然史。它不是个体的历史;而是一种类型、一个集体存在者的未来。虽然畸形给出了物种的证明,并且是保存物质类型的调节的产物,但物种调节并非无所不能。因此,独眼动物同样是确保双目视觉形成的调节的产物。这里更像是存在逐渐转变而不是调节性原则的颠覆(沃尔夫)[①]。

问题因此更加集中。在这篇导言中,有必要说明行为概念是如何脱离思维的某些能力,使我们区分"客观可能"[②]与简单的口头上潜在的存在,如马克斯·韦伯所说那样。黑格尔在用自在和自为的区分代替潜能与现实的区分时,更新了后一种区分。生命272可能是自在的**精神**,而**精神**则是自为的生命。但生命还不是自在的**精神**。人们发现,黑格尔有与亚里士多德一样的回顾性错觉。把握事物的生命,就是在事物中把握缺乏。

## 2. 信息和传播的概念

那些通过控制论来寻找却没有找到其哲学的概念正是这些。因为控制论和结构语言理论有一点相似。参见雅各布森思想的发展,他是特鲁别茨柯伊的学生,特鲁别茨柯伊则是索绪尔的门徒。他首先采取了法国的结构主义理论,这种理论将语言看成是由对立构成的整体,后来他去了美国,那里通过结构来理解事实的分

---

① 沃尔夫:《怪物的科学》,巴黎:伽利玛出版社,"科学未来"丛书,1948 年。
② 例如,《科学理论文集》,弗洛恩德(J. Freund)译,普隆(Plon)出版社,1965 年,第 2 卷,第 294 页及以下。

布,即符号、单词和字母组合的统计分布。由此来看,结构概念与
事物概念没什么不同,而在法国,语义的组合是有待理智把握且有
待重构的。在雅各布森的理论中,这两个概念之间存在冲突。这
一结构概念之所以包含行动和反应,是为了赋予它哲学的地位。
它本身并没有任何哲学含义,但它可以被一种哲学所把握,这种哲
学使其自然化,各种风险和危险也随之而来。

　　这与控制论中的情况有些类似。控制论将信息与传播当作科
学研究的主题时是正确的,但把它们当作事物时却是危险的。控
制论一开始是机器的科学。机器早在这门科学出现之前就已经存
在了,但人们长期以来一直认为机器是物理现象的部分,而不是现
象本身。那么,为什么要把机器变成一个独特的研究对象? 这是
因为新机器突显了一种与物理实在不同的东西。信息机器取代了
能量机器。热机在热和运动中产生能量的转换;由于能量在热中
衰减,因此热机的效率不高。信息机器先于所有发射-接收器。因
此,收音机是一台发送消息的机器:它所传送的与其说是说话者的
声音,不如说是这个声音的形式;说出的话语为我们听到的话语赋
予了形式。信息机器是一种给出形式的装置,因为它们对刺激形
式敏感,而且它们会对这些形式做出反应。所以雷达上的炮火是
由结果控制的:炮火会自动修正。存在结果对原因的反应,这给予
机器了一种目的的样子。这些机器可简单或复杂:程序能够置入
机器的机制当中,就像管风琴那样。传统的恒温器都有一个固定
的程序,但它们是由可变的刺激调节的。不过,我们可以通过设置
调节的调节而使调节机制复杂化:依据所需的关联使设定温度随
外部温度的变化而变化。因此,人们有兴趣研究人类所建构的这

273

些有组织的物体、形式的探测器，以及拥有自身形式的反应发射器。从这个角度来看，人们把观察的现象看作物理实在。信息将会是熵的逆转。信息是反偶然的，是不能实现的高级结构状态。

274 信息回到了熵减的斜坡上。因此，需要比较两个键盘的信息容量来找寻信息量的定义。信息的定义假设了两件事：

1）人们可以从一定数量的可能开始，实现信息的所有可能结合，这种可能的清单可被给出；

2）人们将每个发射器与线性键盘进行比较，也就是说，人们假定所有信息都能够被一系列二选一的选择项所传译，就像在社交游戏中，你必须通过问问题来猜物体，而知道秘密的玩家必须回答是或否。事实上，在机器里，人们能够实现的只是分离和结合。机器不能够确定程度（quatenus）。因此，比起信息的内容，信息的外部轮廓更能够定义信息。信息的定义独立于内容；这种定义不能改变意、程度或"作为什么"。毫无疑问，机器中的信息就是这样。但是，人们能够说这一严格的概念覆盖了所有信息现象的实在吗？或者说它只定义了人们在生命存在中发现的信息模仿？在人工制品中发生的正是这种情况，但在生命存在中也是这样吗？控制论者可能会让这样的问题保持为开放的。面对信息这样的事实，科学家并不寻求"看到"事实，"看到"他所说的事实，他倾向于操纵它，在它里面找到机械的对等物。同时，积极干预的科学家认为，这种科学活动只是为了揭示一种思想，它所拥有的秘密正有关于此。因此维纳之谜：交流、结构的客观传移，都会是实在（比较波动力学，运动在其中被定义为形式的传播）。这既是极端唯物主义也是极端唯心主义的想法。材料的传输只是交流的一种特殊情

况,并且交流只是一个结构由此及彼的有效通道,因此就有了运动 275
的理想和交流的现实。然而,为什么不推广电话的概念呢?为什
么不在美国给我打电话呢?这是因为"会有纯粹的交流;而不再会
有交流的**存在者**了。"[①]事实上,事情没有那么美好。信息不能增
加;它自身会衰减:电话里的杂音是交流的障碍。信息越是精确,
信息的有效性就越少。我们不能期望信息的整体重建。即使所有
信息都能被保留,也至多是一种复原。发明至多是一种复原。所
有理智活动都在于在推论与关联基础上重建"不完整的信息"[②]:
依据被给予的关系,得出某些被给予的相关项之间的关系和各种
相关项的推论。控制论所采纳的想法是:所有理智活动都是这样
进行的;因此声音诉之于听觉就如画面诉之于视觉那样。因此这
是要重建事物中被给予的信息:我们从**存在**中接收到它。一个机
器可以通过消除异常而自动地显示一系列规律。然而,这与真正
的发明是有区别的,后者在于借助其它东西思考反常。隐藏在背
后的是本体论,是永恒运动的观念。大量的信息被置入了流通之
中;信息在此处或彼处衰减,但总体上还是被保留着,并且无论如 276
何,它都不是被发明出来的;它至多只能被重建起来。由此出发,
很容易发现控制论如何倾向于变成一种关于生命和语言的理论。

生物样态

**1) 格雷·沃尔特的人造龟**

这是一个有三个轮子的装置,电机和蓄电器提供动力,蓄电器

---

① 鲁耶:《控制论与信息的起源》(*La cybernétique et l'origine de l'information*),
巴黎:Flammarion 出版社,"科学哲学文库"系列,1954 年;修订于 1967 年,第 110 页。

② 参见斯皮尔曼(C. Spearman):《智力的本质与认知的原理》(*The Nature of Intelligence and the Principle of Cognition*),转引自鲁耶,同前引,第 42 页。

连接到通过继电器控制电机的光电池上，以这样的方式引导自动机朝向光。此外，乌龟还被赋予了一种"战术手段"："当龟壳遇到障碍物时，电路就会闭合，该电路抵消了向光性并暂时释放转向轮：然后，这个装置似乎在障碍物周围呈扇形展开，然后再重新朝光走去。另一方面，光电池对光的强度很敏感。如果光源太强，它就会成为障碍，乌龟就会绕过它"[①]，除非它的蓄电池被充分放电。在这种情况下，强光不再作为一个障碍，乌龟被引导向它。"如果一束强光被照射到电池充电器上，乌龟似乎会去寻找带电的食物，直到光电电池为了使它与强光保持距离而重新起作用。因此，自动机似乎既模仿生命存在的外部感觉，也模仿其内部感觉。"[②]

277　**2）阿什比的同态调节器**

描述出现在《大脑设计》一书中[③]。它涉及一个由四个相同的元件组成的装置，其中每一个元件都对另外三个元件起反应。一个元件包括一个电流计，它控制金属线插入具有电势梯度的导电槽中。当每个电流计接收到来自其它电流计的电流时（自然不计算自身的电流），每一次平衡都是整体平衡的一个函数。如果实验者通过阻塞电流计的指针来干扰其中一个元件，同态调节器的其余部分就会适应这个新位置，寻找并发现达到"规定的"平衡的方法。此外，输出电流抵达一个元件的线圈之前，通过各种档位开关继续输出，这些开关通过档位功能表征自身反馈的升值，这骤然改

①　鲁耶：《控制论与信息的起源》，同前引，第 54 页。

②　同上。

③　参见阿什比（W. Ross Ashby）：《大脑设计》（*Design for a Brain*），伦敦：Chapman and Hall 出版社，1952 年；转引自鲁耶，同前引，第 60 页。

变了主反馈,接下来实验人员会引入一种机械故障,他会采取一个极限的点位,而不是寻找最佳的平衡。档位开关寻找适合它的二次反馈,以便主反馈能完成它的使命,仪器能重新寻找并达到规定的平衡①……让我们假设,实验人员将反馈的导线颠倒过来,使其由原来的负反馈变为正反馈,并使其起到反向调节的作用,从而使机器停止运转,而不是调节其速度。档位开关自己干预,然后寻求反馈,纠正或把反向反馈放置在电路外,并恢复平衡。如果实验人员用一根刚性棒把两个电流计的针固定起来,仪器同样能够找到稳定的平衡,直到人们把刚性棒去掉,仪器必须再次摸索着寻找前面的集合,这就像一个治愈的人,因为习惯了他的疾病而迷失方向。②

### 3) 皮茨和麦卡·库洛赫的阅读机③

它相关于一种被阅读的文本,是为盲人而转化的有声文本。但它实现的信息是第二位的、派生的信息:只有人们提供了真实的信息,它才能被理解。我们可以用心理的比喻来描述这一切。机器似乎实现了外部或内部感性的统一,或选择了世界上的某些价值。它似乎实现了规范与有机体的统一,把一种信息转化为另一种信息。感受、调节、转变:这些词意指生命经验。但这对控制论者来说意义不大:对他来说,这些生命经验只是功能的反映。这里有一种思想的狂热。人造机器是从我们身上分离出来的,变成了生命存在的等价物。一种激进的人为主义思想(根据这种思想,一切都要被人为技巧彻底改变)被推至它消失的那一刻。技巧被否

---

① 鲁耶:《控制论与信息的起源》,同前引,第 60-61 页。
② 同上书,第 61 页。
③ 同上书,第 12 页。

定并被视作一种自然。这是向自然的一种回归,就像在弗洛伊德那里存在着被压抑情感的返回。事实上,机器并没有恢复自然规律,而只是实现了对真实现象的模仿。它是为了实现一种幻觉而构思的。乌龟的功能不是为它自己而设计的,而是为观看者而设计的。我们选择外部世界和机器的各个方面,以便刺激行为在很大程度上类似于生命中的刺激行为。但是真正的功能和机器的功能只是部分一致的。生物不会绕着障碍物运动,机器也不包含外部现象所塑造的行为。即使我们意识到物体周围有一个明显的投影,机器也不会犯"好的"错误(存在一个与解决方案相关的行为领域的结构共同体;机器成功或失败)。阿什比的同态调节器在实现其装配时需要自己发动。生物获得一种真实的习惯,就是并入到可改变的形式中。机器在有限的情况中运行一种预设的装配。机器未预见到的边界是完全可测的。机器运转,动物生存,也就是说,动物重组了它的世界和它的身体。机器的功能是有意义的,但这种意义是超越的;它存在于构造者的头脑中,而装置中只有意义的痕迹:机器只能在近端运转。正如鲁耶所说,"一把合适的钥匙是通过结构上的点对点来开锁的,而不是通过传递信息。说只有当门锁'认出'钥匙时,门才会打开,这是一种令人生疑的隐喻。"[①]机器本身并没有起作用的意义,它只存在于生命存在之中。

280　　**语言问题**

我们可以在一本著作的框架内研究符号的各种可能组合,从而为书中包含的信息获得留出空间。但为此必须允许其它假设:

---

　　①　鲁耶:《控制论与信息的起源》,同前引,第 12 页。

获得的信息不能是无效的,因此符号的组合应该是可理解的。必须把主体考虑在内。信息的内容将取决于主体的理智结构。最后,我们必须考虑所讨论的主体。从这一刻起,预看传达是徒劳的。真实的传达并不依赖于符号的形式组合,而是依赖于这些符号能否激发能指的能力。在实现的各种可能组合之间,存在着依赖于作者文字能力的差异,这种能力规定着作者传达信息的能力。现代控制论者从来没有研究过能指和所指的关系。他们面临的问题是如何翻译(这仍然停留在外表)。人们对信息进行编码,这是最基本的操作。但信息是如何出现在第一个消息中的呢?这是人们没有谈论的。说话并不是编码。需要达至消息与它试图表达的内容之间具有联系的时刻。对各种可能组合的枚举,丝毫无助于理解语言产生意义的行为。

　　难道语言仅仅是一种代码吗?这是一个真实的问题。代码具有语言所不具备的理性。语言包含各种习惯:以喜爱的字母、词语、主文体的格形成组合。在一种语言中,有各种各样的拼写法。然而,人们也谈到了代码的正字法。构成信息的每一系列符号事实上采用的都是非常简单的正字法(因此,在摩斯密码中点和破折 <sup>281</sup>号之间必须有一个空格)。但是,正字法在这里只意指听觉信息完全的物理状态。当人们组合两个代码的输出或传递时,人们只比较最低限度的条件,以便从字面上感知信息。在真实的语言中完全是另一回事:存在着超能与多余的东西。语言非常不经济,却又非常强大。语言以其所有僵死的时态,表达了无可比拟的节略。至于多余的东西:语言只使用了支持它的组合材料中很少的部分。所发生的一切,就好像说话的主体忽视了他所掌握的现象键盘的

种种可能性。对法语正字法的组合描述是不可能实现的。它没有
数学上的规律性。因此，人们不再借助于组合描述来考虑法语的
正字法，而是借助于一种随机的描述。有一个关于正字法的赌注：
人们试图估算观测到的频率的级数，名词、形容词、字母的比例，人
们由之可以画出法语的一幅画像。人们可以造出遵循这种结构的
机器，而且会说"法语行话"。人们用这种方法建立了最常用字母
组合的统计表；人们对莫扎特的音乐也做了同样的工作！控制论
者把语言看作是一种自然的东西：他们必须收集人们所拥有的元
素的分布，而不是试图在内部重建它。这些研究可能有实用价值，
因为它们允许研究影响语言的区别元素。但人们并没有因此明白
282 语言是什么。正字法被认为是代码滥用的一种。我们如果在全国
施行法语正字法，就会把信息长度减少一半。然而，正字法具有一
种允许人们猜测的表达能力，只需要读出一半的符号，就可以更好
地抵抗噪音的信息。至于语言的意指能力，它是不能用组合结构
的方法来评判的。语言的结构，就像生物的结构一样，不是各种事
实的分布，这种分布是由各种可能的组合一劳永逸地表征的。说
话本质上不是说"是"或"否"，而是使某种东西在语言上存在。说
话假定偶然和不合逻辑的使用。把语言理解为一个封闭的结构，
就是把语言理解为理性所构造出来的。这只说对了一半：语言和
理性的所为是一样的。口语链通过相互对照和差异来表达。语词
与思想之间的关系，并不是一条曲线与另一条曲线间的同构关系。
意义出现在词与意义的正常距离之间的差异中。例如，于连·索
雷尔说"我独自成为自我"。语言是习俗权而非书写权的约定。

　　代码不是语言，就像自动机不是生命一样。根据马尔科夫的

说法,它们只是次级的仿制品,就像一串串的拉丁行话那样。[1]　自动机是生命的行话。不应当想象人类为他的机器所困,原因很简单:他是首先建造它们的人(参见:鲁耶)。如果人类消失了,自动机就会磨损并且逐渐消失。不存在发明或"构成"意义上的真正的顺序。[2]　机器中没有信息。真实的、形式化的信息是什么?它是机器传输的信息的来源吗?对于维纳[3]之谜,我们必须反对这样一种说法,即世界不是一个无起点可寻的链条所处的地方:我们必须停下来,才能拥有真实的世界。

283

　　这种停止是通过什么方式提供给我们的?鲁耶对此回答道,通过意识在自身中的显现。但谈论意识显然是一种言说控制论缺乏什么的方式。对鲁耶来说,机器的自动化是多维空间的东西的空间投影。当我的手拿起桌上盛满水的杯子时,"拿着杯子,不要把它倒过来"这个象征观念几乎完全可被一种自动机的观念所替代,这个自动机是由光电电池控制的,通过稳定器官而起作用。视觉场的监视其实是不可替代的,因为它的效果是不可模仿的。与代替手去找杯子的自动机中相比,在手找玻璃杯的情况中存在着更多的意识。视觉场以其多重细节勘察自身,并以一种统一的方式进行勘察,这并不意味着存在一个外部的监视点。从这样的场出发,根据定义,所有联系都可以实现和即时构成,因为它们已经

---

　　[1]　参见鲁耶:《生命形式的发生》(*La Genèse des formes vivantes*),第 8 章,巴黎:Flammarion 出版社,1958 年。

　　[2]　鲁耶:《控制论与信息的起源》,同前引,第 12 页。

　　[3]　同上书,第 109—110 页,他在标题为"维纳的秘密"(Un mystère de N. Wiener)一段中引用了维纳(N. Wiener):《人对人的利用》(*The Human Use of Human Beings*)。

潜在于意识中了，这是"多样性的统一"（unitas multiplex）。① "机器是一种提取。"②从呈现意识到图式化的和俯察的意识，③然后到形成机器的监视意识，我们最终达到整体的自动性，达到意识被各种替代的连接活动完全取代。这些替代的连接重现了"绝对俯察"中的内在联系，这些联系通过推动和牵引，通过越来越紧密的传导描述意识的特征。④ 但如果意识是多样性的统一，那么信息概念就失去了意义。一个绝对意识不再需要通讯。现在意识并不是以与自己的发明面对面的方式被告知的。鲁耶说，语言"几乎"是一种发明。⑤ 但一切都取决于这个"几乎"。意识怎么可能不是它自己思想的创造者呢？鲁耶说，因为它只考查了我身体的一小部分，但绝对俯察的概念失去了所有的意义。控制论的好处在于，它认真对待信息，而不是将其看作一个了解意识能够独立创造东西的机会。对于鲁耶来说，只有两种可能的解决方案：要么是逐步联络式的，要么是概要式的。然而还有一样东西，既不是点对点的，也不是俯察点的空间，而是洞察力的空间。空间作为间距，例如，在灯和我的位置之间的间距。我并不是在俯察这盏灯，而是从某一个点去观察它。在我身上有一个不属于我的空间的参照物。在我们看来难以消除的，不是绝对俯察的意识，而是一种处境意识，一种行为的场。因此，控制论具有积极的价值。它让我们在主体中发现了一种动物性，一种组织视角的装置。我们当作剩余而发现

---

① 鲁耶：《控制论与信息的起源》，同前引，例如第 73 和 190 页。
② 同上书，第 73 页。
③ 同上书，例如第 135 页。
④ 同上书，第 83 页。
⑤ 同上书，第四章。

的主体，必须由物理或文化的位置来定义，我们由之具有不同的角度。瓦莱里说，我们每个人都是"语言的动物"。① 反过来，我们可以说，动物性是感性世界的逻各斯：一种整合的意义。这在根本上是控制论追求的，而这也是控制论对自动机感兴趣的原因。人们之所以对自动机感兴趣，是因为人们在那里看到了身体和物体的衔接。人们具有操纵各种对象的身体的印象，具有对处境做出反应的身体行为的构成的印象。此外，在 17 世纪，人们对自动机的兴趣与对透视的兴趣不谋而合。透视使人惊奇的与自动机使人惊奇的是一样的，是透视给人们现实的错觉。但在这种兴趣中，存在着一种坏的信念。人们喜欢创造一种生命的现象，同时否认这种现象指向真实的现象，尽管它的有趣仅限于它是对生命的模仿。正是这样，马勒伯朗士才不会像打他的狗那样敲打石头，还说它不会痛。

## B. 对动物行为的研究

### 1. 于克斯屈尔的描述

他知道繁殖已有很长一段时期，从《动物的周围环境与内部环境》②到《动物的周围环境和人的周围环境提纲》③。周围环境 286

① 在《符号》中已经引用过，同前引，1960 年，第 26 页；"随笔"丛书，第 34 页；另见《课程摘要》，同前引，第 27 页。

② 于克斯屈尔（J. von Uexküll）：《动物的周围环境与内部环境》(*Umwelt und Innenwelt der Tiere*，柏林：Springer 出版社，1909 年）。

③ 于克斯屈尔：《穿越动物和人的环境：关于不可见世界的提纲》(*Streifzüge durch die Umwelten von Tieren und Menschen—ein Bilderbuch unsichtbarer Welten*），柏林：Springer 出版社，1934 年。法译本：《动物世界与人类世界》(*Mondes animaux et monde humain*），米勒（Ph. Muller）和德诺埃尔（Denoël）译，Médiation 出版社，1965 年；再版于巴黎：海岸（Rivages）出版社，"海岸文库"，2010 年。

(Umwelt)①标志着自在存在的世界和作为生命存在的世界之间的区别。它是一种居间的实在,介于为一个绝对的观察者而存在的世界与一个纯粹的主观领域之间。用考夫卡的话来说②,它是动物置身其中的自在世界的方面,这一世界是为动物的行为,而不必是为它的意识而存在;它是行为的环境,而"非地理环境"。于克斯屈尔预想到了行为概念。他认为,当我们考虑周围环境时,我们不会进行心理思考。动物的行为方式是可理解的,也可以被解读为行为的意义。这种面向周围环境的行为活动早在意识活动之前就开始了:当人们有起作用的刺激时就开始了,这种刺激不是通过简单的物理存在起作用,而是一个有机体倾向于接受这些刺激并把它们当作信号。意识只是行为的多种形式之一,它不能从内部定义,不能从它自身的观点定义,而是我们通过其他人的身体来把握的;它不是被把握为离心的形式,而是被把握为封闭的世界,在
287　这个世界中,外部的刺激对它来说就像外在于它一样。意识必须作为一种建制出现,亦即作为一种行为类型。行为包括基本组织(胚胎学)和生理的、本能的组织,或严格意义上的行为。我们必须承认在器官和胚胎的层面存在着周围环境,就像必须承认意识活动一样。于克斯屈尔指责笛卡尔的二分法,认为二分法将极端机械的思维方式与极端主观的思维方式结合了起来。笛卡尔实际上

---

①　周围世界(Umwelt)最好译为"周围环境"(environnement);与"周遭"(entourage)(或者"环境"[milieu],就像在洛伦兹的翻译中那样)对应的德语术语是 umgebung,它在下面第 264 页被使用。

②　参见考夫卡(Kurt Koffka):《格式塔心理学原理》,纽约:Harcourt Brace 出版社,1936 年。

是反机械论者,因为他认为意识的宇宙与机械论的宇宙完全不同。于克斯屈尔认为周围环境是一个类型,而它的组织、意识和机器都只是变体。

A) 低等动物的周围环境:动物机器

这些动物的行为特点是它们有机器的样子。因此,一种水母看起来充其量不过是一个活着的生物:它只有一种单一的活动,即动物边缘的肌肉收缩,由神经末梢区的感觉器官控制。这种独特的活动有三种功能:移动、打开消化管、在含氧水中吸入氧气。整个生命在于这些有节奏的收缩。人们不能说这种动物生活在我们所说的"海洋"这个词意义上的海洋里。外部环境完全不存在任何规定。当人们考虑这种水母时(因为还有其它更完美的水母),人们觉得它是一种机器,但如于克斯屈尔所指出的,每一台机器都是根据一种规划而存在的,即发育蓝图(Bauplan)或"构造规划"。我们必须使目的论更接近机械论,使动物服从其解剖图。在这个程度上,我们必须承认它有一个发育蓝图。从生理上讲,动物没有统一性,它只是越来越接近统一性。只有我们想发明一个它的发明者。发育蓝图实际上确保了获取食物所需的运动,而不需要外部世界的刺激才做出反应。毫无疑问,只有在动物的结构被同化为机器的结构时,我们才会考虑动物的规划图。

让我们来看看海洋蠕虫,它的顶端有一根带有嘴和触角的活动导管,它把自己扎在沙中。发生的一切就像这个动物完全是两个动物:吃的动物和移动的动物。它们从不共存:吃的动物有一个椭圆和扁平的形式,肌肉静止,呼吸加速,红细胞落下接触土壤;不能移动。移动的动物因背部皮肤与土壤的接触而被激活,土壤受到飓风或暴晒的影响。这些都是单调的动作,极少游泳,最重要的是觅食,为了穿过沙子,通过外界刺激或结果进行的调节会持续几个小时。这种动物没有敌人,事实上它生活在沙地深处。在移动过程中,身体则呈现为另一形态:细长的雪茄的样子。

海胆:在此存在行为元素的连接,这些元素因计划逐渐结合。海胆是一种"反射性结合体"。[①] 取代动力刺的运动并没有形成一种动力计划:"当狗跑的时候,是动物移动它的腿;当海胆移动的时候,是脚在移动这个动物。"[②]

海星:为了进食,它的嘴巴周围有钳子,但这些钳子靠自己的力量发挥功能。这种动物会夹起沿途发现的所有东西;如果大自然没有使用一种诡计,以一种能起到抑制作用的化学品覆盖其皮肤,它会夹起自己。因此,向外界展开自身的生命并不具有统一性。行为的现象是彼此缝合在一起的:它是一种集成动物。

人们承认这些动物身上存在的发育蓝图只有描述的含义。只有这样,人们才能设想生命的统一性,才能观察动物,并将它视为一个整体,而动物的行为是由一个个碎片和小块组成的。在动物身上发生的一切都是由物理和化学力产生的。我们有权利在组织规划的统一中协调它们。生物科学事实上应当区分本质和附属,辨别物理化学现象中的各种载体。但是我们不能把科学家详细阐述的发育蓝图混淆为现实性(Wirklichkeit)[③],因为真实世界几乎不在意这个。然而,于克斯屈尔指出,自然因素(Naturfaktor)[④]存

---

① 于克斯屈尔:《动物世界与人类世界》,同前引,第 47 页。

② 同上书,第 46 页。

③ "réalité","effectivité"。

④ "facteur naturel"。

在于发育蓝图后面,但我们并不知道它,它不是一种可以还原为部分外在于部分的物理化学进程。面对这样的研究中,面对发育蓝图和自然因素这样的概念,人们无法再是康德主义者。

然而,这些关于"动物-机器"的考虑只是一个导论。就这些动物像机器一样工作来看,而且仅就此来看,它们没有周围环境:水母从外部世界什么都得不到;过程就在动物身上,但动物却并未察觉。尽管如此,我们已经在这些动物身上注意到一种自然因素,但它是不可感知的。相反,明显更简单的动物向我们呈现了一些完全不同于机械活动的东西。机器只是"不完整的有机体",它之上缺乏显现为有机体所需的两种属性:形态的建构和再生。动物中形态的构造使我们掌握了自然因素,特别是因为解剖结构不够精确。"结构限制了结构的构造。"[1]要看清这一点,我们必须把自己的注意力放到比原生动物进化程度低的动物身上。

B) 低等的有机动物

变形虫:变形虫表面上是由"流动的原生质"构成的动物。它们没有确定的器官;变形虫的每一瞬间都是由伪足(腿)或液泡(胃)构成,它们消失然后又被重新创造。于克斯屈尔问道,这里有流动的机器吗?发育蓝图无休止地再生。原生质像魔术师一样创造器官。在动物-机器中,起作用和出生是有区别的。对变形虫来说,维持生存和起作用是一回事。依据于克斯屈尔的说法,变形虫是持续不断的出生,纯粹的繁殖,"它远不如马更像机器"。[2]　原生

---

[1]　参见于克斯屈尔:《动物的周围环境与内部环境》,同前引,第11页。

[2]　同上书,第21页。

右上角：290

动物为我们提供了一个奇妙的景象，就像我们的机器和房子是从
291 一种原浆中诞生的，房子里的每个房间都储备着这种原浆，这样可
以保证机器的维修，或者更恰当地说，可以保证机器的繁殖和倍
增。解剖结构的功能很容易理解，而原生质的功能则更令人惊奇。

　　人们有时会在动物-机器里发现这种自然因素。海葵就是这
样一种动物，它由三个独立的神经网络组成，但只有一种行为，因
为它只有一个肌肉效应器。内部世界是三重的，而发育蓝图是一
重的。中枢神经系统远不是有机体的统一的起源和基础：中枢神
经系统和其它器官一样，是一个特殊器官，或是部分器官的总和，
人们根据需求使用这样或那样的器官，但在任何地方，原生质的预
见能力都对整体产生影响。这种原生质实现了一种调节。事实
上，于克斯屈尔观察到，比如说，海葵有一种由潮汐节奏来调节节
奏的活动，即使它生活在淡水水族馆里。一般来说，动物-机器的
调节区别于原生动物的调节。即便如此，在动物-机器中，只存在
机器的表现。动物-机器事实上被一种具有可塑性的原生质所包
围（关于这个问题，参见上文格塞尔的研究）。有机体的统一并不
建立在中枢神经系统的基础上，必须把它建立在一种活动的基
础上。

292　　C）高等动物的周围环境

　　这里出现了一个新的现象：对等世界（Gegenwelt）①的建构。
低等动物在其功能上是统一的，但它们的有机体内部却没有对外
部世界的回应。直到现在，周围环境还是一个把动物和大多数外

---

　　①　"monde opposé"，"monde réplique"。

部刺激（stimuli）分开的封闭体：根据于克斯屈尔的说法，在周围环境中休息的草履虫比摇篮中的婴儿更稳定。低等动物只会让对它们生命有益的东西渗透到它们身上，它们与它们的世界构成了一种聚合，一种封闭的统一体。海胆并没有被遗弃在充满敌意的外部世界；它不会为生存而进行残酷的斗争，它生活在一个周围环境里，而周围世界代表着那些通常是危险的事物，但它如此地适应于它们，以至于它真实地生活着，仿佛这里只有一个世界，而它是唯一的海胆。反达尔文主义的动物形态耐受性的观念和拒绝对动物进行分类就由此而来，对动物的分类认为动物的行为和它们的机体代表着对同一问题越来越完美的解决方案。在某种意义上，所有物种都是这样适应的。对达尔文来说，生命始终受到死亡的威胁；对于克斯屈尔来说，存在着上层结构的一致，存在着生命的余辉。

　　在高等动物阶段，周围世界不再是封闭的，而是开放的。世界被动物占据。外部世界是由动物"提取"出来的，它们能够区分给予的各种感觉器官，能够通过各种灵敏的动作对其做出反应，而这些相互区别的反应之所以是可能的，是因为神经系统达至为对外部世界（对等世界［Gegenwelt］）的回应、"应答"、"复制"。这是于克斯屈尔所表明的，他通过表明特殊区域——视网膜，尤其是视网膜在枕骨区的展开——的形成坚持建立意识的生理学。从这个角度来看，外部世界、客观领域自此以后扮演的是符号而非原因的角色。对于水母来说，各种刺激要求一种由机体结构事先确定的反应；对于高等动物来说，这些刺激得到神经的转化，并在神经系统的语言系统内被转译。外部世界和生命有机体之间嵌着一个整体,这个整体发布命令、进行协调和解释:神经系统是世界的镜像(Weltspiegel)。这是绝对新的东西,是一种新形式(Neubildung)。这基于以下三个原因:

a) 在海胆中(它通过紫色物质感觉光,紫色物质位于动物的外围时就会感光),紫色起着"转换器"而不是"接收器"的角色,在高等动物中,感觉器官的组织方式是这样的,动物能够为自身提供灵敏的信息——尤其是当感觉器官可以移动时,就像天线那样,天线是一种探索性的视觉。对于低等动物来说,只有一种"兴奋波",一种与光线的增加或减少相对应的流量和回流,但没有外部作用者的图像,因为如果有图像接收器,就必须有一种差异化的甚至是可移动的接收器,即使只看它们的身体,我们仍可以认为高等动物只以气味的形式接受刺激(气味是一种无形的存在,它的存在可能是无法回避的,但它是没有面的);客体对于它们来说具有气味、阴影、冲击的统一性,也就是说,对于高等动物来说,"客体的可能性"是从它们所接受的效果及它们的接受器官的构成方式中推出来的。

b) 没有身体的活动,这些移动的接收器就不工作。动物的这种活动导致它在物理意义上的位置——即它占据空间的方式和生理意义上的位置——即所采取的态度——之间的区分。一种与重力有关的调整就成为必要的。然而,海洋蠕虫没有平衡石①,只有当背部皮肤接触土壤时,它才觉察到自己被潮水冲走了,在高等动

① 亦称耳石。是位于无脊椎动物的平衡胞和脊椎动物前庭囊内的一个细胞分泌物。——中译注

物中,平衡石用来调节生理位置,这解释了旋转的眼球震动中,平衡感和眼球运动之间的关系。眼睛的运动以提供清晰视觉的方式构成了身体的运动。

c) 这种组织只有在动物被告知其身体及其部分的位置,并具有本体感受性的情况下,才可能是完整的。无脊椎动物(例如章鱼)就不具备这种组织。章鱼确实有感觉接收器来触发运动反应,但这些感受器既没有被感知也没有被监视:其功能不是循环的,不是一种反馈。无脊椎动物以激增的方式行动。棘足动物是一个"反射性结合体",比海胆更高级;它有着统一,但它并不能自身支配这一统一,它是自己计划的受害者;它并不能控制它的执行。

因此,高等动物构造了一个周围环境,这一周围环境包含对等世界,包含高度动物神经系统中的应答。在其 1934 年的作品中,于克斯屈尔详细说明了对等世界这个概念。他区分了世界(Welt)——这是客观的世界、周围环境(这是为动物量身定做的场所)、对等世界(这是高等动物的周围环境),内化的周围环境反过来由两个系统组成:感知世界(Merkwelt)和行动世界(Wirkwelt)。① 感知世界取决于感觉器官的形成方式。感觉器官根据动物特有的倾向来实现对刺激的分类。感知世界是隔开动物和世界的"栅栏"。为了确定动物的世界,我们仍需让行动世界介入,也

----

① 转引自于克斯屈尔:《动物世界与人类世界》,同前引,第 21 页;皮埃隆(H. Piêron)在为杜马(G. Dumas)的《心理学新论》(*Nouveau Traité de psychologie*,第八卷,第一分册,巴黎:法国大学出版社,1941 年)撰写的文章中提出了如下等价物:用感知世界等价 Merkwelt,用行动世界等价 Wirkwelt。

就是说让动物在环境中的反应、脉动的旋律介入。为了把握动物的世界,我们不仅要让知觉介入,而且要让行为介入,因为这些介入在客体表面放置了过剩的意义。行动世界取代了感知世界。因此,于克斯屈尔讲道,他习惯于让人们在他旁边放一个陶制水瓶。这个陶制水瓶被服务生打碎了,换成了玻璃瓶。他没有看到常见的水瓶,便在水瓶通常所处的位置上寻找水瓶。[①] 人们可以说,我们在生活中很少使用眼睛。从这些陈述出发,于克斯屈尔表明,人类空间是由三种重叠在一起的空间组成的:视觉空间、触觉空间和行动空间。如果我们闭上眼睛,最后一种会以纯粹的状态呈现给我们。人们随后注意到我们身体的空间秩序,度量这种空间的单位是步伐[②];被感知到的最小空间是两厘米,就像将两个食指连在一起的实验所证明的。在行动空间中,这种两厘米并不存在。当视觉空间由客体间的关系构成时,行动空间是由距离构成的,我的左手和右手之间的距离,它基于一个零点,这一零点是身体的轴线。同样地,时间是每一个周围环境的特征:这是感知世界。因此,人们能够测量的最短时间是 1/18 秒。除此之外,就只有同时性了。如果我们给蜱虫供血,那它在繁殖后能够休眠 18 年。[③] 人们可以说,在这种动物身上,18 年是一个门槛,超过它之后就什么都感觉不到了。对于克斯屈尔来说,感知世界并不是意识的事实,而是物理结构的组成部分,这种物理结构在动物的行为中得以显

296

---

　　① 　参见于克斯屈尔:《穿越动物和人的环境:关于不可见世界的提纲》,同前引,第 78 页。

　　② 　同上书,第 30 页。

　　③ 　同上书,第一节。

现。应当把生命理解为行动领域的开放。动物是通过环境的生产而被生产出来的，也就是通过在物理世界中出现一个与有其特殊时间和空间的物理世界完全不同的场。对动物的一般生命，动物与其身体的关系，动物身体与其空间环境（它的领地）的关系，动物物种内部或两个不同物种之间——甚至那些惯常的天敌，如生活在毒蛇之间的老鼠——的动物间性的分析都来自于此。这里两种周围环境、两种目的性的圆环交叉在了一起。

D）于克斯屈尔对周围环境概念的哲学诠释

297

周围环境概念是要用来联系人们通常分开的东西：创造器官的活动与行为活动，它们既是低级的也是高级的活动。从动物机器到动物意识，到处都有周围环境的展现。但是什么在展现，又是从什么开始展现的？起初于克斯屈尔是一位不可知论者：他谈论一种其本性未被知的自然因素。"杜里舒想要建立一种隐德莱希，我则赞同冯·贝尔。"[1]"周围环境的展现是一段旋律，是自身歌唱的旋律。"[2]这是一富有意义的对比。当我们创作一段旋律的时候，旋律在我们心中唱出的比我们唱出来的更多；它进入了歌唱者的喉咙中，就像普鲁斯特说的那样。就像画家被一幅不在那里的画打动了一样，身体悬在它所歌唱的东西之中，旋律现身并在身体中发现一个仆人。这个旋律给予我们一种特殊的时间意识。我们很自然地想到过去隐藏着在它之前的未来。但是，时间概念被这个旋律拒绝了。在这首旋律开始的时刻，最后一个音符以它自己

---

① 参见于克斯屈尔：《穿越动物和人的环境：关于不可见世界的提纲》，同前引，第 XLV 页。

② 同上书，第 119 页。

的方式①便在那里了。在一段旋律中,第一个音符和最后一个音符相互影响,我们必须说,第一个音符只因最后一个音符而成为可

298 能,反之亦然。在生命结构中发生的事情也是这样。效果并不比原因具有优先性。就如人们不能说,最后一个音符是旋律的结束,第一个音符是它的效果,人们也不能区分意义与它在那里被表达的意义。就像普鲁斯特所说,旋律是一个柏拉图式的理念,我们不能单独对待它。在它之中手段与目的、本质与存在是不能区分的。在一个给定的时刻,从一个物质材料中心涌现出识别原则的总体,在世界的这个区域,将会有一个重大的事件。

以寄生于哺乳动物的蜱虫为例。从出生之时起,它就没有腿和性器官;它寄生在比如蜥蜴这样的冷血动物身上,性成熟之后就进行繁殖,但它的精子会在胃里压缩成胶囊状储存起来。蜱虫把自己安置在树中,并且可以这样等待 18 年。它没有眼睛、耳朵和味觉,只有光感、热感和味感。闻到哺乳动物的汗腺(丁酸)味道时,它就会结束休眠状态。它会掉落到哺乳动物身上,然后寻找一块没有毛发的地方,在此停留并以温血为食。温血的出现会使精子从胶囊中出来;蜱虫的卵子将会被受精,生殖完之后它就会死去。这是怎么发生的?"动物主体用两只钳子夹住物体":一个钳子是感知世界,另一个是行动世界。首先是气味(感知世界),接下来是运动反应。动物休克的"运动信号"触发了动物的感觉;在感知世界的触觉层面上,这个动物会寻找没有毛发的区域,等等。这

---

① 参见圣奥古斯丁,前一章所引文本:《忏悔录》,第十一卷,第 28 章,§ 38,《全集》第十四卷,同前引,第 335 页;另见《文集》,第一卷,巴黎:伽利玛出版社,七星文库,同前引,第 1054 页。

里有一系列受约束的、共轭的反应。如果它们受约束，那是因为 299
"物质世界在蜱虫的周围环境中被阻断了"。[①] 这种活动是由什么
组成的，它在与外部行动者的紧密关系中组织周围环境，而外部行
动者就像一把锁的钥匙一样进行干预吗？感知世界和行动世界构
成动物用以说明处境的两种语言，并为动物行为提供一个严格的
链条，这种安排是怎样发生的？来自环境的刺激会引发反应；这种
反应把动物置于与环境中其它刺激的关联之中，因此产生新的反
应，并这样持续下去。来自外界的刺激并不是由动物自身的运动
引起的。环境的每一个行为都以动物的行为为条件，动物的行为
引起环境的反应。动物所做的事情有着行动的回应，它重新推动
动物的行为。简而言之，外部和内部、处境和运动之间并非简单的
因果关系，不能依据前后相继的"推动因果性"来解释。如果人们
每时每刻地理解行为，行为就无法被理解。确实，人们依然每时每
刻地发现充足的条件，但人们没有把握意义之间的关联。处境的
每一部分仅仅作为整体处境的部分而起作用；事实上，没有一种行
动的要素具有独立的效用。在动物的处境和活动之中，存在着周
围环境这一表达所传达的意义关系。周围环境是动物活动所隐含
的世界，它通过自身的结构来调节动物活动。

　　如何理解这种显示周围环境的活动？根据达尔文主义的思
维，这里没有什么需要理解的。不同的偶然的因素彼此连接在一 300
起，是因为任何其它的安排，或至少是因为任何糟糕的安排，都不
能解释动物的生存。只有那些呈现出特殊安排的动物才会存活下

---

　　① 于克斯屈尔：《动物世界与人类世界》，同前引，第一节。

来。事实条件排除了所有不具备这些布局的动物。但这样做时，达尔文主义的思维取消了这个问题。人们没有向我们表明这种活动是如何构成的；人们只是假设存在的是可能的。达尔文主义的思维给予现实世界确定唯一可能世界的力量。然而，外部世界仅仅只部分外在于部分地存在；它通过各种元素的总和生成整个行为，但它的每一种要素绝不是唯一可能的。必须把整体考虑进去。进一步说，当它被孤立地对待时，它毫无用处，只有作为整体的要素时，它才能实现生命的适应。因此，周围环境的安排不可能是一个偶然的安排。

那么，难道人们应当说这个物种有一种本质，这种本质是行为的型式？然而，如果人们能准确说明这种本质概念，那么人们或可以想象动物的意识——但这种假设被于克斯屈尔排除了，因为参照周围环境根本不是目的（Ziel）的态度：事实很好地说明了这一点，目的是相当不完美的，有时不充分，有时则无用；人们或是使动物从属于超验创造的层面，这种超验的创造会从外部控制动物。但是，如果我们假设一种柏拉图式的本质，这个问题将会无限地存在下去。那么个体将会如何分有它的物种观念呢？那些看起来执行来自外部计划的动物是不具有周围环境的。像水母这样的动物机器只能听见"自己的钟"。[①] 从外部强加的目的越多，动物就越少跟从和考虑计划。应当承认，在各种物理元素的材料本身中，有一种跨时间和跨空间的元素，人们通过假定一种时间之外的本质

301

————————

① 参见于克斯屈尔：《动物的周围环境与内部环境》，同前引，第 35 页。"在水母的周围环境中始终回荡着一种钟声，它始终决定着它的生命旋律。"

时是无法解释它的。

于克斯屈尔如何理解周围环境的这种生产呢？"每一个主体编织它的关系，就如同蜘蛛丝编织与外在世界事物的关系，并且用它所有的丝构建一个承载其存在的牢固的网。"[①]廷伯根重新采用了这种观念和这种比较。动物把它的领地当作最优先的，蜘蛛织网则将编织它的网当作最优先的；唯一不同的是，对于蜘蛛而言，它的周围环境来自于它自身的物质；它的网构成了世界与它的身体之间的转换。那么，朝向周围环境的主体是什么？在一些情况下，这不是一个个体，因为它的身体里并没有中枢区域。统一不源于它们，就如尼尔斯·玻尔的晶体或原子不来自它们一样。相反，当人们加入真实的周围环境，就会有一种生命计划。必须把周围环境的观念与实体或力的观念区分开来。有一些自然的计划，它们是活生生的。它的标志就是，相同的外部条件带来行为的不同可能。螃蟹用同一个物体（海葵）实现不同的目的：有时用来伪装其外壳，保护自己免受鱼的侵害，有时是为了进食，有时，若人们把它的壳拿走，用海葵来替代它。换句话说，这里有文化的开端。动物从自身带来的符号结构，在自然深处定义了一种前文化。周围环境越来越少地趋向一个目的，并且越来越多地，成为各种符号的解释。但是，在被计划的动物、定计划的动物和没有计划的动物之间并不存在任何断裂。

自身展现的是什么？于克斯屈尔所说的"主体"是什么？动物的展现就像一个纯粹的、与船无关的航迹。在 1909 年，于克斯屈

---

[①]　于克斯屈尔：《动物世界与人类世界》，同前引，第 29 页。

尔这样回答了问题:"这种东西是从蛋到鸡展现的东西,它随时间扩展其有序的、没有任何空隙的结构,建构了诸客体的链条,而自己没有变成客体,我们被那些不受约束的(unanschaulich)事物围绕着。"①我们只有这些事物瞬间显现的形象。我们知道它们从婴儿到成年状态的存在有内在的规律,但我们无法形成它们存在的形象。人民、国家像我们一样,对自己只有间断的观察。如果像于克斯屈尔所说,我们的周围环境包含动物的周围环境,这使我们能够了解它们,我们的周围环境则被伟大人物的周围环境所包含(他在这里引用了霍尔拜因),而周围环境永远不是整体的,那么我们就被包含在一个我们的周围环境不能包含的环境(Umgebung)②中。什么是各种周围环境的周围环境? 在他 1934 年的书中,这是绝对的现实,是自然:"所有周围环境都被整体所承载和保存,这一整体超越每一具体的环境。"③在所有被产生的世界背后,隐藏着自然-主体。1909 年,于克斯屈尔没有对这个"主体"做出实证的

303 规定。他完全不关心我们是否把环境看作一种更高存在的周围环境。我们必须简单地看到我们被我们不能直观(übersehen)的高等现实所包围。这两种对自然主体(Natursubjekt)的解释并不是于克斯屈尔作品中最有趣的部分。第一种不过是重拾康德的解决,第二种则是谢林的各种直观。第二种观点很有趣,因为于克斯屈尔坚持各种周围环境(Umwelten)彼此是包含的:我们所说的一切并不仅就人类的周围环境而言。他说,一种周围环境被另一种

---

① "impossibles à regarder"。
② "milieu","entourage"。
③ 于克斯屈尔:《动物世界与人类世界》,同前引,第 90 页。

包含是通过自己而被包含的。他说，我们人类也生活在彼此的周围环境里。谢林已经提出了类似的观点。人们仍然停留在过去的两难之中：一边是事物，是动物生命的原则，直观不能认识它们；另一边是自然主体。然而，存在某种新的东西：周围环境的概念。对世界的看法既不能简化为外部事件的总和，也不能简化为世界中没有的内部关系。这两种观点都没有为周围环境的产生留下空间。与生命一起出现的事件环境打开了空间和时间的场。这种优先环境的涌现并不是一种新力量的展现。生命只有与物理化学元素一起时才起作用，但这些从属的力量在它们之间建立了种种前所未有的关联。从这个时刻开始，人们能够谈论动物。这个时刻并不完全依赖于物理化学条件。动物就像是一种温和的力量。它不会满足于一种使其消失的给定的物理条件。动物进行调节，走各种弯路。存在一种动物的惯性。看一看表皮性组织的再生：动物被切成两半，每一部分都形成一个完整的动物，如此继续。如果 [304] 环境条件不好，由于组织营养不良，再生动物的体型就会变小，就像不惜任何代价必须维持这种类型那样。

　　生命不仅具有惯性和稳定性，也具有生命的顽强。于克斯屈尔的目的是让周围环境概念看起来是一种环境，人们在其中可以像理解尼尔斯·玻尔的个体原子（它是一个结构非常简单的场）那样理解这种东西，以及理解意识（它是二阶力量场）。人们可以称意识为"先验场"，是使各种生命场整体增值的场。人类的周围环境是一个开放的场，于克斯屈尔并不想把环境封闭在人类主体之上。人的宇宙不是康德意义上的自由的产物，这种自由是在决定中得到证明的事件的自由，这毋宁是结构的自由。简言之，根据于克斯屈尔,旋律的主题远比自然-主体或超感官事物的观念更好地表达动物直观。动物的主题是它的实现,是跨空间的和跨时间的。动物旋律的主题并不外在于它的显性实现,这是一种可变的主题关系,动物并不是通过样式的复制来寻求实现,而是往来于它那些具体的实现中,不需要这些主题成为有机体的目标。

　　周围环境概念不再允许我们在有机体与外部世界的关系中考虑有机体,不再允许我们把有机体看作外部世界的结果或原因。周围环境呈现在动物前面,不是作为一个目标,也不是作为一种观念,而是作为一个困扰意识的主题。如果人们想同人类生活中的类比的话,应当把这种行为的趋向看作与我们梦境意识的朝向类似的东西,梦境意识朝向自己从未看到的那些极点,但它们却是梦中所有元素的直接原因。这样一种认识模式如此适用于有机体各部分之间的关系,适用于有机体及其领地之间的关系,适用于动物之间的关系,以至于人们不再看到行为的起点和思维的结束。周围环境概念解释了解剖学的和生理学的有机体之构成,就像高等活动的周围环境那样。我们需要解释一个完整系列的事实,它们会把我们引向有机体内部以寻找这些主题。在最简单的生理学中,我们会发现与所谓的高等行为非常相似的行为。反过来,我们将不得不根据低等行为的存在模式来设想高等现象。

## 2. 拉塞尔所说的"有机体活动的定向特征"

　　拉塞尔在《有机体活动的定向特征》①中指出,组织或器官的

---

　　① 拉塞尔(E. S. Russell):《有机体活动的定向特征》(*The Directiveness of Organic Activities*),剑桥大学出版社,1945 年。

细胞之间的关系类似于行为的各种关系。反过来,我们所谓的行为可被看作有机体活动在其本有身体之外的延伸。行为是一种外循环的生理活动。反过来,生理活动是一种面向内环境的行为。在这两种活动之间,存在一些共同之处,即我们必须将其大致定义　306为一种行为,一种永远不能掌握它固有主题的行为。

因此,拉塞尔比较了修复组织的生理活动和修复其居所的动物的行为活动。比如疤痕的情况,我们观察到,在表皮细胞严重损伤的情况下,组织的再生过程是由分解的产物规定和引起的,人们可以通过这些产物的应用实验地证明这一点。这种现象具有行为的方面,因为我们看到细胞向受损细胞的深度转移和细胞的分裂活动(形态塑性),这取决于受损细胞的数量并且有时还需要补充。这两种现象不是并列的,而是相互调节的。如果是小伤口,第二个现象在第一个之前;但在大伤口的情况下,这两种现象是相辅相成的,似乎必须采取一切手段。同时,如果人们用玻璃纸覆盖伤口,整个过程就会中断。发生的一切,就好像起作用的是一个表面有着裂开的存在。因此,这个过程既是目的性的又是非目的性的。目的性,是因为它依赖于创伤;非目的性,是因为只要创伤没有显性的存在,就足以使它不产生。然而,人们不能把这种行为与使行为介入的修复现象相提并论。在某些幼虫中,修复用沙粒建造的外壳的过程也有类似的样子。这种修复呈现出巨大的柔韧性,同时,它的结构看起来同样井然有序。如果屋顶破损,则更换损坏的部分;如果后面部分(相对于动物的脸)看到了微不足道的损害,动　307物会通过扩大外壳的前面部分来修复它的住所;如果它被摧毁了一半,动物会转过身来,重建住所,然后恢复到它最初的位置。如

果破坏超过三分之二,动物可在六种可能性中选择:建造一个新的
外壳,重建那三分之二,修复后部同时改造前部等等。在这两种情
况下,有外壳的愈合和重建。拉塞尔指出三个相似之处:完全的、
有时是完美的恢复,一种过度-再生现象,随后是恢复到最初量值
的修正。用于再生的器官不是先天构造所能预见的。同样,如果幼
虫找不到沙子,它就用碎片做外壳,或者用其它由碎片、沙子和粘液
的混合物做基底。这些现象中令人困惑的是,它们是有导向性的,
同时在另一个角度又服从于非常精确的条件(小伤口或大伤口)。
因此这一进程看起来是被盲目规定的。然而,从另一方面看,存在
着一种包含了六种可能反应的进程;由此存在着犹豫不决的行为。

　　拉塞尔比较了生物的行为活动和机体内部的调节。这种体内
活动和行为之间没有界限。因此,为了与它的环境斗争,微型蠕虫
需要武装起来。但它并不是天生武装起来的。它只有通过吸收从
水螅体中借来的刺细胞——刺丝囊,并将它们移到外胚层中,才能
获得武装。当它没有刺的时候,它会攻击比它强壮的水螅,而且它
通常是害怕的,会吃下水螅的一部分。进入中胚层后,动物所需要
的细胞由中胚层细胞运送到表面。这样,数量恒定的刺丝囊就按
照固定的方向均匀分布。如果这种动物有刺了,它就不会攻击水
螅,即使它是年轻的,除非它濒临饿死:在这种情况下,它吃水螅的
肉,抛弃刺。相反,如果它没有刺丝囊,它就会攻击水螅并抛弃肉。
如果它攻击一个拥有它所需种类的刺丝囊的绿色水螅,其中仅有
两种是刺,那么它会保留好的,并消除其它的。在这里,行为源于
替换一个衰竭的器官。

　　在其它情况下,这些机体内部的调节会有真正行为的样子。

在红细胞的再生过程中,当氧气缺乏时,心脏就会受损,一氧化碳中毒;相反,在氧气过剩的环境中,积极活动会造成破坏。在狗身上,切除一半肝脏会引起另一半的肥大;但如果动物饮食清淡,这种肥大就不会产生。同样,失去一个肾脏也会导致狗的另一个肾脏肥大,除非狗的饮食缺乏蛋白质。如果人们通过结扎输尿管引起一个肾脏的萎缩,另一个肾脏就会肥大;如果人们取消结扎,已经开始的萎缩不会停止。这个器官似乎不想做太多的改变,如果人们切除肥大的肾脏,萎缩的肾脏就会过度肥大证明了这一点。此外,所有这些萎缩都不是消极的过程。因此,分娩后增生的子宫小动脉被破坏,而后会以正常大小重建。

　　而且,同一种功能有时由机体活动实现,有时由行为活动实现。温度的调节是特别直接的。变温动物的体温并不总是与外部环境的温度一致,它们的温度调节是由行为所保证的。昆虫只有通过原地拍打翅膀使机体保持一定温度才能飞行。蝙蝠在 2℃ 时处于冬眠状态,它只有在身体温度达到 30℃ 时才能飞行。蜥蜴可以待在太阳下,但要寻找阴凉处,并为它害怕运动的炎热季节储备食物。对于恒温动物,人们看到两种调节方式。随着温度的下降,老鼠会建造越来越密实的巢穴。

　　最后,行为活动并非仅仅作为成年状态之内在活动的补充而出现;它已经嵌入形态发生中,正如人们在昆虫的变态中看到的那样,在其中行为进程和有机体进程在同一个链条中彼此相联。因此,某些幼虫戴着钟形的保护茧,这使动物在蜕皮时能展开翅膀。因此,海洋生物的幼虫在 4 周时就会沉入海底;如果海底是由细沙构成的,那么它就会变态为蠕虫,用砾石制造出一个保护管;如果海底是由冰或泥构成的，那么变态就不会在正常时间发生，而是在一段时间后才发生，14 种动物中有 3 种是这样，但这是非典型的。

在有孔虫中，壳有时是由有机体分泌的，有时是用外部元素制造的。在这两种情况中，壳的形式是相同的。转述柏格森的话，人们看不到有机体的终点和生命的起点。某些甲壳类动物从外部环境中提取碎石作为平衡石，并将这些碎石视为其身体的一部分。反之，一只头部经过适当改造的工蚁，可以充当蚁穴的活门。在这样一种作为生命的活动中，有机体和外部环境是相互替代的。

310

拉塞尔在结论中从扁形虫的例子出发，强调了他工作中的两种主导思想。

生物体会朝向一个目标，即使是在最基本的活动中，例如扁形虫的组织再生。如果人们准备一块扁形动物的碎片，它即使没有中枢器官也会再生，但这不是对个体发育的复制。如果断开的部分发挥了中枢作用，它会从头部再生。这里存在着一种组织的等位性。一块组织给出了多于其实际结构的可能性。这是对亚里士多德主义的实验性证实：存在一个超越机制的形式因——在扁形虫的每块碎片中都有一个完备的规划。

拉塞尔同时强调，这种目的性无论如何都会起作用。如果人们切开扁形动物，把一些开口朝前，其它开口朝后，完全朝前的区域就会形成一个或几个头，而其它区域则会形成一个尾巴。动物的目的性是盲目的，它不是根据整体的计划，而是根据局部的条件被调节。有机体呈现出一种有限的、专门的目的论。这种目的论并不指向有机体完全的内在性。它不是全能的，因为它不抑制物理化学条件的效率却接受它们的所有变化。在有机体的发展过程中,任何物理化学规律都不应被看作是可废除的,而且这样的有机体是不能用物理化学术语来表达的。正如拉塞尔差不多说过的,311 一个有机体不是一台机器,无论这台机器是否由一种隐德莱希所支配。出于同样的原因,与目的论者相比人们更不可能是机械论者。目的论并不是真正的目的论和被视为障碍的机械论之间的混合。它是一种第三序列的生命活动。其证据是,任务是不一样的:人类的目的论通过机器的组装来建构,而有机体则通过自动分化来完成。拉塞尔为此引用了叔本华的话:"有机体是一个真正的奇迹,不能与任何人类的作品相比,后者是在知识之灯照耀下人为制造的。"[①]动物的目的论有一种半-盲性,这是为其至高的效率付出的代价。这两种事实必须用同样的原因来解释,与其把不完美与机械障碍联系起来,不如把完美与真正的目的联系起来。

从这些作者的这些观点来看,这块是有机体的物质碎片的统一只有通过其行为和活动才能实现,而这可能是相对弱的、缺乏创造性的活动。如果行为有意义,如果特定现象的安排预示着一种意义,这种意义就在于恢复、保存功能过去之所是,而无更多。发明只涉及手段的选择,而活动则停留在预先存在的功能框架内。312 但这些动物不是机器,正是由于这个原因,它们被一种具有整体性

---

① 参见拉塞尔:《有机体活动的定向特征》,同前引,第 173 页。梅洛-庞蒂直接翻译过来的英文文本如下:"有机体将自身呈现为一个奇迹,它无法与知识灯光下由人为技巧形成的任何产品进行比较"(帕克[Parker],1928 年,第 404 页)。这是《关于自然意志》(*Über den Willen der Natur*,1836)的节选,爱德华·桑斯(*Edouard Sans*)的法文翻译是:"有机体是一个真正的奇迹,不能与任何在知识之灯照耀下人工制造的人类作品相比。"《关于自然意志》(*De la volonté dans la Nature*),巴黎:法国大学出版社,1969 年,再版于"战车"丛书,1986 年,第 111 页。

质的秩序原则所支配。目的论是有限的和专门的，因为它受制于精确的条件，否则进展不会产生。这不是外部形式对机械原因的作用，而是借助发展和分化从内部到外部的作用。因此，决不能把组织的等价性当作对动物是形式之容器的肯定；决不能认为在扁形虫的每个碎片上都有一个隐藏的头，在每次切割时都会穿过鼻子；一言以蔽之，决不能把这些潜在性设想为缩略的行为。毫无疑问，显然有机体并非观察者眼皮底下现实地看到的样子。如果有机体被还原为它的现实存在，那么这样的繁殖是不可能的。因此应当说，如果……扁形虫就会出现：它们因此是一种受条件限制的存在。

有机体不是由它的局部存在定义的；超出它的存在的，是一个主题、一种风格，所有这些表达寻求表达的，都不是在超越存在中的参与，而是在整体结构中的参与。身体从属于一种动态的行为。行为处在身体性之中。有机体不是作为赋有绝对性质的东西而存在，不是作为笛卡尔空间的碎片而存在。有机体是围绕各种规范的波动，①受结构限制的种种事件，这种结构不会在另一种秩序中实现，而是与这些事件有种种关联。诉诸跨空间的主题并不在于把机械性的预设转化为形而上的预设，或者把我们不能放入**存在**的东西放到**存在**之外。生命存在不是一种形式；它是直接形成的，不需要其主题首先成为一个形象。形态发生既不是一个模仿者的工作，也不是一股持续的力量。理念是与活动密不可分的指导。有机体的实在假设有一种非巴门尼德式的**存在**，一种摆脱存在与

313

---

① 康吉莱姆：《正常和病理》，同前引，例如《结束语》，第 155 页；另见 2013 年新版，第 204 页。

不存在两难的形态。[①] 因此,人们可以谈论这些实现的主题的出现,或者说这些事件聚集在某种不在场的周围:由此,在知觉中,垂直和水平无处不在,又不出现于任何地方。整体同样是无处不在又不出现于任何地方。正如司汤达谈论《吕西安·勒万》[②]的英雄行动的真正原因时所说,生活依赖于"根基",而这些角色没有给出真正的原因,司汤达也没有给出。生活的各种现象围绕某些链接而转向。主题依然是一个特定的引力场确立起来的种种维度。存在的不仅仅是各种事件,而是具有或大或小影响的事件。

### 3. 作为外循环生理机能的有机体的行为

A) 拟态现象(阿杜恩):生物与魔力

阿杜恩在《动物拟态》[③]一书中认为,我们可以把拟态现象分成两组:一类是与环境相似的动物,另一类是与其它动物相似的 314 动物。

在第一类中,我们可以区分固定同色性现象:这是动物生活的一般趋势。因此极地动物是白色的,尽管有一些例外(北极的一些昆虫是黑色的)。同样地,在树木的生长环境中,许多昆虫的颜色与树木相同。但也有明显的非同色性的例子:某些动物的装饰不仅没有用处,甚至使它们的生存变得恶化。这些例外不支持我们

---

① 鲁耶:《生命形式的发生》,同前引,第 272 页。
② 《吕西安·勒万》是司汤达在 1834 年 5 月至 1835 年 9 月写成的一部长篇小说。——中译注
③ 阿杜恩(Hardouin):《动物拟态》(*Le mimétisme animal*),巴黎:法国大学出版社,1946 年。

说这些安排是偶然的。被质疑的装饰的实现可能是定向的。设计假定了一个整体性的进程。可以很好地论证，生命并非仅仅服从于效用原则，在表达的设计中有一种形态发生。

我们也可以考虑可变同色性现象。这关联于动物对光线和环境颜色的适应。皮埃隆①的鳟鱼，在清澈的水中饲养时颜色明亮，在深水时颜色则晦暗。同色性是通过眼睛的参与实现的，尽管并不皆然。

我们还可以进一步引证同型性现象。动物与环境的相似之处不仅在于颜色，还在于结构。因此，在马尾藻海的海洋动物中，某些动物具有华丽的叶状色彩，它们是在大量的细部中实现的：棕色的脚和轴，橄榄绿、浅红色或金黄色的长叶；海马身上布满了看起来像墨角藻的柔韧丝带。同样地，树上的某些毛毛虫在颜色、外形甚至行为上都与树相似：动物有一种僵化不动性，使它看起来像一根树枝。在某些昆虫如树叶虫中，雌性是真正的"动物叶子"；她的卵具有几何外形，呈棱状和膜状，因此它们与谷物相似。咖啡虫像干燥的、凌乱的、参差不齐的叶子，叶状爪子上有网状的痕迹，类似于毛毛虫在树叶上爬行时留下的痕迹，即加密的斑点。然而，这些描述只关联于博物馆内被观察的动物，而非在其环境中的动物。同样地，桑德岛上某些昆虫的外部翅膀很像树叶，遗憾的是这种动物总是翅膀折叠着被陈列在博物馆里。因此，并不存在拟态，而是必须做的一切成就了一种拟态。多肢畸形的例子有很多，这是生

----

① 皮埃隆："条件反射"（*Les reflexes conditionnées*），收入杜马的《心理学新论》第二卷，巴黎：Alcan 出版社，1930 年；法国大学出版社再版。

命形成的形态浪费：适应不是生命的准则，而是自然生产之流中的一种特殊的实现。

我们已将一种现象与"旗帜着色"做了比较。它们似乎具有同样的功能。这些能见的轨迹事实上是由武装精良、气味难闻、不可食用的动物制造的，但并非总是如此。因此，效用不是评判生活的标准。景观–姿态的存在同样如此：鮟鱇鱼自身有一条真正的线，它是一根柔软的钓竿，前端是一块白色皮肤形成的"钓饵"；它把脸藏在泥里，等着鱼儿上钩。香蕉树的蝴蝶在战斗中会展现类似眼睛的标记，但这只是一个传说；螳螂通过振动来显露自己在战斗中的颜色，如果它吓到了什么，那被吓的是人类观察者，而不是蟋蟀。316

总之，在拟态的种种事实中，还需要注意不同物种之间的模仿。通常，在同一位置，彼此相似的物种中一种是可食用的，另一种则不是。不可食用的蝴蝶通常与可食用的是酷似的。然而，这种趋同并不必然源于模仿（同样地，在艺术史上，人们发现有些相似的形式，但它们之间并不存在模仿的可能性）。相反，存在一个物种被其它物种模仿的事实。蝴蝶模仿黄蜂的行为，与之具有同样的颜色、飞行方式、速度、不规则和高度。苍蝇混进蜜蜂的蜂群中并与它们混同；蜘蛛学蚂蚁走之字步，在蚂蚁用足的地方蜘蛛用触须模仿，即使这样它仍需要小心。如此来看，隐翅虫在模仿蚂蚁时是盲目的。人们还可以援引布谷鸟的共生现象：它们让其它鸟孵蛋，共生的布谷鸟的蛋与寄生的动物的蛋颜色相同，只有一种布谷鸟有白色的蛋。这是布谷鸟中唯一筑巢的种类。总之，有些动物伪装自身：比如说，螃蟹用藻类覆盖自身。不过在此仍不应过多地谈论适应。在实验室中，螃蟹会把不论什么样的任何东西放在它们背上，比如与之同类的东西或亮色的纸。

只要在上面所说的事实中仍有很多神话的东西，那么拟态问题就尚未被解决。这些神话被创造出来且拥有长久的生命，恰恰让这些事实变得有趣。这些事实之所以引起了科学家如此的注意，是因为观察者的某些内容受到质疑，或者说这些事实似乎达成317 了一种自然之谜。承认一种神秘的活动，就是承认相似性本身是一种物理要素，承认相似关联于相似物。然而，相似性看起来要么是自然的运作，人们以某种方式理解它，要么是某些含混的目的性的证据，要么毋宁是动物与相似的环境之间的神秘联系。在空间中被划分的世界与隐藏在"表象世界"的区分背后的"意志世界"的统一之间，应当存在一种叔本华所说的内在关系。尽管事实上不可能否定拟态事实的存在，但为了区分真实的拟态与虚假的拟态，人们不能把拟态只有有用才能是真的当作判定的标准。这种限制是不合法的，因为这禁止了对所有无用事实的观察。恰恰相反，正是这些事实允许人们质疑达尔文主义的观念：生命不仅仅是为了有机体的持存，在生命中存在惊人的形态繁荣，其效用几乎不曾被证明，它有时甚至成为动物的危险。我们因此必须承认基质与动物之间的内生关联，承认环境与动物之间不可分的可能性。人们试图用意识来解释拟态事实，陈述身心的活动。为此动物就必须是有意识的。此外，让意识干预并不会比让自然干预更清晰。意识的来临并不会比动物的外形与环境之间的未分性更清晰，就像斑马那样。在这两种情况下，存在着术语的相互错合。正如谢林318 指出的，概念和**自然**是同源的。当人们认为应当把"有机体"定义为具有确定规范的，决定了事实发生的先天之物时，人们事实上也就承认了这样的观点。这难道不是在事上实现了与外部环境的不可分性吗？当我们像格塞尔那样指出，胚胎中存在拇指-手指相对的预期时，我们同样地承认了魔力。承认感觉器官的存在，就是承认一种奇迹，就像承认蝴蝶与其环境之间的相似性那样引人注目，因为在感觉器官中，物质是以它对环境可感的方式被安排到环境之中，而器官并非如此。因此，视觉器官的生理学就是器官的物理结构允许达至与环境形式相符的知觉结构。这种对照具有双重目标：一方面消除拟态可疑的特征，另一方面使看起来不言而喻的东西显得是令人惊奇的，简言之，使通常的与非同寻常的相互交流。应当看到魔力被保存在特定的初始阶段，并不存在通常的魔力。因果关系仍然是有用的，魔力最初集中在身体的结构上，然后从形式的原始痕迹中抽取出来。但魔力总是一种无法使生物摆脱事件的严格条件的力量。一方面是无拘无束的生命自由，另一方面则是生命经济学。

B）波特曼对动物外形（形态）的研究

波特曼[①]和巴尔研究的出发点是，认为把对有机体的研究限制在有机体之内是武断的。这是一种偏见。我们自然地认为最真实的是最深处的，它总是隐藏在里面。而对动物外形、形态（格式塔）的考虑则并非毫无益处。内部法则与外部法则具有不同的秩序：内部给人机器的印象，外部则给人艺术产品的印象。内部是对

319

---

① 波特曼（Adolf Portmann）：《动物形态，对动物外形的意义研究》（*Die Tiergestalt，Studien über de Bedeutung der tierischen Erscheinung*），第二版，巴塞尔：Reinhardt 出版社，1960 年，乔治·雷米（Georges Rémy）译：《动物形态》（*La Forme animal*），巴黎：Payot 出版社，1961 年；再版时，译文由德威特（J. Dewitte）修订，巴黎：图书馆出版社，2013 年。

称的,外部则是不对称的。动物的外形比内部组织更清晰地体现
了动物的分化(例如,参见高等动物的头与肛门之间的区分,那里
体外睾丸的存在被看作高度分化的标记)。低等动物在某种程度
上是"透明的"高等动物的"面具",或者说在外部形态的丰富性上
一种是"广延的",另一种是内含的。因此,拥有多种形态的软体动
物,如螺旋状软体动物,只有广延的丰富性,它的具体形态是机械
地生成的。它的分泌的节奏特征使它具有螺旋形态。相反,高等
动物的外形更为沉稳,但表达能力则更强:身体完全就是一种表达
方式。

　　那么外部与内部的区分究竟意味着什么? 以动物的装饰为
例。青蛙只有处在生物学的位置(大腿折叠)时,它的斑点才形成
一个图形。发生的一切就像青蛙是被画笔一下子画出来那样。鸟
的羽毛也是如此结合形成一个整体的样式。如何理解这些例子?
各种设计元素的趋同是一种可观察的事实,就像有机体的其它趋
同,就像允许消化现象的元素的趋同那样。肺形成于胚胎呼吸氧
气之前,同样,斑点整体指向一个可能的眼睛,指向一个"语义整
体",指向一个"批判的整体",它使动物能够被同类生物所辨识。
在动物形态的建构中,我们应会看到不同于内器官活动的东西。
对内分泌学家来说,之所以"公鸡的鸡冠只是荷尔蒙的压力计",就
如同公鸡被造出来是为了被内分泌学家观察,是因为后者使动物
成为科学的对象,而且内分泌学家并没有根据动物自身的真实来
看待它。有两种看待动物的方式,就像有两种方式来看待一块旧
石头上的铭文:人们可以询问这种铭文是如何形成的,人们也可以
询问它意味着什么。同样地,人们既可以在显微镜下分析动物的

进程,也可以把动物看作一个整体。

软体动物的壳没什么重要意义,因为它是由局部进程所生成的。动物并不是在壳中表达的。相反,斑马皮肤的设计有一种意义,因为它是由趋同进程的整体所实现的。当这些动物以各自的方式呈现在我们眼前时,每一种又是以怎样的方式表现出意义?当人们把外形理解为一种语言时,动物外形的研究就变得有意义了。我们必须在动物相互显示自身的意义上把握生命的奥秘。由此,巴巴多斯岛上螃蟹的 27 个种类,就有 27 种性的显示方式。我们不应当把性的显示只看作根本事实,即雄性细胞和雌性细胞的交合的纹饰,这样的话,我们就无法理解这些显示的丰富性。性欲的目的如果只是有用,那么它可以用更经济的路径显示自身。而且,雌雄同体通常出现在低等物种那里,还有一些低等物种,精子和卵子只有在雌性体外才会相遇。在高等动物那里,性关联不是被废除了而是被转移了:它具有一种表达价值,一种"形态价值"。如果生命在于形成动物的一致性群落,只要简单的触发就够了。因此脸部同样的肌肉(比如那些用于闭上眼睛的肌肉)在低等脊椎动物那里具有效用功能(即保护眼睛),而在高等动物那里还具有表达功能。肌肉被转移为一种表达方式。这使我们倾向于认为身体是"生理学口袋",就如福西永①所说的那样:假设有机体只有自我保存功能,那么它的所有功能都是有用的、技术的。然而,有机体形态中只有非常小的一部分才满足这些条件。应当批判把生命

①　可能要参见福西永(H. Focillon):《形态的生命》(La vie des formes),《手的赞歌》(Eloge de la main),巴黎:法国大学出版社,1943 年;再版于"战车"丛书,1981 年,这一思想表达在其导言中,但我们没找到这一表达。

概念同化为追求效用或意向目的的概念。动物形态不是目的的显

322　现，而更多地是显现和在场的存在价值。动物显示的不是效用，毋宁说，动物的外形显现了某种与我们似梦的生命相似的事物。无疑，在某种意义上，性的仪式是有用的，它之所以有用完全是因为动物是其所是。只要动物存在，这些显现就具有一种意义，但它们是这种或那种意义的事实则毫无意义。人们能够就所有文化说，它既是荒谬的又是意义的摇篮，同样可以说所有结构建立在没来由的价值和无用的混杂基础上。

拟态现象和波特曼对动物形态(Tiergestalt)的思考，必将使我们熟悉这样一种观念，依据该观念行为不应当以效用和目的论概念而被理解。

拟态要求我们承认动物形态学与环境之间存在内在的相似关系。事情发生得就好像它们之间存在着未分性，存在着知觉关联。形态发生不仅被质疑，它事实上总是无效的，而且需要行为的帮助。关于这一点，参见廷伯根的研究。腹部黑色且背部清晰的鱼游动时腹部朝上。某些生活在坑内的幼虫身上有松针般的条纹，针根部有褐色的部分，顶端有绿色的部分。人们试图用如下事实解释行为的同色性，即它达成了各种刺激的平衡。但是，为了使这种解释有效，动物需要对其身体有感知。这主要是从拟态首先是形态发生的事实那一刻开始。既然人们无法通

323　过身心因素来解释形态发生，就应当把拟态事实解释为更接近形态发生的行为，而不是相反。此外，承认身心因素并不是为了简化神秘关系，而更多地是通过承认在动物"意识"中存在一种它需要

模仿的原型(Urbild)<sup>①</sup>，来隐藏神秘关系。

　　但是，人们会说，把相似性当作自然界中的一个操作因素，并不是认为相似性可能只对人眼有意义。人们即使承认对第二性质的批判，还是会认为第二性质，即便是显而易见的，具有一种指示性价值。如果它们彼此相似，那么它们的物理关联也彼此相似。另一方面，说模仿关系并不是存在的部分，这是一个假设，并且正是有疑问的。动物与环境的关系仅仅是狭义的物理关系吗？这正是问题所在。模仿所证实的似乎是恰恰相反的东西，即行为只能由感知关系来定义，而**存在**不能在被感知的存在之外被定义。

　　波特曼的研究似乎证实了这种看待事物的方式。没有必要认为在构成生命的为数众多的个体性中有同样多独立的绝对性，这些绝对性的所有普遍性就自身而言仅仅构成了理性的种种存在。我们无权把物种看作彼此外在的个体的总和。同一物种的不同动物之间的关系，与每个动物身体各个部分之间的关系同样多。动物的外观与其视觉能力之间存在关联这一事实似乎证明了这一点：动物去看因为它是可见的。这把我们带回相同的哲学考虑。<sup>324</sup>正如之前所说，在真正的知觉之前存在知觉关系，同样在动物之间存在镜面关系：每一种动物都是对方的镜子。这种知觉关系为物种概念提供了本体论价值。所存在的不是各种独立的动物，而是动物间性。物种是动物必须是其所是的，不是在存在权能的意义上，而是在同一物种的所有动物都被置于其上的斜坡意义上。用

---

　　① modèle.

比夏的话说，生命不是"抵抗死亡的功能的集合"，①而是一种创造可见东西的力量。视看之物与所见之物的同一性似乎是动物性的一个组成部分。

C）洛伦兹对本能的研究：从本能向象征的过渡

洛伦兹的作品很难找到。《人们所不知道的动物》②只是一个普及的法语版本，就像英语中的《所罗门王的戒指》③一样。事实上，他的科学著作被简化成一些文章，人们可以在《鸟类学刊》或《心理学杂志》上找到这些文章。正是"鸟类环境中的伙伴"④这一
325 作品使他在 1935 年成名。鲁耶有一篇论文致力于同一工作。⑤

洛伦兹是于克斯屈尔的学生，和他的老师一样，他扎根于康德主义（参考洛伦兹 1943 年在《心理学杂志》上的文章"动物可能经验的

---

① 比夏（X. Bichat）：《对生命和死亡的生理学研究》(*Recherches physiologiques sur la vie et la mort*)，首版于巴黎：Brosson，Gabon et Cie 出版社，1800 年；再版于巴黎：Flammarion 出版社，"GF"丛书，1994 年，第 57 页。

比夏被认为是现代组织学的奠基人，并对医学和生物学的发展产生了深远的影响。原书注释首版出版信息不全，经查阅后补充完整。——中译注

② 洛伦兹：《人们所不知道的动物》(*Les Animaux, ces inconnus*)，巴黎出版社，1953 年。

③ 洛伦兹：《所罗门王的戒指》(*L'Anneau du roi Salomon*)，法文版由范·莫佩（D. Van Moppès）译，巴黎：Flammarion 出版社，1968 年。

它讨论哺乳动物、鸟类和鱼类。原书参见：Lorenz, Konrad, *Er redete mit dem Vieh, den Vögeln und den Fischen*, Borotha-Schoeler, 1949。——中译注

④ 由 C. 弗雷德和 P. 弗雷德（C. et P. Fredet）译为法文，收入洛伦兹的《动物行动和人类行为研究》(*Essais sur le comportement animal et humain*，巴黎：色伊出版社，1970 年)，题目是"鸟类环境中的伙伴"(*Le compagnon dans l'environement propre de l'oiseau*)；再版于"界限点"丛书，1974 年。

⑤ 鲁耶："本能与目的"(Instinct et finalité)，收入《动物行为和人类行为的本能》(*L'Instinct dans le comportement des animaux et de l'homme*)，辛格-波利尼亚克基金会(Fondation Singer Polignac)1954 年条例，巴黎：Masson 出版社，1956 年。

先天形式"①）。在这两个要素之外,还有导向因果经验的欲望,这个主题或多或少模糊地与有机体一出现就预设的先天观念混合在一起。从机械论角度来看,洛伦兹与廷伯根的荷兰学派有联系。但在洛伦兹那里,直观和深度比荷兰人那里要多得多。

洛伦兹的方法建立在以下考虑的基础上:

1. 行为在从有机体涌现时,我们就应当认为它像形态特征一样地稳定。某些物种只能通过它们的行为来区分。行为允许形态学。

2. 把行为简化成一个整体是不可能的。行为不能被理解为层的相继。

3. 在自然科学中,人们可以用归纳法证明一切,实验不能证明什么,只应考虑当场的观察。

4. 应当避免将人类的范畴投射到动物行为上。因此,我们不应说亲代本能:鸭子把某一物种的幼崽当作自己的幼崽养大,只要 326 它们的叫声与同类的叫声足够接近。

"本能倾向"不是指向一个目标的行动,甚至不是指向动物没有意识到的一个远处的目标。本能是一种"没有对象"（Objektlos）的原初活动,对象不是一个目的的原初位置。本能是一种几乎与有机体的使用相混淆的活动。动物使用身体来饮水的方式因物种而异。食物和排泄功能也一样:它们都伴随着一种仪式。举个例子,鸟类为其羽毛涂油的方式因物种而异:一种鸟用它的喙从

---

① 洛伦兹:"动物可能经验的先天形式"（Die angeborenen formen möglicher Erfahrung），《心理学杂志》（Zeitschrift für Tierpsychologie），1943 年第 5 期,第 235 – 409 页。

分泌腺体取油，用它的脚爪取油，把油举到它的头上，然后低下它的头朝向身体；另一种鸟则用头蹭它身上的羽毛。一般来说，物种有其特有的姿态。由此，年幼的鸭子用喙与敌人保持一定距离，这个距离相当于成年鸭翅膀的大小。本己身体与功能行为的关系不依赖于机械平衡，而是依赖于真正的先天。动物物种拥有各种特有的行为模式，"完全就像它们有各种牙齿那样"。

因此，在这些差不多被归结为有机体运作的本能倾向中，人们已然超出机械论的解释。本能不会走向发展的机制，人们在复杂的本能倾向中更清楚地看到了这一点。本能活动没有对象，它们会缠住一个对象而不是指向这个对象。洛伦兹因此引用了苍鹭的例子，苍鹭从未表现出筑巢行为，而是要到下一年才会表现出筑巢行为。苍鹭有一天看到了树叶，兴高采烈地落在它们面前，然后采取了积累树叶筑巢的行为策略，接下来又复归平静。这并不是说本能还在那里，而是说它由局部反应所宣示，接下来就像这种行为被消除了一样。在这些本能活动中，动物所运用的能力严格来说并不是本能的（知觉，运动机能）。那是些朝向某些目的的活动，洛伦兹称其为"趋性"（taxie），就像知觉那样。本能活动与这些活动相比总是超过或者不及。必须区分各种知觉要素与各种本能要素，后者是无对象的。趋性是一种定向的且带有目的性的身体运动；它是一种意向行为，旨在以刺激具有最大的可变作用和训练作用的方式安置动物。由此，在鹰瞄准猎物的行为中，我们应当区分可变的"趋性部分"，即动物寻求以最好的方式锁定猎物的运动和常规的"进食活动"。在这一常规中确立的不是与对象的关系，而是一种化解内生张力的尝试。这种张力之所以遇到对象，不是因为张力被导向对象,而是因为对象是一种能够化解张力的方式,仿佛对象作为动物主题的支点介入,仿佛它给动物带来了动物自身带有的旋律的片段,或是唤醒了先天,激发了回忆。对象的选择有其特别之处:它从来不具有朝向一个目的、由一个目的所激发的定向(它在选择对象时可能会出错),也不会成为像反射那样起作用的简单的触发器(如果动物还没有成熟到可以做出这种行为,或者它是满足的,触发器就不会起作用;相反,如果需求太强烈,任何东西都能触发这种本能)。本能是一种从内部确立的活动,它是盲目的,不知道它的对象。因此,从未表现过捕食苍蝇行为,也从未在它的同类中看到过这种行为的椋鸟,即使它的环境中完全没有苍蝇,仍然表现出捕食苍蝇的整个过程。它栖息在一尊雕像上,观察天空,带着在猎物出现的瞬间其物种特有的姿态。它的眼睛和头部跟随不存在的猎物,然后起飞,做出抓捕的动作,用嘴攻击(不存在的)草食动物,并杀死它;它会做出吞咽动作,然后就像吃饱了一样抖动身体。这种本能不是为了目的,而是一种为了快乐而进行的活动。因此,灰鹅生活在水边时,它们食槽里即使有充足的食物,还是会做出这个物种所特有的跳水动作,哪怕池塘里并不包含这些动物吸取养料的植被。因此,纯粹的本能活动中显现了一种指向,它朝向似梦生命的非现实性。即使这些动作在大多数情况下都产生于朝向对象的指向,它们仍是完全不同于指向对象的东西,它们是某种风格的显现。

　　如果不考虑这些,洛伦兹非常重视的内部触发机械论的作用就可能被误解。对大多数本能而言,存在着大量确定的外部刺激,重要的是注意这种触发只与实现特定风格的行为有关。这不是原因,而是对一种天生的复合体的召唤。我们必须同时坚持刺激是准必然的特征和本能是内生活动这一事实。本能行为更具机械行为的特征,尽管它并非真正的机械,这有点像于克斯屈尔的发育蓝图。只有行为从内部准备并被唤醒才存在机械行为。正如雷米·肖万在他关于蝗虫的书中所说,"生物体不是一头懒惰的驴子,需要一根刺激它的棍子驱使它前行:它更像是一匹不停地想要越过障碍的马。"[①]人们不能通过适应概念来理解本能。适应概念假定当前环境和有机体的行为之间有一种点状的对应关系。然而,这里的行动是对可能的情况的预测。某些本能行为出现在承担它们的器官之前。本能首先是一个主题,是一种风格,它与在环境中唤起它的事物相遇,但它没有目标:它是一种指向快乐的活动。

人们可以区分三种"先天触发的刺激":

a)第一种情况只是一种有限的情况,在这种情况中,能引发活动的图式是非常精确的。在这里对象实现的是动物行为的统一,而不是有机体的统一。但这只是有限的情况。

b)通常情况下,有机体不适应过于确定的刺激。因此,有可能通过仅包含一些抽象细节的诱饵来欺骗动物。这就是为什么很容易描述触发图式的原因:雄鸟的求偶装饰是为了被描述。相反,很难区分相邻物种的雌性,因为这里的差异更多的是关于整体的形态,而非细节的融合。然而语言是用来描述细节的。洛伦兹引

---

① 雷米·肖万(Rémi Chauvin):《昆虫的生活和习性》(*Vie et Mœurs des insectes*),巴黎:Payot 出版社,1956 年,第 75 页(肖万事实上引用了科勒[Koehler]和霍斯特[Holst])。

用歌德的话说："语词徒劳地试图重建形态。"[1]因此触发-刺激不　330
是一种具有整体意义的结构，而是附加地起作用的整体的特征的
总和。如果其中一个特征缺失或被微弱地标记，就可以通过夸大
另一个来弥补。

　　这解释了布谷鸟身上的寄生现象。寄生动物与宿主动物同类
相比，实现了最好的刺激条件：它实现了超正常的刺激。因此女人
涂口红。发生的一切就像正常刺激更多是一种类型，就像通过正
常刺激，动物才瞄准超出正常的东西。触发器毋宁是一种观念，正
如鲁耶所说，这是一种"实验柏拉图主义"。[2]

　　这种刺激即使实际上只是一个诱饵（例如，在覆盖了雌性分泌
物的玻璃棍上耦合的蝴蝶的情况），仍对动物施加一种魔力。有一
种本能的恋物癖，一种强迫性的现象。因此知更鸟看到红色时，仿
佛失去了理智一样进入了恍惚状态，而它对形状的感知却无限精
细。本能有一种梦幻的、神圣的和绝对的特性。似乎动物既想要
又不想要其对象。本能既在自身，又是朝向对象，它既是一种惯　331
性，又是一种幻觉，一种梦幻般的行为，能够创造一个世界，能够抓
住这个世界中的任何物体。在某种程度上，本能是一种不知道为
什么就想找到解脱的张力，它与其说是针对真实，不如说是针对虚
幻。本能朝向形象或典型。本能有一种自恋。如果它倾向于通过

--------

　　① 　引文的原文是："既然语言徒劳无功／在建立各种创造的形式时"（denn das
Wort bemüht sich umsonst／ Gestalten schöpferisch aufzubauen），这是洛伦兹在他的
《我在这里，你在哪里》（*Hier bin ich，wo bist du*？ 慕尼黑：Piper 出版社，1988 年，第 23
页）一书中重新引用的表述，它在那里说参见《浮士德》第二部。但我们没有在后者中
找到这些诗句。

　　② 　鲁耶：《动物行为和人类行为的本能》，同前引。

固定于一个对象找它的同一性，它就不知道它是什么，也不知道它想要什么。从存在既是视觉又是激情，存在同时具有行为的内在法则和与外部世界的关系时就有了生命的戏剧。这种做与看的双重性，甚至在审查出现之前解释了本能的强制性。这是一种戏剧，因为动物将其它动物看作敌人和自己的补充（参见动物在性炫耀中表现出的攻击性和爱的混合）。

　　从这种抽象的触发－刺激出发，洛伦兹引入了两个新的生物学概念，即"活动循环"和"同伴"（Kumpan）概念。这些触发－图式实际上规定了行为的整个系列，而没有把它们彼此联系在一起。动物拥有受特定环境限定的各种关系（就如人们有假期的伴侣、学校的朋友等等，而人们后来再未见到他们），而不需要它们彼此之间相互影响。对这些对象的每一对象，它都固定采取一种天生的行为。这些对象不是由**自然**选择的，存在着对对象的选择是自由的边缘领域。这样，寒鸦就有三种活动循环，因此也就有了三种类型的伴侣。洛伦兹所描述的寒鸦，不像这个物种通常那样，醒着时和其它寒鸦一起散步，而是和乌鸦一起散步。它曾有一只年轻的"童年－伙伴"的寒鸦，但它的"亲代－伙伴"和"性－伙伴"的对象是人，在这个例子中就是洛伦兹自己。

　　因此，在先天图式和外部方法之间有三种相互作用。确定图式，用**自然**没有预见的存在充实图式的印迹、"印记"①。因此存在着个体的多样性。动物行为的统一不再建立在对象之上，而是建立在印迹之上。先天图式在空白中画了一个由固定的点形成的框

---

　　① C. 弗雷德和 P. 弗雷德译为"感性化"（sensibilisation）。

架。这种印迹有一个普遍的特点：它把动物与物种，而不是与个体联系起来。因此，学会跟人走的鹅会跟随所有人。印迹与学习的区别在于两个特点。学习可以在生命中的任何时候进行，而印迹只在一个固定的日期进行：在这个日期之后，动物就再也不会表现出这种本能。因此，尽管条件反射的特性是可逆的，但这个印记是不可逆的：与其它禽类确定关系的鹅[①]不会和随便一只鹅发生性行为。

　　c）最后，一些动物借助于对形态的知觉定居在环境中。行为就被统一了，或者倾向于在主体方面被统一，因为本质和非本质之间实现了区别。

　　如此，我们就能像洛伦兹所做的那样，把印痕（Prägung）现象与胚胎学的"归纳"相比较。[②] 就像我们区分了"调节胚胎"与"嵌合体胚胎"那样[③]，我们也应区分发育蓝图是确定的本能和其它包含缺空的本能，同样，移植的发展一方面取决于它由之提取出的组织源，另一方面取决于它被植入的组织的性质。

　　因此，本能并不遵循全或无的法则。它是内部组件与外部组件的汇合。内部组件非常强大也没有关系。就外部刺激来说，活动能够空地产生。相反，如果外部组件实现了非常强大的刺激，动物就会做出反应，而它在面对微弱的诱惑时无动于衷。

　　本能有了空的活动，就能脱离正常或者从本能活动过渡到象征活动。空的或概括的活动，将成为动物之间交流的手段。这些

---

　　①　鹅有白鹅、籽鹅、太湖鹅、雁鹅、狮头鹅、豁眼鹅等品种。——中译注
　　②　这涉及的是从施佩曼那里借用的一个表达，施佩曼：《实验对发展理论的贡献》（*Expermentelle Beiträge zu einer Theorie der Entwicklung*），柏林：斯宾格勒出版社，1936 年，第 41 页。
　　③　同上书，第 42 页。

333

行动不是为善而实施的,而是作为有效行动的替代品而实施的,因为非现实的一部分被置于本能之中。"本能地去做"将会转变为"似乎去做"。概括行为很容易成为意义。在鸭子中,起飞行为——蹲下然后抬起头——迅速成为训练幼崽的标志;在鱼身上,头部的横向运动是离开的信号。突然停止的运动在一个物种中变成一种呼唤(妈妈身后的幼崽),在另一个物种中变成一种示警(压在妈妈肚子下面的幼崽)。在本能和象征之间有一种非常紧密的关系,象征源于这样一个事实,即本能在其功能上总是和与对象的某些部分相应的图式的出现紧密相连。触发图式一开始的缺空特征意味着,本能更多地是对世界的一种系统构建,而不是指向一个

334 完全构成的外部世界。这就是为什么本能活动很容易转化为模仿活动的原因(参看一些鹦鹉拿赛璐珞球作为同伴)。这些象征活动与"条件"活动有很大的不同。在任何情况下,只要行为形成了共鸣,人们就会观察到一种象征性行为:这种行为建制的条件与先天图式不可分割,或源自于这些图式。

沟通源于与生俱来的符号,但是以间接的方式。有必要使在某种程度上同样是与生俱来的行为起作用。但其它行为则是派生出来的,比如替代和移置行为。我们可以用机械的方式来解释这些派生行为。正如萨特在他的情感理论[①]中就热内所说的那样,派生概念支持这一解释。热内认为,当动物拥有大量能量并且无法将其转移到某些路径时,就会出现移置行为,将其转移到其它更

---

　　① 萨特:《情感理论概论》(*Esquisse d'une théorie des émotions*),巴黎:Hermann出版社,1939年;再版于巴黎:法国通用书店(LGF),"口袋书"系列,2000年。

容易的路径。当一个动物处于一种没有解决方案的处境中，处在两个矛盾的要求之间时，它会选择第三种解决方案，而不是在两者之间做出选择。因此，行为的双重性是两种力的机械结果，而两种行为的混合的替代行动会通过替换触发器产生。廷伯根经常以这种方式推理。因此，刺鱼在其交配舞中，既离开雌鱼，又接近雌鱼，每次都把雌鱼分别当作雄性和雌性。刺鱼的错误能够解释性行为 335 的双重性。因此，廷伯根学派认为动物活动是由三种力量组成的，即著名的"力三角"：逃跑、攻击和性和解。刺鱼的舞蹈应当从有用的常态中得出。因此，当刺鱼显露通往巢穴的道路时，抑或雌性入巢后刺鱼在巢上晃动时，这些动作都是对产卵所需通风阶段的预期。朝向雌性的之字形运动会是逃跑力和性力的组成部分。

但我们必须承认这两个因素与性欲密切相关吗？我们能否不借助分离的碎片和纯粹的元素把整个事情重新组合起来，而是把性行为理解为包含了几个方面，它完全不同于简单的交配，而是一种展示，一种动物把自己奉献给彼此的仪式？如果我们以这种方式去理解事物，那么展示就不是本能的失败。雄性相对于雌性的好斗部分可以很简单地用一个事实来解释，即雌性同时是雄性的同类。这并不需要使本能介入以便理解为什么雌性被当作对手对待。在雄性与其它雄性的竞争现象和与雌性的竞争现象之间存在着复杂的关系：无论这一个还是那一个都不是首要的。本能具有自然的双重性。因此，在狼群的战斗中，人们见证了攻击性的逆转，它在最弱的时候变成顺从，在最强的时候变成抑制。失败者让强者咬自己身体最脆弱的部分，但强者从不会咬死这种状态下的它，不过，强者的攻击性并没有消失，一旦最弱者站起来，它就会追 336

赶它直到它再次成为战胜者。只有当强者举起爪子时，弱者才有可能生还。

　　本能向象征功能的发展，铭刻在本能的构成方式中，因为它是无对象的，从这个事实出发，它具有一种成像功能。由象征的发展所建立的行为，获得了社会共鸣的新意义。它们改变了面貌：有效的光学部分被加强，而纯粹的动力和效能部分则被减弱。存在一种"过度模仿"。我们对此用了"仪式化"这个词。[①] 但这个词是模棱两可的。我们可以通过赋予它一个弱的意义来使用它，就像廷伯根一样，他认为求偶仪式没有意义，是偶然的，因为求偶仪式只是一种装饰而不是性行为的固有部分。然而，在这些并不准确地有生理目的的行为中，真正有趣的是，它们是交配这种生物行为必不可少的条件，因此它们不应再被视为交配的简单准备，而应被视为交配本身，抑或人们愿意的话，交配就像雄性和雌性细胞的结合那样，是一种在场行动的开始。正是因为本能的对象从一开始就是一个形象，所以一种仪式化才可以从本能中产生，从这个时刻开始，在这些存在者中，有一种距离在做和看之间确立。然而，廷伯根会说这种仪式化可以没有意义，因为它是机械地产生的。廷伯根把刺鱼的求偶舞[②]描述为一种真正的连锁反应：雌性出现，雄性

337

_____

　　① 参见霍尔丹(J. B. S. Haldane)："人类仪式与动物交流"(Rituel humain et communication animale)，《第欧根尼》，第 4 期，1953 年，第 77－93 页。这篇文章是对邦文尼斯特(Benvéniste)著名文章的回应，"动物交流与人类语言"，《第欧根尼》，第 1 期，1952 年，再版于其《一般语言学的问题》(*Problèmes de linguistiques générale*)，第一卷，巴黎：伽利玛出版社，1966 年；再版于"如是"文丛，1976 年，第 56－62 页。

　　② 参见比如《动物的社会生活》(*La vie sociale des animaux*)，乔斯潘(L. Jospin)译，巴黎：Payot 出版社，1967 年。

跳之字舞,而雌性则以静观行为回应;然后,雄性用鼻子指出它从沙子里挖出来的巢穴入口的方向;雌性跟在它后面;雄性展示着巢穴的入口,它的抖动导致了产卵;在雌性离开后,卵被雄性受精。因此,看起来这里有一系列相连的事件,每种行为之间真正的相接。毫无疑问,在这些描述中存在与事实相应的东西:行为的固定特征取决于行为彼此有相同的组织原则。但这究竟是一种纯粹的机制,还是一种调节机制?乍一看,刺鱼的性行为似乎是由系统演化而来的,尽管莫里斯在他的本能研究(《马松文集》[*Recueil Masson*])[①]中指出,这一链条也是严密的。一方面,在这些系列内有跨越的行为(人们因此从第 1 阶段进入第 3 阶段),或角色的交换。因此,仪式化现象不能用渐进的因果关系来解释,因为在某些情况下,结果会是其通常原因的原因,它们更多应用同一主题的两个变化来解释,这是一种相互表达的现象。

人们也可以把这些事实与人类的语言现象相比照。正如洛伦[338]兹所说:"就像我们语言的语词符号的不同形式不是由它们的意义支配的,而是由约定决定的,社会的先天触发图式也是如此。"[②]人们看到在非常密切甚至机械地依赖本能的事实中出现了一种仪式,一种使用这些事实的象征冲动。就像我们的语词概念的意义可以发展成不同意义,有时甚至是相反的意义("Knecht"在德语中意味着"管家",但"Knight"在英语中意味着"骑士"),同样,行为也可以有不同的意义,如最初在基岛鱼中表示弱势的行为,在小基

---

① 参见集体作品:《动物行为和人类行为的本能》,同前引,第八章,第 261 页及以下。

② 洛仑兹:《动物行动和人类行为研究》,同前引。

岛鱼中具有了威胁的意义。这就是为什么洛伦兹提议研究行为触发的"比较语文学"。[①]

如果这种象征不能被机械地解释,出于同样的原因,人们也不能用一种目的论的方式来解释它。后一学派的作者常说,这些仪式在生物学上是有用的,因为它们允许在同一物种成员之间进行选择。但很容易看到的是,在出现某些符号的条件下,这种调整更多地是通过符号而不是原因来实现的。动物是被物种所接受的。然而,人们经常观察到,这些符号就它们是行为而言并不是不可触的。廷伯根表明,如果同性恋频率高,那是因为女性可以表现出男性的行为。因此,在同样情况下饲养的两只雌鸽中,其中一只会表现出一只雄鸽的所有行为,这使两只雌鸽具有产卵的同步性。这样的错误是可能的,因为并不存在物种的精神,而只有对话。简而言之,人们能够正当地谈论动物文化。

人们能从洛伦兹的研究中得到什么哲学启示呢?洛伦兹本人借鉴了于克斯屈尔的周围环境概念。本能是所有动物性与生俱来的发育蓝图的确立。但在空间中投向周围环境的活动的本性是什么?或者谁在根据自然的某些事件进行预期?这种预期活动的本性是什么?它是属于事物的秩序还是意识的秩序,抑或第三种秩序?动物-机器的概念处在争论的中心,这是笛卡尔主义的核心概念,至少是丹尼尔神父的笛卡尔主义的核心概念,康吉莱姆引用说:"我相信,他是笛卡尔主义的,就像所有其它学派那样,其中始终存在着某种主要的观点,它扩展得非常远,并且构成了宗派主义

---

① 洛伦兹:《动物行动和人类行为研究》,同前引。

的特征。"①这种主要观点，这种试金石就是自动机的信条。

　　上述动物行为学家的意见是非常不令人满意的。洛伦兹理论上拒绝宣称动物意识的存在。正如皮埃隆所指出的，"意识没有一个客观的标准。"②但洛伦兹在实践上肯定，凡是熟悉动物的人都不会否认它们有意识。然而，这些印象是否有效？廷伯根的客观 340 主义学派在观察中事实上考虑了它们，尽管这一学派声称只描述各种外部事实。我们的问题在于：是否存在动物意识，如果有的话，它在何种程度上存在？

　　我们已经看到物理、自然（φύσις），我们刚刚还看到了动物性。我们还要研究作为象征之根、作为自然和逻各斯之相接的人的身体，因为我们的目标是自然–逻各斯–历史（φύσις-λоγоς-Histoire）这个系列。

---

　　①　康吉莱姆："笛卡尔式的机体与模式"（Organismes et modèles cartésiens），《法国和外国哲学杂志》，第四卷，1955 年 7－9 月，第 281 页；再版于《全集》，里摩日（C. Limoges）编，巴黎：Vrin，2015 年，第 625 页。

　　②　参见皮埃隆，他在鲁耶的报告后参与讨论，鲁耶："目的与本能"，《动物行为和人类行为的本能》，同前引。

# 自 然 概 念

## 1959 - 1960

### 自然和逻各斯:人的身体

Nature et Logos : le corps humain

## INTRODUCTION

Reprise d'étude sur la Nature –
Place de cette étude dans philosophie –
Place du corps humain dans cette étude –

I  Place de cette étude dans la philosophie – ç et connaissance de la Nature

a) il ne s'agit pas pour nous de théorie de la connaissance de la Nature – Certes il y a problème de la théorie de la Nature, de mettre en place traitement scientifique de la nature, d'en penser la vérité – Mais le problème n'apparaît que si l'on prend pour thème, non les opérations de la science comme univers clos, mais comme traitement problématique de ..... X

"opérationnisme" de Bridgman : "la vraie définition d'un concept ne se fait pas en termes de propriétés, mais en termes d'opérations effectives" (The Logic of modern Physics 1927) – Équivoque : si l'on veut dire l'Être de science est défini par le procédé de vérification, par l'expérience scientifique, et non à concevoir à part, à partir de principes inébranlables, est vrai. Bachelard : "l'expérience fait ... corps avec la définition de l'Être. Toute définition est une expérience" et : "Donne-moi comment tu la cherches, je te dirai ce que tu cherches" – Mais justement si l'on n'introduit aucun principe extérieur à l'opération, au travail de science, on ne peut présumer cette opération achevée – Il faut la prendre dans son obscurité, son épaisseur, avec toutes les motivations qui y sont impliquées, qui y "fonctionnent" (souvent peu scientifiques) – Autrement l'opérationnalisme n'est qu'un retour à l'idéalisme et à l'immanence. Ex.

# 引论
## 重新开始对自然的研究。
## 这些研究在哲学中的地位。
## 人的身体在这些研究中的地位

## 1. 这些研究在哲学中的地位：哲学与自然知识

a) 我们关心的不是自然知识的理论。的确，存在一个自然科学的问题，即如何科学地对待自然、思考自然的真理。但是，只有当我们把科学的活动视为一个主题时，这个问题才会出现——不是视为一个封闭的宇宙，而是视为对……X 的可能处理。

布里奇曼的"操作主义"："一个概念的真正定义不是根据属性，而是根据有效的操作。"① 其含混之处在于：如果我们认为科学的**存在**是由实证方法或科学试验来定义的，而不是从初始原则出发单独地构想出来的，那么这种说法就是真实的。巴什拉："**经验**……

① 由阿拉伯数字标记的注释是编者加上去的；由单个字母标记的注释来自于作者。作者在这里参照的是布里奇曼(P. W. Bridgman)：《近代物理学的逻辑》(*The Logic of Modern Physics*)，纽约：麦克米兰出版公司，1927 年再版，第 6 页："一个概念的恰当定义不是依据它的属性，而是依据现实的操作。"

344　与**存在**的定义一起形成身体。① 每一种定义都是一种经验"，而且，"告诉我人们如何寻找你，我就会告诉你你是谁。"②——但确切地说，如果我们在操作中、科学工作中不引入任何在先的原则，我们就不能假定这个操作是实现了的。我们必须理解它的含糊性、它的厚重、在它之中隐含的和在它之中（通常是前科学的）"起作用"的所有动机。否则，操作主义只是对理想主义和内在性的回归。例如：乌尔莫："当我们明白测量本身定义了要测量的数值时，就迈出了决定性的一步，数值并不像直觉长期以来引导我们相信的那样先于测量而存在。"③——这种操作主义预先知道它会发现什么。它只会发现物理-数学关系；它把存在限制在它可操作的东西上，限制在科学知识的对象上——无论科学向我们展示什么，它都只会是我们知识的对象。参见康德，他说自然＝感官对象的内观念（Der Inbegriff der Gegenstände der Sinne）④。参见卡西尔⑤，他说现代物理学很可能不得不处理那些在各个方面都不能同时确定的存在；这丝毫没有改变科学存在的定义，它仍然是一种理想的

345　构造。它只是一个有缺空的构造。如果科学是可操作的，那么我们只能通过它对概念的使用来定义它的概念；科学唤起了操作之前的东西，这种东西使主客体之间的关联成为可能。这是知识的

---

① 巴什拉：《新科学精神》（*Le nouvel esprit scientifique*），巴黎：法国大学出版社，1934 年；再版于"战车"丛书，1983 年，第 49 页。

② 同上书，第 143 页。

③ 乌尔莫（J. Ullmo）：《近代科学理论》（*La théorie scientifique modern*），巴黎：Flammarion 出版社，1957 年；再版于"场"丛书，1981 年，第 24 页。

④ "感官对象的全体"或"感官对象的总和"，康德，参本书第 1 章，第 38 页，注①。

⑤ 卡西尔：《现代物理学中的决定论与非决定论》，Göteborg 出版社，1936 年；达马斯塔德：科学书社再版，1957 年。

处境(人类被授予一种人类归因于其历史的技术,这种技术允许他形成知识,通过对经验的技术操作获取知识)和其内在的规则。但是我们不能通过这一活动的结果先天地定义这是什么:"野蛮的思辨"活动及其人工制品和科学要神秘地揭示的实在之间有一种朴素的平衡。为了知道存在什么(因为我们只能通过实施验证程序,即科学本身来会回应"存在什么?"这个问题)或者更准确地说为了知道**存在**是什么、科学技术建构的**存在**的意义是什么,我们不能提前将它们投射到**自在**的领域中,就像"知识理论"所做的那样,它一上来就借助已知的**存在**度量**存在**。

b)我们关注的**自然**哲学也不是超科学的、秘密科学、超感官知识意义上的科学,这种科学视另一种科学为对手,它在表面之下发现实在,重新解释科学的图像和模式,这种图像和模式对于它来说是辅助的,并且根据前科学的语言,发现"物质"实际上是精神现实或与精神类似(柏格森:生命**冲动**是意识;金斯[①]指出:宇宙更像是一个灵魂——生机论、目的论思维)。我们关注的**自然**哲学也不是指向分离存在的力的自然哲学,我们可以将余下的都包括在其内,或者我们至少可以假定**自然**哲学可以单独对抗**精神**哲学、**历史**哲学或意识哲学—**自然**的主题并不是一个数字上明确的主题。哲学有一个独特的主题:**自然-人-上帝**之间的联结、纽带(vincu-

346

---

①　参见詹姆斯·霍普伍德·金斯(James Hopwood Jeans)。梅洛-庞蒂参考的是下列著作,金斯:《物理学与哲学》(*Physique et philosophie*),勒内·苏德雷(René Sudre)译,巴黎:Marcel Rivière 出版社,1954 年;《科学的新哲学基础》(*Les novelles bases philosophiques de la science*),拉朗德译,巴黎:Hermann 出版社,1935 年;《神秘的宇宙》(*Le mystérieux univers*),比劳德尔(M. Billaudel)和罗西尼奥尔(J. Rossignol)译,巴黎:Hermann 出版社,1931 年和 1933 年。

lum）。作为**存在**叶片的自然，作为同心的各种哲学问题。

　　c）作为整体存在之页或存在之层的**自然**——本体论作为通向本体论之道路的自然——这是我们偏好的道路，因为**自然**概念的演变是一种令人信服的预言，清楚地显示了本体论变化的必然性。

　　我们将表明**自然**概念如何总是本体论的表达，是本体论的优先表达。

　　笛卡尔的自然：是本质的生产力，是使事物如此而是的东西，是派生各种属性的在先存在，而且是任何它之能是，是如在（So-sein）到存在（Sein）的适应：一旦广延存在，这个世界的图像就是不可避免的。无论世界是创造为这样，还是只创造为有广延，都是一回事：保存世界的法则就是创造世界的法则＝产生世界的构架和结构的行为和时刻保存其存在的行为之间没有区分。这些行为互相包含，彼此蕴含。自然在每一刻都是它所要求的整体图像，反过来，它的整体图像自发地源于每一刻的运作。自然是被确定的，而非由各种目的来修正的——在考虑到上帝时，我们当然知道自然可以不存在，或是别的样子，而且它之中并不包含它借以继续存在的东西，这是说它之中没有自动生产，没有自因，没有本质或其存在仅仅是派生属性的**自然**，——但至少就它所有的所是而言，自然通过一种没有失败的自动性实际地、整体地来自于它的基础、来自于它的本质，而上帝与**自然**的区分仅仅在于前者是更完备的**自然**，是无条件的，而**自然**只是内在的。

　　因此，**自然**概念本身不是笛卡尔的本体论：有上帝的存在[1]

---

　　① 借助于他身上积极和消极的活动，上帝是本质，积极的无限——而且在本质这边，上帝是深渊，是我们自由的模式上的无限，我们的自由是做和不做的能力，在永恒的真理这边，能够做任何事情。——作者原注

(还有人类的**存在**)——而是本体论的一部分,是本体论综合体的一部分,是对这种综合体的表达。

研究作为**存在**之页的自然＝研究作为这个综合体部分的、揭示了整体的自然——就像在笛卡尔的**自然**之中,规划一种本体论,只要这一**存在**关联于其它**存在**(上帝、人),并且所有存在一起形成了并非乌有的东西,与"没有任何属性"的虚无相对立,并且出于它,同样和相反地,我们在我们之内和之外对**自然**的经验能够有助于勾画另一个本体论——我们正是以这个题目展开讨论的。

但是笛卡尔的例子不足以显示我们想做的事情:在他那里本体论是暗含的,存在着按照理性的秩序而不是按照存在之间的关联"放置"存在(物质的秩序)和唯一本体论的直观。比如说:人们依据真实的和不变的自然、依据自然之光就**自然**和**精神**所知道的东西和人们通过生命经验就自然和精神所知道的东西,即通过对我们之中的自然和**精神**的经验,对我们之所是的灵魂和身体的统一体的经验知道的东西,这两者是对立的且没有协调的可能,前者与纯粹知性有关,后者则和附属于身体的知性有关。我之所是的身体并不是我所思的身体,[①]只有对上帝而言,这两种身体才是同样意义的身体。只有上帝才是统一的形而上学的场所,这个场所是我从定义上就不能处在其中的,因为我是人。因此在一种**存在**中,在无限的但不是唯一的**存在**中,发现了所有其它存在和**存在**的秘密。

相反,我们所寻求的是对**存在**的真正解释,即是说我们所寻求

---

① 应当认为它具有神秘的性质。——作者原注

的不是展示**存在**,甚至不是展示无限的存在,在这种展示中诸存在以我们原则上不能理解的方式彼此相联结,而是揭示存在所模型化和勾画的**存在**,揭示使诸存在处在非乌有一边的东西。因此,比如我们之中的**自然**必须与外在于我们的**自然**相关,而且外在于我们的**自然**必须被我们所是的自然所揭示。我们寻求的是一种联结,而不是在上帝目光下的安排。柏格森:无论世界和**存在**的性质是什么,我们都属于它们。通过在我们之中的自然,我们可以认识**自然**,反过来,生命和空间是从我们出发向我们言说的,问题在于收集在**存在**焦点上汇聚的光线之外的东西。这一次对**自然**的深入研究将为我们澄清其它**存在**和它们在**存在**中的涉入。问题不在于为理性设定秩序,而在于发现它们如何联系在一起——透视的哲学和纵向**存在**的哲学。

因此,我们不是简单地反思**自然**的科学之内在原则,也不是诉349 诸于作为孤立的和外在的**存在**的自然,而是在人的存在和上帝本体论之前澄清自然的存在或自然地存在意味着什么。

因此过去几年我们思考对物理的和生命的**自然**的经验,并且表明这种**自然**避免了单纯事实的本体论或笛卡尔灵感对象的本体论＝这种经验被揭示为原始的存在,或者说,"子存在"。

我们说过:问题并不在于"知识理论"(主张通过科学的**存在**来彻底地研究**存在**),也不在于元科学或者神秘科学,而在于在与最原始存在[①]关系的更广泛的背景中将科学解读为一种特殊的(还

---

① 我们所是的存在。——作者原注

原的)本体论。这通过强调①胡塞尔的"先在"(Vor-Sein)②而确定,欧几里得的存在和传统科学的因果**存在**都来自于先在,③机械生物学的**存在**同样如此。

今年这个问题又被重提和明确:有机体在某种意义上仅仅是物理-化学的。一旦我们想要弄清楚在它之中发生了什么,如果不考虑我们的总看法,在某个地点和某个时刻,有机体只剩下物理-化学的东西。我们看不见另一种因果性(生机的、隐德莱希的)如何会干扰我们的总看法。对近似思维而言有机体就只是这样。但近似思维没有穷尽问题;空间和时间上的总看法并不是它的附属现象。有机体不是局部的、瞬时的微观事件的集合,它是一种包络现象,它有一种宏观的总体风格。在微观事实之间,整体的实在性像水印那样显现,它不可能被客体化的-微粒思想所把握,也不能被消除或还原为微观:我们只有一点原生质的质浆,然后我们通过一种转换获得一个胚胎,而我们在投入生物场中时,从未见到这种转换,它总是过早或过晚。

这正是发生问题中最奇特的部分。一旦结构被给予,我们就可以用微观术语来分析功能——但这些结构的产生并不是微观因果性所要求的:胚胎调节中发生的所有东西都是物理-化学的,但并不是物理-化学根据从部分恢复整体的计划(例如涡虫的再生),

350

---

① 我们在物理**自然**的研究中已指向于此。——作者原注

② "pré-être"。

③ 欧几里得的存在=对立于拓扑的或包络的存在,它是投影的存在(因果投影)=对立于时间系列中的存在,对立于空间中相互外在的个体的存在,它是统计的、集合的**存在**。——作者原注

要求一种形式的有机体,不管人们怎么说,在物种历史中发生的一切都与热力学相符合,生物的负熵来自于太阳辐射,太阳是依据熵原理扩散能量的能量存储器。然而热力学原理并不需要能够使用这种存储器的有机体的出现和持存。因此,负熵不是另一种实体,而是生物时空中的一个单一的点。简言之,物理-化学和生命之间的区别=事件和结构之间,实体和本体论之间,处在特有位置的个别时空事实系列和建筑构架之间,"各种基础"的"原基础"(Urstif-tung)①之间的区别,就像在神话思维中那样,总是处在日常和经验之前②,琐事(Alltälichkeit)③总是处于**间性世界**,总是暗含的,思想只有把有机体或物种看作总体实在(有两种总体实在:一种是随机的数据排列、熵现象,另一种则是不通向均衡与放松的反随机分布),而不是把它们挤压到碎片化事件的钳子之中时才能通达它。

今年我们将通过对发生、胚胎学和演化理论的考察,详细说明这种前经验的构架、前客体、枢轴、铰链、有机体和物种的结构,而且区别于生机论-目的论的说明(杜里舒和现代胚胎学——**演化**的问题)。

## 2. 人的身体在我们的自然研究中的地位

以上只是我们特有的主题——不再是动物性的,而是人的身

---

① "fondation originaire"。

② "各种基础"作为事件的新意义滑入其中,接下来实现对它们的超越,首先只通过**存在**的迂回而非从**存在**到**存在**的正面超越,通过建立一个新的维度;其次只在相互内含中,通过分化和整合。——作者原注

③ "quotidienneté"。

体——的导言。演化形成了人类源自于它的变革。

我们的主题如下:就自然来说,我们要将之当作本体论之页来研究——具体到生命,研究自然之页的展开——至于人,从他在自然中涌现的那一刻开始研究他。就像存在着物理-化学-生命的相互内含(Ineinander)[①],存在着作为物理-化学的褶皱、独特性或结构的生命实现那样,同样人是要被看作处在人与动物和**自然**的相互内含中。我们已经看到了机械论的动物性,还存在各种动物的机制(动物之间的爱,同伴[Kumpan]),不能用“动物智性”来衡量的可塑性。相应地,人不是动物性(在机械论的意义上)加理性之和,这就是我们为什么关注人的身体:人性在成为理性存在之前是另一种身体性。[②]

我们首先要把握作为身体存在的另一种方式的人性——观察人性不是作为另一种实体,而是作为暗含的**存在**,不是作为强加于自在身体之上的自为,而是作为一种间性存在涌现出来。这将为我们提供先行之物的印证和深入:由于我们之前谈论过且描述过其存在模式的**自然**(它明显只能是被我们感知的**自然**),将通过对作为感知者的人的身体描述而得到澄清:我们由这两端逐渐抵达

————————

① 梅洛-庞蒂以如下方式定义这个术语:“自我在世界之中或世界在自我之中,自我在他人之中与他人在自我之中的内在性,胡塞尔称之为相互内含的东西……”《法兰西学院课程摘要》,“1958 - 1959 年课程摘要”,巴黎:伽利玛出版社,1968 年;再版于“如是”文丛,1982 年,第 152 页。

② 这里提到的显然是为爱斯基摩人面具展览编写条目的伊芙琳·洛-法尔克,梅洛-庞蒂在下文中引用了相关内容,参见本书第 318 页注①。
我们说的是在神话叙事时代用来思考的建筑术,它与日常事件或世俗空间并不相关;作为结构的建筑术从属于知性,从属于相互内含的世界——对人性-动物性的交织这同样为真=参见面具在可见者中实现了那些已经变得不可见的原始附着力。参见伊芙琳·洛-法尔克(Evelyne Lot-Falck)的文本。——作者原注

的是同样的相互内含。不是一个事物在另一个事物之中的相互内
353 含,不是事实的相互内含,而是我们经验的、知觉所认可的相互内
含。相反,先行之物将阐明我们通向作为感知者的人的身体的道
路,这通过向我们表明应该在哪些维度探求感知的身体,不可见者
如何处在可见者的差异关系中。

1)身体图式。

2)我们的身体所蕴含的知觉。感性学。

3)动物性与人性的相互内含＝在其它生物中被把握为变量
(《面具》①的前言)。

4)**爱欲**-精神分析。

5)如何引入逻各斯-感知与言说。

6)哲学本身的问题:可见者与不可见者。

---

① 参见前一条注释。

# 第一草稿

1）身体不仅是物体，而且与某个周围环境相关[①]

这对动物身体已然为真（参见两年前的课程：于克斯屈尔[②]）。然而，我们是通过我们所是的动物身体的知觉知道这一点的：我们不是动物，我们的身体不是我们对于它的知觉。海胆不是它的发育蓝图——"它是被运动"（于克斯屈尔），而狗，尤其是人，自己运动。因此，人的身体是一个运动的身体，这意味着它是一个感知的身体——这是人的"身体图式"的意义之一。

重提这个概念，使身体作为运动主体和知觉主体而出现——如果这不是随口一说，那就意味着：身体是能触-所触，能见-所见，反思的处所，并因此有能力与自身质量以外的事物相联，有能力关闭它在可见的、外部感觉之上的循环。本质在于：关于肉身的理论，关于作为感受性（Empfindbarkeit）[③]的身体及在它之中包含的事物的理论。这与下降到一个身体物体中的意识无关。相反，这是身体物体对自身的包裹，或者更确切地说，隐喻的中止：这不是

354

---

① 黑德（H. Head），参见第 321 页，注④。

运动的计量器＝我们在世界中的空间位置的指示。——作者原注

② 参见前一章。

③ "capaple de sensation"。

意识对身体和世界的审视①,而是处在我面前的东西和我背后的东西之间的我的身体,站立在存在着的事物之前的我的身体,与世界关联着——这种肉身理论之可理解的与世界、事物、动物和其它(也有知觉的"方面")身体的同感(Einfühlung)②——因为肉身是如此这般无法显现之物的源初显现(Urpräsentierbarkeit③ du Nichtupräsentierten④),不可见者之可见性——一种感性学,一种对这种奇迹(即感觉器官)的研究:它是在不可见者的可见者中"获得意识"的表现。我们认为,本能问题是一个我们试图消除的迷宫(与远处的外部刺激有关的体内设置,远非迁移)。⑤ 但眼睛是完全外在的目的,这种目的是为不在场的东西、为未来的视觉(胚胎)

355　而形成的⑥。在肉身的这种安排中呈现出视觉(因为我们不能说婴儿的视觉先于母亲的视觉,母亲的灵魂或意识没有孕育孩子的灵魂或意识),存在着出生,也就是说存在着新意识的产生(如同生命在物理-化学中产生),这种产生是通过空的存在,通过一个新领域的突现而出现的,这个新领域来自世界,它不是先前之物的后果,不是它们的必然结果,尽管它依赖于它们。就这样,眼睛和它的神经官能开始看。当然,眼睛也会被其它事物,被视觉浏览,但这种双重的不可见者,这眼睛的"另一端"不是"灵魂"。(笛卡尔

---

① "它事实上是知觉的景观。"——作者原注
② "empathie"。
③ "能够被本源地呈现的东西。"
④ "不能被呈现的东西。"
⑤ 预协调。——作者原注
⑥ 眼睛的活动使刺激物的活动得以可能,正如迁移使更高温度的运动得以可能那样。——作者原注

说:"观看的不是眼睛,而是灵魂。")[1]对于**自我**或**精神**来说,眼睛的另一端"依附于"视觉器官;[2]它只有作为事物的其它端所是的东西才是不可见的,即作为事物的可见面的变体,作为同样的事物的共同视觉时才是不可见的。我看人们看到的东西。[3]

　　我们已经知道存在着自然的否定性,存在着生命有机体的内在——我们现在来理解它。生命并不是一种存在的力量或一种精神,我们把自己置于被感知的存在/原始存在之中、置于感性之中和肉身之中,那里不再有自在和自为的二分、感知存在完全在存在之中。柏格森:我们通过描述自然的原始存在已经为自己提供了视觉——当然,还有待理解这种视觉、这个存在……如何变成一种精神——或唤起一种精神。

　　2)在这些尝试之前,我们注意到作为身体图式的身体

　　感性学的身体、肉身已经给予我们了身体与被感存在和其它身体的同感。这是说身体作为同感的力量已是欲望、力比多、投射-内摄、认同。因此,人的身体的感性学结构是力比多的结构,是对欲望模式的感知,是存在而非认识的关系。我们应该开展与感性学身体研究平行的对力比多身体的研究,并表明身体中存在着为

356

---

　　① 参见第一章准确的引用,第 149 页,注②。

　　② 因为自我或精神是由视觉器官激发的。——作者原注

　　③ 笛卡尔:对我们来说,**自然**的被构建的身体,使我们具有与当时的情况(自然判断)和内在于身体的符号相一致的思维。我们关注的就是这种进行构建的自然(对笛卡尔来说就是上帝)。笛卡尔认为:无限的知识表明这种感性学只是机器,只是人工制品——对我们来说,超实在不是机器,不是自在的秩序;我们必须专注于它,把它作为朝向自然的通路以寻求理解它。每一种偶然解释都是每一次重新开始=说**自然**的建制是上帝提出他自由效能的法则,这相当于说超实在从来没有被构建,从来没有自行运作,它只是一个持续的奇迹。如果笛卡尔有理由反对马勒伯朗士,如果人的身体具有一种并非上帝的**自然**,那么身体就不能只是机器。——作者原注

他的自然根源（我们在波特曼那里看到：动物身体被理解为为他的器官，模仿被理解为同一性，已经内在于发生性之中的物种，也内在于这种身体间性之中。）——这里再次运用精神分析对欲望主题的贡献。爱欲不被理解为一种效果或一种定向的力量，而是被理解为朝向……X① 的提升，或一种沸腾，"永远朝向未来的空洞"——欲望提出了与知觉同样的问题，即心灵不会欲求比它感知的更多的东西。欲望的我是什么？它显然是身体的。

357　然而，身体并非一些预先建立的、匿名的功能——它不是"首要的"（西蒙·德·波伏瓦②）——也不是一个简单的手段或工具，它不是"第二位的"——身体欲求与自身不同的和相似的东西，如同物理-化学在生命中成为与自身不同的东西。然而，身体根据自己的逻辑、根据自己的安排与重力欲望，它是感知自己的被感知物，因此将世界插入在自我与自我之中——是快乐和痛苦的全体——快乐和痛苦不是封闭于自身，而是被用来取悦和遭遇他人和世界（快乐与现实）——这里不是正面的克服，而是侧面的绕道而行。

3）身体和象征

身体之谜，这是作为事物和所有事物的度量的，封闭的和开放的，在知觉中和在欲望中的身体——在它之中不是有两种自然，而是有双重的自然。世界和他者成为我们的肉身。

---

① 需要加上，知觉与意识之间的区分，知觉从内部被触摸，意识则是俯视。——作者原注

② 参见梅洛-庞蒂：《符号》，同前引，第103页；再版于"随笔"丛书，第134页；"西蒙·德·波伏瓦（Simone de Beauvoir）关于身体和精神关系说，身体既不是第一位的，也不是第二位的。人从未使身体成为一种简单的工具或方法……"

我们通过说我们的身体是象征来解答这个谜（相应地，我们通过说语言是第二身体和开放的身体来解释语言）——象征：为表征他物而使用的术语，理解为（Auffassung als）[1]→我们意指作为（als）精神载体的东西，意指意向性、意义——但随后：象征被越过，不再有身体。通过说身体是象征，我们的意思是，身体并没有预先理解被看作是分离的能指与所指就进入世界之中、世界进入身体之中：因为身体是可移动的，即身体有去其它地方的能力，所以感觉或快乐是揭示某种事物的手段。可移动的感官（眼睛、手）<sub>358</sub>已然是一种语言了，因为它是询问（运动）和答复（作为投射的移情的感知[2]）、述说和理解。这是一种默然的语言：对他人的知觉很好地向我们表明了这一点，我们在对他人知觉中把握到了一种道德面貌（签名、步态、脸庞），却对看起来支撑这种理解的范畴一无所知：所与物显得以特定的代码，在特定的等价系统中被转写，被转写为人类特定层面的变体或差异，这一层面还没有意义、观念和知识，因为性格学仍然有待完成，——转写为我听到的在某种音位和语义系统背景下出现的话语，这种系统是我仍不知道的东西，因为语言学仍有待完成。因此，话语中有默然的东西：它只会被转译得更远。我们在如下意义上说有默然的东西，被说出的或被理解的话语超出了它们自身的动机，就像感知一样。区别只是知觉的沉默和总是带着沉默线索的语言之间相对的区别。

尽管区别是相对的，但它是存在的。那么区别是什么？身体

---

① "consideration de quelque chose comme"。

② "accomplissement"。

现成的或自然的象征和语言现成的或自然的象征之间的区别是什么？是一个思维主体及其约定的涌现吗？是否存在两种象征，一种是未分的，在此象征与所指之物不加区别地联系在一起，因为它们的意义关系由身体组织所给予；另一种是语言的，在此符号和意义被精神以一种使我们远离**自然**的方式审视？但约定本身预设了自我和他人的交流，它只能表现为一种与原初交流①相关的变体与差异。每一个符号都与其它符号不一样，每一种意义都与其它意义不同，语言的生命在另一个层次上再现了知觉的结构。人们为了填充知觉的空隙而言说，但话语和意义不再是绝对的肯定。我们所说的心灵仍是一种再平衡，一种去中心化（这种去中心化不是绝对的）；激发语言的平衡系统不再被说话的主体拥有，甚至不被语言学家拥有，因为世界的钥匙给予了知觉的主体。② 语言意义上的逻各斯，表达的逻各斯（λόγος προφοικός）③，被提供的语言，说出了除了自身的一切：它是缄默不语的，就像知觉的沉默的逻各斯，是内在的逻各斯（λόγος ἐνδιάθετος）。逻各斯在我们之内言说而非我们去说。它像感性世界一样把我们抓住。不可见者、心灵不是另一种肯定：它是一种颠倒，是可见者的另一面。我们必须在所有被给予的文化材料下重新找回这一原初的心灵。——这里的标题包含了它全部的含义：自然与逻各斯。存在着语言的逻各斯

①　并且不是被制定的。——作者原注

②　习俗——强意义上的第二自然，如果不是**自然**的变形便是不可思议的。——作者原注

③　参见《可见的与不可见的》（*Le visible et l' invisible*），巴黎：伽利玛出版社，1964 年；再版于"如是"文丛，1979 年，第 224 页；另见 2006 年新版，第 222 页。课程笔记与这部作品的笔记有大量的重叠。

所依赖的自然的、感性的逻各斯。

4）哲学问题

**自然**：本体论之页——自然本质的纤薄之页被对分、乃至三分。在对自然的研究中，我们发现了一切，不是因为一切都是自然，而是因为一切对我们是自然或者变得自然。物理**自然**、生命和心灵之间并没有本质上的差异。我们在因果–实在论的思维和哲学观念论之间徘徊，因为我们在原始、荒蛮、直立、当下的**存在**中发现了一个维度，它既不是表象的维度，也不是**自在**的维度。今后几年我们将通过深入地理解语言和历史而具体说明这一维度——我们必须摆脱如下这种**存在**的观念，摆脱使各种**存在**、自然和人类是使它们"在彼此之中"、并使它们在并非乌有那一边共在的东西的观念；我们尤其要说明它们中肯定的与否定的，可见的与不可见的关系。我们不得不面对这种由否定和传统本体论的**存在**一起内在地编织的**存在**。

重新进行我们对**自然**的研究。

既不是知识的理论，也不是寻求物理**自然**的或有机体的实体的元科学。

但是通过科学运动抵达对**自然**的对象**存在**的质疑，抵达"我们所是"的**自然**，抵达我们之中的**自然**——由此抵达对客体本体论的修正，更不用说，自然的叶片脱离了对象并与我们的全部存在重新联结。

关于物理自然：

对欧几里得空间思想的超越具有本体论的意义：我们面前的（投射的）空间让位于我们所是的空间，因为它只是物理世界的度量。

为了统计的存在（没有个体因果的进程）和集合的存在，超越作为存在之生成的因果性，超越作为绝对坚硬内核的微粒的存在也具有本体论意义：对纯粹对象的拒绝。

关于生物学：

对于近似思维来说，有机体不仅是它的局部–瞬间的实在，更不仅是另一种实在。

361　它是宏观的"包络现象"，我们并不从元素中产生它，它包括局部–瞬间性，它不是在元素背后寻找，而是在元素之间寻找。

在个体的发生和演化中，一切属于物理–化学的东西都符合热力学，但物理–化学和热力学不要求这些"点"（它们是有机体）、这些结构、这种建筑术（物理–化学事件在其中发挥作用）的构成。有机体并不是物理–化学的失败；它暗含地处在间性世界，它是整体的实在，它并不反对因果关系，而是通过对新维度的重新解释，通过整合和质的差异，超越因果关系。

建筑术的领域：经过考察，我们会发现它并不是一个令人费解的剩余，并不是一定数量的残存事实。建筑术无处不在：在起源中，在功能中，甚至在知觉中。经验事件无处不在。一切都是科学，一切又都是哲学。基础思想和世俗**存在**的思想，时间之前的时间，功能之前的**存在**；参见比较神话思维，神圣**存在**与世俗**存在**。

关于动物性。但动物性以一种更令人信服的方式展现：

- 关于个体发生（胚胎学）——区分杜里舒的生机论与生命的基础思想；

- 关于种系发生（当前的进化论）。**演化**不是作为经验的"亲子关系"被设想的。**演化**没有取消它系统或形态特征中的意义，也不是通过比较形态（性别）来解读其意义。

362

在这两点上，遗传学的澄清，它的微粒解释和统计解释——遗传学的现代方面（人口）——遗传学和达尔文主义。

但我们的首要主题＝人的身体，通过人的身体演化向人类过渡，将这一主题置于**自然**的整体之中。

我们已经含蓄地谈论到了动物性：动物性-机械论-动物机制（爱，同伴）——困难在于：并不总与动物的"智能"程度相关——这与机械-智能的区别相交。由此，仅凭在动物（身体）上添加理性并不能显示人和动物的本质差异。

因此，首先讨论人的身体，人身体存在的方式。

动物与人的关系不再是建立在附加之上的简单的等级关系：人的身体已然有另一种截然不同的形式。

我们通过研究人的身体来观察人与动物的不同，不是通过附加理性，而是通过与动物的相互内含（动物对人类的奇特的期望与模仿），通过逃避而非通过叠加——就如同上文所说，生命作为物理**自然**的奇点而显现。（人类）的建筑术再次浮现，在"身体"与"理性"之间的建筑，不是将**自为**添加到**自在**之上。

我们说：建筑术和神话；这不是一系列碎片化的事件，而是一种结构性的宏观现象，按照**间性世界**与相互内含的秩序排列。事 363
实上，神话思维最好地表明了我们看到的人和动物之间的关系，这种关系最好地建立在建筑术维度中，在其中，人与动物之间有一种奇怪的依附性和亲缘关系。

（参见伊芙琳·洛-法尔克）①②

我们两年前说的话与我们现在说的话彼此验证交叉——我们

364 已经看到只有通过被感知的**自然**才能思考**自然**。物理**存在**与知觉
的原始**存在**。现在我们马上会看到，人的身体只能被理解为被感
知的身体：知觉和被知觉是关键，但要从另一个新的意义上理解这
些词。如果知觉仅仅是我认为那样，那么知觉将不会提供人类、人
的身体和**自然**的相互内含。我们从另一端再次讨论这一相互内

---

① 伊芙琳·洛-法尔克（人类博物馆档案部）："爱斯基摩人的面具"。"因纽特人
的面具让人想起原初的双重自然。动物和它人的一面，因纽特人，被标记在同一面孔
之下，要么同时出现，要么由于可移动的部分交替地打开与合上。原始状态被这样恢
复，当外壳是一个面具时，人们依据意愿要么显现为人要么显现为动物，改变的只是外
观而不是本质。在面具上，动物既不是神化的，也不必然是图腾的祖先。它唤起一段
时光——舞者使它的情节再次鲜活起来——那时尚未有区分……人类的一些有特权
者，特别是萨满们，仍然拥有改变自身的能力。在野兽之中生存的因纽特人，只有通加
利克（等于萨满）知道如何感知他们，这就是为什么萨满指导着面具的制造。与此相
称，安加克（angoak）作为个体人的保护者，代表了他的祖先的动物性。不久之后，人类
部分将占据主导，因纽特人摆脱自身以便成为一个物种独立的主人。因纽特人（面具）
的某些样本只保留了一些象征性特征；而其它样本则完全人格化，它们只不过是灵魂
主人的代表，只有它们的名字揭示了它们与动物世界的联系"（第 9 页）。

因此，每种动物都有一种双重的人性。

每个人都有一种双重的动物性。

存在原始与变形的未分。

今天存在着分离。

除萨满外，因纽特人的野兽对所有人都变得不可见了。

安加克作为每个人的保护者，是古老的动物双重性，也不可见了。

人变成纯粹的人。动物变成了纯粹的动物，

但动物在其人类双重性的统治下成为过去，人类确立动物的物种并成为该物种独
立的主人［人格化的因纽特人成为"灵魂主人的代表"］。

正是人性使动物成为动物，而动物性使人成为人。

将动物作为人类的变种和将人类作为动物性的变种的独特表象，需要一种人类和
精神的生命基础，存在着人的身体。——作者原注

② 伊芙琳·洛-法尔克："爱斯基摩人的面具"（*Les masques Eskimo*），《面具展的
目录》，巴黎：集美博物馆，1959 年 12 月到 1960 年 5 月。

我们对列维·施特劳斯（Claud Lévis Strauss）先生的帮助致以谢忱。

含。因此,用人的身体来验证之前就物理**自然**所说的,反过来,用先在之物来验证和澄清我们就人的身体所说的。人们只有通过回想可见的**自然**,现在才能在知觉和所见事物的关系中理解不可见的知觉的涌现,作为它与可见事物的差异。

有关人的身体概念的草稿。

参见红笔标注的新版本。①

---

① 接下来的内容是以红色编写的。

# 第二草稿


现象的身体不是观念,它是一个宏观现象;客观的身体则是微观现象。

　然而,只有当我们悬置身体-对象和精神、自在和自为概念,在相互内含中思考人的感性学时,才能证实这一点。

1)动物的身体

动物身体=它与它所划定的周围环境的关系(于克斯屈尔)——但是它对此一无所知——海胆并不是它的发育蓝图,相反是它的效果。"反射的集合"。

作为运动-感知的身体。

人的身体(或者已经是高级动物的身体):人们说意识栖息于其中。但是(a)第二种生存模式与第一种无关。(b)除此之外,它是非常不恰当的,它并不是由这一对象的意识加倍的对象;它属于我对之有意识的世界之中,属于处在世界边缘的身体,在对象一侧;它与事物比起来离我更近。

毋宁说,周围世界(即世界+我的身体)与我不可分。我见证我的周围世界。我的身体同样与我不可分。这不涉及关于观察者

(Zuschauer)①、宇宙论或理论的客观的知识。认识周围世界＝与零点身体相关的或大或小的间距，认识身体＝与周围世界相关的间距。这个间距是我通过运动获得的同一的反面：感知（wahrnehmen）②和运动（sich bewegen）③。

——海胆是被运动的，狗是自己运动的，但是运动者和它运动的东西并不像主体和客体那样面对面＝我并不像客体那样运动。运动与被运动并不是对立的，我的运动是间距的还原，而**我**作为运动的保持者是间距指向的东西。

身体图式（以其身体图式被把握的我的身体）在此层次使之变 366 得清楚的是关于身体的意识和世界的意识。跨时空的统一——它当然不是观念——首先是，姿态图式：整体位置的所有元素要么是系列的，要么是同时的。黑德④：方位仪——并且与世界的空间相关。其次是，更一般地存在一种感官间的等价系统，它既作为一切（观点、迷宫、触摸）也作为总和起作用。第三，考虑我们的运动是为了建立（?）知觉⑤：身体图式为我提供了解读世界的线索（例如眼睛的主动运动，以及静止的世界，尽管有图像的运动）。

这意味着：身体不是从外部思考的关系（比如空间的关系）所得的科学世界，而是世界的尺度，我向世界敞开是因为我内在于我

---

① "spectateur"。

② "percevoir"。

③ "se mouvoir"。

④ 参见黑德与福尔摩斯（G. Holmes）：《脑部病变引起的感觉障碍》（*Sensory Disturbances from Cerebral Lesions of Brain*），1911－1912 年，第 187 页。《知觉现象学》中已经引用过这一文本，同前引，第 163 页；另见 2004 年新版，第 174 页。

⑤ 运动-知觉的整体性。——作者原注

的身体。但我如何与物质杂多拥有共同的模式？——准确地说，因为它不是物质而是事物的标准。然而，身体如何与不同于自身的事物建立联系？它在与世界的关联中敞开着，因为它是开放的：它看见自身，触摸自身。① 我触摸的手，我感知的手可以触摸它所触摸的东西。超出皮肤的界限这不再是真实的。因此，我的整个身体具有应用于自身的内在性。借助这种应用，身体不仅有封闭

367 在自身的情感状态，而且还有一些相关性（？）——感觉者和世界。肉身（被触摸的触摸者、被激活的身体）作为不可见的（触摸的手、目光）的可见性。——生命中肉身的涌现就像物理–化学中生命的涌现：生命（海胆）的"奇点"，在生命中周围环境不再掩饰自身——正如生命不是物理–化学的，而是介于元素之中，如同另一种维度，同样感受性既不在客观的身体中，甚至不在生理的东西中。然而这个结构即使不是局部的，至少不是独立于局部的。——我的知觉并不在我的大脑中，但是它"附属"于它。感性学：这种身体安排的奇迹更多地是对知觉而言，而非对机遇②甚或手段而言。周围世界被我的眼睛的运动所切断，就如同我的移动的身体用一种方式移动……接受更高的温度。诞生：孩子的灵魂并不是由妈妈的

---

① 看到自己在看，摸到自己在摸；这是说身体的运动有一个内在，内部有一个外部。——作者原注

② 马勒伯朗士：感性事实是知觉的机遇。他有时说，理智的广延实际上是触摸我们而非澄清我们。但这种接触是上帝在现实世界中的行动——依据上帝加诸的法规，现实世界的感性事实只是一种机遇。这并不是说感受性从来不是被制定的，它从来不起作用。依据笛卡尔，它是被制定的，存在一种"**自然的制定**"，使我们拥有简单来说只有无限的上帝才能知道的东西。但如果它是被制定的，那么在我感知时世界和我之间就会发生一些事情，而灵魂和身体构成的领域便只是为了被认识而存在的幻觉（亦即这些幻觉丝毫不是可靠的），它与纯粹知性的领域同样地真实。——作者原注

灵魂产生的；没有灵魂的受孕。妊娠产生的是一个身体，当世界遇到这个身体时身体便开始感知。不存在灵魂到身体的下降，而是存在生命在其摇篮中涌现、在激发的视觉中的生命。这是因为身体有一种内在性，有一个"另一面"，这对于我们而言是可见中的不可见。并不是眼睛看见，也不是灵魂看见，而是作为开放的整体的身体。

被感知事物的结果：与肉身主体的关联，回应它的运动和感知，加入到它的内循环中，这些是用肉身同样的材料制成的。可感知者是世界的肉身，即外部世界中的意义。

身体的肉身让我们理解了世界的肉身。我们发现了感性**自然**（统计的、宏观现象的存在）中的相关项，即进行感觉的身体。——仍然像谜一般的**存在**之"硬核"的自然否定性（通过排除不完整的、微粒的存在）在这里被澄清了：**自然的**存在是空的，因为它是整体的、宏观现象的存在，即完全被感知的存在，"图像"。

2）力比多的身体与身体间性

这＝移情。身体-事物借助我的身体远距离地渗透在感性事物之中。事物作为我的身体所缺乏的东西来完成它的循环。

但这也是我的身体向其它身体的敞开：就像我触摸我的触摸着的手那样，我感知作为感知者的他者。他们的身体在世界上的关联是通过我的身体在世界上的关联而被体验到的，这个世界是我看到他们的世界。

这是相互的：我的身体也是由他们的身体性所构成的。我的身体图式是认识其它身体的通常方式，其它身体是认识我的身体的通常方式。世界普遍的-侧面的共同知觉。

动物（波特曼）：身体是为他的器官。它同样是为我的：对面相的知觉建基于我与世界的关系，世界作为空间自然被给予。方位仪：他者带着面相呈现给我们。

369　投射－内摄，相互内含的关系，揭示了身体图式的力比多维度。

因此，弗洛伊德在身体图式这个方面做出了重要贡献：恢复他就他者（和动物的）的内在感受曾说出的所有东西——"快感"向"现实"敞开。——快感是开放的，就像感官朝向各种事物敞开[1]。自我的身体要求自身之外的东西，这是由身体自身的重量要求的。——既不是第一位的，也不是第二位的。

3）身体与象征

先前所说的所有东西可总结如下：人的身体是象征＝不是在表面意义上的＝不是表象他者、代替他者的术语，而是根本意义上的：对他者的表达。知觉和运动象征。介于它们之间的各种意义。为了身体的统一。

表达＝通过它们融入非约定的等价系统，融入身体的融贯性。观察一种场景的眼睛＝询问和回答。

但这超出隐喻了吗？语言的象征能够澄清身体吗？难道不是完全的他者吗？未分的象征，潜在的意义和约定的象征，明显的意义。

然而，约定、制定在这样的时刻做出与这种象征有关的决定的意义上，显然不是语言的原因或其对话——言语的种种"约定"相互关涉，即它们总是假定了一种制定的言语，即笛卡尔所说的**自然**

---

① 厄洛斯，欲望。——作者原注

的制定①、知觉静默的交流。而言语的生命就像感知的生命是由 370
已实现了的意义的不同组合构成的(被修正,而不是由意义使然)。
言语的本源是神秘的,即是说在作为知觉的言语之前总有一种言
语。言语的建筑术。

　　因此,"精确的"、"约定的"象征永远不能被还原为其它,它是
通过**存在**中的空洞和褶皱引入的,这种存在不是自然的象征所要
求的,但它重新开始了同类的投入②。这里引入了一个新的维度
性:不是面对面的,而是在自然**存在**中的,是发掘出一个独特之点,
在此如果没有任何东西与语言对立,那么语言就会凭借自身的生
产力而显现和发展。因此,原初的精神如同未开化的自然。有必
要在沉积的实证性中唤醒这种精神。

　　正是这种意义上,并且借助这些保存,我们才能谈论自然世界
的逻各斯。可见者的交流被与我们的动作和话语相反的不可见者
的交流继续。言语是在另一建筑术中恢复感性世界逻各斯,所有
的历史性也是如此。历史的矩阵。

　　4) 本体论

　　从这一(已经开设了好几年的;语言)课程,我们抵达本体论的
或哲学的问题域。

　　原始的或未开化的**存在**对抗沉积的-实体的存在。

---

　　①　比如,参见笛卡尔:"第六沉思",AT 版第九卷,第 69 页,阿尔基耶版,第 500
页,《灵魂的激情》,第 50 条和第 137 条,阿尔基耶版,第三卷,第 994 和 1052 页:"依据
自然的设定……"

　　②　investissement 在精神分析中通常被译为"投注"或"投射",描述个体如何将情
感、欲望等投注到他人或其它对象上。——中译注

不是从外部而是从内部定义存在的本体论：**存在**在所有层面

371　都是基础、框架和链接，它不是在远景中提供的，也不召唤表象背

后的东西结构——研究**实体**。

这是说，本体论关注唯一**存在**之页，在这一**存在**中我们已经处

在我们说话的时刻，它可以整个地定义为非乌有之物——自然、生

命、人，因此是相互内含。

还需要思考这一**存在**，在它之中研究肯定与否定的关系，把它

置于传统本体论和本体–神论的关系之中。

# 第三草稿

## 人的身体

### 1）身体是感知的动物

**感性学：看是什么？**

由周围环境定义的动物身体，作为由运动切割并组织的世界方面的周围环境。它介于身体的内部和外部之间，是运动和知觉的交织，介于离心和向心之间。

在海胆那里，周围环境是内源的名称吗？看起来是我们关于动物-机器的思维。动物实施发育蓝图，它依据发育蓝图而发挥作用。这产生了人工思维（动物似乎是被制造的）和机械实在之间的二元以及各种反应的集合。动物是被运动的，不是自己运动的，而且不支持它的周围环境。它如果要运动（并且自身主导它的周围环境）就需要一种中心化。

然而：

第一，海胆至少是自组织的，它在其胚胎生成中必须有展开，有通过区别构造机器的统一。

第二，它就像生成伪足的原生动物那样。

第三，在高等动物中存在着调节，即是说与外界的相交，以及在机体之内有中枢神经系统，即是说有机体的外部循环，这是它们的发育蓝图，它们创造了发育蓝图。

人的身体（是其中之一，却与之不同）。

——它的周围环境，就像其他人的，并不是被动的、被接受的，它能够运动，并自己定义行为。

——除此之外，人的身体是开放的、可变的；身体用观察工具和行动来武装自身——因此，它与预先确立的触发系统、行为的模式和轨道无关，沉醉于这一乐曲中并在其中结束；更多地是其"翻译"，是等价系统与非自然区分的投射。身体不再与周围环境混合在一起，身体是世界（Welt）投射的手段或场景。

尽管如此，每种感觉器官都像海胆那样严格地与运动条件相联，都与它的场域或周围环境相联，这一场域或周围环境是由某种运动风格（眼睛）所设定——眼睛的透视活动——视觉-运动的循环——触摸与运动。[①] 每种感觉器官都像本能一样提出了同样的谜，即外在触发的前秩序，与外部世界相合的周围环境的前秩序。"自然的机制"使我们具有"自然的判断"，即我们就像极神奇地认识光学和几何那样"解释"事物的活动。我们如同海胆一样在实施一个发育蓝图。但正如海胆是被赋形的，我们的感觉器官也是被赋形的——机器是被制定的。至少要承认胚胎发生中的奇迹（习

373

---

① 不要把感性学看作思想到身体的下降。这是放弃了感性学。不要在没有身体"联系"的情况下引入"知觉"。没有感知运动就没有知觉，运动的意识不是客观位置变化的思想；人们并不像事物那样移动，而是通过减少差异，知觉只是这种差异的另一极，被维持的差异。正是这样，身体的运动＋视网膜上图像的运动才能使知觉稳定。——作者原注

性的奇迹,这是马勒伯朗士的观点),眼睛应被构造并去观看。正是身体产生了完整倾向,并不存在灵魂的完整倾向,身体必须生存和观看。我们不是说:视觉是物质的属性,这不意味任何东西,而是说,眼睛不只是下降到它那里的思想的观看的场所,不只是一种工具或一个器官,而是视觉的摇篮,如同身体是生命的[摇篮]。如何思考身体演变为视觉的激发物? 并不是眼睛(作为事物的眼睛)在观看。也不是灵魂在观看。存在"灵魂的身体"(瓦莱里),[1]它汇聚于视觉装置中,并在那里探索我们观看的位置。

问题在于——什么是"感知的动物"?

我要说的是:我们借助身体图式推进这个问题:

——身体各个空间部分的综合,与整个外部空间关系的综合——作为等价系统和差异系统,确保了准操作与身势结果。

——感觉间性的综合:视觉、听觉和触觉,这些构成了一个统一的系统,它通过对自身做适当的削减以便许可对世界的解读。[2] 374

这意味着:身体是一种感性事物,[3]它的运动在同时性和相继性中形成了自身的系统——不仅仅是个体的总和——唯一·的·(einmalig[4])——而首先是互相关联的总和,一种辨别系统;其次,这个系统是世界的拱顶石,或者相反地在世界中拥有自身的拱顶石并朝世界敞开。

---

① 同样出自于《课程摘要》,同前引,1959－1960 年摘要,第 177 页。可见《符号》,同前引,第 21 页;"随笔"丛书,第 28 页。另见《可见的与不可见的》,同前引,第 274 页;2006 年新版,第 270 页。

② 运动-知觉的整体(Toalisation sichbewegen-wahrnehmen)。——作者原注

③ 我的身体对于我是感性事物,动物性的身体对于外部观察者,也是感性事物。——作者原注

④ "unique"。

身体是事物中的一种，与其它事物处于循环之中。

眼睛，被看见的事物，眼睛向可见者敞开。

在世界中，作为世界的度量和标准。

我的作为事物的手，我的触摸事物的手。

这种二元是如何可能的？在身体与自身的关系中寻找解决方法：它在那里是能触－所触。

我的手对另外一只触摸它的手来说首先是一个事物。这只手不是触摸者和被触摸者。

然而如果不是相同的手的话，我如何能够说我拥有身体？完全主动的或完全被动的都不是身体。

事实上，能触与所触之间有一致性，能触的手在另一只手中发现它的相似物，即它发现另一只手也可以变为主动的手，它也可以变为被动的手。这也许并不能被完全证实：当所触的手变为能触的手时，它不再是所触的手了。相互性在它即将发生时突然出现。然后这种变化并没有摧毁它：在我们看来这恰恰是因为我要触摸能触时，突然一切都崩塌了，恰恰是因为所触的手与变成了能触的手是同一只手，它对于另一只手来说不再是事物。这一失败恰恰是对我身体的双重性的把握，身体的双重性是：它是事物以及我和事物之间关系的承载者。这是同一体验的两个"方面"，相互联合、不可共存的但又相互补充。它们的统一是不容置疑的，这种统一就像不可见的联系那样简单，两种体验——自我的分裂——正是在它之上相连的。

身体这种自身触摸的循环，在它自身之上闭合，通过事物的协同把握而被封闭。

　　这一循环是身体图式所意味的：它是一个图式、组织，而不是一个被赋形的集合，因为它与世界有关，还因为它一般地与自身相关。

　　这种朝向事物的事物-开放，各种事物都可以参与其中，或者说它在循环中承载这些事物，这种事物-开放就是肉身。

　　世界中的各种事物，就它们是自身的核而言，它们就参有着肉身，它们就处在肉身之中，这个肉身是世界的肉身，是感性事物。

　　这是在触觉领域分析的——当用到视觉上时会有一些变化：眼睛不能像手触摸另一只手那样看到自己，眼睛只有借助于镜子才能看到自身，能视和所视之间的空隙要比能触和所触之间的大得多——部分的不可见者作为事物潜入眼睛与自身之间。可能只有在他人身上我才可能看到眼睛，这种中介使眼睛尤其是能视，比起所视而言更多地是能视，更灵敏的肉身，更具神经性。如果它不是可见的，它就不会看见，因为它不会是视野的一点，它不会有平面、深度或方向……

　　作为"感受性"的肉身，作为能感的感受者、度量者、基准——376它如何在生命中显现呢？

　　对于肉身我们应当像物理-化学对生命做的那样描述：它是其它维度在那里显现的孤立的点。感受性即使不是局部的，至少不独立于局部性：它并不在我的大脑或我的身体中，而是无所不在（它至少是在自由空间［Spielraum］①中感知肉身）。在它之外皆为乌有。它通过投注生命而涌现，通过向深度敞开，即不是为剩余的生命存在，而是别的存在，非存在的相关项，唯一需要考虑的非存

———————————

　　①　"espace de liberté"，"marge"，"espace de jeu"。

在,自然的否定性。

　　所有这些研究都是会聚的:它是感知的原始存在,它使我们理解,第一,如何能够有不再是硬核的存在(新物理学)? 第二,另一个层面的宏观现象,即各种生物体如何能够出现;第三,这些身体如何能够是肉身、感受性,感觉(Empfinden)①如何能存在于不可见的(对能触身体与所触身体的陈述)框架上,被感知的事物,以及所触的身体如何能被安置在一个虚空的中心周围,或作为它们的肉身实在之结构寓居其中。

　　2) 力比多的身体与身体间性

　　感性学:灵魂与肉身严格的统一。通常二择一的选择项是:身体要么是事物中的一个,要么是我们看待事物的视角,这使身体再377 次陷入问题:身体同时是二者:作为事物-标准的肉身,感知我的身体同样是在世界中有其立场。

　　身体与自身的关系包含了其与世界的关系。我的两只手的关系＝它们之间的交换关系;被触摸的手被给予触摸的手,它们是彼此的镜子——类似的情形也存在于与事物的关系中:各种事物"触摸"我就像我触摸它们一样。② 不要惊讶:事物是我的身体中启动协同作用的东西,它们是由与身体图式同样的材料所构成的,我与它们隔着距离打交道,它们也与我隔着距离来往。③ 我与事物一同处在移情的关系之中。我的内在物是各种事物内在物的回声。

　　然而,身体图式不仅仅是它与事物之间,与事物的周围环境之

———————

① "le sentir"。
② 我完成的"活动"是被动的。——作者原注
③ 它们的距离是与我的身体相关的差异,如同距离的零点。——作者原注

间的关系,而且是它与其它身体图式的关系。在事物之中,存在着
"相似的"活生生的身体。它们把自身嵌入到我的手到手的循环之
中。我的双手之间的结对＝承认"事物"在之中出现的"行为",主
动的手和另一只手有距离。我的手和他人的手的结对也是如此:
就像我的身体图式行为动物那样有距离地生存于外部生命之中。
在它们之间存在着肉身关系,它是身体自恋的延展。这种自恋也
向一般性敞开:我把呈现给我的行为经验作是我自己的,我把它们
看作被身体图式所激活。这里同样是肉身解决了问题:这是因为
我能够把他人感知为感知我所感知的同样的感性事物的他人。感
性学厚重的肉身,共同知觉的纤巧的肉身,即各种身体图式的同 378
一。我的身体图式在他人中投射并且将他人内投于自己,与他们
一起拥有存在的各种关系,寻求认同,身体图式与他人之间不可分
割,并欲求他们。欲望是从先验的层面被考虑的＝我的肉身世界
与他人世界的共同框架。它们全部通向唯一的移情(参见胡塞尔
的未刊稿)。希尔德:身体图式拥有力比多的……和社会学的
结构。①

　　至于感性学,它从生命中没有绝对中断地涌现出来:如同感性
学从与周围环境的关系中涌现出来,②人的欲求从动物的欲求中
涌现出来。欲望在动物中、在爱的仪式中已存在了,它不是机械的
功能,而是向同类的周围环境的敞开(最终固定在他者之上)和交

---

　　① 保罗・希尔德(Paul Schilder):《人体的形象和外观》(*The Image and Appearance of the Human Body*),纽约:国际大学出版公司,1950 年,甘瑟雷特(F. Gantheret)译,巴黎:伽利玛出版社,1968 年,书名为:《身体图像》(*L'image du corps*);再版于"如是"文丛,1980 年。

　　② 当它成为周围世界的产物与再现。——作者原注

流。动物的外表（皮毛、装饰）为交流器官，物种与其说出现在这些外表之后，不如说出现在它们之前，相互内含（波特曼）地出现。同样，人类的交流与人的感官的功能一样是"自然的"：存在着一个"方位仪"，它给予我在交流或争执中被识破和被翻译的行为，就如同我的"身势"在世界中给予我一种"提升"（？）。对轮廓、姿态、面容、征象的生理学知觉。意义给予（Sinngebung）①没有我们具有

379 的在此起作用的理想意义，因为它是与我自身存在②维度相关的一个简单的差异。精神的身体，精神的自然。这些并不能阻挡内容与动物极其不同——动物周围环境中的人类世界——但精神对人来说也是自然的，就像**自然**对动物来说是自然的那样。

弗洛伊德：去感觉就已经是成为人。成为肉身就已经是成为人了。"快乐"被"现实"围绕着。身体寻求不同于身体–事物或与自身关系的东西。身体与他人处在循环中。但这是通过其身体自身的重量，在身体的自主性中。身体并不是第一目的或原因，但也不是第二目的或原因，即被独特的数字原理从外部控制，这不过是存在或实现的手段、机遇或条件。弗洛伊德的爱欲和死亡冲动把我们的肉身问题和它的双重性联系起来，即开放和自恋、沉思和退化。——弗洛伊德确实通过投射–内摄、施虐发现了自我–世界、自我–自然、自我–动物性、自我–社会之间的相互内含的关系。③

3）身体与象征

所有先在的东西＝人的身体是象征。融入我的运动，融入我

---

① "donation de sens"。
② 被把握为名称。——作者原注
③ 红笔再编辑的部分停笔于此。

的感觉($\alpha\iota\sigma\theta\eta\tau\alpha$)[1],融入我的在有机体内部与个体之间等价系统中的所有行为。观察场景的眼睛,探究和回应。

一种非常普遍的观念:控制论,信息理论＝刺激是"信息",即依据听者编码的意义来行动。身体与身体-世界的关系(反馈)的自动调节使身体成为象征的和刺激的标示。

但在控制论中,这是一个人为的观念。身体被同化为一个构 380 造的机器。它构造自身——它是自然的象征。

为了澄清我们所说的,我们必须具体说明"自然"的象征与"约定"的象征或"编码"之间的关系。是否有两种象征?一种是未分化的、无差异的,带有潜在的、盲目的意义;另一种是人为的、约定的,带有明显的意义。第一种是自然目的论(我们的感官通过自然的制定起作用);第二种是由我们制定的,有明显的意义。——我们应该从前者得出后者还是从后者得出前者?在我们尚未回答这个问题的时候,作为象征的身体仍然是模棱两可的。

为了回答这个问题,我们必须考虑未分化的象征和人为的象征之间的东西:语言(这个维度已经包含在力比多的身体中)。

应当修正与语言相关的约定概念:约定对立于对所指的符号的任何预先确定:联系并不是给予的(模仿);它是被语言中符号分化的内在原则所创造的。这种原则在与自然的因果关系中涌现。但它并不是约定的＝相似于我们在我们与他人的关系中做的经验决定,因为这些决定预设了交流,而这不能是它们的结果。[2] 经验

---

① "sensations"。

② 它们使已经制定的语言和建筑术的交流模型化。——作者原注

决定预设了一个计划，加于符号了微不足道的价值，然而语言并不是依据计划形成的（即所指、能指系统和编码术语的先在概念）。

381 它仅仅通过差异从其它的符号（＝全体语言）和先前的应用出发，在所指之上展开，并连接能指。语言准自然的生命处于未分裂的能指与所指中。它就像第二自然：它先于自身，起源于神秘。因此它本身也是一种宏观现象，它具有一种建筑术。它不是作为精神的因果性融入人的身体，而是如同原初的精神介于语词之间，在实证的文化在对象中沉淀之前。它当然不是实证主义的隐德莱希意义上的自然，而是对人而言的自然，是侧面而非正面的超越——感性学，从内部投入——爱欲。

再投入，如弗洛伊德说，新的身体。

从这个意义上我们的主题是：自然和逻各斯：它们之间存在人们试图置于自然与语言之间的所有对立。[①] 在感性世界中存在激活语言（并间接地激活算术、逻辑）的逻各斯和原初的精神——不可见者的交流持续的是，由可见者之间的交流所制定的内容，它是可见者的另一面，如同事物告诉我们可见的一面永远连接着另一面，并与它不可共存。

4）理想性的不可见者[②]

理性（Vernunft）仅仅是事物与**存在**的基本框架，是我们目标

---

① 语言所实现的朝向真理、理想、不可见者的开放在客观的可见者中没有相似者。但一方面"客观的"可见者是原初的可见者的投射，而原初的可见者是不可见的组织，不可见的事物（此后与第二个方面有关的部分，写在手稿的正文中，而不是写在页边，但与页边注释使用的是相同的墨水。这似乎是后来添加到页面内文中的）。——作者原注

② 原书这里的编号为2），译稿根据内容顺序修改为4）。——中译注

的交点，是我们景象的真实样子。语言是沉淀，是不可见者剩余的 382
自然化，是不可见者在可见者的留存中的界限（一个城市对于参与
其历史的人而言是富有意义的——或是一个面孔；但对于没有参
与其中的人而言，它是没有意义的——巴黎的骚乱——"没有受欢
迎的面孔"）。然而这个脆弱的外观承载了一切，这难以理解的作
品——在此之外，只有漂浮在水之上的上帝精神，一个世界，一个
等待完成的存在。——甚至没有呼吸，没有可见者的呼吸，只是像
水一样的抽象元素——世界是"空的女像柱"（吉罗杜在坚持"空
心"时所说的正是这些。① 我们必须坚持"女像柱"，巨人阿特拉
斯②站在大地上）。

在未来几年，我们将通过考察语言、其它表达系统（绘画、电
影）、历史及其建筑术，研究可见者与不可见者之间的这些关系，研
究可见世界的逻各斯与理想的逻各斯之间的这些关系。

这些研究的必要性：

它们构成通向不可见的存在的道路。

可见的存在是自然的，围绕自然事物被构造。

但语言、艺术、历史则围绕不可见者（理想）而运行；不可见者
与它所创造的可见的技术装置之间的复杂关系。这使我们走向主
体性与交互主体性的含混中心——内在于非物质性中的，由非物

---

　　① 吉罗杜（Jean Giraudoux）：《野蔷薇》（*Eglantine*，1927 年）："两人都用一只胳膊
环住头部，他们似乎承受着沉重的负担，而且所有人类站着或躺着，坐着或跪着，空的
女像柱也是如此……"（第 230 页）；这些是该书最后的文字。吉罗杜博物馆的秘书与
保管人让-诺尔・德莱唐（Jean-Noël Delétang）先生为我们提供了友情帮助。

　　② 阿特拉斯（希腊语：Ἄτλας，英语：Atlas），是古希腊神话中的擎天巨神。——中
译注

质性关联在一起的理想的交互主体性，——象征的、虚拟的、彼此
383 相关的理想存在围绕它们而形成，它们被象征所支撑，是新景观的
地形。不可见的结构与可见的结构之间的关系问题，使哲学成为
自我沉淀的不可见秩序中的一种，而不可见者作为哲学，进入对所
有不可见序列的把握中。这一冲突，这种自我意识决定了不可见
者——通过对不可见者的审查，它所审查的是自身的可能性，这种
自我审查正是其定义。

在这些研究之后，我们将抵达哲学整体的问题：

**自然**以及观念不是向我们显现为外部事物或外部实体的内在
结构或相交点，而是显现为来自世界，生活在世界中的某人的世界
视野，所有这些都暗示了**存在**，本体论依据它而切割，它包含了所
有非乌有之物，所有世界之光（胡塞尔），所有维度的维度性。

这种存在被当作从所有维度探究的内容，它使自身归于唯一
的世界。尤其是所有不可见者（即升华的与潜在地确定的结构）。

我们必须思考自然的和人的否定性的关系，思考否定性与肯
定、存在、空洞或空白的关系，它与这些是不可分的。

尤其是：主体性及其超越的问题。是否应像萨特那样，将主
体性看作像虚无一样不可逾越的（它克服自身而朝向这个它为
了"在世存在"所需的世界，但存在并不克服它，也不包含它），抑
或应当深化对虚无观念的批判，并表明真正的虚无并不是乌有
384 的否定（nichtiges des Nichts）①，而是永远在视域中的某物（Et-

---

① "Le néant du rien"。

was)①,它们的各种肯定的规定不过是痕迹与在场?

显然,我们要让这种哲学面对建立在主客关系基础上的传统本体论(实证本体论或对象本体论;否定本体论或主体本体论)。

---

① "Quelque chose"。

# 第四草稿

## 两项预备研究

1）什么是生物体的生成？

理解生物体的存在的最佳方式，——这种存在的确立——个体发育——先天功能的。

2）什么是一种动物或人这一物种的生成，所有个体都是由

之而生的？个体发育的先天。

我们要说：哲学并不处理生成，并不处理经验环境：产生的东西并不是从经验环境来的——舍勒[①]——这假定了本质下降到存在中，超越的秩序垂直于水平的事实秩序；那么交点在哪里？我们感兴趣的是发生中的交点，而不是"存在的条件"，也不是某种意义上的整体性（超空间意义上吗？或是简单涌现的条件吗？这包含难点＝不包含在任何部分中的东西，人们把它放在整体之中，即把它与纯粹名义上的存在放在一起吗？）。发生，即从无到有的过程，

---

① 舍勒：《伦理学中的形式主义与质料的价值伦理学》，M. 德·甘迪拉克（M. de Gandillac）译，同前引。

作为**存在**根本的显露的模式,是整体性的证据,并不是经验的细枝 385
末节,也不是由内部给出的解释。**发生**或涌现,提出了先验态度留
下的悬而未决的问题,它关涉理想的秩序。"发生"上优先的并不
必然是先验地优先的,或是出于内在的或整体的考虑,它只是一整
块不可见**存在**中最可见的;然而对发生的描述曾经是表面的,涵盖
微粒说或经验论的假设。真正被理解的发生必须显示出与整体的
关系,即必须与先验的发生和它所要求的后续形式相一致。

牢记这种分岔:

——部分的时空事实的均变说——嵌套、演化。

——诉诸理想性,诉诸其它可能事实,它们比现实的更丰富,
被看作另一种现实=渐成说=诉诸另一种预成(参见鲁耶,杜里
舒)。

界定一种两者间的**存在**,即一种间性存在。

## A) 个体发育,杜里舒的分析

1) 事实

我并非返回已经澄清的事实,而是对它们予以概括。

**(1) 1891 年,调节事实**

通过震动把海胆的卵子分为两个半球。开始,切分开的半球
各自形成 8 个腔室组成的半球(完整的卵子 1/2 的结果)。但第一
天晚上时,半球向着成为一个小圆球而转变,第二天成为一个完整
的囊胚,然后形成一个缩小的但完整的原肠胚。这不是在受伤的 386
地方通过发芽的再生;而是发育整体的再组织。

把海胆的卵子压在玻璃下面➜分裂的类型是非常多样的。压

力一旦停止,分化会在另一个方向重新开始。这是它并不由细胞核的分化所支配的一个证据,因为压力改变了核的相对位置。

＝发育独立于局部装置而自我调节或自我控制。存在着不同于局部化所决定的元素属性的东西,并不存在绝对空间的个体。①②

**（2）再生事实**

缺失的器官或组织的恢复。

创造性在其中更不可见的事实＝这显然与迂回中保存的方向无关,而是独立于局部情况而排布的其它事实:这关联于重新生成自己的有机体。

事实上,操作也完全独立于被一劳永逸地给予的条件。

387　筒螅属（Tubularia）的水螅体——一种海葵,其茎的顶端带着像花一样的东西——筒螅属能够再生这个花或者顶端——但这不仅仅是截肢体的再生成:新的头部是由茎的许多部分合作形成的:在任何一点切割茎部,我们总会得到头部的再生,然后从有机体的任何区域重生,整体的功能重新组织后者。

柱海鞘属（clavellina）海鞘:一个鳃系统＋一个肠袋,它们中的任意一个都可以再生另一个。鳃器官可以变成一个白色的球体

---

①　我们将海星的外胚层和原肠胚切割为一个高和宽分别为 x 和 y 的长方形;对 x 和 y 的每一个值而言,点的位置都是变化的。

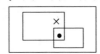

它们的属性不是局部的,而是依据非空间,它们的属性不是空间的;整体拒绝(压缩的卵子)元素位置的变化。——作者原注

②　杜里舒引用的例子,同前引,第 22 页,图表参见第 125 页。

（＝两个发芽的上皮层，它们之间有间充质），在休息后被组织起来，产生一个小而完整的海鞘。

调节与再生：

完整的发育可以从 V 段开始，或者从 V1 段、V2 段，或 V3、V4 等其它阶段开始。

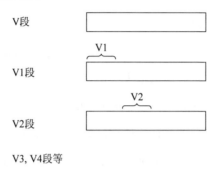

重叠的部分，同样的位置由于切分而改变其效用。

强调对位置和局部的非依赖性。

与简单展开的预成论观念（胚芽相互嵌套）相反，在渐成论观念看来：对剩余部分中某物的干预并不在非现实的现实性（确定性）中被给予。 388

这些否定性尚待解释。

这是不是意味着另一种积极因素的干预？

这是否从非空间过渡到元-空间？

从非现实过渡到另一种现实？

从现实过渡到作为另一种现实的可能性？

2）可能性的实现及其自主批判

一个点，除了预期的意义（prospektive Bedeutung），还有真实的命运、预期的能力（prospektive Potenz）、可能的命运。

"胚胎每个部分中形态发生的可能性，比在特定形态发生情况中可能实现的可能性更多。"①

海胆囊胚的每个细胞都有与其它细胞相同的预期能力，即等位性。

＝人们意识到，在每一个地方，它不仅在一种情况下会变成什么，还有在其它情况下会变成什么，我们倾向于在扁形虫身体的每一点上都以缩略的形式保留头和尾。这是对可能之物的朴素的实现：休眠欲（vis dormitiva）。回顾性的幻觉。

（1）现在，如杜里舒自己所评论的，这是对所发生事情的"分析表达"（同上，第 103－108 页）——被一个点上发生的事情切分，是部分的表达——这证伪了现象：在每个点上不仅有几种可能，还有
389　结果的不变性：类型。不仅有多种局部可能性，还有"秩序的种类"（同上，第 108 页），即一种重新分配，以便在不同的情况下实现常规类型。

我们是否应该说，可能的混乱的系统的预期能力＋控制实现不变的可能的不变因素？（同上，第 109 页）但联系更加紧密：我们应该认为，预期的意义（prospektive Bedeutung）做出改变以使类型保持不变。多个可能性只是类型不变性的反面，对于有两个面的唯一现象，它们是两个相反的事物。"如果种子在每个点都能形成与它实际形成的不同的东西，那为什么它恰恰产生实际产生的

---

① 杜里舒：《有机体的哲学》（*Philosophie de l'organisme*），科尔曼译，巴黎：Rivière 出版社，1921 年，马里坦作序，第 65 页。

东西,而不产生其它东西呢?"(第 66 页)一方面是再现给定的惰性的可能性,另一方面是秩序原则,它允许与其它点的情况相一致的东西(纠正惰性的可能性——选择),这是对所发生事情的口头表达:两个方面同时发生的,两者合二为一。

此外,调节不是完全的、无条件的,类型并不能在每种情况下都得到维持——锂①环境下的幼虫:它的内胚层在外部形成,内胚层和外胚层之间的球形部分太大,呈放射状而不是两侧对称。缺少骨架:如果存在一个分离的不变性原则,那么即使在那时,它也会进行调节。② 既然没有调节,我们是否必须把这些异常的可能性记在大量可见的"预期能力"中,并认为它们(正常的幼虫)如果未被实现,是因为它们被反潜能平衡了? 不:我们必须把"一"和"多"看作是一种唯一的现象,锂的幼虫是这种现象的一种变体。在每一种情况下,我们必须认识到,在每一个点上和每一种情况下,都可能有一个唯一一值。可能性指的是整个现象。只有在整体性中才有各种各样的可能性,它们在整体性中与不变性混在一起。

"我们的分析所需要的预期能力概念仍然不确定,不代表有机体中像原因的正面存在的特定事物"(第 77 页)。(我想补充一句:反之亦然,可能性的选择原则。)

这些概念是空间限制的标志,但还不是一个元空间的存在。

(2)这种实在论对可能性的自我批判是显而易见的。在渐进式确定的事实面前:即使在一开始,我们也没有绝对的等势性;有

390

---

① 锂在动物胚胎发育中起着重要作用,尤其是在早期神经形成的过程中。它通过影响多种细胞信号传导通路,影响器官的发育。——中译注

② 或者完全无法调节。——作者原注

些规划是由等势性主导的，但这些规划彼此之间具有不同的效力。在关联于"驱动整个有机体"的胚层的效力时，内胚层和外胚层的效力降低了（第 70－71 页）。这种限制一直持续到我们的预期能力降至零——这是迈向"独立序列发育"的一步（第 99 页）。即使没有肠子也会形成嘴巴。人们从因果关系的和谐过渡到排列组合的和谐——这种发育不是被各种可能之物的预先存在解释的，而是被它们的消失所解释的。

我们应说它是由秩序原则支配的，还是由预期能力中运作的还原支配的？它似乎被"定向刺激"、"发育刺激"的多样性所确保。"海胆的长颈臂的力量受到骨骼形态的影响——没有骨骼，就没有手臂……。某些两栖动物的晶状体是在其外皮上形成的，是对来自初级视囊的发育刺激的一种反应。当囊泡不能触及外皮时，晶状体就不能发育。另一方面，如果我们移植光学囊泡，晶状体就会在非常不正常的地方生长，在发生接触的地方生长"（第 95 页）（杜里舒在斯佩曼的著作中被引用）。

"当视神经受到重视时，甲壳类动物可以重新生成与自己相同的眼睛。相反，如果神经节被取出，就会形成触角"（第 95 页）。在其它地方，中枢神经系统指挥再生能力。（两栖：它们只有在神经连接完整的情况下才能重新生成腿和尾巴。）——因此，从各种可能性中提取出一个合适的可能选择（天线或眼睛）是一种错觉："选择"是由已经获得的决定做出的，它起着定向作用，这些可能性是虚幻的，有一个重新启动的自动调节过程，它提供了各种可观测的现状。

（3）交互作用。这远非"各个部分彼此的相互影响。实际上，每一个胚胎部分在某种关系中都可以被看作是所有其它部分的形态发生的可能原因。在这里我们发现了渐成说的真正基础"（第93页），"交互作用"（第98页）。这并不排除各种定向刺激，但这些刺激本身既是原因也是结果。简单地说，存在一种凸起，有关于各种或重要或不重要的原因，有各种结构化的行动，[1]但不存在外部的，元-空间的原则。人们没有保留变形虫的头部或尾巴（也没有保留甲壳类动物的触角和眼睛）；这是外观。人们有一个截面（交叉点），它创造了一个新的场，截面的位置决定了什么将被再生，因为它规定了内部动态，即为了恢复平衡它必须产生什么。因素 E[2] 可能只是"各部分的相互反应"（第118页）。"囊胚中任何普通细胞的预期价值是其在整个细胞中的位置的函项"（第67页）。

392

我们确实来自于空间，在它之中 X 点上发生的是一种抽象，其存在与其它点上发生的情况一样，而所有这些与维持特定整体一致的情况，作为一个"形象"，是个体发育的现实。但这是非空间的，存在不是它本身，不是某种元-空间的东西。它每时每刻都依附于微观的和空间的事实（由局部的定向刺激重新开始）。[3]

（4）回到元-空间。为了理解和保持这种严格，我们必须有一个类似于格式塔的概念 ——杜里舒没有。可选项：或者物质、机器，且引导是机械的，分布在空间中的因素的"排列组合"（第125

---

[1]　这些行动并不是触发的（Auslösung）（第91页）。——作者原注

[2]　从杜里舒那里借用的术语，指的是"因素 E"，秩序因素，组织者或调节者，决定形式而不需要给予外部条件，抑或是"隐德莱希"，《课程摘要》曾引用过，同前引，1959 - 1960 年摘要，第172页；"因素 E（隐德莱希）"，参见附录。

[3]　存在一种不同于物理空间的维度。但是介于这种空间的各个点之间，而不是在各个点之外。物理空间的再包围。——作者原注

页），或者若不是这样（之所以不是，是因为）："每一个能够提交给完整发育的片段必须形成完整的机器。现在确定的片段的每个元素可以在任何一个其它片段中起完全不同的作用，因此原始和谐系统的每一部分必须同时包含所有机器的基本部分，而且一段时间内，该系统的所有部分是构成不同机器的元素。这是一台非凡的机器，它的每个部件都是独一无二的"（第125页），因此，互动不是机器，而是生命；E 不仅仅是相互作用和排列组合的"符号"——它是"真实实在的表达，自然、生命的真实元素的表达"（第127页），[①]"隐德莱希"（它承载了自身的目的）。

393

哲学是另一种实证性。

该理论只是间接地证明了 E 元素作为元-空间的真实性（第128页）。哲学直接证明了这一点。

因此，就所抵达的整体性概念而言，它是对一种对反-空间或跨空间观念的退缩、放弃，以便获得元-空间的观念，是科学以外的认识模式对科学的限制（隐德莱希是"思想"，无法看到），唤起使科学加倍的另一种科学，发现各种其它"因素"，发现另一种"实证性"。

但我们必须在这一"哲学"工作中追随杜里舒——因为他在其中意识到把他引向整体性的各种困难。而且，整体性并不是关键：我们必须把它本身看作格式塔，而杜里舒的尝试很好地讲述了超验整体性的种种困难，勾勒了涌现的整体性。人们将会看到，隐德莱希实证的确定性总是推得更远＝它并不固定在那里，与空间

---

① 《课程摘要》曾引用过，同前引，第172页。

无关。

3）论隐德莱希的"哲学"

［哲学＝是的，因为我们看到了透明性。

肯定与否定的辩证法，可能与现实的辩证法，部分与整体的辩证法。（从中得到的教益是：格式塔，结构本体论。）

然后：事实的清单和概念如何依据杜里舒的理论演变。］　394

非-空间的出现，被视为元-空间的实证性显现的差异的出现，另一种同一性的出现。

回到实在论分析：因素 E＝"强化的多样性"（《有机体哲学》，第 129 页），也就是说，同时作为预期能力和秩序原则，规定了每种情况下局部实现可能性的内聚性并确保类型得到维持，整体不变。

人们清楚地看到这种回归与杜里舒的灵感甚少一致，它恢复了预成论，而杜里舒则为支持渐成说而给出了放弃它的最强的理由。

"任何由隐德莱希诱发或修正的单一空间事件，只要是加强的多样性，就会在隐德莱希的某一特定特征中有其先前的、特定的、单一相关项。如果再假设任何其它东西，那就太不可思议了，尽管我们的假设会导致这样一个结果——尽管这很奇怪——宇宙的任何地方都不可能发生真正新的事情。所发生的一切都是'演化'（evolutio），在演化一词最深层的含义上"（《有机体的哲学》，第二卷，第 154 页）。

目的论与机械论的深度渊源：没有发生任何事情，一切都是被给予的。

E 是什么？我们将看到他不能实证地确定 E。

对有益的实证确定性的抗拒。

它不是能量——它不违背能量守恒的原理；[1]它必须是"非物理的东西"，而不是"反物理的"。

395　　　它不是能量转换的动力，甚至不是势能和动能转换的触发（Anslösung[2]）。

它只有一种中止的权能：动能转化为势能。

这如何实现？它中止的权能（＝反对……）只能是中止的中止，只能是给定的力之间平衡的中止，这些力将据此发挥作用。被消除的力将起作用的空心结构。（参见莱布尼茨：重力造成了超越（？），它使重物进入竞争和下沉。[3] 例如，在确定一个组织物时，隐德莱希打破了被取消的可能性的平衡，使其中一个实现。它是阻尼原理：在力量陷入困境的某个地方规划，允许其它力发挥作用（奇点）（平衡满足的倾斜度吸收了它的动量并将其转化为相反的冲动，[4]因此是一种作用在其中消失的弹性物质）。它并非对各种外部作用不可见：一种打破平衡的作用（失去了物体的一部分），引发对各种中断的改变，导致标准的重建（恢复）。形态不是由实证

---

① E 形成一种能量时，岂不是违背了这一原理？这个原理是否意味着物理学已经被穷尽？杜里舒认为是这样，他承认这一点。他没有看到"精神能量"。E 并不是"实证"世界的一部分。——作者原注

② "le déclenchement"。

③ 莱布尼茨，神圣的选择＝形而上学的机制或最重的可能性的自动实现。神圣的选择在于建立一个更好的维度，建立宇宙凭借它"倒向更高处"（德日进）的倾斜的维度。最大质量。同样，隐德莱希的"选择"在于安排一个空洞，中止一个不太有效的平衡。比较决策博弈的策略和理论。——作者原注

④ 由地形排列形成的建筑术。——作者原注

因素塑造的,而是通过一系列平衡的消失来释放出一个调控各种 396
因果关系的集合。

因此,它不是一种非空间实体——然而,它也不在"现场":"隐
德莱希受空间的因果性影响并依据它而起作用,就好像它来自一
个超空间维度;它不在空间中作用,它进入空间作用,它不在空间
中,它在空间中只有各个点的显现"(《有机体的哲学》,第235页)。

调节中的隐德莱希:当卵子被切开时,切开并不会使隐德莱希
翻倍,因为它不存在于整个卵子内,而是存在于它的负面衬里。没
有两个一半的隐德莱希,更神奇的是,也没有事物的意义上的两个
隐德莱希。有机体的二重性意味着,尽管切分,我们仍然可以看到
隐德莱希的"活跃表现",它以复数形式表示:二元性在这里只是隐
德莱希的完整性。[1] 努力把负面的、非空间的东西想象为否定的
东西,想象为存在的铰链。但困难在于:参与的事物将它带入实证
性、带入另一个世界(参见柏拉图):被确定的否定存在于它们起作
用的地方。因此,因素 E 必须有实证性。

这仍然是否定的(参见《有机体的哲学》,第二卷,第259页),
原因是人们从空间开始思考。但人们可以从我的身体和它与空间
的关系[2]开始往实证的方向发展("直接"考虑因素 E)。在现实性
中,困难再次出现:如何理解嵌在处境与回应之间的这种空白的否
定:它是空间地处于它们之间吗? 当它们被实证地设想时,空白要

---

[1]　二只不过是否定的一。——作者原注

[2]　在我的身体(《有机体的哲学》,第二卷,第266页)中,我有对处境、回应的经验
和居间的空白,这就是我之所是的隐德莱希(精神病–行为的隐德莱希)。——作者
原注

397 么是空间的属性（这意味着没有：空间就是一切），要么是另一种物质侵入到空间中。只有重新质疑自在的本体论，才有解决的办法。

4）结论

否定性
可能性
整体性

依据实证物的思维：存在是其所是。

空间　自在（局部属性）
时间　线性因果性：存在之源、是在前面、将来、过去的产物
　　　——预成论
可能　对可能的否定：缩减外部（？），现实主义

整体性　通过微观事实进行思考，对部分整体性的否定：只有无限的整体。

与这种思想的不充分相对：

第二种实证——另一种实体或因果性

作为另一种实现了的现实的可能，存蓄

　　　＋选择，超验秩序的、元-空间的原理

超验的或局部的整体性，下降到它之中

渐成论

这两种思想模式否定发生的某物：演化。

否定主义或唯心主义：

存在非空间或非时间——它并不是第二种实在，而是一种理想。

398 心灵带有的可能（"调节"原理＝心灵自认为由自然承载）。

心灵的整体性——剩余的都是其一瞬＝自然是理念的虚弱（黑格尔）。

分有问题：否定的模式并不是乌有。它是一个系统。

这与事物的哲学和观念的哲学相反。

"某物"的哲学——某物而不是乌有。这种对虚无的否定是必要的。生命既脆弱又顽强：如果没有东西反对它，它就会存在。不是存在的硬核，而是肉身的柔软。

区分我们的**存在**观念和事物观念：生命不是可分离的东西，而是投注，单一的点，**存在**中的空洞，本体论的凸起，不变的、横向的而非混入其它的纵向的因果关系，各种微观现象所标示的内容，并不包含它们围绕之被组合在一起的有限变化的可能性，不可能的集合且不是或然物（可能之物）的简单特例，也不是现实的另一种秩序的实证原则，而是确立一个平面，围绕它来分配各种差异，拱顶的存在，与线性对立的统计学的存在，通过侵越超越各个部分与整体之间的含混性（反对杜里舒：机器实际上不是它的所有部分的反应），因此通过联系而存在，人们不能部分地把握，不能从近端靠近（像一个硬核），拒绝全有或全无。[①]

然而生命不是否定性：它是一种否定模式，是一种对立的系统，这意味着它不是这，而是那，场，维度——维度＝各种平面存在的深度。不可能变成可能。与这一维度相关的从属维度是我的存在。但开放并不意味着对一切开放：它是一种（笛卡尔）维度的具

---

① 上层建筑的本源性和易损性——运气——不完全的调节。不可见者、未完成者中的超越。——作者原注

体的开放［??］：依据这种观点变化是可能的，整个维度是不可量化
的，或者说数量是对维度性的暗示。生命＝因草图或大纲而存在，
即领地、区域＝作用场或存在辐射越来越精确的位置的内在性。
结构化＝通过整体功能实现交互作用中的局部功能。参见：开放
的处境：在一段旋律的开头就被指派的解决模式，没有可部分把握
的组织原则——零散事实是围绕一个等级或一个规范建立的，它
不是最小的，也不是最大的（莱布尼茨：世界是建立在神圣的微积
分基础上的），但这是所有微积分、所有经济学的框架和原则的建
立。这个结构已经结晶为一种排列组合，它将在我们的行为层面
上继续进行。

（因此一个非连续的空间和时间——空间和时间的区块。）

这种由于差异而不是同一的存在，人们只能通过对感性世界
的恢复来思考它，[1]不再作为依据实证的术语重建的"心理事实"，
而是作为不可见者的可见性。参见戈德斯坦：有机体——环境。
柏格森："图像。"[2]但这不能被理解为一种人类学：这里被看到的
存在比存在要少——心理学家的格式塔暗示了纯粹的格式塔：在
400　心理学家那里，它意味着一种感觉场（使音乐现象出现的听觉组
织）。——在自然界中没有预先确立的场（如果没有亲代有机体的
话，如何形成一个后代呢？），任何情况下都有一个新场得到实现。
因此，[3]被感知的形式并不是相关于它背后的自在自然的拟人化

---

① 参见于克斯屈尔，旋律。——作者原注
② 生命只给予那些寻求观看的人，而不是把握硬核的人。——作者原注
③ 应当将人类知觉场所带来的东西排除出我们有关动物胚胎的视角。——作者
原注

幻觉,而是相关于生命自然中被包含的自然,必须祛除它的人类表皮(＝科学):然后人们会发现一个现象的策源地,各种微观现象相互之间的侧面侵越,一种围绕在即使在原则上是不可见的存在周围的一致性,这些现象包裹着它,环绕着它,它们结晶出中间格式塔(Gestalthafte)[①]。然而,各种梯度还是格式塔的真理吗?

　　因此,整体是外形的真理吗? 不,存在各种包络现象[②],它们拥有同等的权利——但这是一种唯名论:事实上,人们有权命名和描述这些现象——但人们只会确切地命名人类的思维对象——例如能量增长的曲线——演化的各个量级——而解决方案仍然是唯心主义的(迈耶:实证现象学[③])。康德式的:**存在**只有作为**存在**-客体才是可确定的;没有个体发育的入口。即使从科学的角度来看,这也是不可能的,因为科学不能建构纯粹"常规的"包络现象。并列的因果关系并不是一个标准:人们可以观察到,各种参数超越了历史序列,但不是任意的(这再一次是对象在抽象时间作用下的各种伴随变化(?)):这将是神秘学。为了使人们能够宣布这样的 401 法则,被置于系列中的事实必须恢复一种结构:例如,这里是使能量传递(Fortpflanzung[④])累积的结构,而其它文化产品并不存在类似的累积(工具比符号更真实地承载它们的意义)——因此,在"生命"中,一定有一个类似包络现象的累积结构。

　　"个体发育。"

---

　　① 具有一种格式塔外形的东西。
　　② 例如,各种"草图"。——作者原注
　　③ 迈耶:《演化的问题》(*Problématique de l'évolution*),巴黎:法国大学出版社,"现代哲学文库",1954 年。
　　④ "propagation"。

科学的存在和胚胎的被感知的存在弱于它作为结构的**存在**。

应该如何思考它呢？巨大的困难总是来自于挥之不去的空间——作为部分外在于部分的——作为充实的。这意味着：一个完全在自身之外的存在。观念论，外延的精神化，并没有改变这个问题：纯粹的外在被纯粹的内在加倍，后者与之平行但从未与之相遇。生命的概念＝自在与自为的对立，当自为意识到自己由外界产生时，它不能回避这种观察结果，但它也不能为外界赋予生命。

所有部分都平等的充实体的广延-对象再次受到质疑。当然，空间是散开的，是完全分开的，但这并不是因为在它之上有纯粹的实证性：这不会产生差异。只是由地点或情境，由本体论的点之间的周围光晕（Umhofte）①所形成的差异，不是实证的。这就是人们所说的结构。

5）杜里舒之后的研究进展强调了同样的感觉重点

自杜里舒以后：从非-空间到元-空间——但不能实证地确定→**存在**中的否定性。

402　　我们首先可以认为，机械论和生机论之间的争斗仍在继续＝局部的组织中枢所要求的调节：化学物质（有机体）（施佩曼）。感应的事实＝化学感应器。感应与局部协变、接触有关。

但是：这些感应器可能不是触发因素（它们起作用的领域的特

---

① "光晕的包络"。［复数形式的 Umhoftes 是一个由 um-(周围)和 Hof(光环、光晕)词根组成的德语词，因此，人们可以将这个词翻译为"周围光晕"。在梅洛-庞蒂的用法中，它似乎意味着围绕感知焦点中心的"水平区域"，或时空"情境视域"。鉴于此，并考虑到词根前缀 um-，下一个短语"在本体论的点之间"似乎具有误导性，因此说"围绕"本体论的点可能更好。我们再次感谢罗纳德·布鲁齐纳（Ronald Bruzina）教授对这个词含义的深刻见解。——英译注］

定属性）。

局域的组织者是通过并排的因果关系（"领域的能力"）发挥作用。

线性因果关系研究的曲折性。

相互作用？如果它被认为是线性因果关系的集合，那么它是一种虚假的清晰：是否有一条或有限数量的线索？不："原因"就是结果，存在一个网络。参见格塞尔：在反面工作就像织锦一样，但人们是从正面考虑的——身体：其发生根据的是并非实在的或者在别处的东西：没有生物空间的纯粹外在性，没有生物时间的纯粹系列。将会有普遍**存在**和预期**存在**，时间的重新调整［？］，空间的重新调整［？］：

（1）待理解的存在

不是预成的存在（空间多样性，时间序列，预先产生）

不是渐成的存在＝否定预先之物，创造，借用非-空间

"互补"概念（加利安，第 190 页[①]）。

（在物理学家的意义上。）

这两种存在是单一个体的不同抽象，是单一个体的不同方面。

"渐进的确定性"是从排列和谐与机器"决定通量"的主要等势性开始的产物（加利安，第 300 页）。 403

"解放"、"碎片化"（皮埃尔·外斯）[②]：通过连锁感应实现嵌合体——有一个我们拥有各种有机体草图的时刻，这个时刻"没有基

---

① 加利安（L. Gallien）：《胚胎学概念的问题》（*Problèmes et Concepts de l'embryologie*），巴黎：伽利玛出版社，"科学未来"丛书，1958 年。

② 皮埃尔·外斯：《发展、生长和再生国际会议》编辑，芝加哥：芝加哥大学出版社，1950 年。

本上是独立的""血管系统和神经系统"(第 21 页)。同时,通过体液和神经系统,有一种"再生","向心的进程"＝实现一种"功能的和谐统一"。

这不是从**一**到**多**的过渡,而是从一种统一到另一种统一,从杂多的一种关系到另一种关系的过渡:生命实体中位置的深度歧义性:在成人中不仅有两种含义(解剖和功能),而且还与胚胎生命中的这一对含义(解剖和功能)相对立,在胚胎生命中既没有"可见的"分化(解剖),也没有"功能"(加利安,第 21 页,第 3 页注释)。分化和器官发生是"前功能"的——然而有机体来自它,没有完全离开它(再生)。

这——通过选择原则,消除了作为简单预成的储存的可能性——消除了现实主义:不是所有的都是现实的:有一种作为可能的可能之物的现实性,即雏形概念,一种变为现实的存在,它是某些可能性。

不存在两种类型的卵子——调节——嵌合体,而是两个互补的概念(加利安,第 190、39 页)。

404　　所谓的花叶虫卵(Acidacia),达尔克[①]在其中获得完整的带有卵碎片的蝌蚪,或者两个带有经向线的蝌蚪,条件是产生一个童子卵且不是在卵裂球的第二阶段,在这个阶段调节不再可能。同样,螺旋藻的卵也是嵌合式的,调节确实依赖于成为完整卵子所需的极性原生质。

---

① 达尔克(A. Dalcq):《卵和它的组织活力》(*L'Œuf et son dynamisme organisateur*),巴黎:Albin Michel 出版社,"今日科学"丛书,1941 年。

相反地,在卵中实现了能够调节的嵌合体:霍斯塔迪乌斯[①]:
8-细胞期海胆胚胎的切分引起调节——不是给予器官两个有缺陷的胚胎的中胚层中线切分,对这些器官而言部分是有缺陷的。然而,嵌合体并没有精确的边界。

施佩曼的移植物:在原肠形成初期,移植物表现为本位的(ortgemäß)[②]。但在神经阶段,它们是依据起源的(herkunftsgemäß)[③]——因此,首先是调节,然后是嵌合体。

无论"空间的"还是"元-空间的"都不是合适的术语:生物总是介于两者之间;草图的精准确定并非局部起作用。

(2) 为了表述生命的"局部性"所引入的存在类型

梯度(柴尔德,[④]1929):卵黄的血小板层层排列,它们的体积越来越小以至于人们接近动物的极点;——相反,随着人们与植物极的距离越来越远,核糖核酸颗粒的密度也越来越大。双梯度(第249页)。

梯度是形态形成活动的"标志"(第249页)。

梯度相互重叠,与两种代谢类型一起产生了——"动物场"——"植物场"。

————————

① 转引自施佩曼:《实验对发展理论的贡献》,同前引,第18章。〔斯文·霍斯塔迪乌斯(Sven Horstadius):双梯度模型。当8-细胞期海胆胚胎沿中线分成动物极和植物极两部分时,两部分都不能发育成完整幼虫。动物极部分发育成具有纤毛的囊胚,被称为永久囊胚;植物极部分发育成具有膨大消化管的不正常幼虫。——中译注〕

② "根据它们位置",第207页。

③ "与它们的起源一致"。

④ 柴尔德(C. M. Child):"生理梯度",*Protoplasma* 杂志第5期,柏林,1928年;在发育和重组中的生理控制和生理孤立。《鲁斯发育生物学档案》(*Roux's Archives of Developmental Biology*),1929年,第117期,第21-66页。

切断其中一个，幼虫就会变成动物或植物。

场定义了有机-形成的领地："从梯度系统的过渡……最初以各种刻度、数量差异为特征，到质量不同的有机-形成的领地的嵌合体"（第 276 页）。确定性是一种"看不见的差异"。

局部形态发生的场控制着移植中过量的生成——这种场包括它在其中强力调节的区域，和这种调节延伸到的周边，尽管延伸的可能性较小。各种场相重叠（加利安，第 281 页，第 11 页注释）。

因此问题来了：从什么意义上说，场在位置内？那里有一种依附，那里没有分散。对时间来说，场在等待荷尔蒙时可以维持为"潜在的"（第 292 页）。

（3）参见施佩曼的《组织者的历史》

在一个软骨-微动力场中，两栖动物具有早熟的确定性，这是由脱色生长预示的：只有每个卵裂球保留了一半的脱色生长，每个卵裂球才能提供一个完整的胚胎。这样就有了未分节卵的意义。

但是这个感应器、组织中心，它带有神经成分吗（？）（施佩曼[1]）或者达尔克不是给出了梯度的数量差异，通过与反作用区域适应的能力，它的作用在这里和那里是不同的，却与胚胎场的重叠一起出现。

诱导的刺激似乎是平常的，没有动物学上的特异性：组织者仍然是感应器。成年动物，无论是脊椎动物还是无脊椎动物都是感应器，都至少能够"再现"。感应能力随温度升高而变化。是核酸

---

① 施佩曼：《胚胎发生与诱导》（*Embryonic Development and Induction*），纽黑文：耶鲁大学出版社，伦敦：牛津大学出版社，1938 年。在《课程摘要》中拼写为"Spee-mann"，但在国家图书馆目录中拼写为"Spemann"。

吗（布拉谢[①]）？人们看到一种催化作用，它释放出反作用组织的力量：一块玻璃释放出的感应。"假想实体"：生物体，其作用随浓度的高低阈值而变化……

一旦物理地分析了生成活动，我们就会在其它地方再次发现它。主张非特异性在一点上或在感应器上，这是一种机械论论点，但也完全是生机论的论点：这种平常而模糊的活动怎么能引起精确的规定呢？人不能简化场的纯性质（非碎片性）。

比较变形虫的再生：

如果 C 区域在切分之上，它再生头部，如果它在切分之下，则再生尾部。因此：在 C 中没有特定的材料，而有另一种能力，据此 C 与这一或那一极连成一体。剩余片段的年代的"极性"（？），递增或递减的年代属性按头–尾轴的不同水平"分段排列"：

O 的保存（大于在头部）

代谢活动

对氰化物、酒精、温度、紫外线的敏感性。

梯度、场。这些概念的本体论价值：

所讨论的分段排列并没有给出场的性质的原因，而是它们的符号或标记。

但它表明了生物向**存在**的朝向，在它之中产生了可表示的探究，但它不是脱节的进程的产物：场的微观属性不是其宏观属性的模糊相似物。

---

[①]　布拉谢（Jean Brachet）："核酸在胚胎细胞生命中的作用"（*Le rôle des acids nucléiques dans la vie de la cellule de l'embryon*），巴黎：Liège 出版社，《生化现实》第 16 期，1952 年。

内部［？］是朝向：横向的存在

非-因果的

非实体的

结构。

## B）种群发育

发生问题：人们之所以指出它们是因为它们直接质疑了存在本身的材料。

尤其是种群发育：在动物之间出现理想的亲缘关系时，它作为一个问题出现在达尔文那里。

对达尔文而言，形态问题是生物学的灵魂（参见《物种起源》关于形态学的第 14 章①）。手、有爪动物的脚、马蹄、海龟的鳍、蝙蝠的翅膀之间的同一性的奇特事实（物品和关节）。

对他来说，解决之道在于起源的同一——后代理论。②

因此，物种转变的观念与"唯心论的形态"（即我们所认为的超然的目的或自然的观念：歌德③）相违背＝将内在的感觉还原为一系列事件的因果关系——种群发育的问题＝不仅是个体的结构，而且是生物圈或生命世界的结构：这更明显地仍是一个本体论问

---

① 原文是：形态学"构成了自然史中最有趣的部分，人们可以把它看作灵魂"。见达尔文：《物种起源》，巴比耶（E. Barbier）译，贝克蒙（D. Becquemont）修订，巴黎：Flammarion 出版社，"GF"丛书，1992 年，第 491 页。

② 在达尔文的理论中，"descendance"一词被翻译为"后代"或"子孙"。它在达尔文的进化论中非常重要，自然选择强调的是有利的特性如何在后代中传递下来。——中译注

③ 歌德（Goethe）：《自然科学著作》（*Die Schriften zur Naturwissenschaften*）第 1 卷和第 3 卷，魏玛：Hermann Böhlaus Nachfolger 出版社，1947－1970 年。

题,而不是胚胎学问题。

在**存在**的问题面前,我们可以用科学的态度来追溯达尔文主义的历史。

达尔文:突变-选择。机会和选择压力的共同作用改变生物体。知道某个存在来自哪里的问题是通过展示其它存在如何不存在来解决的,这存在因为那不存在,生命因素被死亡因素所取代。消灭无能力者。存在的东西是根据定义存在的,因为它是唯一的可能。重回目的论,种种确定性是由目的论严格地规定的。[1]

达尔文主义或新达尔文主义当今的复兴。但经历深度的修正。　409

辛普森:《演化的节奏和模式》,法文版译自《演化的主要特征》,出版于 1950 年,1953 年再版。[2]

我们说新达尔文主义,是因为我们赋予自然选择一个重要的角色——我们忽视了后天的遗传(区别于体细胞-生殖细胞)——

---

[1]　实际上,把概率完全当作偶然的时间的无限性,不是把生命存在问题排除了吗? 不,鲁耶的计算不是这样,见《新目的论》,第 175 页。它通常是错误意义上的"哲学",即诉诸于使可能变为不可能的"坏的无限"。这"引导人们相信即使是不可能的不确定的重复,在被假定为无限的时空中,相信相似世界的多样性和永恒的回归"(鲁耶,第 174 页)。

德谟克利特甚至允许"抽签",诊断(diacrisis)。

科学的有待于精神分析的非理性根据。

事实上,达尔文关注有机体(和各种事实,它们在原则上的数量所具有的几何倾向——事实上是固定数量的——竞争——变化——差异化的死亡率)。

自从脱离这种错误的"哲学",科学就立刻提供各种事实和情感观念(参见笛卡尔);新达尔文主义同样的混合。——作者原注

[2]　辛普森(G. G. Simpson):《演化的节奏和模式》(*Rythmes et Modalités de évolution*),Saint-Seine 译,巴黎:Albin Michel 出版社,1950 年,这事实上是英文版(*Tempo and Mode in Evolution*)的译本,纽约:哥利比亚大学出版社,1944 年。《演化的主要特征》(*Major Features of Evolution*)出版于 1953 年,纽约:哥利比亚大学出版社。在 1949 年,辛普森出版了《演化的意义》,伦敦:牛津大学出版社。

生机论和目的论。但是选择的概念非常不同。

新达尔文主义或"综合演化理论"（辛普森），既是对德谟克利特主张的恢复（鲁耶[1]，第 177 页），又是"选择"非常严格的清查，尽管它们揭示的维度不再是后代理论的维度。

1）德谟克利特的主张

依附于后代理论和作为解释的选择理论。

410 赫胥黎：《天演论》[2]排除了所有神圣和生命力的规导——因此它仍然"至少承认完全无知，并暂时放弃所有解释自然选择的尝试"（鲁耶引用，第 177 页）。因此，这是一种先天的逻辑。更准确地说："人们把不是机械的，而是人类的东西推到一个角落里"，但人们到达那里后会做什么？"这是生物学家的科学政治，他们认为不必推翻他们科学的机械框架"（鲁耶，第 178 页[3]）。

生物学从其反机械论的革命那里退缩了，忘记了推翻物理学的机械框架因一些事实而成为必须的了：迈克尔逊实验和普朗克实验。

在器官形成中选择表现为一个正面的解释因素，它在实验中往往只被证明为功能性功效的一个不同情况。比较竞争或战争，它们本身没有创造任何东西，却能补偿投资者。但是发明是如何产生的呢？它必须通过选择被做出，因为人们提出了一个选择：因果解释或没有解释。

---

① 鲁耶：《新目的论》，同前引；再版于 2012 年，第 196 页。

② 赫胥黎（Julian Huxley）：《天演论，现代综合》（*Evolution, the Modern Synthesis*），伦敦：Allen & Unwin 出版公司，1942 年。

③ 鲁耶：《新目的论》，同前引；再版于 2012 年，第 197 页。原文是："生物学家的科学政治学以为，他们并没有彻底改变他们的科学的机械论框架……"

由此可见,新达尔文主义的先天观念的脆弱性。

达尔文主义在 1930 年前后因费希尔和莱特而重生。他们计算了突变扩展到种群的显著部分所用的时间。他们和霍尔丹认为,他们看到了时间的量级与古生物学和物种演化的量级相同。

赫胥黎:中等突变率(占主导地位):十万分之一的个体——人们假设它带来了千分之一的繁殖机会。因此,必须有 5000 代,这样一半的物种是由突变体组成的,而整个物种则需要 12000 代。这些数字随种群的数量而变化。考虑到这一点,它们或多或少与古生物学所指出的马科动物的演化曲线相吻合。事实上,这种巧合只是借助极具争议的辅助概念而获得。基本公式使用了突变种类的"适应度"(fitness)概念,并假设这种适应度在所有固定的期限内都保持不变＝条件的变化排除了它,并排除了恒定差异死亡率的维持。这里的数字只是个幌子。

为了把直向生成简化为直向-选择,再次参看新达尔文主义的推理。根据摩尔根[1]的观点,突变个体的数量本身会产生一种"轨道"效应,因为当这个数量增加时,同一方向的第二次突变"更有可能在同一方向产生新的进展[2]……例如,当大象的象鼻小于一英尺时,象鼻(通过突变)超过一英尺的概率与已经存在的象鼻的长度和这种特征可能出现的个体数量二者成正比"(转引自鲁耶,第187 页)[3]。

---

[1]　摩尔根(Th. H. Morgan):《演化与遗传》(*Evolution and Genetic*),普林斯顿:普林斯顿大学出版社,1925 年,第 148 页。

[2]　"迄今为止的所有个体都处在比以前更高的层面"。然而,演化开始于对有用突变领域的限制,这因此降低了突变出现的可能性。——作者原注

[3]　鲁耶:《新目的论》,同前引;再版于 2012 年,第 206 页。

这种观点假设第一次突变（广义的）将个体置于"更高的层次"。但是这相关于什么呢？待实现的器官。如果第二次突变是偶然的，最大数量的主要突变体并不增加第二次突变（应该在同一方向）"在同一方向的新推进"的可能性＝这假定了对部分的占有是对整体的先行具有（Vorhaben①），即假定了我们的整体观念。

赫胥黎举了一个例子："在汽车的发展过程中，四缸发动机替代单缸或双缸发动机是一个很大的进步；它有生存价值。但在大多数汽车都有了四缸发动机后，补充气缸的额外优势足以让六缸在市场上获得更大的价值。"这假设了人的场，四个气缸引导客户到六个气缸。"即使在客户所做选择的帮助下，我们也不是通过攻击汽车厂的工具车间才真正有从四缸发动机到六缸或八缸发动机的机会"（鲁耶，第 188 页）②。

人们在科学家身上感受到的这种固执，在这些被用来阐明自然起源问题的脆弱结构中，被引向一个统计目标——人们会说这是一种对科学的依恋，与投机结构相反。但为什么会出现这种困境呢？这里和其它地方一样，另一种选择不是最终选择。不，这种不严谨的思想是对建筑术、对**存在**的多维度性的抵触。这是一个假设：创造并不比守恒多（笛卡尔）。这是一种"哲学"。

它是科学吗？这些原则是不容置疑的——这些结构是专门假设的。辛普森认为，经常会出现（或多或少超过之前的组合［?］）从突变选择的原则出发的结构。这个证明并不重要。被取代的是科

① "projet"。
② 鲁耶：《新目的论》，同前引；再版于 2012 年，第 207 页。

学趣味的中心。它在事实上取代了自己，并没有受到辛普森的影响。　413

2）新达尔文主义

然而，达尔文主义和新达尔文主义都是科学，它们吸取了各种事实。

新达尔文主义，演化的复杂性（"综合"理论①）。他们不再谈论起源，而是谈论物种的起源。在演化中有多种因素，②多个演化（微观-宏观-兆观-演化）。由于因素的多样性，通过选择所做的因果解释就消失了，或许会以自己的方式出现一系列包络现象，演化的特性而不是选择的残余，或许是必须放弃把物种起源等同于有机体中给定的观察事实的后代观点，接受实证的现象学——最终，一种本体论可能会走出对象存在的目的论困境。这就是我们要跟随的辛普森的观点。

辛普森，《节奏与模式》，以及通过他引入的当代演化论。

新的问题，但这不是被理解为盲目的，总是被带回到因果解释和后代图式——选择构成了心灵的视域。

**（1）演化的"节奏"，"图景"**　414

"演化"不是具体的历史，而是事物或变量。

统计方法允许将其假定为一种有待测量的结构——用于定义"演化速度"——建立"生命通量的包络曲线"（辛普森，第18页）。

哪种好：我们考虑的是总体现象，而不仅仅是微观事件。

---

① 演化的综合理论，尤其以赫胥黎为代表。

② 尤其是，引入一种全新的要素，即介于外部"自然"和有机体之间的种群。机体内在的选择原理。同时引入了面向选择可变压力的突变压力，澳大利亚有袋动物那里不存在选择，这允许"鼹鼠"、"狼"等属的扩散。——作者原注

令人担忧的是：唯名论，这种总体现象的各种构造的思辨特征——人们匆忙地走向测量和统计，而没有去了解人们测量的是什么：

示例：演化速度概念：人们相信注意到不同结构的生长速度（马祖先的鼻口大小和长度）之间存在着恒定的联系——但通常情况下，这种联系并不真实。这两个特征一起演化只是因为选择对它们所起的作用是相同的，而不是因为遗传的相关性。

对于其它：整个有机体的演化速度。人们借助"把结构的特征简化为易于操作的连贯形式的新方法"①，通过给出相对于所有结构的演化平均数（无需选择）而建立演化的速度。在这里，某些作者建议承认"匀速演化速度"②，节奏的差异表示持续时间的差异，"演化数量"③用于评估这一持续时间。

其它的则相反：

415　又或者：一般生存曲线——人们将其与突变果蝇种群的生存曲线进行比较。它们是可比较的——因此会有一种"演化代谢"。但是，辛普森说，鳄鱼的生存轨迹几乎与蟑螂的相同——这是设定横向大尺度延伸的现象和实验现象之间存在相似。

人们会说：这是物理学的方法＝只有当人们知道测量对象之后才是这样。这难道不是一种外在的模仿吗？因为就像辛普森所说的，这里的结构似乎是错误的。当我们排除错误时，仍然有在中

①　辛普森：《演化的节奏和模式》，同前引，导言。
②　辛普森的原文谈论的是"演化的独特速度"，第 22 页。
③　辛普森讨论的是"量化演化"，参见《演化的主要特征》，第 12 章第 3 节，第 216 页。

等种群中积累小突变的观念,这与事实并不矛盾,但不能响应假定的原则:生命通量的包络曲线。

所以总的来说:大部分类群表现出朝向更大规模的趋势。但辛普森把古生物学的事实带回到"因果背景":选择。这种选择只在群体遗传理论的意义上进行,群体维度依之起决定性作用,利用突变的物质来制造新的有机体,因为种群的数量决定了选择压力(竞争)与突变压力(在一个相互干扰的群体的给定条件下)。但突变–选择理论在这里起淤积作用＝遗传学使无用的选择得到理解(各种器官之所以在过分发达情况下被保存或发展,是因为它们在遗传上与有用的器官紧密相连)——多个基因对应一个性状,多个性状对应一个基因——对遗传形态的批判表明,存在着遗传的"发展潜力";人们这样解释预适应:它是种群的高变异性,是一个储存突变的库。所有这些遗传的灵活性弥补了突变–选择的理论图式和事实之间的差距。但图式仍然是不容置疑的:它没有被否认——它不是有效的。

**(2)群体演化的"爆炸阶段"**

同样地:微观演化——种群的连续变化→遗传的内–演化,

宏观演化——不连续组合(种,属)的出现和分叉,

兆观演化——古生物学对演化的大尺度研究。

不连续性是第三种规则。我们没有不连续的系列。

辛普森把这归于相关材料中的空白。

形态的不连续性总是与相当长的时间阶段相对应。这是无法证明的,但却是可能的。

因此,结论介于两种观点之间,一切都来自材料的观点和从未

有与第一种形态或多或少类似的过渡形态的观点。

他增加了一个原因：根据种群遗传学，过渡形态并不是数量众多的变种，因此缺乏材料。

补充解释：这些小种群变成预适应的，并以跳跃的方式演化。

### （3）缓慢与快速的演化路线

"活化石"[1]。

把这些情况看作统计学估值的上下极限，就可以消除这个问题。

417　远程快速线（tachytélélic）

远程慢速线（bradytélélic）

远程预测线（horotélélic）（方法）。

"固定的演化"、"强制类型"。

这似乎与生物体的任何特征或特征群都没有关联（例如生命的长周期或无性繁殖）——辛普森诉诸于：种群维度[2]：从大量种群推断出的迟育现象，这些种群有微小的偶然变化和能稳定地适应可进入的环境。在大种群中，选择的压力消除了每一种突变。

——加快演化速度：次要的、更专门化的类群往往比祖先的种群演化得更快。

——惯性、方向和生命力：

——a）惯性＝自在的线性演化；

生命力＝在途中获得的某种东西，如加速，它引发对目标和过

---

[1]　参见辛普森：《演化的节奏和模式》，第125页："曾生活在地球上，我们保存有它们的留存的物种。"[引文译自英文版。——中译注]

[2]　丰富的和持续的。

度繁殖的超越。或者释放"突变压力",选择压力[1]已经减弱。

同化于机械论的各种法则——辛普森所反对的同化。但可能是类比吗?他没有想到的是,从这些现象开始,有待构成一种进化动力学。他局限于把惯性和生命力这两种概念带回突变–选择理论中。

——b)惯性=直向演化。辛普森反对内部指导原则(基因突变的方向),即在演化中存在逆转。直向演化只是框架的一部分。它本身可以包括一个典型的(?)新达尔文主义的方向:所有可以想象的突变都产生了,尤其是在给定的修正之后,这是错误的;继续演化要比开始一个全新的谱系"容易"得多(沃丁顿,第242页[2])。选择介于更多或更少之间,不是肯定或否定。但演化的控制并非由遗传主导。

某些结构只在其完整实现时才有用,这是恰当的。辛普森满意地回答说,人们观察到微小的差异对死亡率有不同的影响。

对马的直向演化的重新考察表明,它看起来并不是那么直接→直向选择,一种非"工程师"的选择,一种并非通常的突变(沃丁顿,第256页)。

对过速演化起源上的生命力观点予以批判(奎诺[3])。在起源的这一边有一个最优的替换——过速演化与有用突变的一致。[4]

---

[1]　辛普森:《演化的节奏和模式》,同前引,第67页,"选择压力"。

[2]　参见沃丁顿:《现代遗传学导论》(*An introduction to Modern Genetics*),伦敦:Allen & Unwin 出版公司,1939年。

[3]　奎诺(L. Guénot):《生物学的发明与目的》(*Invention et finalité en biologie*),巴黎:Flammarion 出版社,"科学哲学文库",1941年,辛普森引用过。

[4]　过度繁殖,这是由选择压力和突变压力方向的重合造成的。——作者原注

折衷主义。

唯名论：人们不寻求思考事物——人们根据对位来结合各种原则。

人们说新达尔文主义的"哲学"：突变-选择的原则＝通过选择获得的带有分布和删减的偶然的突变——建筑术把内在于世界的各种事件带回平面，参见笛卡尔：创造并不比保存包含的更多＝横向哲学。

419

按照→ 客观时间（"事实"）和因果顺序（"科学"）的后代

在这个平面上出现了越来越复杂的形式，它们相互从对方出发。

相反，人们会有"理想主义"和理想主义的形态，以及**自然**的"观念"："垂直的"维度，由此产生了各种重要的门——鲁耶。

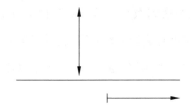

生命冲动、生机论和整体性概念，作为涌现之物，代表了另一种维度对水平秩序的入侵，以非二元论的方式来思考它们之间关系的尝试。

我们将考察另一种本体论：考虑没有必要因果地或非因果地解释，提出一个或两个维度。

达尔文主义：现实的一个维度，其余都是不可能的。

唯心主义:另一种维度,存在可能之物。

我们:它们有理由相互对立:达尔文主义有理由说问题不在于首先解释为什么是这样[1],而是要表明为什么剩下的都被消除了——但生命繁殖力的获得只是从待展开的事物、从一种使用整体的偶然开始。

唯心主义有理由说是现实并不像一个独特的、没有厚度的、没有突起的、充实的平面——但它把剩下的和所有隐含的问题一起看作理想之物。

问题:把一些东西放在偶然和观念之间,内部和外部之间。这是有机体-环境、有机体-有机体的接合。

在这种接合中,出现了一些并非现实事实的事情——一个关联——它是垂直秩序和水平秩序的连接。作为维度的**存在**的观念,在上的维度只是实现和抽象的方面。要把这两种秩序置于本体论领域。

因此,生命存在与我们之间就有了"亲缘关系"。

讨论:

1. 新达尔文主义:辛普森。达尔文主义如何被赋予了新的内容——人们在这里看到了一些不同于实际的东西。

2. 唯心主义:达奎。

3. 只要"实证现象学"(迈耶)或本体论就够了吗?

---

① 莱布尼茨。——作者原注

# 第五草稿

## 1. 达尔文主义的复兴和变形

达尔文主义哲学被以下所修正：

统计方法——它的作用是引入将因果观念引入非因果关系中——全局的。

非确定性：对包络现象的兴趣，"生命通量的包络曲线"（辛普森）[1]，严谨的态度。

种群遗传学的干预：种群内部的关系根据它们的规范在有机体和自然之间进行干预。因此，突变压力的观念与选择压力相对立。突变的压力不是简单的机遇或"波动"。突变的速度取决于种群的规模。选择不是一个简单的负面因素或是删减。[2] 环境既不是简单地由物理环境来定义的，也不是由实际环境来定义的。有

---

[1] 在前面的草稿中，这个说法被归于辛普森。克兰普顿（Crampton），"帕图拉属的变异，分布和演化的研究"["Studies on the Variation, Distribution, and Evolution of the Genus Partula", Publications of the Cafnigie Institute of Washington 311(1916) and 410(1932)]。——英译注

[2] 存在一种向心的选择，它在共同(?)之中维持，还有一种离心的选择，它处于种系发生的起源，如正畸选择。——作者原注

机体和环境的耦合不是两个可能循环的重叠：有机体对其它环境的可能功能。生态环境或生境的观念。

这些概念叠加在达尔文主义哲学上并修正它。在某种意义上这恰恰是由于突变-选择的论断。

描述的充分自由。

简单来说：人们没有给予这些描述一种本体论意义。

人们在最后的分析中又回到了机械本体论。

这就是描述的新颖之处。

有损这些描述的机械论再次产生。

示例：

## A) 作为包络现象的演化

我们试图整体地考虑它，而不仅仅是根据它后代的经验历史。

"演化速度"的研究。

它依据辛普森所说的不确定性。

《自然和逻各斯》，第 14 页。[①]

建构论的、唯名论的方法——我们并不知道其意义的变量的建构。

这种方法是物理方法吗？问题在于这些建构中的大部分都是 422 错误的。

---

① 这里指的是手稿第 14 页，它包含它之后的 4 个页面（分别标记为正面、反面、C面、D 面）。

## B) 微观演化、宏观演化、兆观演化

《自然和逻各斯》,第 14 页反面。

"爆炸性阶段。"

## C) 缓慢和快速的演化线

(活化石)

具有演化(或"老年")"潜能"的爆炸性阶段。

辛普森解释说:选择的迟缓——累积群体的多变性——较不科学的适应——几个基因型可能有适应价值。它们以放射状离开祖先的类型。辛普森补充道:这总是假设一个空的适应性场的开放。衰老的多样性＝局部群体的细分

→不稳定的适应——灭绝前的预适应"探索"的印象。

"固定演化"的各种情况,各种"永久的类型"。

所有这些都是快速和迟育的极限情况。

辛普森从种群的维度开始推演这些描述性特征。

比较《自然和逻各斯》,第 14 页反面。

他有理由拒绝错误的形而上学。

但他是否通过原因排除了描述性事实呢? 这些物种的历史所实现的同步性引起了一种新的现象。

423　**D) 惯性、方向和生命力**[①]

比较《自然和逻各斯》,第 14 页反面,A 面。

---

　　①　连续性(?)目的论-机械论,过度繁殖-生命力,这是机械论还是目的论? ——作者原注

对将因果同化为物理惯性进行批判是正确的：演化运动只有在物理学中才是惯性的，它是一种对抗选择压力的力量。但人们并没有提出演化批判的构成问题：人们局限于把直向演化还原为突变–选择上。

参见《自然和逻各斯》，第 14 页反面，B 面。

简而言之，在学说和事实之间存在着许多对间隙消除——这使学说得以保留下来——但它有启发性吗？很大一部分理论建构只是为了表明它不是有害的。

生命力：过度繁殖，《自然和逻各斯》，C 面。

## E) 演化的"节奏和模式"

用红笔写的注释，第 7 页。[1] 基础保持不变。但人们发现了巨大的宏观差异。造成这种情况的因素并不是（量子）内在专属的。因而有机体与世界之间有着交叉。结构的出现。或者再一次是相反的属性（达奎）。

新达尔文主义的态度：

——缓慢和快速的演化：被认为是概率分布的极限情况——因此"永久的"类型，"固定的"演化，快速和慢速都有意义。

——"惯性"、"朝向"和"生命力"——在演化中。

惯性＝个体发育，自在的线性演化。

424

生命力＝在途中获得的加速，这种加速引发对目标的超越（过度繁殖）。

———————————

[1]　这与手稿第 7 页相关，参见第二草稿，参见第 320 页及以下。

机械论概念＝同化于经典力学。目的论也是如此：过度繁殖假设一个朝向目标的更优先的方向。

辛普森的态度：他批评了肤浅地同化于力学：演化运动是一种对抗选择压力的力量（[？]突变的压力）。演化存在逆转。

但他自己是怎么想的？

1）直向演化

a）重新考察事实：马的直向演化并不是那么直接。这是一种直向选择——这不是工程师的选择。

——在并非通常的突变之间。

b）生效：突变是由性选择引导的——在群体中：

有时它们只包括两种可能性：是或不是，正的或是负的（＋或－）。

在给定的修正之后，继续演化要比开始一个全新的谱系"更容易"。

他承认有一个困难：某些突变只有在它们是[？]的时候才有用。——但实验表明，微小的差异对死亡率有不同的影响。

c）非常公正——这个问题只是更加突出而已。

d）种群、替代、轨道的影响＝缩减可能性领域的方法，以便解释不可能性的凝聚。所有这一切都假定了原因是什么：一定有某种东西而不是没有。

最后一个论证：弱突变的差异效应能否归因于它们与有效突变之间的关联？那么，这就像上面所说的是掩盖不可能的通道的方式。

425

2）过度繁殖

a）环境改变使最优情况移至物种大小这边。

b）过度繁殖与有效突变相联系。

c）选择压力与突变压力方向相符合。

d）选择压力尤其作用于弱变异。

所有这一切＝理论的堆积和事实的鸿沟：没有不可能性。人们抹去事实的轮廓，事实变成了幻觉。这种理论情况的风险。

演化模式：

"设计"、"风格"。由裂分所致的特定化、线性演化、量子演化（各种大的分类学单位）、阈值。

但是，即使材料并不连续，这三种类型还是被带回统一。

没有办法去挑剔理论。但不会有演化的衰退（以及物理学中因果性的衰退）吗？人们也可以尝试根据可观察的外形建构理论。这将是：建构原始的"演化动力"。

事实上，这正是辛普森应会遇到的问题，因为他拒绝教条的因果性解释：《演化的主要特征》（第 52 页）："在这些术语中，演化事件的原因先于它的整体情境……因而尝试在这一情境中指明相互独立的原因元素并不是完全现实的。人们最多可以说'复杂因素'或'星座排列'。这种观点排除了如下论证，即说变异还是选择是演化整体的决定因素，而且说它应当（却不会）终结长期以来在演化趋势上内在的或自生的控制与外在的或外源控制之间的争论。那些明显的选项并不是实在的，且选择也不是被迫的，在这些术语中是毫无意义的。"[1]

————————

[1]　梅洛-庞蒂引用并翻译的段落，见《课程摘要》，1959－1960 年摘要，同前引，第 174－175 页。

因此人们要赋予选择优先性,把它当作给定条件下可能物的实现(这一事实导致反随机因素即种群和轨道效应的引入,这默默地改变了此事实)。

应当正确地对待把演化及其负熵运动放在一起做出的描述,它的各个反常点并不是可能物所要求的。

# 2. 唯心主义

如下是构成唯心主义形态学的东西:

出发点:不是后代的观念＝各种形态变体的自在的创造——而是对这些变体的观察。理想的派生物(Ableitung)①之间的关系——它们与我们就后代所知的东西之间的差异。

## A) 脊椎动物的原型②

形体的某种拓扑结构

水平的脊椎轴,可移动,但可以变硬。

主轴。

神经系统会伤害它。

这个轴的承重构件位于刚性的和可移动的端部。

与感觉器官一起延伸的头部和摆尾(达奎,③第56页注释)。

427

---

① "衍生物"、"推演"。

② Urbild,模式意义上的"原初形象"。

③ 参见达奎(Edgar Daqué):《有机形态与古生物学》(*Organische Morphlogie und Paläontologie*),柏林;von Gebrüder Borntraeger 出版社,1935 年。转引自辛普森:《演化的主要特征》,第 247 页。

这种观念＝先天的、发育蓝图、内在的真理——不是源自于适应：适应的框架。

所有动物都适应了，并且很好地占据了它们的位置。这不是最高程度[或最高级]的适应。这是本质。这不能还原为可见者（发展的力学[1]）。生物的地形不是晶体的地形。它超越了林奈式分类法的特征。地形类型的观念[2]。

"审美"地把握，原始设计（Gestaltung）（？）的"强烈喜悦"（？）

＝"**自然**的游戏。"

还有菊石，它们的基本结构（栖息、卷起、结头和两个壳的分割）是演化的基础。

把握崇高的无目的性（叔本华）[3]。

事实上，这些论述是所有后代理论的基础：这一理论常常只是后代理论的转换，物质成为虚空的。

然而，唯心主义向后代理论的转换遮蔽了那些源于前者的根本范畴。

## B)

428

1）突变

从这个角度来看，突变会是基因的修正，因此原型（Urtypus）

---

① Entwicklungsmechanik.

② Topologischen Typen Ideen.

③ "崇高的无目的性"（enhabene Zwecklosigkeit），叔本华：《作为意志和表象的世界》（Die welt als Wille und Vorstellung），《全集》，第一卷，1859 年，Suhrkamp Verlag，Frankfurt am Main，1986 年，第 629－630 页，M. Dautrey，C. Sommer et V. Stanek 法译本，巴黎：伽利玛出版社，"随笔"丛书，2009 年，第 666－667 页。

值得关注。参见马克斯·韦伯：理想类型的必然性，以辨别历史上某些客观的可能性，某些决定性表述，这些表述将会开启另一种未来（人们设想被消除的事实，并借由类型构造结果）。

　　然而哪怕在这里，突变也是一种翻转（Um wurf）。

　　因此可被理解为发散的或多价的。

　　一般来说，人们必须观察演化的类型。

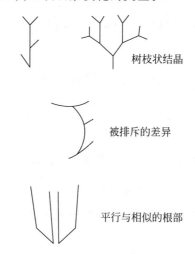

树枝状结晶

被排斥的差异

平行与相似的根部

　　2）循环：激增或致病

　　持续形成（Weiterbildung）——或直向演化

　　适应

　　过度生长（Formverwilderung）：祛文明化

　　3）关联、界限、趋同

　　某些"沉舟"已破，无法在事后返回，并且无法在后代的关联中实现相似的发展：例如，鸟类和哺乳动物（达奎，第 17 页）。

　　达奎没有在任何地方断定人们面对着各种内源的确定性。但他并不希望人们排除它们,或者出于原则的种种理由而放弃描述它们。

　　关于这一示例:人们发现需要区分诸相似性或诸差异性的意义:其中的一类在于介入同一种本源的类型中,另一类则具有相对次要的特征:它们都归因于:趋同,适应。不要假设最简单之物是在年代上最先的(明显的连续性[1])。对人种学这一内容有类似的 429 批判。不要假设所有的动物都可以依照客观的等级分类(像各种文化那样)。解读事实:统计学将不同意义的事实混合在一起。

　　4) 时代符号、时间样式[2]

　　在这一点上,达奎有非常原创的见解:存在一些"漂在空中的"特征,它们产生于各个地方,彼此之间没有种系关系,没有相似环境的影响——而且形式多样;这里是真实的(与原型相关联),那里则是不真实的[3]。例如:中生代陆生动物(达奎,第 28 – 29 页)。错误地推断爬行动物是鸟类的祖先。始祖鸟不是鸟类的祖先(第 430 31 页)。古生物学的风格就像家具的风格。"模仿"——"纯粹的"类型。

　　解释:

　　完全地区分演化和亲缘关系。

　　演化是历史而不是亲缘关系(历史可以简化为亲缘关系吗?)。

　　没有不模糊的亲缘关系(在祖先的意义上,或是在后代的意

_____

① Schein-Kontinuität(伪连续性)。

② Zeitsignaturen(时代符号),《课程摘要》,1959 – 1960 年,同前引,第 175 页。
Zeitbaustile(时间样式)。

③ echt(真实的),Urtypus(原型),unecht(不真实的)。

义上?)。

个体发育是再现吗？否:躯体无法返回遗传学。

有时会有一种预期。

所有的种群发育都是理想的:因为**自然**仅由图式构成,因此没有任何原初形式(Urform)可以生存。

相反,历史只有借助于裁剪(Schneiden)概念才是可能的。为了获得生命的历史,必须要有"它欲如何"的观念。我们并没有这种观念。接下来,我们的原初形式(Urformen)[①]总是遮蔽的(Verborgene)(?)[②]。人们"与它们邻近",却找不到它们。

因此:我们的观念化只是人类的观念化和我们的意义。观念化并不将我们置于自然生产之中。我们在使用观念化时必须意识到它的不充分性,并意识到它并没有为我们提供生产活动,而后代的各种构造和各种观念的总和对生产来说都是不充分的。

生产:不是树木,而是许多根系混杂在一起的灌木丛(古代动物志(?)与我们的根系一样是发散的——也许所有类型都已实现了很长时间)。

431　　康德式的结论:**科学**是科学家想要实现的理想性。在科学的实在之中:形而上学。

需要再审视:用现象学来做结论是否是最好的(因为对生产基础[③]的假设是因果性的,它允许神人同形说):对不可能性的研究导向本体论:不是观念而是结构。

---

① "formes originaires"。
② "戴着面纱的","隐藏的"。
③ Grund(基础)。

# 第六草稿

## 1. 对形态学的描述

形态学重新确立对构造（后代）描述的优先性。

例如：

各种"循环"：激增或致病——持续形成（通常的或是适应）——过度生长[①]（祛文明化）。

趋同，在选择关系之外的某些相似性的显现：这是那些并非任意的对可能之物所做的修正。存在一种联系（Bildung）[②]，在各种"沉舟"之间……

鸟类和哺乳动物的趋同：它们建立在彼此都是热血动物的基础上→头发和皮毛（它们并非来自彼此）→羽毛

肺循环和心跳不均匀→大脑、感觉器官、发声器官的发育→类似于鸟类和哺乳动物的步行和跳跃，与爬行动物的滑行相反：并非侧面关联的肢体。只有通过加速交换和热血才能做到这一点。 432

---

① Weiterbildung（持续形成），Formverwilderung（过度生长）。
② "Liaison"。

这些发展是平行的,但与因果关系无关:哺乳动物保留了主动脉的左分支——鸟类保存了右分支——发声器官位于其它位置。

第一个"冲击"(热血)产生了相同方向的一个完整的步伐系列。① 这是通过突变的简单相加吗? 难点。无论如何,这是一个描述性事实。

其它相似之处似乎与时代有关,以构成使种系关系交叉的演化运动:

时代符号的时间样式超越了种系关系、适应、趋同——仿佛**自然**是以一种特定方式建造的,耗尽了一种风格的所有可能性(古代风格,罗马风格,哥特风格,巴洛克风格),从而创造出种系过渡形式的外形,而这只是时代风格的问题。这与上述并行的事实相混淆。

例如:从三叠纪②开始,爬行动物在地球上崛起:它们的前肢缩短,后肢发达。差不多直行。这增强了飞行的趋势:飞龙。最后,爬行动物的翅膀鳞片发生了变化→始祖鸟(Urvogel③)——但陆生四足动物也有鸟类特征(Vogelmerkmal④),尽管它们在遗传上与鸟类无关:牙齿的退化,角状的颌骨,骨盆与足的结构,在鞘膜(?)中产卵的方式。

---

① 澳大利亚动物群的平行性,世界其它地区的多样性;只有有袋动物,但大小不一,栖息地各异,形态各异。食草有袋动物和食肉走禽,食虫动物,老鼠,鼹鼠等……"在某种封闭的、生理上完整的有机体中,每个门类都具有区分自身的内在能力。"(引自德日进:《人的现象》(*Le phénomene humain*),巴黎:色伊出版社,1955 年,第 136 页。参见万德尔(A. Vandel):《人与进化》(*L'Homme et l'évolution*),巴黎:伽利玛出版社,"科学未来"丛书,1949 年。——作者原注

② 原文此处为"Lias(?)",表明这里的书写有问题。考虑到手稿刊印时有拼读错误,这里的"Lias"应是"Trias"的误写,即爬行动物出现的时代"三叠纪"。——中译注

③ "Oiseau originaire"=l'Archéoptéryx。

④ "Caractéristiques d'oiseau"。

由此出现从爬行动物到鸟类的遗传序列的伪装外形。事实上,始祖鸟不是鸟。它只有羽毛和鸟类的一些特征。它是一种"模仿""在空中"的新型鸟类的四足动物。

时代符号能够包含对立的实现:虽然它意味着"从地面抬升",但它仍是一种"龟类的符号",它并不是(腹甲)角龟,而是将出现在三叠纪晚期的角龟的雏形。

在泥盆纪的鱼身上发现一种与后来的硬骨鱼无关的甲壳:就是皮肤的骨化——那时的两栖动物也出现这种皮肤的骨化——甲壳是一种"贴近地面"的倾向。①

在哺乳动物出现的那一刻,爬行动物便有一种新的特征:"在空中"(in der Luft liegt②)而没有基层组织(Grundorganisation)的乳房:伪形(?)。

古生物学也是这样:当蕨类植物广泛传播时伪装的蕨类植物也会出现。演化的"时间"——"语言的"器官(万德尔③)。

对于每一种特征,都要询问它的含义是什么,是根本的还是表面的? 究竟是胚胎形态还是成年形态是物种的本质? 存在着支架的或支撑的形式。棘皮动物到底是双面的(个体发育)还是完全对称的? 一种形式以哪种方式出现? 它是一个物种或是一个时代的涌现吗? 抑或是预兆的? 开端问题——不同于纯粹事实秩序的秩序:周期学建基于一种理想类型的涌现,建基于事实链条中的内在

434

---

① 在古生代的末期,随着地球环境的变化,有些两栖动物的形态结构逐渐发生了变化,因而能够在陆地上干燥的环境中生活下去。例如,体表形成了角质的外皮,肺里的隔膜增多等等。——中译注

② "Est dans l'air"。

③ 万德尔:《人与进化》,同前引。

可能性（这里另一个事件会介入另一种发展类型的演化）。同样地：这是否是原型（Urtypus）的一种特殊化或外形：特殊化与适应并不具有与类型的建筑术同样的价值——它只是"技术性的"。——假设最简单的是最先的：现在事实上，通过追溯地球的历史，我们并没有发现数量更少或更简单的类型（鱼比它最近的物种要原始得多；始祖鱼是自然的主干[naturstammig][1]）。解释通常可以是祖先的，也可以是后代的。描述是为了获得"加工过的"概念[2]（巴什拉）[3]。

# 2. 哲学：达奎的康德式立场

所有这些都是成问题的：历史上成问题的，但历史假定的关系并不是亲子关系（最简单的不是最原始的）。

这里最简单物的等价物会是什么？

达奎并没有提出**自然**哲学——他既不是物种不变论者，也不是生机论者。

435　　他保持着康德式的不可知论（？）态度：他只想表明，还原到后代的观点是不科学的，它掩盖了各种关系，而且在种群发育和系统分类之间存在不可还原的二元性。系统分类是理想的，现实从来不是图式的：总是存在具有混合特征的具体存在。存在一种"机体

---

① "Tronc naturel"。

② Impression.——作者原注

③ 首要的原因，开端，偶然。最简单的并不是最"原始的"。——作者原注

的不可把握性"(Unfaßbaren im Organischen[①])(第 417 页)。

这种不可把握性取决于我们所知道的,抑或是由于非建筑术的知性,抑或是由于只为我们提供外部事物的感官。

"让我们的五官只从外部看待自然"(第 418 页)[②]。"而系谱树的树干,即真的将所有东西保持在一起的东西,只作为旁支和分叉存在的东西由之而来的东西,只有当人们试图以自然科学的方式把握它时,才是一种理想性;而这只是一种形而上学的实在。"(第 421 页)[③]

参见康德:"先验原因"中两种观点之间难以理解的统一(第 423 页)。"整体论"的想法,所有物理-化学考虑的意图都是对整体的简化。达奎允许内部的或内源的考虑,但仅限于否定:人们不能以解释的名义从外部排除它。但在每种情况下,都无法确定什么来自内部,什么来自外部(第 439 页)。例如,上述对时代符号的描述不应被理解为自然精神的证明,而只是作为描述,被理解为能

436

---

① "insaisissable dans l'organique".

② "Erlauben wir mit unseren fünf Sinnen nur von außen her die Natur zu betrachten."引文的原文是:"Die wirklichen Lebensformen,die wirklichen Arten werden sich daher niemals unseren gedanklichen Anordnungen,seien es die der formalen Systematik,seien es die eines vermeintlichen oder wirklichen Stammbaums fügen,und so müssen sie,äußerlich betrachtet,auch sprungweise entstanden sein,solange wir mit unseren fünf Sinnen nur von außen her die Natur betrachten.""因此,真实的生命形式,真实的物种永远不会符合我们理智的分类,无论是系统分类的形式,还是系谱树的形式,因此,从外部来看,它们只能以突变的形式出现或发展,就像我们用我们的五官只从外面看自然那样。"

③ Der Stammbaum existiert naturhistorisch wirklich nur in seinen Asten oder Zweigen... der Stamm ... das eigentlich Zusammenhaltende,das,woraus alles das entspringt,was es an Asten und Zweigen gibt,ist eine Idealität,wenn man es naturwissenschaftlich fassen will; dagegen ist es dennoch metaphysische Realität.

够起作用的适应–选择–突变–种群的组合。达奎只声称既不能有自在的机械本体论,也不能排除调节概念。需要一种过去生命的图景＝"一片紧密地交织在一起的、不同的灌木形成的丛林,通常在形态类型上是相似的,其灌木丛与树枝、分叉在形式上相互重叠,从而为我们模拟出基因上一致的生命世界"(第 407 页)。[1]

# 3. 统计演化

## A) 反对亲缘关系问题

"统计演化"概念——"生命形式统计学的上升"(迈耶,第 17 437 页)。亲子问题不是假问题,而是一个糟糕的问题:人们停滞不前。在方法论上,人们如果把精神看作知识的操作者,就不会在这些问题上取得进展:人们只会有"理论迷雾"。[2] 应当以包络现象不固定的统计知识为对象。

## B) 反对永恒的因果思维(?)

这给出了一个"加工过的"时间概念。它只是作为推论的手段在极平常意义上调停拉马克主义和达尔文主义。必须有一种加工

---

[1] "Eine dicht verwobene Masse heterogener und doch vielfach morphologisch typenmäsig, gleichartiger Sträucher deren Büsche und Äste und Ästchen sich formal durchdringen und uns so eien genetisch einheitliche Lebenswelt vortäuschen."

[2] 亲子关系的古生物学类似于一位历史学家,他更重视古希腊数学家、机械学家海伦(Héron d'Alexandrie)关于机器的知识,而不是 18 和 19 世纪末蒸汽机的社会技术推进的知识(第 119 页)。——作者原注

过的时间、时间的结构或形式。尤其是,新达尔文主义是非实证性的,演化速度并不与代际延续速度成比例,因此它并不是遗传事实的简单名称,它有待描述地界定它的演化遗传学对其研究。在所有科学中,都存在着微观与宏观的区分,这种区分超越了因果性原则:说一切都是突变和选择,就像说欧洲从十世纪到今天的历史是神经冲动的积累过程一样:这是真实的,但不值得关注。非时间的因果性假设在前寒武纪、白垩纪或现在的每时每刻都在发挥作用,图式处处都一样,这消除了历史的被给予性。演化的宏观事实并不比电子显微镜的大气照片更能说明这种分析。不要认为"各个时刻是它们自身之上的非时间的因果性节点"(第83页)。

## C) 关于宏观现象

438

所发生的一切像是各种事件"在时间'场'中被排列和赋序,通过一条极化线,通过一种'形式',各种事件维持它们时间的秩序"(第78页)。

生命的微观和宏观特性,固体的是在小的尺度是破裂的,粘性液体的是在月和年的尺度上破裂的——人们无法从后面的属性推出前面的属性:更加不能从遗传学推出演化。同样在地质学中:造山现象(上冲层的倾向、硬岩的滑动和变形)无法通过这些岩石在日常尺度上的特性被理解。遗传学家从劳动人(Homo faber)的角度研究演化。存在演化的各种衍生物。地上的沙粒也一样,在后一种尺度上,它依据与地面接触的水的速度移动。在沙滩的尺度上——年的尺度,单个沙粒的移动是随机的,并且存在着地理因素,真实的"数量"结构——滑铁卢的法布利斯(Fabrice)[①]——"时空层次"。同样地,社会学事实超越心理动机,人们不需要等待心理学的成就来做社会学。"自杀的统计学事实与心理平面之间没有纵向关联"(第106页)。存在各种"现象学的层次"。有一种互补性,禁止在微观和宏观之间设定同时性的视点。

### D) 应用于生命和演化

在生命与演化问题上,总体的统计方法具有特殊性——对生命集合的澄清关联于沙滩的建筑术。

生命存在缩减为各种波动、不稳定性的总和。它有时空场的结构,因为有机体具有外部循环,它是空间差异与时间间隔的整合。

它是非随机分布的积累:有机体"能够把随机混合的自发运转暂停在宇宙的特定点上,并为这些如此巧妙地组织和分层的元素提供预防混乱的奇特保护"(第195页)——阻止"其效应是熵的随机混合"的区隔。建构"能量运动体系"。混合但不是随机的＝有组织结构。有机体将自己显示为波动的阱。"最小熵产生的稳定状态"。

所有这些并不包含任何——化学的——热力学的——控制论的断裂。

化学:简而言之,我们实验室里的化学是质量化学,它消除了

---

① 这个例子出自《帕尔马修道院》(*La Chartreuse de Parme*),它在《知觉现象学》中已被用过,同前引,第415页;2004年新版,第420－421页。

原子的个别属性。

热力学和它向混合物的普遍演化占据主导地位:有机体生活在太阳能的广泛"辐射"中,因此处于衰减之中(?);但是,如果有机体依据热力学不是不可能的,那么热力学就不能解释它在世界上的存在。

控制论:信息的增加是有偿的,但"这并不说明实现的增值来 440 自于既有的消耗"(第 223 页)。

人们不再服从存在条件类型的最后通牒,因为人们在目的性因果性之间不再二择一,而是接受宏观-微观-整体-部分。

因果性因"现象的拓扑"而变得模糊。

兆观演化:"非因果秩序的场"。演化是"宇宙的维度"。

哲学意义:对于弗朗索瓦·迈耶来说,它只是胡塞尔目的对象的相关项。人们有权自由建构这些对象-整体。

## 4. 讨论与结论

对于达奎和迈耶来说,在生命中引入历史概念只是为了方法论的革新,而非采取本体论的立场——人们所谈论的唯一存在仍然是康德式的现象存在,或者如果它包含多个层面,就是胡塞尔式的存在。

然而这种对象概念是否由方法论革新产生呢? 例如,当人们向我们说新达尔文主义时,是说劳动人重建了演化——而在实验室中,不是赤裸的存在,而是在技术装置中的存在:演化、生命、自然,当与"意识"或人类知识有关时,显现为包络。它们不再是纯粹的对-象。"意识"和它的对象关乎哲学,它不足以成为科学讨论的对象。

放弃"因果性"和"目的性";两者都是"现实主义的"。

441　两者仅仅考虑环境与机体的现实均衡,而不是以一个"理论曲线"记录这一均衡,这一理论曲线有时表达随机的混合,有时表达非随机的混合(patterned mixed-up-ness)。[①] 对因果性和目的性的放弃是对劳动人和它的思维技能的超越,而朝向包含的、从内部把握的、非被俯视的、构造的**存在**。

然而,这同时显示出所有这些作家(迈耶、德日进)都对实体主义的区分漠不关心:

生命与非生命,质量化学与"个体"化学:病毒是生命还是非生命?

生命与"精神"＝嵌入演化维度的行为——形态学只是生命的部分。在人的层面,演化被技术所承载并在其中加速。依据这种观点,人们不考虑人的有机体的外部环境、它在地球上的扩展——它的中继现象就不能理解人的有机体。相反地,存在演化的"技术"。

生命＝对机械论(达尔文主义——拉马克主义)各种问题的漠视,因为人们认为对它们的描述(德日进)并不是它们的衡量。那么人们在描述中放入了什么呢? 德日进在描述中放入意识——从物理层面开始的内部。这是谈论我们并不具有观念的某种东西,这是对黑格尔的复兴:意识从外部目击了它的重复和它向自身的

---

① "mélanges non aléatoires";参见《1959－1960 年的课程摘要》,同前引,第 176 页。参见附录。

返回。最好坚持如下描述：通过细胞关联实现各个单点，即实现空腔、位点，实现"某些运动的可能性所需的特定物理尺寸"①（《人的现象》，第113页②）。这里存在一种非随机的积累、加合性和在先的发生。种群发育是一种门类的胚胎学。现象不再固定在局部性上，它是集体的，允许谈论具有扇形分割的活体，如同在细胞中的分支，某些分支聚集以形成门。接下来可能是新的扇形分割。在这一切中，包含对各种偶然③的使用，既不存在目的性也不存在因果性。人们并不援引无所不能的和预见的生命；人们只是通过趋同和平行观察到，存在一种特定的生命词汇："地质学告诉我们，在第三纪中，充分演化的生物群的一个片段被海洋所切断，并被限制在美洲大陆的南半部分。然而，这种切断如何作用于这一隔绝？就像一棵植物那样，也就是说，通过最小尺度地再生植物发现自己与之隔离的树干的样子。它开始生成它的类长鼻、类啮齿、类马、类阔鼻猴。整个生物群被还原（亚生物群）为一种初始的内在性"（《人的现象》，第134－135页）。

这些趋同——考虑到选择和适应——代表了不可能的、非统计的结构，这些结构无论如何不可能是唯一的可能性（与我们博物馆馆藏相比极其丰富的动物性），因此也不是因果地或逻辑地强加的，也不是绝对最好的，它们处在所有条件的交汇处，符合于所有，并为其添加一种不可能存在的模式。

---

① 目的性？不，所有这些汇合到一起；尺寸并不是一种为了……的方式，它是一种事实，但它假设了存在中"停止的缺口"。——作者原注

② 德日进：《人的现象》，《全集》第一卷，巴黎：色伊出版社，1955年；再版于"观点"丛书，第119－120页。

③ 被谁使用？被各个个体所使用。——作者原注

# 第七草稿

## 人与演化:人的身体

德日进:"人无声地进入世界"(《人的现象》,第 203 页)[1]。

这意味着:

1)先在的类型(人们后来称之为"尝试")——中国猿人(Si-nanthropus)——在驯鹿时代的人类之前,也在新石器革命之前,用绘画、墓穴和文化创造了我们所知的人类。有意识的人是什么时候真正出现的呢?人们看不见他,正如人们看不见意识在个体发育中出现的那一刻。

2)因为就像所有的过渡形态那样,人在起初是很少有副本的。

3)人无声地进入,因为他的组织与物种的组织相比不那么显眼——形态变化可以忽略不计:他是一种非常严格的排列,但从形态上来说,只有很少的新奇之处:他必须是双足动物,这样手才能将下颌从抓握功能中解放出来,从而使束缚头骨的上颌肌肉得以放松,这样大脑才能生长,脸可以变小,双眼距离更近并且能关注

---

① 德日进:《人的现象》,同前引;"观点"丛书,第 81 页。

双手拿着的东西:"反应的外在化姿势本身"(第 188 页)[1]。 444

　　人无声地进入世界也意味着:没有断裂。"在花朵中,花萼、萼片、花瓣、雄蕊和雌蕊的部分都不是叶子。这些部分可能从来都不是叶子。但这些部分在它们的联系和组织中带有被给定为一片叶子的所有可识别的东西,如果它们不是在新命运的影响下并与之一起形成的。同样地,在人类的花簇中,血管、组织,甚至花簇在其上长出的茎干,已经发生了转变且正处在转变之中"(第 197 – 198 页)[2]。有一种"蜕变"(第 198 页[3]),而不是从零开始。

　　这种思想与由头部、大脑的形成和反射所定义的人类并不一致——我们就此所说的(这里与德日进一起)可以被更好地表达为:超越。此外,还有前-生命的存在模式(同样可以被更好地表达):原始的或可见的存在(这会使我们避免像德日进那样把意识放入原子中)。[4] 区别:人们更好地理解了人的身体对人来说并不是其"反思"的内衬,而是有形的反思(身体触摸自身,看见自身),不是一个无法进入的自在世界,而是他的身体的"另一面"。

　　如此一来,人与动物性的关系并不是等级关系,而是横向关系,是并没有消除亲缘关系的超越。精神不可思议地充满其身体 445结构:眼睛和心。正是从可见者开始我们才能够理解不可见者。正是从可感者出发我们才可以理解**存在**、其潜在及其展开。反思

---

① 德日进:《人的现象》,同前引;"观点"丛书,第 167 页。
② 同上书,第 175 – 176 页。
③ 同上书,第 176 页。
④ 存在着德日进没有揭开的感性的神秘。然而,正是这使我们与世界和动物共感,并赋予**存在**以深度。——作者原注

作为**存在**来到自身，作为**存在的**自我（Selbstung），是没有主体概念的。最终，可见的**存在**包含在更广阔的**存在**中。

人的身体从这个角度来看，在接下来的两个课程中，是感性学的身体和关联于身体间性的爱欲的身体，它通过投射–内摄带着所有动物性处于生物圈之中——也是本义上的人的身体（再投注）。

所有这一切皆是因为从现在开始，我们处于原始和前客观的**存在**中。

这些活动的哲学意义是什么？新达尔文主义中的无意识倾向。观念论的形态学。统计演化论。

同时，这些长分析存在的理由是什么？——关于身体的考古学，特别是人的身体，它们告诉了我们什么？

对各位作者来说，用历史代替后代只是一种方法上的改革（对时间结构的研究，对包络现象的研究）。

本体论仍未被触及：达奎、康德关于调节与建构、关于理想与存在的二元论，无法抵达的自然生产。两个平面：自由描述和真实发生之间不可协调。除此之外：不可通达的形而上学。

迈耶：与胡塞尔（早期胡塞尔）一起拓展意向对象、意识–对象的关系。对象具有多个层面。现象学。但应当是实证的现象学，446 即它注定由算法所表达。这种混合，无论是随机的还是模式化的混合物，让位于公式、曲线、操作主义。作为"知识效应器"的知识情境和方法的相关对象。

同样地，德日进的描述的–现象学–观念论的态度：他像其他人那样对于本质主义的差异漠不关心：

生命与非生命：其区别只是质量的化学和个体的化学之间的

区别：病毒是生命还是非生命？

生命与精神：行为再次被整合到演化中；演化在人那里从形态学转化为技术（并得以加速），"外部循环"接替了"内部循环"。相反，演化有其"技术"。

生命自身：对演化方法和原因的讨论漠不关心。

在这种现象背后，存在着观念论，已在物理存在背后的观念论。德日进在那里放入一种"内在"，一种思想。这就是为什么接下来把生物群称为像细胞一样分割的"活体"不再困难的原因。

但达奎的康德主义：保留了实在发生（演化）和理念发生的对立。即便如此，通过行动而不是通过因果性、理念性来理解生命中的存在仍然是必要的。

迈耶的"现象学主义"（既不是因果性的也不是目的性的，而是"现实主义的"，以"理论曲线"记录环境-平衡的平衡作用）通过拓宽我们的方法（因果性或者目的性，是劳动人重建演化、实验科学，是我们通过技术装备在各种极端条件下获取的存在）邀请我们认识与人类知识相关的包络的自然。科学是历史的一部分，历史也是自然的，因此科学不是历史的相关项。

德日进的现象主义观念论：受到与行为主义相同的反驳：意识在外部见证了自身的显现，见证这种"展示"以及向自身的回归。如果人们被给予思想、被给予与物理存在一起的内在，那么最引人注目的描述也会失去它们的主要价值。例如：

1）德日进说"一定的大小"是"确定运动可能性的物理要求"，并由此证明细胞聚合的合理性（《人的现象》，第 107 页）。① 如果

---

① 　德日进：《人的现象》，同前引；"观点"丛书，第 100 页。

人们假设一种先在的思想，那就是一种平庸的目的论。德日进的直观与此不同：均衡，是特定的尺度与特定运动的同义词。使用种种偶然的观念——因此生命的偶然性和对生命预见的盲目性的观念。

2）相同点——种种趋同

他坚持的平行论："地质学告诉我们，在第三纪中，充分演化的生物群的一个片段被海洋所切断，并被限制在美洲大陆的南半部分。然而，这种切断如何作用于这一隔绝？就像一棵植物那样，也就是说，通过最小尺度地再生植物发现自己与之隔离的树干的样子。它开始生成它的类长鼻、类啮齿、类马、类阔鼻猴。整个生物
448 群被还原（亚生物群）为一种初始的内在性"（《人的现象》，第 135 页）。[1] 这些意味着什么？这不可能是印证最初的"思想"是逻辑必然的（这些形式绝不是唯一的可能性）观念系统或是隐德莱希：在直向演化和胚胎发生之间时常进行的比较（胚胎学是生命的直向演化，直向演化是门的胚胎学），而德日进肯定并不赞成胚胎学的目的论：他承认，他通过这种比较提议的，不是隐德莱希的实证的目的性，而是生命的某种内在性、"摸索"、各种偶然的介入、某种希望不大的非全能的整体化，这足以为生命提供一种词汇表。如果人们把思想放在物理**存在**的根源上，这一切就会被抹去。

因此，寻求超越——观念论（批判的或者黑格尔主义的）——目的论

它们彼此构成生命：一种"理念的脆弱"，一种整体的脆弱，或

---

[1]    德日进：《人的现象》，同前引；"观点"丛书，第 119－120 页。

一种模糊(衰落)的意识。

因此,它们相关于精神、从其开始来设想生命。

生命作为历史是在我们之前被维持的,并不包含我们,这或许是因为(批判的唯心主义),精神讲述并思考着历史。

但这三位作者以不同的方式表明,作为历史的生命被其与我们"思想"的关系所包含。我们在它之中。我们必须通过它思考生命,而不是相对于精神。不要假装知道精神、意识或思想是什么。在它们之中有什么? 首先是可见者与可感者,带着它们隐藏的"各个方面"的事物。在这些事物之中,身体也有它们的隐藏面,它们的"另一面",它们对于生物体来说的存在(即不是就它是意识,而是就它有周围环境而言)。这不是由我们的思想构成的,而是被经验为我们身体的变体,经验为我们行为场中行为的出现。动物生命关涉我们的可感之物和我们的肉体生命。这不是观念主义的步骤,因为我们的肉体的、感性的生命不是我们人类的在场或者非时间的精神。在移情的、"纵向"的序列中——我们的身体在其中被给予我们——,有一种完全地朝向可见者的敞开,这种可见者的存在并不是由感知(Percipi)所定义,相反,感知者(Percipere)是由活生生的存在(Esse)的活动所定义。因此我们不能把一切事物和所有生命都带回到客体。不能从生命中得出人是自在,也不能把演化理解为没有内在的或理解为后代理论。必须说:动物性和人只在**存在**的整体之内被共同地给予,这一存在在第一个动物之中已经是可读的,如果有某个人去解读它的话。然而,这种可见的和不可见的**存在**、可感事物、在可感事物之中我们(与动物)的相互内含是永恒的证明,尽管可见存在并非存在之整体,因为它已然有了不

449

可见的一面。生命被看作行为、探索、简单构型的直向演化，尽管它不是被定义为实体。延伸到动物，笛卡尔关于作为身体的人的身体所说的，人们不能以空间碎片的方式把它关闭在自身之上，因为生命的运用不仅告诉我们灵魂和身体的统一体，而且告诉我们动物性和人类的侧面统一。

对于我们与动物的"奇特血缘"的沉思（即演化理论）告诉我们的影响了人的身体：它应该被理解为我们的投射－内摄，我们与可450 感**存在和**其它身体性的相互内含。

如果人们很好地理解了新生命科学的本体论部分，就会（以他们自身直观的名义）修正我们的作者关于人与其"祖先"关系的概念。

德日进用头颅化和脑化——即反思的出现来定义演化的人。

这忠实于他最好的直观吗？不：这是重返传统的意识哲学，这种哲学把人置于一个与生命毫不相关的维度。

相反，德日进通过他最好的直观（介入各种现象彼此间的关节），总是非常清楚地看到这些关系。

"人无声地进入世界"（《人的现象》，第 203 页）。[①]

这意味着：（中国猿人，人们后来将之称为"尝试"）在前－类型之间出现，人们无法确定其出现的时刻：有猿人，而且驯鹿时期的人有绘画、坟墓和文化，然后他们突然就变成了我们现在知道的人。参见：对于儿童，人们很难说他是在个体发育的哪一时刻变成了一个人类存在。这不仅是因为过渡形式丢失了（这甚至不是偶然的：它们的数量非常少，以至于它们并没有形成过渡）；即使我们

---

① 德日进：《人的现象》，同前引；"观点"丛书，第 181 页。

拥有这些过渡形式,我们也不会看见这种转变的生成。因为形态上的转变微不足道。形态上几乎没有创新:两足动物的手使下颌从抓握功能中解放出来,这使束缚头骨的上颌肌肉得以放松,这样大脑才能生长,脸可以变小,双眼距离更近并且能关注双手拿着的东西。从形态上看,这是微不足道的改变。并不存在任何断裂。"在花朵中,花萼、萼片、花瓣、雄蕊和雌蕊的部分都不是叶子。这些部分可能从来都不是叶子。但这些部分在它们的联系和组织中带有被给定为一片叶子的所有可识别的东西,如果它们不是在新命运的影响下并与之一起形成的。同样地,在人类的花簇中,血管、组织,甚至花簇在其上长出的茎干,已经发生了转变且正处在转变之中"(第 197 - 198 页)。① 有一种"蜕变",而不是从零开始。

　　既然如此,蜕变是由什么组成的?几乎没有改变的器官(手—下颌和下颌肌肉—头骨—脑袋—脸—眼睛—关注手上拿着的东西的眼睛)以这样一种方式被转化,从而使反思成为可能:"反应的外在化姿势"(第 188 页)。② 但这是什么意思呢?这种蜕变是不可见的,因为它是从根据定义不可见的幻觉下降到身体中吗?但这种"亲缘关系"完全是幻觉,人类的身体和动物身体只是同音异义词。对我们来说,并不存在反思下降到一个以其它方式准备好的身体,身体只是反思的工具。身体和这一反思之间存在严格的同时性(在任何意义上都是非因果性的)。我们说:身体触摸并看到它所触摸的东西,在触摸事物的过程中看到自己,在触摸它们和被

---

① 德日进:《人的现象》,同前引;"观点"丛书,第 175 - 176 页。
② 同上书,第 167 页。

452 触摸的过程中看到自己，可感的和所感的身体并不是一个已然完整的反思的衬里，它是一种有形的反思，它是外部事物而其反思是内在的。只有在这种条件下，由德日进带来的有关生命和生命关系的直观才能保持其效力。因此，反思是**存在**通过感觉、主体间性的实现回到自身、自给自足，这种主体间性首先是身体间性并且只有依靠可感的、身体的交流（身体作为可见存在的器官）才能成为文化。因此并没有等级关系，而是有横向关系或者说相互内含。

　　只有给予人的身体这一深度、这种考古学、这种出生的过去、这种对种群发育的参照，才能在一种前客体的、包络的存在组织中恢复它，它从中涌现并提醒我们它每一刻都是可感的与所感的，以及我们赋予了演化理论这样重大的意义。

# 第八草稿

## 人的身体

### 感性学

感性学对牛顿的颜色理论提出了质疑。基础试验：人们把波长不同的两束黄光投射到两块不同的彩色胶片上，会得到一个彩色图案——光线（"刺激"）不仅是"颜色形成"：它们如此只是作为"信息承载物"，由整体的刺激和同一整体其它内容之间的差异，由两个这样的整体或两个整体的同源刺激之间的差异而提供。信息概念取代了引起运动的刺激概念＝因果性。[①]

创新性：

1）不是表明身体，通过**自然**的建制，成为大脑内部进程的触发器：人们知道这一点。麦克斯韦和赫尔姆霍兹已经表明，那些被称为"纯粹"的颜色有时候也是由混合波长造成的（不同于光的波动理论的看法：三种波长足以产生所有颜色）。新的理论之所以新

---

① 反馈就是自身的侵越——知觉。——作者原注

并不是因为在麦克斯韦和赫尔姆霍兹的道路上走的更远（单一"客观"的颜色取代了三位一体的理论）[1]，相反是因为清楚地表明刺激概念的不完备性：颜色形成是作为完整图像的图像的结构，牛顿没有发现这一点，因为他的研究对象是成对的颜色斑点。这个结构作为自动变量出现。反驳证据：如果人们将一条长波光线穿过胶片，然后再用过滤器让一条短波通过，就会获得相反的颜色（红色的变成蓝绿色，诸如此类）。这是长波和短波相互影响作用的体现。

2）不是表明心理-生理学的"主体"有组织结构的限度，从数量差异出发的质性差异的创造——而是表明这种相互影响是一种刺激，或者毋宁说必须抛弃刺激概念，因为它是结构，是其运转的信息的凸起：彩色照片记录了视觉领域中总的波长的平衡，更确切地说：它在观察照片的眼睛中足以激发新的内容。因此与这种"平衡"的接收相关的，是在基本层面呈现的结构性事实，而不是"判断"。

454

用横坐标和纵坐标上每个分量图像的每一点的光强度建构一个图形，并用图形的叠加得到结果曲线，我们看到灰色都位于对角线上，并且更普遍的是所有直线的或略微弯曲的点的集合都是灰色的。只有当绘制点分布在较大的二维区域上时，才会出现彩色图像。而且它们必须随机分布：如果轨迹带有从左到右或从上到下有规律地降低强度的过滤器，那么抑制随机性（randomness[2]）

---

① 单一的刺激引起多种反馈。——作者原注
② "Caractère aléatoire"。

的分布规律也会抑制"刺激"——因此颜色是在概率分布背景下某些关系的出现，其中区分值只是出于强度的差异，来自所拍摄图片的结构（而不是来自照明的结构）。

"眼睛需要看的颜色是它正在观看的场景中有关短波和长波的信息（?）"。信息＝不是作用于作为结果的身体之上的刺激性原因（[?]借助于横向现象[querphänomen①]），但横向现象最初在事物中就像"在我们之中"。从那时起视觉≠自在之物产生的"视觉图像"②，它由大脑的眼睛通过再现这一过程而看到（谁会看见大脑的眼睛?）。大脑的眼睛是一个"计算机"，即它是"信息化的"，即它收到"消息"，即一种译码的区分体系，即它不再是因果性操作。

455

因此人们并不再有如下进展：

实在→刺激→被感知

1　　　2　　　3

人们有的是：

信息→编译→知觉

消息

1　　　2　　　3

第一项来自于第三项（反馈）

感性学的结果：

放弃客观主义图式：

---

① "Phénomène transversal".

② 参见：《可见的与不可见的》，同前引，第 294－295 页，第 306－307 页；2006 年新版，第 290、301 页。

自在→客观的身体→意识

（自在）

→客观的身体→意识

这建基于笛卡尔主义的观念化，建基于被感知的外在性的表现——事物。

世界并不——作为"视觉图像"位于被感知者背后——或者在它之上（知性）。

被感知者和事物是同构的；没有知觉谓词，事物是不可定义的；被感知者决不"在我之上"。世界和事物在被感知者中被把握，并不在被感知者之上或之后[①]，它们是知觉的核，同时也是我乃至他人经验的核。

感觉的主体间性理论的结果是：我看到各种颜色＝存在着信
456 息场的组织结构，这个内在的-超越的场并不是私人的，它同样向他人敞开。

如果人们走向力比多的身体，将会出现结构主义的其它结果。

## 力比多的身体

演化，胚胎发生：身体对象仅仅是一个痕迹——机械论意义上的痕迹：不再存在的过去的现在替代物——痕迹对我们而言多于过去对现在的影响。它是过去的持续存在，是一种跨越。痕迹与化石：菊石。生命体不在了，但它好像又在；人们拥有它的否定面，

---

① 参见："数学的现代演化"解决了质量和数量的两难问题。数学和代数理论被看作语言的变体。——作者原注

这与它相关,不是作为意义的记号、原因的结果,而是作为生命体自身的某种事物。矿物重新占据了洞穴,几乎重新塑造了动物。但洞穴中的化石更引人注目:在化石和动物自身之间没有任何东西——脚步的痕迹——"数据上升[1]"的痕迹:痕迹仍然存在。当然,痕迹必须被重新理解。在心理学实验中,根据光线和阴影的分布(通常认为照明在右上方),菊石化石时而在凹面,时而在凸起中。但无论如何,仍然存在一些东西:(可逆的)结构。现在,痕迹与痕迹所标示的东西的关系是我们在胚胎发生(个体的直向演化)和种群发育(门的胚胎发生)中发现的关系。身体在现实中是不可理解的(现实主义)。过去的厚度,现实身体的基本要素(Grund-bestand[2])。

　　但不仅仅是过去:还需要研究过去朝向现在和未来的敞开——痕迹的延续,航迹的产生。例如,感性学是作为与外部的关系而开始的,力比多是作为与外部和其它生物的关系而开始的,身体间性并不仅仅是回溯的,也存在于同时性中,或通过侵越存在于将来——去看看将来不直接地从现在涌现抑或支持先于过去的东西。

　　感性学、人的感觉系统——依赖人身体的表面——人们把它当作完全现成的感觉器官的系统(忘记了各种感觉器官是由部分组成的整体);外部刺激(因果地)作用于这些感觉器官——其结果是令人意外的:我们必须诉诸包含无限知识的"自然的建制"。自

---

① 参见上文,迈耶:《演化的问题》,同前引,第17页。

② "elément fondamental"。

然的前科学。当灵魂封于身体中时接受的——这是不可理解的：思想如何能有结果而没有前提？现实主义要求感觉只能是：外部世界的因果活动，是"自然思维"情况，自然思维给予这个世界一个人类的等价物。思维的世界性（Weltlichkeit①）以纯粹事物（因果联系）的本体论的模式被设想，人们因为无法找到任何中介，便用**自然**或上帝来填补空白。这是单纯事实的本体论所要求的，是"灵魂"中对整个可感景观的笛卡尔的压抑所要求的。

过去 50 年研究持续的演进都朝另一个方向发展：首先是格式塔理论。对刺激概念的批判。刺激仅仅是构型、结构的触发者——这些构型、结构重建了外部结构的各种属性。同构性的意458 义不再是接收因果活动的机械装置。面对客观事物时重建现象。②然而（考夫卡）走投无路，被认为是唯一宇宙的物理语言的宇宙。物理主义的回归（以元整体的形式），它似乎放弃了所走的道路。事实上，必须看一看元整体的思想是否还是物理学家的本体论。

近来的研究——如果它们被确认，那么它们会再次明确地表明物理学家的传统本体论是有问题的（参见《科学美国人》，1959年 5 月）。

推翻笛卡尔的概念：

——被感知事物的偶然原因（自在世界——它对于有机体的作用）

——感觉本身

---

① "mondanéité"。

② 格式塔理论重新把"自然建制"（笛卡尔）＝同构性（isomorphisme）的起源提上议程。——作者原注

它早于现象的恢复。

身体向外部的开放（感性学的开端）（"出生"）模糊了从主体角度（a parte subjecti）来看的笛卡尔式的思维和事物之间的区分（在物理学已经摆脱了事物的几何概念之后）。

## 力比多

（1）从感受性到身体性

我的身体就我所看到的事物而言，是同构性＝感知的身体所扫过的光分布的结构（电影的"图像"）的中介。

这排除了刺激的因果性。但"电脑"、"看"……的本性问题仍存在着。

然而，看意味着被看到的可能性①——我对自己的视觉形象的空白。但这一空白由外界整体形象的形成而填补。视觉像镜子那样使某物可能——"幻觉"：我在镜子中的形象，这是能凝视的自我在各种事物之中（并非触觉的镜子之中）的东西。

触摸立即触到自身（触摸世界［Tastwelt］②的两极性）。视觉打破了这种即时性（可见者在距离之外，外在于身体的界限），并且通过镜子在世界中重建统一体。

通过视觉图像捕获触觉的身体：希尔德：在镜子中，我感觉到我的烟斗与我的手的接触③。视觉想象的场所：通过视觉及它触

459

---

① 感觉正在被感觉。——作者原注

② "monde du toucher"。

③ 参见：保罗·希尔德（Paul Schilder）：《人的身体的图像和外形》（*The Image and Appearance of the Human Body*），纽约，1935年，《可见的与不可见的》引用过，巴黎：伽利玛出版社，1964年；再版于"随笔"丛书，1985年，第33页。

觉上等价物,内部与外部及其互易的开端,与那些永远在外的事物的存在关系的开端:身体的空间性嵌入到世界的空间中(我从我的手在世界中的位置出发发现我的手,而不是从我的身体的调节轴出发),我在我的可见身体中发现了我的所有其它属性(相反,触觉的视觉化是一种方法)。

作为吞并的身体图式:

身体图式是这样的。因此最终(特别是借由自身视觉形成的)存在的关系介于——我的身体和世界之间——我的身体的不同方面之间,是投射-内摄的关系、吞并关系。

它可以扩展到事物(覆盖和身体图式)

它可以排除身体的一部分

460　　　因此它不是由确定的部分形成的,它是空虚的存在(身体图式是内部中空的)——包含突出的、精确的区域,以及其它模糊的区域——空虚和模糊区域是想象身体的切入点。

(借由视觉的)感受性意向地隐含着吞并,即隐含着身体的功能:通过其"开口"[①]朝向外部的通路。

另一种结果:如同我的图像捕获了我的触觉,各个他者的视觉图像也捕获了我的触觉:他们也外在于我。而我是他们的内在。他们使我异化,我则吞并他们。我用他人的眼睛[②][③]看→世界。

(2)作为内外部普遍系统的身体。混杂:

因此在我的身体、我的身体与世界、我的身体与其它身体、其

---

① 他人的吞并。——作者原注

② 胡塞尔:"集体心灵"(*L'esprit collectif*),1959 年的论文。——作者原注

③ 涉及胡塞尔的一篇文章,"集体心灵",图莱蒙(R. Toulemont)译,载于《国际社会学》第 27 卷,1959 年 7－12 月;巴黎:法国大学出版社,第 121－130 页。

它身体之间存在不可分性。

不可分性。我的身体与其它身体的不可分性：我的身体的凹陷、凸出和其它身体的这些、以及它们之间的这些之间的不可分性。

投射-内摄。

建立在种种等价基础上的凝聚与位移。

有关于身体图式的"思想"，"一个连接知觉、想象和思想的线"（希尔德，第192页）。

各个身体图式彼此之间相互侵越（希尔德，第234页）。肛门461作为身体-图像的连接处。

我们对功能的分析被身体的拓扑结构所代替——我们的独立器官的观念被确定世界光线的身体观念所代替。

"身体-图像的互相交流"（希尔德，第235页）——它们的远离和它们的接近，如同在马戏团里身体的各个部分混合在一起——距离，有情感的距离。

因此感受性是一种投注：一种为……服务的力量的不变性，而且投注处在各种力量、各种力量和诸他者、诸力量间的诸他者的混杂中。

梅兰妮·克莱因使弗洛伊德的案例与操作显现为扎根于身体结构中的现象：

a）世界与存在不可分：母性的身体是世界（参见米什莱：语言是妈妈的言语），母亲不是一个个体，而是一种范畴（一种"母性"）。

b）诸存在与它们的身体不可分：诸存在不仅由它们的器官所表象，而且与它们的器官等同，器官被赋予本体论意义，成为一种范畴——父亲和阳具。

　　c) 诸存在之间互相不可分：父亲与母亲是同一个单独的存在。因为性交？即使这里没有原始意义的性交，但在父母身体的视觉中隐含着。

　　这种混杂的种种结构。

　　由此，作为和其它事物与诸他者的关系的身体性，将依据身体462 图式的结构包含所有程式[1]：弗洛伊德的各个阶段正是这种结构：

　　例如：口部组织：咬，同类蚕食：它是口的吞并（使他人进入内部）。内摄。

　　但是，让他人进入我的身体，这也是让一个身体进入我的，就像我的身体，咬住一样。报复（Retaliation[2]）。这种行动是激情，施虐者亦是受虐者。但在这种情况下，并非只对人是必然的：多型性（＝无区分）使动物成为好的承担者。出于其它原因（和数字）并且同样因为孩子是贪婪的或需要满足者——（肛门的）令人生厌的——并且动物之所以是这样只是因为它就是他者。洛特雷阿蒙的动物寓言集（鳄鱼、触角、爪子诸如此类）[3]。亚伯拉罕[4]：超我是被合并的外部身体，儿童的超我是猪。身体的投注是绝对的召唤（普鲁斯特：儿童与母亲），投注：欲求无限的满足并在那里凝聚：可见者的神秘；可见者是在那里的"思想"。

　　借由身体的所有出口：肛门的、阴茎的，可以有无穷的组织。

---

　　① 　个体的结晶。——作者原注

　　② 　来自拉丁语 talis，它引出比如 talion 一词。

　　③ 　指的是洛特雷阿蒙第 2 章的标题：《洛特雷阿蒙动物志》，巴什拉（G. Bachelard），巴黎：科尔蒂（José Corti）出版社，1939 年；新修订版见 1956 年，第 26－59 页。

　　④ 　卡尔·亚伯拉罕（1877－1926），精神分析师。

视觉主导的组织(从分析的观点看)。

萨特的分析:他人是被看的存在,是客观化,是我的自由的流失。真实的是:看的客观化是一种深刻真理(参照前面我们关于视觉所说的)。但这是更普遍关系的一种特殊情况＝萨特通过下面的说法给自己提供了分析的材料,他说:如果去我恰好……从钥匙孔看①。我在他人的目光下愣住了,他者向我呈现为我的纯粹的客体,因为我曾试着对不同于我的视觉表示惊讶——我在看的时候,或者我是看者的时候被看——相互的关系,我对他人的报复和欺骗关系处在纯粹的——知觉的——"感官的"关系之后,并使这种关系成为可能。

关系变为:我看,我被看,假设看的相互性分析——被看的存在,它建基于身体性——如同听与说。

感官的-身体的-主体被如此描述时就是欲望。

所有这一切＝由不被理解为感觉内容,而是被理解为存在结构的视觉开始:感官视觉是一种"敏感性"的"形象",它覆盖视觉或使其加倍,是从内部找寻外部并从外部找寻内部的欲望。快感的欲望可以是理由,而快感是去看与去做的东西整合。因此,外部的内化或相反的喷射②——快感就像感觉一样,是一种无法分析的品质(quale)。但必须能够把感觉当作个体的结构来思考。快感也是一样,原子-心理学的快感,是可见的突出物(porte-à-faux)的终点——是不见的。

---

① 指的是《存在与虚无》中对羞耻的分析,同前引,埃尔凯姆-萨特修订版,第298页及以下;新版见2016年,第358页及以下。

② 由此产生了快感的唯我论,它的非实在论特征:没有快感。——作者原注

那么这种像身体性一样被描述地揭示的欲望、这种**爱欲**，

464 ——它与人们通常所说的欲望和看起来是身体-对象装置之结果的东西关系如何？

——它与人们通常所说的意识、精神关系如何？

（3）*爱欲和性欲*

我们从"装置"（比如说知觉的）发展到作为整体结构的身体，即朝向事物和他人的，即在事物和他人中感知自身的身体——未分世界中的未分性。

——（被"客观地"构想的）"装置"与相互内含之间的关系。这完全不是身体的"精神化"：身体有外部、存在着依赖；必须用视觉神经去看，存在着感受的条件。人们仅说所有这些都是通过与操作身体的关系形成的抽象。我们在这里要重复对外部"刺激"的批判。具体事物乃是我们经验的身体（不意味着：内部观察）。现象之物和客观之物是"模糊的"。

——因此，装置与整体身体性的关系不是内容与形式的关系——视觉、性、手远远超出其内容：各种格式塔（Gestalten），人整体的各种图像，整体的各部分。"或多或少是整体的"：没有什么比视觉或手更能阻止性与生命共存。

没有优先权的问题：所有都是同心的——例如"精神"与"性欲"——或者"性"和"侵略性"。因为人类的性模式至少包含未成熟的性表达（想象，性无能的竞争→死亡愿望）——性作为身体性（即整体系统）是一切。

为什么要在嘴和肛门的关系着讨论性，如我们所做的那样？

465 a）因为存在各种早期的生殖表现，在未分性中这些表现必须

与其它表现混合在一起。弗洛伊德有时将力比多描述为无法"控制的""生殖刺激"或"性刺激",它是难以克制的、没有技巧的,还没有"为生育服务"。这使力比多成为"快乐"的一种简单的"剩余"。通过结合而性化。

b) 事实上,在前成熟期,性不仅仅是一个简单的未被使用的剩余——而且是一种会超越的发展,一种累积,一种再安排,一个不可能系统的结构。

这并不意味着隐德莱希:确切地说,力比多并不是明确取向的性,而是一种奇妙的多态性,各种"性姿势"①的可能性,因此这是一个场,一个极,一个维度的开始,即身体-世界的"光线"的开始。这种维度性是原初的(性的"前科学"就像感官的"前科学")——不是隐德莱希意义上或回顾性幻觉意义上的维度性,因为口腔或肛门的欲望隐含地包含了交配的身体间图式(两种欲望以独特的移情联合),而这种图式是包含身体性的格式塔②。活跃的前成熟期,克服了空白与无知时期(儿童的"性理论"③),但它们仍是性的计划(Vorhaben④),一种想象的、投入全身的性,而性的生殖内容是其结晶。

466

------

① 生殖器是从经验中建立起来的,从这个意义上说,它首先是盲目的。青春期也不外如此=首先是生育信息(surplus informes)。但经过充分的积累之后,我们便有了一个结构。然而,它并不是整体的、"生理的"和充满活力的阳刚之气。确切地说,性是作为一种可能的"性姿势"而存在的。——作者原注

② 力比多仅仅是快感状态的可能性=不是身体的格式塔,而是一种平行的快感,如物种中的,在物种中雄性昆虫在雌性昆虫体外给卵受精。——作者原注

③ 这整段话指向弗洛伊德的《性学三论》(*Les Trois essais sur la théorie sexuelle*)。

④ "Projet".

因此,性欲是与人共存的,并不是作为唯一的原因,而是作为在它之外无物剩余的维度。

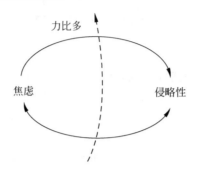

(4) 爱欲和意识

这种爱欲是一种具身生命的逻辑,一种自我推动的辩证法——它与精神的关系是什么？意识呢？

人们说,爱欲是一种无意识(弗洛伊德所说的无意识状态,它甚至不需要压抑而存在,他借助动与物本能的"类比"(元心理学)来思考无意识。但动物本能是什么？ 由此这一前科学是什么？

趋向于说:这是一种思考,就像在任何地方都有不同于机械论的东西。要么人们否认无意识,把它转变为非反思的意识,要么人们把它当作第二意识来看待。但首先,意识作为诸客体的关联在467 这里不起作用。其次,第二意识是不可能的(弗洛伊德如是说)——这就像有人会在我内心清楚地思考我混乱地看到的——对第二意识,对传统思想优先性假设的批评。

因此,这个不是我的我,这个重量,这个在我看来是我的东西的剩余物,在我眼中的我的全部,如果他不是事物——生理学的话,那么他是什么？

　　它是感觉本身,因为它不是对感觉的思想(占有),而是剥夺、绽-出(ek-stase)、参与或认同、结合或排斥。简单来说,一种一致(Deckung)①、盲目的识别、(能触和所触的,我的和我在那里的形象的)不-区分、差别的零度。感觉＝我不知道且我一直都知道这一点(伊波利特)②:人们不需要知道人们在看什么因为人们看到它。成为……感知的魅力或推理。看是不带思考的思考。弗洛伊德:无意识的交流不需要感性知觉破译的信息。但是知觉自身包含了同样的结构:我所看的东西,我把它看作他者的景观,因为有一种移情与它在一起并通过它与其它感觉在一起。

　　但这种无意识足以解释力比多的历史吗?力比多的历史不是(在压抑中)揭示了另一个力比多吗,这另一个力比多重新提出了第二意识的问题?压抑不仅是沉默的、无名的感觉。它不在场,隐藏着(从记忆的质料、最初情景等之中涌现)。物理装置的能量在这里不是必须的吗?

　　反驳:记忆如何在自在地存在,就像隐藏的知觉那样,既然儿童的理解模式不是那样?儿童既不自己说话,也不自己思考:应当说他借来了语言和思想(弗洛伊德)。如何在儿童之中(同时也是在我们中)激活"变成无意识的知觉"?梅兰妮·克莱因:无意识作

———————

　　①　"Coïncidence"。参见《可见的与不可见的》,同前引,第163－164页;见2006年新版,第160页。

　　②　指伊波利特(J. Hyppolite)当时已宣读但尚未发表的报告:"关于弗洛伊德'否定'一文的口头评论"(*Commentaire parlé sur la verneinung de Freud*)。它被收入《哲学思维的形象》(*Figures de la pensée philosophique*),第一卷,第385－396页,巴黎:法国大学出版社,1971年;再版于"战车"丛书,1991年,第385－396页。这篇报告还被收入雅克·拉康的《文集》(*Écrits*)(巴黎:色伊出版社,1966年)中。

为无法达至的知识和意识难以区分。因此：有形的无意识是没有歧义的，因为潜在的单一内容将成为稳定的我的创造的基底。无意识表象——弗洛伊德：他承认这里（元心理学）不可能有无意识的感觉——只有各种萌芽——另一方面，作为内在画面的表象是无意识的：比如其对象是无意识的情感。弗洛伊德在这里缺乏心理学和哲学＝作为"内在画面"的表象是可疑的，基于表象来确定无意识理论是误解了这一理论。今天人们基于绽出而确定这一理论。弗洛伊德的描述与此相符：第 7 页那些小注释。

# 西中术语对照表

a priori　先天

absence　缺席

Absolute　绝对者

acausalité　非因果性

activité　活动、行动

adaptation　适应、适合

adéquation　相即性、相应

adhésion　依附、赞同

agnotique/agnoticisme　不可知的/
　不可知论

alterité　相异性

alternative　二择一、选择

amibe　变形虫、阿米巴

animalia　动物界

animé　活性的

antimomie　二律背反

apodictique　必然

appauvrissement　匮乏

apperance　表现、外形、外表

architectonique　建筑术、结构

artefact　人工制品

aséité　自身存在

a-spatial　非空间的

assemblage　组合、汇集、聚集、集合

assemblages　集合

asymtrie　不对称性、不对等性

Auslösung　启动、触发

authentique　真实的

autoproduction　自生、创生

autosuffisance　自足

autrui　他人、他者

axolotl　美西螈

barbare　未开化的

Bauplan　发育蓝图

binoculaire　双目的、双眼的

biotope　生境、群落生境

blosse Sache　单纯事实

caricature　亲缘关系

catalyse　催化作用

causa sui　自因

causalité　因果性、因果论

cécité　盲目(性)、失明

centifuge　离心的

centripète　向心的

chair　肉身

charnel　肉身的

circle　循环

claire　清晰的、清楚的

conception　构想、设想

constitution　构造

consubstantielle　同质的、同体的

contamination　相互错合

convention　约定、公约

corpréité　身体性

corps vivant　活的身体

corrélat　相关项、相关的事物

déchirure　裂缝

déclencheur　触发、启动、快门

démonologie　魔鬼学、鬼神学

déploiement　表现、展开

déscendance　后代、后裔

dimensionnalité　维度性

discursivité　话语性

distance　间距

distinct　区分的

duplicité　双重性

ébauche　草图、草稿、雏形

écart　间距、差异

éduction　推论、推导

Einfühlung　移情、同感

ek-stase　绽出

élan　冲动

émanatisme　流溢说

emboîtement　嵌套

émetteur　发射器、发报机

Empfindbarkeit　感受性

emplacement　位置

englobant　包罗万象

enjambement m.　交换、跨度

entendement　知性

enthogène　内源的、内生的

entrelacs　交织

entremonde　世界之中

envelopper　包含

epigenèse　渐成说

épistémè　知识

équipotentialité　等势性、等电位性

eros　爱欲

Erscheinung　现象

erste Natur　第一自然

esthesiologie　感性学

étendu pensée　思维广延

étendu reel　实在广延

étendu　广延

ethnologie　人种学

être en soi　自在

être pour soi　自为

événement　事件

évidence　明证性、明示性

évolution　进化、演化

examen　审查、检查

existence en soi　自在

fabrication　制造

facticité　事实性

filiation　亲缘关系、亲子关系

finalité　目的性、目的论

force vive　生命力

forme　形态

fortuité　偶然性

Gegenwelt　平衡世界、反世界

genèse　发生

geste　动作

Gnose　玄知

habitude　习性、习惯

habituel　习性的、习惯的

hasard　偶然

hermaphrodisme　雌雄同体、雌雄同株

homochromie　同色性

homotypie　同型性

horizon　视域

humanisme　人文主义、人道主义

hydre　水螅

hypertélie　过度繁殖

idéalisation　理想化

idéalisme　唯心主义、观念论

idéalité　理想性、理念性

idéat　观念物

idéation　观念化

idée　观念

identification　认同、识别、同一

il y a　有

imminence　临近、逼近

Inbegriff　全部、总体

inconnaissabilité　未知论

incoprporation　吞并

incorpréité　非物质性

indice　指标，标记

indifférent　无关紧要的、漠不关心的

indivision　未分性、不可分性

Ineinander　相互内含

inerte　惰性的

inlination naturelle　自然倾向

inné　天生的、固有的、与生俱来的

institution　机制，制定

inter-animalité　动物间性

intercorporéité　身体间性

interêtre　间性存在

intermonde　间性世界

intersubjectivité　交互主体、交互主体性

intrinsèque　内在的、内因的

introjection　内摄

intuition sensible　感性直观

investissement　投注

ipséité　自我性

jugement déterminant　规定性判断力

jugement réfléchissant　反思性判断力

liason　联系

lieu géométrique　几何轨迹

lumière naturelle　自然之光

mass　集体、总和、质量

mélodie　旋律、乐曲

méridien　子午线的、经向线的

Merkwelt　感知世界

métabolique　新陈代谢的

metamorphosis　变形

métaspatial　元空间

monde sensible　感性世界

morphogenèse　形态发生、形态建成

morphologie　形态、形态学

mosaïque　嵌合体

naïvetés　素朴性

nature naturant　能生的自然、自生的自然

nature naturé　被生的自然

néantisation　消除

négativisme 否定主义、否定论

non-su 非知

noumène 本体

objet 客体、对象

onirique 似梦的

ontogenèse 个体发育、个体发生

orientation 旨向、趋向

originaire 本源的、原初的

original 初始的、原本的、独创的

originalité 独创性

orthogenèse 直向演化、直向进化

parallélisme 平行论、平行性

phénomène 现象

phénomène-enveloppe 包络现象

phylétique 种系的

phylogenèse 种群发育、系统发育

phylum 门类、动物分类学的"门"

Platyrhiniens 阔鼻猴类

plenitude 充实、充满

polarité 极性

population 群体、种群

pré-être 前存在

préformation 预成论、先成说

prégnance （心理学）完整倾向

présent 当下、现前

primordial 原始的、最初的

projection 投射

propriété 属性

protoplasme 原生质

psychosomatique 精神与身体的、心身的

purification 净化

purifiée 纯化的、提纯的

réalité 现实性

reflet 反映

réinvestissement 再授予、再投注

relief 凸起，突出

ritualisation 仪式化

sauvagerie 原始的

schéma corporel 身体图式

sédimentation 沉淀、沉淀物

sensible 感性的、可感的

sentiment 感觉

signe 符号

signifiant 能指

signifié 所指

Sinngebung 意义给予

solidité 坚固性

souche 根源，根基

subjectivité 主体性

substrat 基质、基层、基底

superstructure 上层建筑、上层结构

supraconsciousness 超意识

susceptibilité 易感性、敏感性

symbole 象征、标志

symbolisme 象征主义

sympathie 通感

synergie 协同、合作

temporalité 时间性

theoria 理论

totalité 整体性

touchant 能触的

touché 所触的、被触摸的

tout 整体、全体

transformiste 进化论的

ubiquité　普遍存在

ultimatum　最后通牒、最终决定

Umwelt　周围环境

Urtypus　原型

variabilité　变异性、多变性

variété　变体

vecteur　矢量、载体

véracité　真实性

vitalisme　生机论

Wirkwert　行动世界

# 中西人名对照表

阿奎那　Thomas Aquinas

阿玛图达　C. S. Amatruda

阿什比　R. Ashby

安瑟伦　Anselm

奥古斯丁　Saint Aurelius Augustinus

巴什拉　G. Bachelard

柏格森　H. Bergson

比夏　X. Bichat

毕加索　P. Picasso

波特曼　A. Portmann

布里奇曼　P. W. Bridgman

布隆施维克　L. Brunschvicg

布努尔　L. Bounoure

达尔文　Darwin

达奎　Edgar Daqué

德布罗意　*Louis de Broglie*

杜里舒　H. Driesch

德日进　Teihard de Chardin

笛卡尔　R. Descartes

渡边　S. Watanabe

费希尔　R. A. Fisher

冯·贝尔　Von Baer

弗洛伊德　S. Freud

福西永　H. Focillon

盖鲁　M. Guéroult

戈尔德施坦　K. Goldstein

格塞尔　A. Gesell

黑格尔　F. Hegel

胡塞尔　E. Husserl

华生　J. B. Watson

怀特海　Alfred North Whitehead

霍尔拜因　Holbein

霍尔丹　J. B. S. Haldane

吉尔松　B. Gilson

考夫卡　K. Koffka

康德　I. Kant

康吉莱姆　G. Canguilhem

坎特　J. R. Kantor

科希尔　G. E. Coghill

库尔诺　Antoine Augustin Cournot

奎诺　L. Guénot

拉康　J. Lacan

拉朗德　A. Lalande

拉塞尔　E. S. Russell

拉舍里耶　Jules Lachelier

拉雪兹-雷　Laheièze-Rey

莱布尼茨　G. W. Leibniz

莱特　S. Wright

郎之万　A. Langevin

卢卡奇　G. Lukács

鲁耶　R. Ruyer

伦勃朗　H. Rembrandt

洛伦兹　K. Lorenz

吕西安·勒万　Lucien Leuwen


马蒂斯　H. Matisse

马尔罗　A. Malraux

马克思　K. Marx

马勒伯朗士　N. de Malebranche

马里坦　J. Maritain

迈耶　F. Meyer

梅兰妮·克莱因　Melanie Klein

米肖特　A. Michotte

摩尔根　Th. H. Morgan


彭加勒　H. Poncaré

皮埃尔·外斯　Pierre Weiss

皮埃隆　H. Piêron

萨特　J-P. Sartre

斯皮尔曼　C. Spearman

施佩曼　H. Spemann

斯宾诺莎　B. Spinoza


特鲁别茨柯伊　N. Trubetzkoy

廷伯根　N. Tinbergen

托尔曼　E. C. Tolman


瓦莱里　P. Valéry

万德尔　A. Vandel

维纳　N. Wiener

沃丁顿　C. H. Waddington

沃尔夫　É. Wolff

沃尔特　W. G. Walter


希尔德　P. Schilder

谢林　Schelling

辛普森　G. G. Simpson


雅各布森　R. Jakobson

扬科列维奇　V. Jankélévitch

# 译后记

本书的翻译工作始于 2009 年,当时我正在巴黎四大交流学习。在钱捷教授和库尔蒂纳教授(Jean-Francois Courtine)的共同指导下,我以本书为主要文献,围绕梅洛-庞蒂的自然概念开展博士论文研究。在那期间,我有幸结识了梅洛-庞蒂手稿研究专家奥贝尔(Emmanuelle de Saint Aubert)教授,并与其交流本书翻译和研究相关的问题。

转眼已有十余载,译稿迟迟未能完成。为什么用了这么长时间?套用《诗经·旄丘》中的一句话:"何其久也,必有以也。"见闻系之于时空,行为望诸久长。长久的作为,守的是其"以",是勃发的起点,不改的初心。回想开卷之初,知识有限、问题有限,烦恼亦有限。读字面书,文辞有定,问题有定,思路亦有定。此后经年,往事如露亦如电,知识无限,问题无限,烦恼亦增添。于是,读身心之书,文辞无定,问题无定,思路亦无定。方知能观交融于身心,而果德自于依正。智慧的证得,经的是点滴的所为,尺寸的淬炼。由初心发动因果,心不散乱,译路向前。

不知何时起,意义的追寻越来越多地以文字为载体。文字中的思议与画境,在记录的瞬间赋予事实亲近而确定的意义。然而在后续的阅读与回想中,意义因时空阻隔而逐渐模糊。即便如此,有一种持久而顽固的憧憬，跟随跨时空的文字远去。然而，鲜活的事实与沉淀的文字抗拒不了分离，亲近存在的话语在时空流转中依稀，文字表达的理想代之以本质的清晰。因此，清晰性的获得需要在还原中回溯，每一次返回原点的努力，不是为了确证理想性对含混性的否定，而是揭示否定操作中被遗忘的起源，重现意义生成和意义沉淀的交互旅程。意义漂浮在追寻的旅程中，与其说它是一种静止的漂泊，毋宁说它是一种永不圆成的行动，百折不挠地激发追寻者的前行。

有人说，翻译是在书写中止之后，延续作者未尽的意义。因它向陌生的读者表达，便不可避免地走向本己的抽离。如果翻译表达和作者完全不一，那便是译者的失职。如果翻译表达和作者完全一致，换言之，译文只是字面上假装为另一种语言，那便是译者的自娱。译者便是在失职与自娱的纠结中，对文字仍然寄予厚期。连接文字与期望的是感应。感所对应的是不同的东西，它的出现意味着分别。但感的目的不在于取消分别，而是在分殊之中相合。分则相慕而发于至情，合则相和而归于至性。至情者生之机，至性者道之锲。于是，翻译皆是有感而发。

十余年的经历，收获更多的在专业之外、生活之中。无论是教学准备中的调节，还是洒扫应对中的揣度，抑或情感育儿中的体证，那些由人物交孚而牵引的道理，不仅扩充了我的眼界和知识面，而且增添了文字在生活中的分量，使我能够鞭辟入里地叩问思想的机理，并在作者的同感中把文本转化为语言。同感的关键在于，探究作者运思的动机。因此文本琢磨转向思想动机的推敲，由动而求中和，溯源流而查古今，秉中正而致同。因如理思辨故能汇通杂说,虽忠于文字却不执拗笔端。纵然不同语言表达分殊,但据理而守其正,推其性而得其宜,运思终不离其宗。译文由感而通,感则敏畅而优擢,万千思量皆具于心。

译路蓝缕,往昔如梦,今不似昨,攫取梦中长短:雨打芭蕉,几处清凉,幽窗品茗读繁露;月上枝头,一方寒暮,万里飘云望星疏。译文几经修补,文虽有终,然思路无涯,行在足下,参在途中。

纵然笔耕不辍,但久经迁延,体会亦经年变化,译文在专业和文字上都难免疏漏。纵然译路向前,然始终如履如临,夕惕朝乾。感谢钱捷教授、库尔蒂纳教授、奥贝尔教授、杨大春教授在翻译工作中对我的支持与指导;译文进入排发阶段后,关群德老师在行文表达上给予了颇专业的意见和极细致的修改,尤其在术语和格式的统一上,特别感谢关群德老师和所有编辑人员的斧正;感谢张廷国教授参照德文对胡塞尔关联章节所做的校对;感谢王丁同砚在德语术语翻译上的全力支持;感谢华中科技大学哲学学院 17 级、19 级研究生们,尤其是我曾经的学生韩煦、祝涓兰等,他们基于英文版就部分内容所做的研讨为本书提供了参照。

最后,感谢家人们一直以来的付出和支持。因为有了家人和亲友坚实持久的支撑,翻译工作终能得以完成。

癸卯年闰二月廿五

于方寸轩

**图书在版编目(CIP)数据**

梅洛-庞蒂文集.第 15 卷,自然/(法)梅洛-庞蒂著;
王亚娟译.—北京:商务印书馆,2024
ISBN 978-7-100-23606-5

Ⅰ.①梅⋯  Ⅱ.①梅⋯②王⋯  Ⅲ.①社会科学—
文集  Ⅳ.①C53

中国国家版本馆 CIP 数据核字(2024)第 068046 号

梅洛-庞蒂文集

第 15 卷

**自　然**

〔法〕多米尼克·希格拉 编

王亚娟 译

商 务 印 书 馆 出 版
(北京王府井大街 36 号　邮政编码 100710)
商 务 印 书 馆 发 行
北 京 通 州 皇 家 印 刷 厂 印 刷
ISBN 978-7-100-23606-5

2024 年 8 月第 1 版　　　　开本 710×1000　1/16
2024 年 8 月北京第 1 次印刷　印张 29
定价:99.00 元